普通高等教育"十一五"国家级

中国信息经济学会电子商务专业委员会 **推荐用书**

高等院校电子商务专业系列教材

网络营销（第3版）

主 编 陈水芬 孔伟成 谭春辉　　副主编 罗辉道 王战平 郝渊晓

重庆大学出版社

内 容 简 介

本书的主题是构建网络营销的战略——策略体系。首先是让读者认识到网络营销的总体发展现状、网络营销常用工具与方法;然后引导读者认识到"互联网+"时代的到来以及企业面临的网络营销环境和消费者购买行为的改变;接着强调了企业必须进行市场调研及市场分析,以准确把握市场状况;在此基础上重点论述了正确制订网络营销战略以及为实现战略目标应相应采取的网络营销的产品、渠道、促销、定价、服务等策略体系;最后借助网络营销的管理和控制手段,完成网络营销的效益评估并反馈监测调控其"战略—策略"体系。

本书在内容上兼顾了经济管理类与非经济管理类专业学生的知识结构,可作为高校电子商务、工商管理、市场营销等专业的本科生或研究生的教材或教学参考用书。

图书在版编目(CIP)数据

网络营销/陈水芬,孔伟成,谭春辉主编. —3版.
—重庆:重庆大学出版社,2016.9(2022.8重印)
高等院校电子商务专业系列教材
ISBN 978-7-5689-0138-3

Ⅰ.①网… Ⅱ.①陈…②孔…③谭… Ⅲ.网络营销
—高等学校—教材 Ⅳ.①F713.365.2

中国版本图书馆 CIP 数据核字(2016)第 218653 号

网络营销
(第 3 版)

主 编 陈水芬 孔伟成 谭春辉
副主编 罗辉道 王战平 郝渊晓
责任编辑:马 宁 版式设计:马 宁
责任校对:文 鹏 责任印制:张 策

*

重庆大学出版社出版发行
出版人:饶帮华
社址:重庆市沙坪坝区大学城西路 21 号
邮编:401331
电话:(023)88617190 88617185(中小学)
传真:(023)88617186 88617166
网址:http://www.cqup.com.cn
邮箱:fxk@ cqup.com.cn(营销中心)
全国新华书店经销
POD:重庆新生代彩印技术有限公司

*

开本:787mm×1092mm 1/16 印张:23.5 字数:557 千
2017 年 1 月第 3 版 2022 年 8 月第 9 次印刷
ISBN 978-7-5689-0138-3 定价:49.00 元

高等院校电子商务专业系列教材编委会

顾 问

乌家培　国家信息中心专家委员会名誉主任,中国数量经济学会名誉理事长,中国信息经济学会名誉理事长,博士生导师。

祝家麟　中国计算数学学会常务理事,国家级有突出贡献的中青年专家,重庆市工业与应用数学协会会长,重庆大学原党委书记、教授、博士生导师。

孟卫东　新世纪百千万人才工程国家级人选,全国哲学社会科学领军人才,教育部新世纪优秀人才,首届教育部高等学校电子商务专业教学指导委员会委员,重庆大学副校长、教授、博士生导师。

总主编

李 琪

常务编委（以姓氏笔画为序）

王学东　陈德人　彭丽芳

编 委（以姓氏笔画为序）

于宝琴	王 晔	王伟军	王学东	王喜成	孔伟成
帅青红	司林胜	刘四青	刘业政	孙细明	李 明
李 琪	李志刚	李洪心	李陶深	杨坚争	杨路明
吴明华	张小蒂	张仙锋	张宽海	张耀辉	陈德人
赵紫剑	钟 诚	施敏华	党庆忠	秦立崴	秦成德
谢 康	琚春华	彭丽芳	董晓华	廖成林	熊 励
魏修建					

第 3 版修订和新版序

重庆大学出版社"高等院校电子商务专业本科系列教材"出版 10 多年来,受到了全国众多高校师生的广泛关注,并获得了较高的评价和支持。随着国内外电子商务实践发展和理论研究日新月异,以及高校电子商务专业教学改革的深入,促使我们必须把电子商务最新的理论、实践和教学成果尽可能地反映和充实到教材中来,对教材全面进行内容修订更新,增补新选题,以适应新的电子商务教学的迫切需要,做到与时俱进。为此,我们于 2015 年启动了本套教材第 3 版修订和增加新编教材的工作。

从 2010 年以来,中国的电子商务进入新的发展阶段:规模发展与规范发展并举。电子商务三流规范发展与中国电子商务法制定同步进行:①商流:网上销售实名制由国家工商总局负责管理;②金流:非金融支付服务资质管理由中国人民银行总行负责管理;③物流:快递业务规范管理由国家邮政局负责管理;④电子商务立法:中国电子商务法起草工作由全国人大财经委负责组织 。中共中央、国务院及多个部委陆续出台了一系列引导、支持和鼓励发展电子商务的法规和政策,极大地鼓舞了已经从事和将要从事电子商务活动的企业、行业和产业,从而推动了电子商务在我国的稳步发展。特别是李克强总理提出:"互联网+"行动计划以来,电子商务在拉动内需、促进就业和促进创业的作用正空前显现出来。全国从中央到地方多个层面和行业对电子商务的认识逐步提高,电子商务这一先进生产力正在成为我国经济社会新的发动机。

2015 年 7 月 28 日人民日报报道:全国总创业者 1 000 万,大学生占 618 万。其中应届毕业生占第一位,回国留学生占第二位,在校大学生占第三位。2016 年 5 月 5 日中央电视台新闻报道:全国大学生就业 20% 由创业带动;全国就业前十大行业中互联网电子商务排名第一。中国的大学正在为中国的崛起提供源源不断的人力支持、智力支持、创新支持和创业支持,互联网、电子商务正成为就业创业的领头羊。

在教育部《普通高等学校本科专业目录(2012 年)》中已经把电子商务作为一个专业类给予定义。即在学科门类:12 管理学下设 1208 电子商务类,120801 电子商务(注:可授管理学或经济学或工学学士学位)。2013 年教育部公布了新二届高等学校电子商务类专业教学指导委员会(2013—2017 年),共由 39 位委员组成,是第一届 21 名委员的近两倍,主要充实了除教育部直属高校以外的地方和其他部委所属高校的电子商务专家代表。

截至 2015 年年底,全国已有 400 多所高校开办电子商务本科专业,1 136 所高职院校开办电子商务专科专业,几十所学校有硕士培养,十几所学校有博士培养。全国电子商务专业在校生人数达到 60 多万,规模全球第一,为我国电子商务产业和相关产业发展奠定了坚实的基础。

　　重庆大学出版社10多年一直致力于高校电商教材的策划出版,得到了"全国高校电子商务专业建设协作组""中国信息经济学会电子商务专业委员会"和"教育部高等学校电子商务类专业教学指导委员会"的大力支持和帮助,于2004年率先推出国内首套"高等院校电子商务专业本科系列教材",并于2012年修订推出了系列教材的第2版,2015年根据教育部"电子商务类专业教学质量国家标准"和电子商务的最新发展启动了本套教材的第3版修订和选题增补,增加了新编教材14种,集中修订教材10种,电子商务教指委有14名委员参与主编,2016年即将形成一个近30个教材品种、比较科学完善的教材体系。这是特别值得庆贺的事。

　　我们希望此套教材的第3版修订和新编能为繁荣我国电子商务教育事业和专业教材市场、支持我国电子商务专业建设和提高电子商务专业人才培养质量发挥更好更大的作用。同时我们也希望得到同行学者、专家、教师和同学们更好更多的意见和建议,使我们能够不断地提高本套教材的质量。

　　在此,我谨代表全体编委和工作人员向本套教材的读者和支持者表示由衷的感谢!

总主编　李琪

2016 年 5 月 10 日

第3版前言

经过 1 年多的努力,本书第 3 版终于与读者见面了,距离第 2 版已整整相隔 8 年时间。在这 8 年中,全球电子商务突飞猛进,中国电子商务更是一枝独秀,对促进社会经济发展、加速产业结构转型、激活经济发展潜力、增加国民收入等方面做出了巨大的贡献。伴随着电子商务的快速发展,与电子商务相伴相生的网络营销,无论在理论、工具与方法上,与 8 年前相比已产生了巨大的进步。网络营销理论在原有理论基础上,结合新的网络营销实践而不断完善与发展;网络营销工具从原来的仅依托于传统互联网平台,现已拓展到移到互联网平台,全渠道营销势在必行;网络营销方法也从以企业网站为基础开展营销,现已拓展到移动端来开展营销,全网营销也深入人心。本书的修订,在内容上与时俱进,既保留第 2 版的主要内容与编排体例,又着力反映网络营销的新理论、新工具与新方法,以期为读者提供一个全景性、时代性、应用性的网络营销学体系。

与第 2 版一样,本书第 3 版的主题是构建网络营销的战略——策略体系。首先是让读者认识到网络营销的总体发展现状、网络营销常用工具与方法;然后引导读者认识到"互联网+"时代的到来以及企业面临的网络营销环境和消费者购买行为的改变;接着强调了企业必须进行市场调研及市场分析,以准确把握市场状况;在此基础上重点论述了正确制订网络营销战略以及为实现战略目标应相应采取的网络营销的产品、渠道、促销、定价、服务等策略体系;最后借助网络营销的管理和控制手段,完成网络营销的效益评估并反馈监测调控其"战略—策略"体系。

本书第 3 版是在国家级"十一五"规划教材暨第 2 版的基础上,吸收借鉴了当前的相关研究成果,并结合我们长期企业网络营销活动的理论研究与实践总结撰写而成的。首先由谭春辉(华中师范大学)、陈水芬(浙江财经大学)、孔伟成(浙江大学)、罗辉道(浙江财经大学)提出修订提纲,然后由大家分头撰写。其中,孔伟成(浙江大学)撰写了第 1 章、第 6 章,王战平(华中师范大学)撰写了第 2 章、第 3 章,陈水芬(浙江财经大学)撰写了第 4 章、第 5 章,谭春辉(华中师范大学)撰写了第 7 章、第 8 章、第 11 章、第 12 章,郝渊晓(西安交通大学)撰写了第 9 章、第 10 章,罗辉道以及我们的研究生程凡、曾倩、蒋兵兵、樊强、郭洋、朱宸良等为本书的材料收集与案例编写做了大量工作。最后由陈水芬、谭春辉、孔伟成、罗辉道交叉统稿,陈水芬、谭春辉定稿完成。

本书在编写过程中,借鉴了许多学术同仁的研究成果,由于篇幅所限或工作疏忽,有的未能一一列出。在此,我们特向所有参考文献的作者尤其是为第 2 版的出版做出巨大贡献的陈永强教授(杭州师范大学)表示衷心的感谢!

本书第 3 版能得以顺利出版,感谢重庆大学出版社的编辑同志。他们为本书的出版发行和再版付出了辛劳与汗水,没有他们的努力,本书第 3 版至少不可能按时出版。

一本好的网络营销教材,应能与电子商务、网络营销实践紧密结合,动态地反映出社会经济与科学技术发展给网络营销带来的变化,同时还应能对未来的网络营销活动具有指导意义。虽然我们竭尽全力想把研究做好、把教材编好,但由于网络营销涉及面十分广泛,内容纷繁复杂,而且发展非常迅速,且囿于我们的学术水平,错误和不当之处仍在所难免,恳请各位专家学者和所有的读者批评指正,以便我们在后续的研究中或再版时参考并完善本书。

编者

2016 年 8 月 18 日

目 录

第 1 章 网络营销概述 ·· （1）
1.1 网络营销的产生和发展 ··· （1）
1.2 网络营销的现状、问题和对策 ································· （25）
1.3 网络营销学的研究对象与研究方法 ························· （39）
1.4 网络营销的常用工具和方法简介 ····························· （49）

第 2 章 网络营销环境 ·· （60）
2.1 宏观环境 ·· （60）
2.2 微观环境 ·· （67）

第 3 章 网络消费者购买行为分析 ································ （80）
3.1 互联网对消费者的影响 ··· （80）
3.2 网络消费者分析 ·· （84）
3.3 网络消费者的购买决策过程 ···································· （91）
3.4 影响网络消费者购买的主要因素 ····························· （95）
3.5 网络集团客户购买行为分析 ···································· （98）

第 4 章 网络营销调研 ·· （107）
4.1 市场营销调研概述 ··· （107）
4.2 市场营销信息管理系统 ··· （115）
4.3 网络营销调研 ··· （118）
4.4 网上营销信息的整理与分析 ···································· （125）

第 5 章 网络营销中的市场分析 ··································· （138）
5.1 网络市场细分 ··· （138）
5.2 网络目标市场的选择 ·· （148）
5.3 网络市场定位 ··· （154）

第6章　网络营销战略规划 ·· (163)

6.1 网络营销战略 ·· (163)

6.2 网络营销组合策略 ·· (177)

6.3 网络营销组织创新战略 ·· (182)

6.4 网络营销系统的构架战略 ·· (195)

第7章　网络营销产品策略 ·· (213)

7.1 网络营销中的产品 ·· (213)

7.2 网络产品组合策略 ·· (216)

7.3 网络时代的新产品开发 ·· (220)

7.4 网络营销品牌与包装策略 ·· (223)

7.5 产品支持服务策略 ·· (226)

第8章　网络营销渠道策略 ·· (237)

8.1 网络营销渠道概述 ·· (237)

8.2 网络营销渠道的体系与结构 ·· (240)

8.3 网络直接销售渠道 ·· (243)

8.4 网络营销环境下的中间商 ·· (245)

8.5 网络营销中的物流 ·· (249)

第9章　网络营销促销策略 ·· (259)

9.1 网络营销促销概述 ·· (259)

9.2 网络营销广告 ·· (268)

9.3 网络营销中网络站点的推广 ·· (274)

9.4 网络销售促进 ·· (276)

9.5 网络营销公共关系 ·· (279)

第10章　定价与支付策略 ·· (288)

10.1 网络营销定价基础 ·· (288)

10.2 网络营销定价 ·· (291)

10.3 网上支付与安全 ·· (300)

第11章　网络营销服务策略 ·· (307)

11.1 网络营销服务概述 ·· (307)

11.2 网络客户满意管理 ·· (310)

11.3 网络营销个性化服务 ·· (312)

11.4 客户关系管理 ·· (313)

11.5 网络营销服务的实施与管理 ·· (330)

第 12 章　网络营销的管理与控制 ……………………………………………（336）

12.1　网络营销目标管理 ……………………………………………………（336）

12.2　网络营销业绩评估 ……………………………………………………（344）

12.3　网络营销的信用管理 …………………………………………………（350）

12.4　网络营销的过程管理 …………………………………………………（352）

12.5　网络营销的风险管理 …………………………………………………（355）

参考文献 …………………………………………………………………………（362）

第1章
网络营销概述

互联网络起源于美国,1969 年美国国防部资助其西海岸 4 所大学和研究所,通过简单的通信电缆将主电脑连接起来,实现互相通信并称之为 Arpanet。在 20 世纪 90 年代初,美国国防部将其商业化,并成立国际标准化管理委员会负责标准制定和实施,在随后短短几年内,互联网络由美国发展到全世界一百多个国家和地区,在互联网络上可以很容易地与任一联网地区进行联系,而且收费非常便宜,简直是"信息超导体"。互联网络发展的全球化,得益于其自身的开放性、共享性、协作性和低廉性,在互联网络上任何人都可以自由发挥创作,既是信息的创造者,也是信息的消费者,信息的流动不受限制,网络的运作是相互协调决定的,可以自由连接和退网,因此互联网络上的资源基本上是免费的、共享的。

进入 21 世纪,互联网受到各行各业和全社会的青睐。随着中国加入世界贸易组织,全球经济一体化趋势日趋显著,企业网络化、信息化发展进程加速,使得企业网络营销(cybermarketing)随着互联网的产生和发展而诞生与成熟。它主要是指企业借助于网络技术和信息技术来实现营销目标的一种新的营销方式。

1.1 网络营销的产生和发展

网络营销(cybermarketing,online marketing)的产生,是科技发展、消费者价值变革、商业竞争等综合因素所促成的。

1.1.1 网络营销的概念

关于网络营销的理论和方法,国内已经出版一些专著,专业报刊上发表的文章也不少,更多资料出现在互联网相关的网站上。综观现有各种观点,都没有形成一个完整的体系。面对大量信息,反而给人们造成一种只见树木不见森林的感觉。

为了理解网络营销的全貌,有必要为网络营销下一个比较合理的定义。从"营销"的角度出发,网络营销是企业整体营销战略的一个组成部分,它是建立在互联网基础之上、借助于互联网来更有效地满足顾客的需求和欲望,从而实现企业营销目标的一种手段。据此定义,可以得出下列认识。

1) 网络营销不是网上销售

网上销售是网络营销发展到一定阶段产生的结果,网络营销是为实现网上销售目的而进行的一项基本活动,但网络营销本身并不等于网上销售。这可以从两个方面来说明:

①因为网络营销的效果可能表现在多个方面,例如企业品牌价值的提升、加强与客户之间的沟通、作为一种对外发布信息的工具。网络营销活动并不一定能实现网上直接销售的目的,但是,很可能有利于增加总的销售。

②网上销售的推广手段也不仅仅靠网络营销,往往还要采取许多传统的方式,如传统媒体广告、发布新闻、印发宣传册等。

2) 网络营销不仅限于网上

这样说也许有些费解,不在网上怎么叫网络营销? 在我国,上网人数占总人口的比例虽然已过半,即使对于已经上网的人来说,由于种种因素的限制,有意寻找相关信息,在互联网上通过一些常规的检索办法,不一定能顺利找到所需信息。何况,对于许多初级用户来说,可能根本不知道如何去查询信息,因此,一个完整的网络营销方案,除了在网上做推广之外,还很有必要利用传统营销方法进行网下推广。这可以理解为关于网络营销本身的营销,正如关于广告的广告。

3) 网络营销建立在传统营销理论基础之上

因为网络营销是企业整体营销战略的一个组成部分,网络营销活动不可能脱离一般营销环境而独立存在,网络营销理论是传统营销理论在互联网环境中的应用和发展。

1.1.2 网络营销的特点

随着互联网络技术发展的成熟以及联网成本的低廉,互联网像一种"万能胶"将政府、企业以及个人跨时空联结在一起,使得他们之间信息的交换变得"唾手可得"。市场营销中最重要也最本质的是企业和个人之间进行信息传播和交换,如果没有信息交换,交易也就是无水之源,正因为如此,互联网也使得网络营销具备了以下特性。

1) 跨时空

营销的最终目的是占有市场份额,由于互联网络具有超越时间约束和空间限制进行信息交换,因此使得脱离时空限制达成交易成为可能,企业能有更多时间和更大的空间进行营销,可24小时随时随地地提供全球性营销服务。

2) 多媒体

互联网络被设计成可以传输多种媒体的信息,如文字、声音、图像等信息,使得为达成交易进行的信息交换可以多种形式存在和交换,可以充分发挥营销人员的创造性和能动性。

3) 交互式

互联网络可以展示商品型录,联结资料库提供有关商品信息的查询,可以和顾客做互动双向沟通,可以收集市场情报,可以进行产品测试与消费者满意调查等。它是产品设计、商品信息提供以及服务的最佳工具。

4）拟人化

互联网络上的促销是一对一的、理性的、消费者主导的、非强迫性的、循序渐进式的，而且是一种低成本与人性化的促销，避免推销员强势推销的干扰，并通过信息提供进行交互式交谈，与消费者建立长期良好的关系。

5）成长性

互联网络使用者数量快速成长并遍及全球，使用者多属年轻、中产阶级、高教育水平，由于这部分群体购买力强而且具有很强市场影响力，因此是一项极具开发潜力的市场渠道。

6）整合性

互联网络上的营销可由商品信息至收款、售后服务一气呵成，因此也是一种全程的营销渠道。另一方面，企业可以借助互联网络将不同的传播营销活动进行统一设计规划和协调实施，以统一的传播方式向消费者传达信息，避免不同传播的不一致性产生消极影响。

7）超前性

互联网是一种功能最强大的营销工具，它同时兼具渠道、促销、电子交易、互动顾客服务以及市场信息分析与提供的多种功能。它所具备的一对一营销能力，正是企业营销的未来趋势。

8）高效性

网络平台可储存大量的信息，代消费者查询，可传送的信息数量与精确度，远超过其他媒体，并能适应市场需求，及时更新产品或调整价格，因此能及时有效地了解并满足顾客的需求。

9）经济性

通过互联网进行信息交换，代替以前的实物交换，一方面可以减少印刷与邮递成本，可以无店面销售，免交租金，节约水电与人工成本；另一方面可以减少由于迂回多次交换带来的损耗。

10）技术性

网络营销是建立在高新技术作为支撑的互联网的基础上的，企业实施网络营销必须有一定的技术投入和技术支持，改变传统的组织形态，提升信息管理部门的功能，引进懂营销与电脑技术的复合型人才，未来才能具备市场的竞争优势。

1.1.3 网络营销产生的基础

满足消费者的需求，无论在何时何地，都是一个企业的经营核心。随着互联网的用途由学术研究向商业应用的逐步转变，世界各地企业纷纷上网为消费者提供各种类型的信息服务，并把抢占这一科技制高点视为获取未来竞争优势的重要途径。

1）网络营销产生的观念基础

当今企业正面临前所未有的激烈竞争，市场正由卖方垄断向买方垄断演变，消费者主导的营销时代已经来临。在买方市场上，消费者将面对更为纷繁复杂的商品和品牌，这一变化使当代消费者心理与以往相比呈现出一种新的特点和趋势。

(1)当代消费者心理变化趋势和特征

在过去相当长的一个历史时期内,工商业都是将消费者作为单独个体进行服务的。在这一时期内,个性消费是主流。只是到了近代,工业化和标准化的生产方式才使消费者的个性被淹没于大量低成本、单一化的产品洪流之中。

①个性消费的回归。在短缺经济或近乎垄断的市场中,消费者可以挑选的产品本来就很少,因而个性不得不被压抑。但当市场经济发展到今天,多数产品无论在数量还是品种上都已极为丰富,消费者能够以个人心理愿望为基础挑选和购买商品或服务。更进一步,他们不仅能做出选择,而且还渴望选择。他们的需求更多了,需求的变化也更多了。逐渐地,消费者开始制订自己的准则,他们不惧怕向商家提出挑战,这在过去是不可想象的。用精神分析学派的观点观察,消费者所选择的已不单是商品的使用价值,而是还包括其他的"延伸物",这些"延伸物"及其组合可能各不相同。因而从理论上看,没有一个消费者的心理是完全一样的,每一个消费者都是一个细分市场。心理上的认同感已成为消费者做出购买的品牌和产品决策的先决条件,个性化消费正在也必将再度成为消费的主流。

②消费主动性增强。在社会分工日益细分化和专业化的趋势下,消费者对购买的风险感随选择的增多而上升,而且对单向的"填鸭式"营销沟通感到厌倦和不信任。在许多日常生活用品的购买中,尤其在一些大件耐用消费品(如电脑)的购买上,消费者会主动通过各种可能的途径获取与商品有关的信息并进行分析比较。这些分析也许不够充分和准确,但消费者却可从中获得心理上的平衡,以减轻风险感或减少购买后产生后悔感的可能,增加对产品的信任和争取心理上的满足感。消费主动性的增强来源于现代社会不确定性的增加和人类追求心理稳定和平衡的欲望。

③对购买方便性的需求与购物乐趣的追求并存。一部分工作压力较大,紧张度高的消费者会以购物的方便性为目标,追求时间和劳动成本的尽量节省,特别是对于需求和品牌选择都相对稳定的日常消费者,这点尤为突出。然而另一些消费者则恰好相反,由于劳动生产率的提高,人们可供支配的时间增加,一些自由职业者或家庭主妇希望通过购物来消遣时间,寻找生活乐趣,保持与社会的联系,减少心理孤独感。因此他们愿意多花时间和体力进行购物,而前提必须是购物能为他们带来乐趣,能满足心理需求。这两种相反的心理将会在今后较长时间内并存和发展。

④价格仍然是影响消费心理的重要因素。虽然营销工作者倾向于以各种差别化来减弱消费者对价格的敏感度,避免恶性削价竞争,但价格始终对消费者心理有重要影响。例如最近的微波炉降价战,虽然作为市场领导者的格兰仕拥有技术、质量和服务等多方面的优势,但到最后却也被迫宣布重返降价竞争行列,为市场占有率而战。这说明即使在当代发达的营销技术面前,价格的作用仍旧不可忽视。只要价格降幅超过消费者的心理界限,消费者也难免会怦然心动地改变既定的购物原则。

(2)网络营销的心理优势和吸引力

网络营销具备了传统营销所无法替代的心理优势和吸引力,主要表现在以下几个方面:

①网络营销是一种以消费者为导向,强调个性化的营销方式。网络营销的最大特点在于以消费者为主导。消费者将拥有比过去更大的选择自由,他们可根据自己的个性特点和

需求在全球范围内找寻满足品,不受地域限制。通过进入感兴趣的企业网址或虚拟商店,消费者可获取产品的更多的相关信息,使购物更显个性。如一家销售户外活动商品的商家,在网络上开展了定制旅行袋的业务,顾客可利用自家的电脑和网络,自行设计(修改)旅行袋的式样、颜色、材料、尺寸、装饰品和附件等,还可绣上自己姓名的缩写字母,满意后按下订购键,就可以等待提着自己设计的与众不同的旅行袋满世界去风光炫耀了。

这种个性消费的发展将促使企业重新考虑其营销战略,以消费者的个性需求作为提供产品及服务的出发点。此外,随着计算机辅助设计、人工智能、遥感和遥控技术的进步,现代企业将具备以较低成本进行多品种小批量生产的能力,这一能力的增强为个性营销奠定了基础。

但是,要真正实现个性营销还必须解决庞大的促销费用问题。网络营销的出现则为这一难题提供了可行的解决途径。企业的各种销售信息在网络上将以数字化的形式存在,可以极低的成本发送并能随时根据需要进行修改,庞大的促销费用因而得以节省。企业也可以根据消费者反馈的信息和要求通过自动服务系统提供特别服务。

②网络营销具有极强的互动性,是实现全程营销的理想工具。传统的营销管理强调4P(产品、价格、渠道和促销)组合,现代营销管理则追求4C(顾客、成本、方便和沟通),然而无论哪一种观念都必须基于这样一个前提:企业必须实行全程营销,即必须由产品的设计阶段就开始充分考虑消费者的需求和意愿。

遗憾的是,在实际操作中这一点往往难以做到。原因在于消费者与企业之间缺乏合适的沟通渠道或沟通成本过高。消费者一般只能针对现有产品提出建议或批评,对尚处于概念阶段的产品则难以涉足。此外,大多数的企业也缺乏足够的资本用于了解消费者的各种潜在需求,它们只能凭自身能力或参照市场领导者的策略进行产品开发。

而在网络环境下,这一状况将有所改观。即使是企业也可通过电子布告栏、线上讨论广场(disscusion areas)和电子邮件等方式,以极低成本在营销的全过程中对消费者进行即时的信息搜集,消费者则有机会对产品从设计到定价(对采用理解价值定价法的企业尤具意义)和服务等一系列问题发表意见。这种双向互动的沟通方式提高了消费者的参与性和积极性,更重要的是它能使企业的营销决策有的放矢,从根本上提高消费者的满意度。

③网络营销能满足消费者对购物的方便性需求,提高消费者的购物效率。现代化的生活节奏已使消费者用于外出在商店购物的时间越来越短。在传统的购物方式中,从商品买卖过程来看,一般需要经过看样→选择商品→确定所需购买的商品→付款结算→包装商品→取货(或送货)等一系列过程。这个买卖过程大多数是在售货地点完成的,短则几分钟,长则数个小时,再加上购买者购买商品去购物场所的路途时间、购买后的返途时间及在购买地的逗留时间,无疑大大延长了商品的买卖过程,消费者为购买商品必须付出很多的时间和精力。同时,拥挤的交通和日益扩大的店面更延长了消费者的这种付出。然而在现代社会,随着生活节奏的加快,人们越来越珍惜闲暇时间,越来越希望有暇从事一些有益于身心的活动,并充分地享受生活。在这种情况下,人们用于外出购物的时间必然会越来越少。

网络营销给我们描绘了一个诱人的场景,使购物的过程不再是一种沉重的负担,甚至有时还是一种休闲、娱乐。网络营销是这样简化购买过程的:

售前:向消费者提供丰富生动的产品信息及相关资料(如质量认证、专家品评等),而且界面友好清晰,易于操作执行,消费者可以在比较各种同类产品的性能价格比以后,做出购买决定。

售中:消费者无须驱车到也许很远的商场去购物,交款时也不需排着长队,耐心等待,最后也无需为联系送货而与商场工作人员交涉。在网上,一切都是那么简单迅速。坐在家中即可逛虚拟的商店,用电子货币结算等,省却许多麻烦。

售后:在使用过程中发生的问题,消费者可以随时与厂家联系,得到来自卖方及时的技术支持和服务。

总之,网络营销能简化购物环节,节省消费者的时间和精力,将购买过程中的麻烦减少到最小。

④网络营销能满足价格重视型消费者的需求。网络营销能为企业节省巨额的促销费用,使产品成本和价格的降低成为可能。而消费者则可在全球范围内找寻最优惠的价格,甚至可绕过中间商直接向生产者订货,因而能以更低的价格实现购买。

消费者迫切需要新的快速方便的购物方式的服务,以最大限度地满足自身需求。消费者价值观的这种变革,呼唤着网络营销的产生,而网络营销也在一定程度上满足了消费者的这种需求。通过网上购物,消费者便可"闭门家中坐,货从网上来"。

2) 网络营销产生的现实基础

随着市场竞争的日益激烈化,为了在竞争中占优势,各企业都使出了浑身解数来想方设法地吸引顾客,很难说还有什么新颖独特的方法能出奇制胜。一些营销手段即使能在一段时间内吸引顾客,也不一定能使企业赢利增加。市场竞争已不再依靠表层的营销手段,更深层次上的经营组织形式上的竞争已经开始。经营者迫切地寻找变革之路,以尽可能地降低商品在从生产到销售的整个供应链上所占用的成本和费用比例,缩短运作周期。

而对于经营者求变的要求,网络营销可谓一举多得。开展网络营销,可以节约大量昂贵的店面租金,减少库存商品资金占用,使经营规模不受场地限制,可便于采集客户信息等,这些都使得企业经营的成本和费用降低,运作周期变短,从根本上增强企业的竞争优势,增加赢利。

总之,网络营销的产生有其技术基础、观念基础、现实基础,是多种因素综合作用的结果。网络市场上蕴藏着无限的商机,正如时代华纳集团旗下的新媒体公司科技与行政副总裁诺尔顿所言:"虽目前我们还不知道该怎样赚钱,但必须现在就看好网络上的无限商机。"

当网络经济、电子商务热极全球时,许多学者和企业家认为传统营销已经过时,网络营销将全面替代传统营销。现在,纳斯达克的暴跌,粉碎了无数梦想家的美梦,一时间,网络经济末日来临的论调甚嚣尘上,网络营销也随之销声匿迹。我们认为这两种观点都没有把网络营销放在一个社会和科技发展的环境中来认真分析,其实网络营销与传统营销是一个整合的过程。目前,虽然已有不少公司认识到了利用互联网的必要性。但是,只有很少一部分公司认识到将网络与传统营销整合起来的重要性。按照美国辛辛那提市的 Matrix 营销公司的调查,大约有60%的被调查公司没有将网络用于顾客服务体系当中。他们只将互联网看作一个销售工具。

网络营销应该支持公司的整个营销体系,它不应该是存在于真空中,因为网络只是营销海洋的一个水域,它不是唯一的解决方案,而是整体方案的一部分。为了打一场漂亮的网络营销战,在线服务应被认为是向消费者提供服务的另一个渠道。因此,网络营销首先应与公司的战略策划相互匹配、相互支持。

1.1.4 网络营销的优势

随着科学技术的迅猛发展,电脑已进入了千家万户,图形界面让人们远离了枯燥乏味的指令,互联网上丰富的信息资源更吸引着人们在网上遨游,各地网吧的兴起无疑证明了上网正成为一种时尚。与传统的营销手段相比,网络营销无疑具有许多明显的优势。

1)有利于企业取得未来的竞争优势

中国的许多家庭购买电脑都为了供孩子学习,使他们能跟上时代的脚步,而好奇心极强的孩子们大都对电脑甚为着迷,如果能抓住他们的心,当十几年以后,他们成长为消费者时,早先为他们所熟知的产品无疑会成为他们的首选,也就是说,抓住了现在的孩子,也就抓住了未来的消费主力,也就能顺利地占领未来的市场。从长远来看,网络营销能带给商家长期的利益,在不知不觉中培养一批忠实顾客。

2)使消费者的决策更具便利性和自主性

现在的人们生活在信息充斥的社会中,无论是报纸、杂志、广播,还是电视,无不充满着广告,而最让人痛恨的莫过于精彩的电视剧中也被见缝插针地放进了广告,让人们躲都躲不开,不得不被动接受各种信息,在这种情况下,广告的到达率和记忆率之低也就可想而知了。于是,商家感慨广告难做,消费者抱怨广告无处不在,而好广告则太少。网络营销则全然不同,人们不必面对广告的轰炸,人们只需根据自己的喜欢或需要去选择相应的信息,如厂家、产品等,然后如以比较,做出购买的决定。这种轻松自在的选择,不必受时间、地点的限制,24 小时皆可,浏览的信息可以是国内外任何上网的信息,不用一家家商场跑来跑去比较质量、价格,更不必面对售货员的"热情推销",完全由自己做主,只需操作鼠标而已,这样的灵活、快捷与方便,是商场购物所无法比拟的,尤其受到许多没有时间或不喜欢逛商场的人士的喜爱。

3)有利于企业取得成本优势

在网上发布信息,代价有限,将产品直接向消费者推销,可缩短分销环节,发布的信息谁都可以自由地索取,可拓宽销售范围,这样可以节省促销费用,从而降低成本,使产品具有价格竞争力。前来访问的大多是对此类产品感兴趣的顾客,受众准确,避免了许多无用的信息传递,也可节省费用。还可根据订货情况来调整库存量,降低库存费用。例如,网上书店,其书目可按通常的分类,分为社科类、文学类、外文类、计算机类、电子类等,还可按出版社、作者、国别等来进行索引,以方便读者的查找,还可以辟出专栏介绍新书及内容简介,而信息的更新也很及时、方便,以较低的场地费、库存费提供更多更新的图书,来争取客源。

4)有利于企业和顾客的良好沟通

可以制作调查表来收集顾客的意见,让顾客参与产品的设计、开发、生产,使生产真正做到以顾客为中心,从各方面满足顾客的需要,避免不必要的浪费。而顾客对参与设计的产品会倍加喜爱,如同是自己生产的一样。商家可设立专人解答疑问,帮助消费者了解有关产品的信息,使沟通人性化、个别化。比如汽车生产,厂家可提供各式各样的发动机、方向盘、车身颜色等供顾客挑选，然后在电脑上试安装，使顾客能看到成型的汽车，并加以调整，从而汽车也可大量定制；以世界上最大的家居产品生产厂家之一的 IKEA 为例，顾客可以利用 IKEA 设计软件在网上设计符合家里房间尺寸的家具，体验不同组合，尝试不同风格，直到顾客满意为止。商家也可由此得知顾客的兴趣、爱好，从而进行新产品的开发。

5）有利于企业提供更优质的服务

人们最怕遇到两种售货员，一种是"冷若冰霜"，让人不敢买；另一种是"热情似火"，让人不得不买，虽推销成功，顾客却心中留怨。网络营销的一对一服务，却留给顾客更多自由考虑的空间，避免冲动购物，可以更多地比较后再作决定。网上服务可以是 24 小时的，而且更加快捷。有个例子，一个人买了惠普公司的打印机，老是出现问题，通过咨询得知是打印程序的问题，于是他找到惠普公司的站点，下载了打印程序，问题便解决了，多么快捷与方便，惠普公司也因此节省了一笔费用。不仅是售后服务，在顾客咨询和购买的过程中，商家便可及时地提供服务，帮助顾客完成购买行为。通常售后服务的费用占开发费用的 67%。提供网络服务可降低此项费用。

6）有利于企业提高产品促销的多媒体效果

网络广告既具有平面媒体的信息承载量大的特点，又具有电波媒体的视、听觉效果，可谓图文并茂、声像俱全。而且，广告发布不需印刷，节省纸张，不受时间、版面限制，顾客需要就可随时索取。

7）有利于监测营销效果

随着互联网的多元化发展，网络营销的表现形式也越来越多，如何有效监测和评估网络营销的效果也成为现代企业运营推广的重点。广告大师约翰·沃纳梅克曾说过，"我知道我的广告费有一半是浪费的，但我不知道浪费的是哪一半"，和传统广告媒体相比，网络营销的优点之处就在于可实现对营销效果的追踪和评估，能够实时地监测线上营销活动的效果。在传统广告中，只有对广告的浏览，不存在对广告的点击之类的反馈。而网络广告中，用户除了对活动广告的浏览外，还有相当一部分转化为对它的点击，进而产生类似购买的成功事件，而整个过程用户的行为都可以利用现有的技术来实现监测。目前用于监测企业网络营销效果的互联网营销活动监测与效果评估系统已经被推出，这个评估系统能够全面监测互联网营销推广的各个环节，包括营销活动广告投放渠道效果、广告表现形式、活动流量构成及来源、到访活动用户及后续购买行为分析，以及活动用户对营销产品的访问和购买偏好等，帮助企业更好地评估投放媒体的真实价值，找到营销广告投放的最佳渠道及产品组合，从而最大限度提升企业营销。

8）有利于精准定位目标客户

由于在 Web3.0 时代，互联网上的信息将被高度聚合、受众也被深度细分和聚合，广告主可精准锁定自己的目标受众，他们发布的信息将完全按照受众的需求和关注点进行个性化定制，低效的强制性硬广告将淡出市场。他们还可了解每个受众的网络行为轨迹，归纳不同的细分群体，通过置入式的网络精准营销来传递信息，基于受众的数据库营销也将成为趋势。网上商城通过个性化推荐系统的推荐引擎深度挖掘出商城用户的行为偏好，打造个性化推荐栏，智能向用户展示符合其兴趣偏好和购买意图的商品，帮助用户更快速更容易找到所需要的商品,让用户购物有更流畅更舒心的体验。另一方面个性化推荐栏也可以起到辅助用户决策,提高网购效率的作用。这里就存在着一个原理:因每个用户的兴趣而异,智能向用户推荐他最可能喜欢的商品,这不但是个性化营销,更加是电子商务精准营销的最好表现和做法。

9) 有利于快速响应市场

目前,由于各个网络通道之间都可以实现信息互动,网络营销可以消除中间商以及减少低效率、高成本的付出,但最根本的目的是构建更紧密的客户关系,发掘更多的客户价值,这是大多数采用网络营销方式企业取得成功的根本原因。正是得益于这种商业模式,企业可以对市场及客户反馈作出极为快速的反应,这一方面有助于企业更快更为真切地感觉到市场的变化和机会,有效地推出相应的对策;另一方面也由于能够提供及时快速的服务而获得了最佳客户满意度。当新经济浪潮席卷而来时,戴尔借助网络营销技术,将自己重新定位为一个运用长期合约及互联网络,且与供货商系统作密切联结的"中枢"系统,使戴尔与顾客之间、戴尔与市场变化之间,得到一种无缝的链接。而由此产生的低成本、高效运作、快速响应就是戴尔营销模式的竞争力体现。戴尔的网络营销模式、网络营销思维与新技术进行了有机的融合,而不是像许多公司对网络营销的运用只停留在企业信息发布、与客户进行简单的交易层面。戴尔式网络营销的成功之处在于,出色的网络营销使戴尔建立了高效、低成本的销售渠道。强化了和客户之间的关系,更直接地得到了客户的反馈信息,为戴尔提供更好的服务奠定了基础。而且,戴尔网络营销模式使得企业对市场需求变化有更敏锐的感应,可以及时调整企业的经营策略,降低由于库存量或技术革新不足而带来的企业运营风险。

1.1.5 网络营销的劣势

与传统的营销相比网络营销的主要劣势体现在以下几个方面。

(1) 缺乏信任感

人们仍然信奉眼见为实的观念,买东西还是要亲眼瞧瞧,亲手摸摸才放心。这也难怪,许多商家信誉不好,虽是承诺多多,却说一套,做一套,让消费者不得不货比三家,只怕买回家的和介绍的不同,虽是麻烦一点,总比退货、换货时看人脸色要强。还有那一句"本活动之解释权在本公司",更让人不得不三思而后行。网上购物,人们看不到实物,没有质感,万一上当怎么办?打官司,费时又费钱,赢了也多是得不偿失,不如买的时候费点事也值得。网上购物要发展,保证质量是一个重要的方面。

(2) 缺乏生趣

网上购物,面对的是冷冰冰、没有感情的机器,它没有商场里幽雅舒适的环境氛围,缺乏三五成群逛街的乐趣,也没有精美的商品可供欣赏,有时候,逛街的目的不一定非得是购物,它可以是一种休闲和娱乐,还是享受。网上购物还存在着试用的不便,消费者没有实地的感受,也没法从推销者的表情上来判断真假,实物总是比图像来得真实和生动。所以,对许多人来说,网上购物缺乏足够的吸引力。

(3) 技术与安全性问题尚待改进

我国网络发展水平不高,覆盖率低,再加上硬件环境的低下,人员水平的不足,以及信息管理与分析能力的缺乏,从很大程度上制约了网络发展。如果通过电子银行或信用卡付款,一旦密码被人截获,消费者损失将会很大,这也是网络购物发展所必须解决的大难题。

（4）价格问题越加敏感

网上信息的充分,使消费者不必再走东窜西地比较价格,只需浏览一下商家的站点即可货比三家。而对商家而言,则易引发价格战,使行业的利润率降低,或是导致两败俱伤。对一些价格存在一定灵活性的产品,如有批量折扣的,在网上不便于讨价还价,可能贻误商机。

（5）广告效果不佳

虽然网络广告具有多媒体的效果,但由于网页上可选择的广告位以及计算机屏幕等限制,其色彩效果不如杂志和电视,声音效果不如电视和广播,创意有很大的局限。

（6）企业促销被动性加剧

网上的信息只有等待顾客上门索取,不能主动出击,实现的只是点对点的传播,而且它不具有强制收视的效果,主动权掌握在消费者手中,他们可以选择看与不看,商家无异于在守株待兔。

（7）效果受限于物流等配套服务

电子商务是信息流、商流、资金流和物流有机结合的全新商业模式。其中,信息流、商流、资金流均可以通过计算机和网络通信设备快捷、高效的信息处理手段加以实现。而电子商务成功的关键是准确、及时地完成商品的空间转移。随着电子商务的快速发展,电子商务过程中物流环节的重要性越来越凸现出来。物流服务将会成为电子商务企业品牌知名度的一部分,成为电子商务企业提升自身价值的一张王牌。物流服务与品牌知名度、美誉度、订单量的增长成正相关,通过优质的物流服务建立较高的行业门槛已经成为业界共识,譬如京东旗下的京东快递现已成为京东品牌的一部分,对于京东的客户感受具有一定的影响力。

作为一种全新的营销和沟通的方式,网络营销还有待于完善和发展,相信随着网络技术的发展和互联网的普及,网络必将成为除报纸、杂志、广播、电视四大媒体之外的第五大媒体,成为商家做广告的选择之一。

1.1.6　网络营销与传统营销的关系

18世纪中叶,随着第一次产业革命在英国的勃兴,机械化大生产的社会生产方式在一些资本主义国家迅速得到了确立,这标志着工业经济时代的诞生。在过去的两个多世纪里,这种生产方式深刻地改变着人类的生活方式与消费方式,进而导致了营销理论的不断创新。在工业经济时代,企业营销理论先后经历了生产观念、产品观念、推销观念、市场营销观念、社会营销观念以及生态营销观念。在这一演变过程中,推动营销观念更新的主要力量是生产方式与消费方式的变化。当前,网络经济已初露端倪,而作为推动网络经济发展的科学技术,以其巨大的威力深刻地影响着人类的生产和消费方式。由此,也必然引起企业营销观念的创新。

1）传统的营销观念不能适应现代生产方式的变化

营销观念的产生总是基于一定的生产方式与消费方式,若片面强调营销观念对生产的指导作用,而不对生产方式对市场营销观念的决定性作用加以研究,那将是一种因果倒置的思维。工业经济时代的营销观念,从生产观念到市场营销观念,都是服从于大规模、标准化这一生产方式的。从根本上说,这些营销观念只有适应、支持并帮助这一生产方式实现其应有的规模效益,才能成为主流性的营销观念,并得到当时企业界的认同和运用。以信息化为基本特征的网络经济已经深刻地影响着生产方式,工业经济时代的营销观念越来越显得与这种新型生产方式不相符合。具体来说,表现在以下几个方面。

①工业经济时代的营销观念与现代企业战略管理理念不符。现代企业的战略管理重点是培养和发展能使企业在未来市场竞争中居有利地位的核心竞争力。在战略管理过程中,企业应首先考察现有资源和核心竞争力及其在适当市场机会中的价值,然后确定这种机会与能力的差距,最后做出如何弥补差距的战略决策。核心竞争力应具有充分的用户价值、独特性和延展性,应该能为企业打开多种产品市场提供支持。传统营销强调的是产品组合(如4P 的扩展),而网络经济时代则注重资源组织,以打破资源型障碍,提高核心资源和竞争力优势。作为战略,传统营销理论强调单一企业的自身产品营销,在网络经济的生产方式下,营销主体——企业则往往以联合的身份出现,也即由几个互相提供具核心竞争力含义的产品构成一个面向用户的产品,因而,这种强强联合(如微软公司与英特尔的联合)将在市场营销中占据越来越重要的地位。

②工业经济时代的营销观念与全球化的生产方式不相符合。全球化依托信息化的发展而自 20 世纪 80 年代以后在发达国家迅速发展起来,跨国公司是全球化经营的先锋,目前人们普遍认为全球化经营可以带来以下三个方面的好处:

a. 增加市场份额;

b. 提高价格水平(顾客得到的价值增加);

c. 对地方竞争对手造成压力。

这种全球化经营方式的兴起给企业营销提出了众多有挑战性的课题:对不同国家消费需求的预测,如何适应不同国家文化环境、法律环境;如何克服贸易壁垒,顺利使产品进入不同的国家;在营销管理上,如何实现国际化等。面对这些问题,许多国家的企业都准备不充分。

③传统市场营销理论中的产品主要是指实物产品,这与网络经济时代的生产形态大相径庭。在信息化社会里,服务产品正以前所未有的速度增长,如在英国,20 世纪 80 年代初期制造业在国内生产总值中所占份额是服务业份额的 10 倍,然而到 20 世纪 90 年代初期,则降到 1.5 倍。另一项资料显示,1996 年美国信息产业占国民生产总值的比重达 33%,1997年上升到 40%,现在美国有 70% 以上的就业劳动力在信息业和服务业工作。据世界贸易组织(WTO)统计,2000 年世界服务出口额(不包括政府服务,下同)为 1.44 万亿美元,2004 年超过 2 万亿美元扩大至 2.13 万亿美元,2007 年突破 3 万亿美元增加至 3.29 万亿美元,2008年达到 3.78 万亿美元的最高历史水平。统计资料显示,世界服务贸易年出口规模从 1 万亿美元增加到 2 万亿美元,大约用了 10 年时间,而从 2 万亿美元扩大到 3 万亿美元,只用了 4年时间。另外,由于高新技术的不断涌现,新兴产业群也不断涌现,这使传统市场营销中的产品概念远远不能满足当今生产方式发展的需要。

④网络经济对传统分销渠道的挑战。传统营销理论中所说的分销渠道往往以各级批发和零售商业为主渠道,依赖储运设备进行实物分销,而实际上互联网的兴起为商流注入了新的内容,生产者与消费者可以通过电子数据迅速达成交易。因此,生产者与消费者的信息交换成本很低,中间商越来越受到威胁,那种起源于 20 世纪 50 年代为零售商需要而设计的包

装方式也正受到严峻考验。

⑤ "柔性"化生产对工业经济时代的大批量、标准化生产的冲击。生产者内部分化更趋激烈,新的效率标准不但是必要的而且也是可能的。工业经济时代的生产经营活动往往包括企业的市场调查、新产品开发与设计、新产品试销以及产品销售,甚至包括产品的售后服务。这样的一个全能型生产者在大批量、标准化生产时代是一种经济的有效率的行为,它的深层次原因是企业内部信息传递成本较低,强化内部管理比外部企业合作更具优势,因而越是大型企业,就越是综合化。但是,从理论上分析,这样的一个多职能综合体,除了产品对外以后,其各部门、各职能间的交易都是内部的,往往产生内部资源的浪费。一种较为理想的现代生产者之间的布局是企业内部职能实体化,传统的工业企业将沦落为加工中心,它只是社会生产者的配角,而主角则是众多的专业设计公司,它们与消费群共同设计出符合某一消费群特定需要的商品或服务。因此有必要建立起非标准化的效率标准,即小批量、多品种的效率标准。应用计算机辅助制造,按事先编好的程序,在一条生产线上,一个产品就是一个型号。从某种意义上说,标准多到"没有标准"了,所以非标准化生产即是"柔性"化生产。

⑥网络经济下信息成本的大幅度下降对传统生产方式的冲击。信息成本的大幅度下降,使信息不对称导致的效率损失大为减少,市场进一步细分,并最终走向个性化产品的生产。信息完全对称是经济学中完全竞争市场运行的一个基本条件,信息不对称必然产生效率损失,但这是就全社会而言的。对于一个具体的企业来说,信息不对称则有可能产生两个相反的作用,一方面,有的企业往往利用生产者与消费者之间的信息不对称,将自己占据的信息优势成为获得超额利润的重要手段;另一方面,由于信息不对称,也使得企业带有很大的盲目性,高效率产出与大额库存并存,最终导致企业资源的浪费。但随着信息革命的推进,生产者与生产者之间、生产企业内部、生产者与销售者之间以及消费者之间的信息传递成本大为减少。例如,以计算机和电信为例,成本的大幅度下降以及最近家庭会议和电子邮件这样的技术的广泛采用,已经使得对范围广泛的经营活动的协调不仅更加可行,而且更加可靠和具有高效率。由于信息化能使企业准确、及时掌握消费者需求信息,为企业进行市场细分提供了依据,并能给企业提供较为准确的潜在顾客群,有助于该企业进行细分市场的利润分析,所以信息化为市场细分提供了新的机遇。

2) 传统的营销理论不能完全适应网络经济条件下的消费方式

研究营销观念不能不研究消费方式,实际上,随着消费方式变化速度的加快,市场营销理论越来越加强了对消费者行为的分析。研究消费方式的变化应将消费方式放在网络经济为消费提供的可能条件上来考虑,这样,就可以揭示传统营销理论的内在矛盾,同时要辅以经济学的思考方法。具体来说,传统营销理论与现代消费方式存在以下几方面的不适应性。

①工业经济下的市场营销理论只将消费者当成纯粹的消费者,而网络经济时代的消费者实质上是"产消者"。从生产与消费合一到生产与消费分离,再到生产与消费合一,反映了人类自由时间的解放与劳动人性化,阿尔文·托夫勒在其《第三次浪潮》一书中指出,在第一次浪潮时期,即农业经济社会,绝大多数人消费的只是他们自己所生产的东西。他们既不是通常意义上的生产者,也不是一般意义上的消费者,可称之为"产消者"。工业革命把上述两种职能分离开来,由此出现了所谓的生产者和消费者,人类由"为使用而生产"发展到"为交换而生产"。但是,随着消费水平与消费能力的提高,消费者参与生产,从而再次投入到为

"使用而生产"的经济内容将大为增加,人类再次进入更高的消费层次。从开放式的电脑操作系统与各种软件到家庭装饰和时装设计,消费者越来越多地参与了生产过程。实际上,这一为使用而参与生产本身就构成了消费的一部分,是消费的开端,或者说,消费者因为成为产消者而达到了预期使用效果而获得心理满足。工业经济下的营销理论因为只将消费者看成纯粹的产品使用者,因而也只能从消费者使用后的感觉来验证其产品满足消费者的程度,这是后验性的。网络经济时代的消费方式要求产品效果的测定是先验性的,也即在产品生产之前及之中,消费者就能评估这一产品的使用效果。

②工业经济下的市场营销理论无法满足个性化需求。新的营销观念要有满足人的内在需求的必然性,就必须实现个性化需求。在工业经济时代,消费者并不能真正地直接地表达其消费需求,消费者个体需求信息必须被进行加工、整理,以符合批量生产的要求,如果达不到批量生产的要求,那么消费者需求就无法得到满足,或者消费者只能付出更高的代价来得到该种产品。这一规律是由工业经济时代的生产水平决定的。传统市场营销实践只能帮助生产企业完成这种行为,而无法真正满足个性需求。比如,消费者在市场上买到的服装是否合意,主要看该消费者的心身条件是否最接近于服装所要依此加工的模特,也就是说,单一消费者只能作为某一服装加工企业的市场定位中所确定的总体中的一个样本。按照统计学原理,个体差异会随着统计整理的进行而逐步减小以至消失。另外一个典型的事例是消费者的审美追求也得不到足够的尊重与满足,生产者、商业经营者并非天然不尊重消费者对美的追求,而且,从当代的营销理论来看,消费者的需求是企业的中心。但是,工业经济时代,如果要满足多样化的审美需求,势必导致成本的大幅度上涨。因此,生产企业在设计产品时,对审美的追求也只能根据统计的原则来进行。在市场细分中,将收入、职业、宗教、审美等差异很大的指标进行规范化并加以综合,从科学的眼光来审视这种综合的逻辑,显然可以认为这是错误的。但是,现实与经济学理想的一个巨大差异是,现实的经济活动中,生产者、商业经营者控制了更多的资源,凭借着这些资源,以各种媒体作为载体,消费者被引进了生产经营者所设计的对美的定义。

③工业经济下营销理论无法满足消费者最大需求。工业经济时代,由于大规模生产的发展,一方面大大增加了消费者选择商品的可能性;另一方面专业化分工的结果使工商分工越来越细,商业获得了空前的发展,消费者在商业的不断发展中获得了一些便利,但是,这也可能导致消费者寻找、挑选成本的提高,消费者为比较产品之间微小差别所花时间和金钱在增加。这与满足消费者最大的需要之间产生了矛盾,而这一矛盾在工业经济时代是无法克服的。

3)网络营销观念的基本内涵

网络经济的核心特征是信息化给生产方式和生活方式带来了巨大影响。这些影响的结果也必将给市场营销观念带来革命性的变化。这种变化来自一种新经济的内部,是不以人的意志为转移的,如果能顺应这种变化,企业就有可能获得竞争优势,否则,若以传统的营销观念去参与网络经济时代的竞争,必将使企业营销方向发生错误。归纳起来,网络经济时代的新营销观念大致包含以下内容。

①综合性企业将被拥有核心营销能力的专业性企业所代替,市场营销主体因受到网络经济的冲击而呈现出巨大的变化。尽管综合性企业(拥有完整的从产品设计到产品销售以

至产后服务的企业)在未来很长时间内仍然是市场的主角,但是它们存在的前提是要有不断扩大的市场才能满足效率要求,正因如此。全球化经营是综合大型企业的首要追求,综合性企业的解体与专业性企业的兴起是一个更为重要的趋势。市场调查公司专责市场需求的调查,而专业设计公司希望出售产品设计,甚至是概念产品。传统企业因为拥有生产设备而沾沾自喜的时代已经过去,产品加工中心是一种新崛起的为众多企业加工产品的新型经济组织。它们不仅仅加工自身企业所设计的产品,更重要的是它们为不同品牌的企业提供生产服务。这是一个重要的趋势,阿尔文·托夫勒在1975年为贝尔电报电话公司提供的一份咨询报告中指出,贝尔电报电话公司应重点发展其研究功能,以此作为企业核心竞争力,而将加工、组装电话的功能出售。这份建议引起贝尔公司管理高层的重视,贝尔公司要求每一部门都重视咨询报告的价值。同时,网络经济时代必将产生一种新的营销企业,即信息服务企业,其主要功能是经济地将消费者信息集中起来,然后出售这类信息给专业设计公司,这样,消费者个性化消费才有可能。

②营销客体——产品概念的拓展。将产品限定为实物产品是工业经济时代营销的重大缺陷。在网络经济时代,服务作为营销客体,与实物产品具有同等性质,同样需要研究其营销手段。这样,营销学必将在更多的领域被运用,如金融、注册会计师事务所以及快递公司等,如20世纪90年代美国曾将一家快递公司评为最佳公司,这充分说明服务产品的营销已经引起发达国家的重视。服务产品的营销引起了一系列问题,包括服务产品在不同国家的准入制度,服务产品价值制定标准,服务产品销售网络以及促销策略,等等。因而,引入服务产品为整个营销领域注入了新的活力。

③营销活动的载体——市场从有形趋向无形。许多营销专家都认为,有形市场难以满足服务产品的销售,因而需要一个跨越时空的无形市场。网络商业的兴起为无形市场的发展提供了契机,更多的产品将被搬上网络,这一趋势的必然结果是传统的商流——从厂家到批发企业,然后通过零售商业送到消费者手中的渠道将被改变,生产厂家可以通过网络直接与消费者完成交易,这样做还带来了另一个好处,即消费者直接表达了对商品的评价,生产者与消费者之间的沟通程度大大提高了。

④市场营销任务从满足需求到创造需求。雷戈里·卡彭特在其《改革营销活动的准则》一文中指出:目前的营销观就是营销"给顾客想要的东西"。公司只应弄清购买者想要什么,然后想出行之有效的办法予以满足。但是,网络经济时代的到来,产品和服务的科技含量已大为提高,消费者在消费过程中,已不单纯地享受产品带来的物质感受,更重要的是消费产品的同时又是一个学习的过程,这一学习过程不但可以满足消费该产品的需要,而且使消费者的素质得到提高,素质的提高又可以为消费者充当生产者角色时提高效率而打下基础。这种营销观念是从电脑产品的销售中得到启发的。消费者通过学习电脑知识,从而购买电脑,通过电脑的消费不但可以得到精神的享受——欣赏图片、新闻和玩游戏等,更重要的是,电脑也是消费者生产活动不可或缺的部分,通过对电脑的消费,消费者提高了生产效率。因而,教育消费者是营销活动的开端,也是创造需求的重要前提。

⑤网络时代的营销性质是品牌营销,而品牌战略则是先锋品牌战略。先锋品牌是指第一个进入市场的品牌。在网络经济时代,由于生产能力的大幅度提高,信息成本的大幅度下降,企业开发新产品的能力大为提高,消费者识别新产品往往注重品牌,注重整体产品价值,

而对产品内部零配件的来源并不会关注太多。先锋品牌往往成为产品的形象代言人,买它更觉可靠。由于先锋品牌的这一功能,必将大大打击模仿者,企业唯一的出路是提高研究开发能力。

⑥市场营销中的竞争态势更趋激烈。在网络经济时代,传统的市场领导者、市场挑战者等角色之间只有一步之遥,企业之间的竞争往往不以规模取胜。哪怕是很小的企业,只要拥有一项核心技术或能力,通过一定的机制与方法,可以迅速从市场中聚集资源,成为大企业的竞争对手,微软公司依靠软件核心技术成为全球最大的企业,原来人们普遍预计微软公司将是无法超越的,但最近数据显示,思科公司将成为最大企业。

4)网络营销与传统营销的互补

网络营销是在传统营销模式上的创新,是一种企业营销策略。它的出现改变了传统营销的实际存在状态,但作为企业营销策略中的一个部分,网络营销不是独立存在的。虽然网络营销在营销手段和营销方式上相对传统营销都表现出很大变化,但从根本意义上来讲,市场营销的根本意义没有变,网络营销和传统营销两者都是企业的一种营销活动,两者需要实现有效结合,通过优势互补的方式发挥最大作用,而且网络营销和传统营销有着相同的活动目标,那就是消费者的现实需求和消费者的潜在需求。结合网络营销和网络营销各自的实际特点和优势,将两者进行有效整合形成了一个互补的营销体系,这样才能在整个企业营销策略中获取最大的成功。

网络营销具有很多传统营销方式无可比拟的优势,两种营销方式都有各自的优缺点,两者的未来发展应该是相互促进,优势互补。如网络营销的互动方式沟通可以加上传统营销的主动性,具体而言,可以借助一些实际场所的传统营销活动或者实体店铺的活动作为网络营销的吸引点,使和网络营销进行互动的消费者了解、接触实体营销。同时,也可以借助赠品活动通过跟踪访谈、售后服务等方式和顾客主动交流、沟通,提高网络营销的主动性。

5)网络营销与传统营销的融合

虽然网络营销能给企业和消费者带来种种好处,但我们认为网络营销与传统营销并非替代关系,应互相融合。

(1)传统营销是网络营销的基础

网络营销作为一种新的营销方式或技术手段,是营销活动中的一个组成部分。如果想用网络手段产生价值就必须将网络与传统的企业方式结合起来,看在多大程度上节省了成本和促成了价值生成,也就是产生了多大的价值。否则仅一个信息手段来做商务必将因为对行业的不理解和资源缺乏而没有任何的优势可言。网络营销与传统营销相比,既有相同之处,又有其显著不同的特点。消费者的需求是多样的,尽管网络购物方便,但并不是对所有的消费者都具有同等的诱惑力。传统营销和网络营销之间没有严格的界限,网络营销理论也不可能脱离传统营销理论基础,网络营销与传统营销都是企业的一种经营活动,且都需要通过组合运用来发挥功能,而不是单靠某一种手段就能够达到理想的目的的。两者都把满足消费者的需要作为一切活动的出发点。网络营销环境下,"4P"被发展演变为"4C"模式,随着网络营销的发展,"C"的数量可能还会不断增加,但是,如果忽略对"P"的重视,多数"C"也就无从谈起。现代企业应清楚地看到,无论用什么手段开展营销,首要的问题是要了解自己的顾客和潜在顾客的需求,然后采取一定的措施满足用户的需求。我们必须明白一个前提,那就是互联网实际上是一种信息中介,互联网最能获得利润的,本来就在于信息服务,互联网不可能完全取代传统的行为模式,大量的交易还是要通过离线方式进行。网络只是一种营销手段,而并不是营销活动的全部。网络经济的主体是利用互联网提供的便利大幅度降低交易成本和向消费者提供更好服务的传统公司,研制、生产、销售或提供互联网和网络公司所需设备、软件及其服务的制造商和服务商。也就是说,只有传统公司利用网络技术改造价值链,降低生产成本和交易费用,互联网经济才能有足够的支撑。

(2)网络营销不可能完全替代传统营销

尽管网络飞速发展及普及,但网络营销要完全替代传统营销还为时尚早。

①消费是一种行为,而不仅仅是一种商业活动。从心理学的角度看,对于消费行为,至少有两个动机,一是真的产生了购买的需要,这种情况只要能够及时地使消费者安全地得到该需要就可以,这种动机的需要可以被网络满足。另一种则并不仅仅是为了购买,而是为了享受消费的过程,这种动机的消费者则是把整个挑选、试货等过程看作是一种享受,不会愿意把这个过程缩短。传统营销过程中的这种优点是网络营销所无法取代的。

②消费者购物往往有"眼见为实"的心理。在商品的挑选上,传统营销比网络营销有更大的自主性。消费者到商场购物,常常会对所需商品的各个方面进行仔细查看,以确定它是否符合自己的需要,这种选择是完全自主的,你可以了解到想知道的几乎所有信息。但网络营销方式的商场是虚拟的,从网上对商品的了解程度在于营销人员输入到计算机中的信息量。有些信息,如商品的质地、质量、重量、大小等不一定会在网上全部介绍。就是能了解到所有索要的信息,消费者购买某些产品时就有一种不踏实的感觉,更何况销售者亲临商场购物都怕假冒伪劣,也确曾发生过通过网上购物方式获得的食品已过了保质期的现象。所以对有的产品、有的企业完全用网络营销取代传统营销,并不能取得预期的效果。

③网络营销还要面对许多传统领域无法体会的问题。网络给人们带来了种种便利,同时也带给人们很多的烦恼。尽管电子商务日趋普及和完善,但网络依然存在着其安全的脆弱性。目前的金融结算体系还不能完全适应电子商务的要求,无法消除用户对交易安全性的顾虑。网上交易首先要防黑客,还要防诈骗,尤其在 C2C 方面网络诈骗已经到了比较严重的地步。国内 90% 以上的电子商务站点存在一些具有普遍性的严重安全漏洞,攻击者可以轻易盗取用户账号、交易密码,并可使用用户资金进行网上交易。这些安全漏洞将直接影响电子商务站点的信誉,对国内电子商务的发展进程将产生重大影响。由于买卖双方都素未谋面,彼此毫无了解,网站对上传信息无法确认和跟踪交易,为诈骗提供了肥沃的土壤。网上支付、网上信用等造成了人们不会完全改变传统消费方式的事实。

1.1.7 网络营销认识存在的误区

网络经济的潮起潮落,人们对网络营销的认识也众说纷纭,以下说法值得商榷。

1)"网络营销可以轻易地跨越地域的障碍,开拓全球市场"

经济全球化是网络营销发展的经济大背景,从中我们看到了未来网络世界突破地区贸易限制,打破地方保护主义,低成本开发大规模市场的良好前景。然而,这句口号却忽略了一个简单的商业现实:经济全球化,市场本地化。这是一个简易却复杂的原则,它不仅包括企业发展的跨国化战略、相对性差异策略等为主的全球化策略,而且还含有商业文化本地化、商品地区化、员工本地化的成本控制策略。"网络营销可以轻易跨越地域障碍",在目前网络状况参差不齐的情况下实现起来尚有很大的障碍,开拓全球市场更不是一件容易事。经济全球化导致竞争全球化,各地区市场的霸主本身扎根市场多年,熟悉市场的内部运作,具有充分的先发优势,为后来者制造了坚实的进入壁垒。单凭网络营销,想要在自己并不了解的市场站稳脚跟,谈何容易。

2)"网络营销可以多媒体促销"

实际上,"多媒体促销"既不是网络营销的首创,也不是网络营销的专利。只要同时拥有三种以上宣传渠道(如文字、图像、声音)都可称为"多媒体促销",电视广告、电影广告都符合广义上多媒体的广告促销概念,都可以称作是"多媒体促销"。从某种意义上讲,甚至后两者更为常见一些,也更容易被多数人(特别是没有上网条件的消费者们)所接受,毕竟到现在为止全球人口中不会使用计算机不知道上网是何物的人还占多数。

3)"网络营销实现 24 小时营业,用户足不出户随时可购买到所需的任何商品"

网络营销是传统营销方式的升级和变革,与传统不同的是,网络营销销售和服务并重,后者似乎更受重视。因为购到商品只是营销行为的开始,优质的网络服务只有风雨无阻,才能提高网络营销的黏度,使得顾客一次又一次心甘情愿地把钱掏出来给你。但用户可以随时购买到所需的商品,仅仅只是一种理想状态。我们利用网络能购买到商品已经成为现实,但"所需的商品"到底有多少?在网络上都有吗?即使有,网上公司不可能在全球各地都设了送货点吧,如果你需要的一件小商品在其他国家的网上有售,它能交到你手上吗?在网络上是不可能购买到中国的豆腐、玛雅部落的手工艺品的。实际上,目前以及很长的一段时间内,一般只有科技含量高,标准化程度高,时髦时兴的商品才是网络营销的主角。

4)"网络营销不需支付昂贵的店铺租金等费用,成本极低"

租用虚拟店铺和现实店铺有些不同,可能不需要很多钱,但绝对不是免费的。租用网上的销售空间是传统企业走向网络化的第一步,期间的费用可能是接连不断的。有业务的转移、人员的培训,还有一些高层管理流程思想的改革,这些都是潜移默化的支出。国内如雅宝这样大的做 C2C 营销的公司,一个月的支出就超过 150 万元人民币,这怎么都不可能算作是低成本。

5)网络营销可以实现"零库存"管理,缩短资金周转周期

零库存管理概念最早应用于工业控制领域的原料库存管理,有利于减少原料采购导致的流动资金呆滞。网络营销可以实现无纸化票据管理,自动控制,数字化登记等,但零库存管理并非网络营销才出现,只不过网络营销为企业实行零库存管理提供了更大的可能性。

6)网络营销就是圈会员、争排名

网络营销是使潜在的客户通过使用互联网,找到某网站、商铺,查看商品或服务的信息,通过电话、邮件、QQ 等方式联系到卖家,厂家或服务商,将潜在客户变成有效客户的过程。网站的用户群体是需要很长时间积累而来的,并非一朝一夕,网络营销是网站优化多元化发展之一,也是提升关键词排名的有效方法之一,很多企业站或是个人站点都是靠关键词排名才能拥有比较高的流量和转化率。开展网络营销,说白了就是要提升网站的知名品牌度、流量、用户群体,这样才能够对网站的关键词排名产生促进作用,但这个前提是网站内容要有价值,能够让用户喜欢并多次访问最终成为忠诚用户群体。多元化营销方式可以让网站获得更多展现更多点击,稳定关键词排名,而推广手段往往还要采取许多传统的方式,如传统媒体广告、发布新闻、印发宣传册等。

1.1.8　网络营销与传统营销整合的有效策略

企业的根本目的是通过提供产品或服务,满足消费者需求,从而获得生存和发展。网络时代的企业,其提供产品和服务的方式也必须适应消费者需求的变化,必须根据网络的特点来制定有效的营销策略。

1) 努力提供个性化的产品与服务,确立合适的目标定位

由于技术的革新和变更,产量受重视程度越来越低,已经不再像从前那样成为生产商的策略中心。企业必须考虑按照客户的需求定制产品,而非按部就班地生产标准化产品。即使是产量密集型的产业,如汽车制造业,也正在被技术进步的力量推动,逐渐转向定制生产(即按照客户订单要求来生产产品)。竞争的压力要求各个产业能对周边经济环境的变化迅速作出反应,这意味着从前主管发号施令、中层管理人员负责执行、普通员工由部门分管的等级管理体制将不复存在。而网站与最终客户的直接交流,也为企业个性化服务提供了可能。

在网络环境下,由于企业在物理空间和实体形象方面距离的缩小,致使企业之间竞争的难度大大增加。因此,企业要想成为在各方面都胜出对手的全能冠军就很难,但如果在某一个专门领域做精、做专、做深,在一个业务领域建立很强的竞争优势,则胜出的可能性很大。这就促使企业要根据自身特点确立合适的消费者目标定位。

2) 建立产品和企业信誉

信誉是网络营销的前提。尤其在网络市场并不发达的中国,谁会在网上购买自己从来没听说过或者质量不可靠的产品呢?如何确认顾客需求的真实性也是网络营销现阶段所面临的难点,这都可归结为信誉的问题。另外,在建立企业门户网站过程中,网站的知名度、服务质量等条件,也是一种品牌的营造。产品信誉、企业信誉在进行网络营销过程中是一个长期性的、战略性的问题。通常企业可从以下几方面树立信誉:

①优质的服务——随时为客户提供真正需要的方便的、优秀的服务;

②良好的运作——包括向客户提供最低价位的产品及服务,同时尽量避免给客户添麻烦。

③不断创新——不仅要求向顾客提供质量最好的产品,还要求向顾客提供更有新意、更有特色的产品,为顾客带来更多的利益。

3) 适时改变价格策略和促销策略

传统营销的价格策略主要考虑产品的生产成本和同类产品的市场价格,并且同一种产品在不同国家、地区的价格也不相同,即实行价格歧视。而消费者利用互联网可及时获得同类产品或相关产品的不同价格信息,必然会给实行地区价格差异的企业带来巨大冲击。为了消除这种不利影响,企业要努力使价格差异减少或实行价格标准化。尤其是网络上的消费者有较强的理性,企业在制定价格策略时更要考虑消费者的价值观念。

传统的促销策略主要是企业通过广告、人员促销、销售促进、公关宣传等方式进行,消费者处于被动地位。而企业开展网络营销,可利用网络论坛,BBS,电子邮件等网络工具与消费者建立一对一的联系,使消费者从被动接受促销转变为主动搜索广告、接受产品或服务,而且可大大减少促销费用。

4)提高企业员工素质和服务效率

网络营销要求企业员工特别是营销和网络管理人员不仅具有先进的技术知识,还要在市场营销方面有独当一面的能力;不但有收集、整理、分析信息的能力,还要有强烈的服务意识和人员沟通能力。因此企业要注意吸引和培养复合型人才,提高员工综合素质。

网络营销对企业的组织结构和服务效率也提出了更高的要求。网络的特点要求企业对外界特别是消费者的反映必须迅速及时,为此企业要与电子商务认证机构、金融部门和各类物流公司建立良好的合作关系,以保障身份认证、支付结算、物流配送的安全、快捷、方便。同时要建立更加快捷迅速服务周到的售后服务机制包括退货机制。

5)搞好网站建设

网站是企业进行网络营销的基础,通过企业自己有特色的网站,一方面可以树立企业形象;另一方面可以吸引新顾客、沟通老顾客,而这一点又直接影响到网络营销的效果。因此作为企业"脸面"的网站必须注意以下几点:

①尽可能吸引网络"观众"。主页(Home page)的版面设计、编排必须围绕企业的目标顾客群,而不只是一堆绚丽的图片和空泛的文字说明。

②快捷的信息提供。网站的内容要不断更新,使消费者及时了解和获取企业及产品的信息。

③提高网站的质量与专业性。精良和专业网站的设计,如同制作精美的印刷品,会大大刺激消费者(访问者)的购买欲望。

④加强网站的推广与宣传。优秀的网站同样需要辅之以成功的推广。利用搜索引擎、互惠链接等方法大力地宣传企业的网站,具有针对性的 Banner 广告会大大提高网站的知名度。也可通过传统的宣传方式如电视广告、新闻媒体、印刷品等来扩大企业网址的影响。

⑤及时回应顾客的需求。网络化经营的企业对于顾客反馈必须及时反应,设专门职能部门处理,利用 E-mail、线上常问问题(Online FAQ)等与顾客做双向沟通。

⑥把方便留给访问者。如果企业想促使访问者在线购买产品或得到服务,那么必须为他们建立一条方便的通道,以便他们得到各种想要的信息,如在网页添加快速进入网站各级页面的导航条,在网站上加入内部的搜索引擎,迅速回复客户的来信等。

6)控制营销绩效

企业应随时统计进站访问的顾客次数与顾客信息,做好顾客资料管理、消费者分析及成本效果分析,以便及时修正营销策略。

7)加强信息沟通

沟通不管对于传统营销而言,还是网络营销而言都至关重要,通过沟通可以使卖家更好地了解顾客的需求,博得顾客的信任。信任感在传统营销中的优势比较好,但是网络营销仍然需要进一步改进。相对而言,淘宝在沟通方面做得比较好,因为淘宝上每一个小店都可以及时了解顾客的信息,若顾客有任何疑问也可以及时解答。

1.1.9　网络营销的未来

在网络上唯一保持不变的特性就是"变化",网络上的所有情况都处于不断的变化中。由于变化速度极快,因此即使在很短的时间内可能发生的变化数量也是惊人的。在这种情况下,我们没有办法准确地预测未来,只能对其未来发展作一个趋势性的展望。正如雷·海蒙德在其著作《数字化商业——如何在网上生存和发展》里所述:"它(网络)的发展速度比我看到的任何技术改变都要快。我生活在网上——我每天都有很多小时在网上——但我还是跟不上网络的发展"。建立在网络之上的网络营销发展将主要有如下几个方面。

1)营销融合化

企业营销要强化互联网思维,推动传统媒体和新兴媒体融合发展。不只在媒体行业,在互联网尤其是移动互联网技术冲击下的各行各业,都在这股势不可挡的新浪潮中看到了机遇和挑战。传统商业和营销模式随着技术的革新,正踩着跨界和融合的步伐向移动端迈进。

营销融合化包括两个方面的含义:一方面是 PC 网络营销与移动网络营销的融合;另一方面是企业官方网络营销资源与第三方平台资源的融合。

移动互联网的来临带来很多关于移动网络营销/移动电子商务的思考,甚至有人会认为移动网络营销与 PC 网络营销将产生替代关系,或者移动商务将成为主流等观点。两者并非替代关系,也不存在哪个更重要的问题,而是趋于逐渐融合,移动互联网与非移动互联网已没有严格的界限,主要取决于用户的习惯和环境条件等。

早期的网络营销以企业官网为核心,借助于各种互联网工具开展网络推广活动,随着企业官方网络资源的多元化,企业官网推广已经远远无法满足企业网络营销的需要,第三方网络平台已成为网络营销的重要资源,这一规律可归纳为"内部信息源和外部信息源并重的原则"。即基于第三方网络平台资源的网络营销重要性越来越突出,而这种趋势随着 BATS(百度、阿里、腾讯、新浪)垄断地位的日益稳固,企业网络营销对平台的依赖性也日益提高。

2)营销情感化

营销环境既可给企业带来威胁,也可以带来机遇。营销环境制约着企业的生存和发展。企业应重视良好营销环境的利用和营造。传统的营销方式专注于企业和消费者之间的商品交换关系,企业营销往往跟消费者获得使用价值和企业获得利润联系在一起,使消费者总是难以得到尽情的满意。

随着情感消费时代的到来,消费行为从理性走向感性,消费者在购物时更注重环境、气氛、美感,追求品位,要求舒适,寻求享受。情感营销不仅重视企业和消费者之间的买卖关系的建立,更强调相互之间的情感交流,因而致力于营造一个温馨、和谐、充满情感的营销环境,这对企业树立良好形象、建立良好人际关系、实现长远目标是非常重要的。

市场竞争日益激烈,是否有优秀的品牌已成为企业竞争成败的重要因素。一个好的品牌能建立顾客偏好,吸引更多的品牌忠诚者。但是品牌忠诚的建立除了有过硬的产品质量、完美的产品市场适应性和营销推广策略外,在很大程度上与消费者的心理因素有很密切的关系。情感营销正是以攻心为上,把顾客对企业品牌的忠诚建立在情感的基础之上,满足顾客情感上的需求,使之得到心理上的认同,从而产生偏爱,形成一个非该企业品牌不买的忠实顾客群。市场如战场,市场竞争犹如战场上的战斗那样激烈无情。市场竞争,实质就是与同行争夺顾客。争夺顾客除了注意商品质量上乘、包装新颖、价格公道外,更重要的是要实施情感营销。通过钟情于顾客,对顾客真诚、尊重、信任,处处为顾客着想,从而赢得顾客的好感和信任;通过优质的服务,不断提高企业声誉,树立企业良好的形象,这样,企业在市场竞争中必然取胜。

3)营销娱乐化

娱乐是人类与生俱来的天性,现在的物质生活水平已经达到相当高的水平,人的娱乐天性就被极大地释放出来了,如果忽视消费需求的娱乐化趋势,将很难在市场上立足。在娱乐经济时代,商家成功的关键在于能否成功地结合娱乐。企业作为营销的主体,树立"全员娱乐营销理念"非常重要。麦当劳公司直接声称"我们不是餐饮业,我们是娱乐业",因为它不仅是一个愉悦的就餐场所,更是一处娱乐休闲的场所,消费者特别是未成年的消费者甚至把麦当劳直接当成了自己的"乐园"。同时,娱乐营销的参与性更体现在参与受众的广泛。参与人数越多,企业就有更大的希望从中获得潜在的客户群,营销的效果也便更好。娱乐成就很多伟大的公司,如苹果的娱乐科技帝国,迪士尼销售娱乐体验,好莱坞的娱乐产业,而很多的企业应用娱乐营销成就品牌,如麦当劳的娱乐定位,百事可乐也通过明星音乐等娱乐战略成为中国最受欢迎的饮料,娱乐营销的作用不言而喻。

娱乐营销正在为企业创造多元化的价值:可以在短时间内提升企业知名度,打造美誉度;可以快速推广新产品,宣传新概念;能提升你的企业竞争力,加强对客户的吸引力;能让客户更加容易满意,更加忠诚;可以让你的员工更加热爱工作,提升员工满意度;可以为企业创造利润,战胜竞争对手。

4)营销社会化

基于 Web2.0 的互联网应用产生了众多的社会化媒体,国内典型的案例如 QQ、新浪微博、天涯论坛以及人人网、开心网等,而移动设备与移动客户端的发展,强化了微博等社会化媒体所具有的简单、随时随地、传播迅速等特点。而手机尤其是智能手机的发展,正在迅速地改变人们的生活方式,其中一个典型趋势就是人们碎片化时间的利用与智能手机的结合促进了社会化媒体的蓬勃发展,顺应这一趋势,已有超过 3 万个企业品牌在新浪上开设了官方微博。用户众多、信息传播量巨大,社会化媒体的社会影响力进一步增强。

社会化媒体的本质在于其用户生成媒体(UGM)和用户生成内容(UGC),即社会化媒体是由于参与其中的用户自发主动的内容创造并与其他参与者进行分享传播而存在的。用户参与、用户创造、用户分享是社会化营销的内容特征,同时又具有用户作为消费者身份的平等的关系特征。这种利用社会化网络、在线社区、博客、百科或者其他互联网协作平台和媒体来进行营销、销售、公共关系处理和客户服务维护及开拓的营销方式就是社会化营销。一般社会化营销工具包括论坛、微博、博客、SNS 社区、图片和视频分享等。为什么星巴克在自己的社区网站可以收集到 11 万个来自拥护者的点子? 为什么只是在 twitter 上的互动,就可以给戴尔带来 1 500 万美元的销售额? 为什么一个视频,就可以让一个普通人在一夜之间成为网络红人? 因为社会化营销是人人参与的营销力量。

5) 营销移动化

2015 年,移动社交通信平台在拥有庞大用户数量的同时也在寻求合理的流量变现手段,移动社交营销则是其中一个重要方向。微信开放朋友圈广告平台,利用熟人社交精准地投放广告使企业收益,并且审核流程简单化,让广大中小企业受益;陌陌则全力向移动社交营销平台转型,利用其位置社交和兴趣社交的特点,有效抓住用户群体的痛点以提升营销效果,并且在全年财报上移动社交营销已成为其稳定的盈利模式。

手机等移动终端已成为现代人最亲密的伙伴,任何时间、任何地点、不离左右,移动营销可充分利用碎片化时间,与消费者零距离沟通,潜移默化深化品牌印象。LBS 位置定位、手机身份识别、AR 增强现实、重力感应、陀螺仪等新技术的出现,拥有以前很多营销不能实现的技术特征,真正做到随时、随地、贴身的交流和对话,突破性的体验将吸引消费者的高度关注,让移动营销价值有了新延伸。精准、互动、整合、衡量、贴身、关注将是判断移动营销精彩与否的一把标尺,也是企业玩转移动营销的法则,在移动互联网突飞猛进的发展初期,努力构建起一个移动营销的价值衡量标准对行业而言将尤为重要。

中国移动网民已达到 6 亿人次,移动设备数量更是再创新高,移动社交营销将逐渐成为重要的营销方式之一。随着消费升级及需求变化,投放精准化及内容原生化将会是移动营销发展的方向。移动社交通信平台在位置、兴趣等多个方面的天然优势与移动营销结合,或将碰撞出非常有趣的创新模式。

6) 营销故事化

这是一个物质丰盈、精神贫瘠的时代,人们没有太多理由专注你的产品,但愿意倾听你为他们打造的品牌故事,因为故事里蕴藏着他们的梦想。故事成就品牌价值,也传播着品牌价值。什么利器能降低品牌建设的繁复性与不确定性,直达品牌体系的核心———故事。"故事营销"不仅是一种营销手段,而且是品牌建设的核心与灵魂。为什么人们迷恋名牌? 因为名牌背后总有动人的故事。

品牌故事堪称最好的软广告,没有品牌故事,品牌很难树立。没有故事的品牌是平庸的品牌,它只能代表一种标识、一种符号、一个名称,因为消费者对你没有遐想,更无从知道你的与众不同。有了好的品牌故事,有了好的传播途径,品牌自然形成。总之,在信息爆炸的今天,故事营销已经成为企业提升与消费者沟通效率的一种有效营销手段。同时,故事营销具有了多种表现方式,既有以"功能"诉求为主,又有以"情感"诉求为主,更有以"文化"诉求为主。究竟哪一种最适合企业,需要企业根据实际情况,选出最适合的表现方式。

7) 营销跨界化

市场竞争的日益激烈,产品功效和应用范围的延伸。各个行业间界限正在逐步被打破,新型消费群体的崛起。他们的消费需求已经扩散到越来越多的领域,对任何一款产品的需求不在仅仅要求满足功能上基本的需求,而是渴望体现一种生活方式或个人价值的体现或自身的品位,品牌间的较量资本决定实力。一个企业、一个品牌、一个产品单打独斗的时代早已结束,因为任何一个优秀的品牌,由于特征的单一性,受"外部性"的影响多,尤其是当出现具有替代性的竞争品牌,就更遭干扰了,企业所付出的成本也将会大幅增加。

"跨界"代表一种新锐的生活态度与审美方式的融合。跨界合作对于品牌的最大益处,是让原本毫不相干的元素,相互渗透相互融合,从而给品牌一种立体感和纵深感。可以建立"跨界"关系的不同品牌,一定是互补性而非竞争性品牌。这里所说的互补,并非功能上的互补,而是用户体验上的互补。

跨界营销通过行业与行业之间的相互渗透和相互融合,品牌与品牌之间的相互映衬和相互诠释,实现了品牌从平面到立体、由表层进入纵深、从被动接受转为主动认可、由视觉、听觉的实践体验到联想的转变,使企业整体品牌形象和品牌联想更具张力,对合作双方均有裨益,让各自品牌在目标消费群体得到一致的认可,从而改变了传统营销模式下品牌单兵作战易受外界竞争品牌影响而削弱品牌穿透力、影响力的弊端。同时也解决了品牌与消费者多方面的融合问题,因此在越来越多的为企业所认同,并积极付诸于实践。

8)营销精准化

2011 年 9 月,百度世界大会 2011 上,李彦宏将推荐引擎与云计算、搜索引擎并列为未来互联网重要战略规划以及发展方向。百度新首页将逐步实现个性化,智能地推荐出用户喜欢的网站和经常使用的 APP,达到精准营销服务。

《纸牌屋》的出品方兼播放平台 Netflix 在一季度新增超 300 万流媒体用户,第一季财报公布后股价狂飙 26%,达到每股 217 美元。这一切,都源于《纸牌屋》的诞生是从 3 000 万付费用户的数据中总结收视习惯,并根据对用户喜好的精准分析进行创作。《纸牌屋》的数据库包含了 3 000 万用户的收视选择、400 万条评论、300 万次主题搜索。从受众洞察、受众定位、受众接触到受众转化,每一步都由精准细致高效经济的数据引导,从而实现大众创造的 C2B,即由用户需求决定生产。简单来说,就是投其所好,用户喜欢什么,就生产什么。

随着网络技术的发展,人们的生活逐渐全面向互联网和移动互联网转移,然而我们在享受网络带来的便利同时,极速发展的互联网也给我们带来了信息爆炸的问题。在互联网里,我们面对的、可获取的信息(如商品、资讯等)成指数式增长,如何在这些巨大的信息数据中快速挖掘出对我们有用的信息已成为当前急需解决的问题,所以网络精准营销的概念应运而生。运用个性化技术的手段(如网站站内推荐系统),帮助用户从这些网络过量的信息里面筛出他所需要的信息,达到精准营销的目的。电子商务网站、媒体资讯类网站、社区都逐渐引进站内个性化推荐这种手段,进行精准营销。

在 Web3.0 时代,互联网上的信息将被高度聚合、受众也被深度细分和聚合,广告主可精准锁定自己的目标受众,他们发布的信息将完全按照受众的需求和关注点进行个性化定制,低效的强制性硬广告将淡出市场;他们还可了解每个受众的网络行为轨迹,归纳不同的细分群体,通过置入式的网络精准营销来传递信息,基于受众的数据库营销也已成为趋势。

9)营销技术化

推动互联网不断发展的中坚力量一定是技术,移动互联网时代,主战场在小屏上,更体现了技术的重要性。2015 年 12 月 17 日的世界互联网大会上,李彦宏在演讲的开始提到在百度成立的这十几年当中,主要的精力都花在技术投入上,百度也是技术创新的最大受益者,并现场讲解了百度无人驾驶车的技术,而这个产品正是得益于技术更新之上,能够切实改变生活面貌的体现。百度与伊利最近启动的一个战略合作:消费者打开手机百度,扫描伊利牛奶盒,就会呈现一个基于AR技术呈现的炫动的地球,点击便可以参观伊利位于全球多个地方的工厂。通过百度全景技术,伊利向消费者在线360°实时展现工厂实景和生产过程,传递健康安心的产品与品牌形象。这也与过去要去实地才能体验有很大区别,一方面能扩大参与的消费者数量;另一方面用技术拉近了消费者与品牌之间的距离,这也是百度技术在其中发挥的重要作用。

电子商务是虚拟经济,必须借助网络,它是以技术为基础的。通过技术手段获取流量、更精准地找到客户、积累客户信息,挖掘客户潜在需求,实施客户关系管理等,最终达到更好的销售目标。整个商务过程也是利用技术手段实现从采购、营销、销售到售后服务完整的步骤,目前可谓是所有的商务活动,都必须通过技术来实现。电子商务公司做的越大,技术人员也就越多,需要精通于不同环节的技术人员。互联网环境下的商务必须要懂技术,没有技术是万万不能的。技术让创意放大效果,在互联网时代,传播的载体是已经有天翻地覆的变化,但促使其变化的核心,就是互联网技术。掌握最先进的技术,创意也能跟上时代,跟上消费者的行为习惯,所以新技术的融入肯定会放大营销的效果。

10) 营销客导化

随着经济市场化进程的日益加快,国际和国内市场环境发生了剧烈的变化——结束了卖方市场和短缺经济的局面,迎来了买方市场和过剩经济。即在作为整体的消费者与企业的交易谈判中,企业的谈判地位下降,由企业主权转变为消费者(顾客)主权。决定生产经营何种产品的权利已不再属于生产者,而是属于消费者。在生产者与消费者的关系上,消费者是起支配的一方,生产者应根据消费者的意愿及偏好来安排生产,衡量企业效率以及存在价值的决定权转移到顾客手中。企业应尽量迎合挑剔的顾客,以尽可能多地从顾客那里获得"货币选票"。于是,企业在营销过程中就应该做到:

①首先要了解、研究、分析消费者(consumers)的需要和欲求,而不是先考虑企业生产什么产品;

②首先要了解消费者满足需要和欲求愿意付出多少钱即成本(cost),而不是先给产品定价即向消费者要多少钱;

③首先考虑顾客购物等交易过程如何给顾客方便,而不是先考虑销售渠道的选择和策略;

④以消费者为中心,通过互动沟通(communication)等方式,将企业内外营销不断进行整合,把顾客和企业双方的利益无形地整合在一起。

这就是营销客导化,具体而言,是指企业以满足顾客需求、增加顾客价值为企业经营出发点,在经营过程中,特别注意顾客的消费能力、消费偏好以及消费行为的调查分析,重视新产品开发和营销手段的创新,以动态地适应顾客需求。它强调的是要避免脱离顾客实际需求的产品生产或对市场的主观臆断。

在当今的买方市场中,顾客可以在成千上万的商品和服务中进行选择,这样,卖方就必须为顾客提供满意的产品质量,否则,就会被竞争者迅速占领市场。甚至今天被顾客接受的质量和服务水平到明天就不再为消费者青睐。因此,想要赢得竞争优势的企业需要一种新的哲学。只有那些以消费者为中心,为目标市场提供卓越价值的企业才能赢得市场,这些公司不仅仅制造产品,而且擅于创造顾客,它们不仅精于产品工程,而且更深谙市场工程。

1.2 网络营销的现状、问题和对策

1996 年末北京四十四中初三学生张博迁在"瀛海威时空"开设的"电子超市"上订购了新知书店的《互联网使用秘诀》。于是,中国的商家通过电脑网络卖出了第一件商品,中国商品流通的历史也悄悄地进入了一个新时代——网络营销时代。而同年的冬天对中国的一些著名企业家来说忽然有了一种紧迫感,因为他们发现自己企业的商标或名称已被香港几家企业抢先在互联网上注册为自己的域名。这些著名企业包括长虹、全聚德、荣宝斋、同仁堂、中华、红塔山、999、中国 505、海信、中外运等 40 多个;甚至一些内地著名的城市的名称,也被这几家香港企业抢先注册成自己的域名。北京亚都公司在试图入网时发现自己的商标被一家香港企业注册为其域名,因而不得不采取相应措施才能入网,而与此同时,这家香港企业主动向亚都表示,可以将"亚都"这一域名租给亚都公司使用,租金每年 1.5 万美金,而在网上 2 年的正常费用不过 3 000 元人民币。

目前,网络营销虽然发展很快,也已能够赚取利润,但除了个别成功例子外,大部分还处于摸索阶段。相对于不懂信息技术的商家或制造商来说,建立网页成本很高,还有每天的维持和资料更新成本就更显得高了。用户上网查询,如果次日不能得到回复,更会让人产生服务不好的印象。SET 技术尚在实验中,目前应用更多的还是数字签名和数字现金技术,其他如身份证明及安全交易技术还在发展研究中。但毋庸置疑的是,网络营销浪潮席卷了全球各个行业,随着企业国际化进程的加快,互联网将成为现代化企业必不可少的部分,网络信息处理的能力将决定企业的存亡,互联网成为企业未来延续发展的生命线。

曾几何时,当网络经济、电子商务热极全球时,许多学者和企业家认为传统营销已过时,网络营销将全面替代传统营销存在;而纳斯达克的暴跌,粉碎了无数梦想家的美梦,一时间,网络经济末日来临的论调甚嚣尘上,网络营销也随之销声匿迹。但就我们对 305 家企业的随机抽样调查显示,企业网络营销并没有因人们对它的期待或失望,或全面替代传统营销,或全面废止,有 24.8% 的企业在传统营销的基础上,实行了网络营销的初级形式:网上订单和网上销售。

1.2.1 网络营销的发展

我们知道网络营销不等于网上销售,更不是简单的建立企业网站,或者利用网络做一个广告。网络营销就其实质是指利用互联网技术最大限度地满足客户的需求,来达到开拓市场,增加赢利的一个经营过程。目前,企业的内部资源管理、决策系统,企业外部的信息发布、收集信息系统乃至企业间通过互联网进行的营销行为基本上还处于彼此独立的状态中。尽管这些部分在现有的状况下,仍然取得了一定的效率与收益,但是与那种彼此相连接的理想状态相比还存在很大差别。网络营销是未来企业发展的新模式,现在看来虽然距离还比较遥远,但正是这种逐渐完善的新营销模式,使企业面临新的商机。从我们的研究成果来看,网络营销的发展可分成三个层次:初级、中级和高级层次。

1) 初级层次

初级层次是指企业开始在传统营销过程的一部分中引入计算机网络信息处理与交换,代替企业内部或对外部分传统的信息储存和传递方式。例如,企业建立内部网络进行信息共享和一般商务资料的储存和处理(如建立企业自己的内联网 Intranet);通过互联网传输电子邮件;在互联网上建立网页,宣传产品和企业形象等。在初级层次,企业虽然利用网络进行了信息处理和信息交换,但所做的一切并未构成交易成立的有效条件,或者并未构成商务合同履行的一部分。企业实施网络营销的初级阶段投资成本低、易操作。这一层次并不涉及复杂的技术问题和法律问题。

现有的网络营销活动,尤其是国内企业的网络营销实务,多半还处在较为初级的层次。说其初级,一是内涵狭隘,网络营销基本上等同为网络销售,而销售的商品和提供的服务内容也多集中在 IT 及相关行业;二是营业量小,页面的点击数和实际销售之间存在太大的反差;三是企业营销策略单调,网络营销的形象也因此大打折扣。

尽管在这一层次,消费者还不可能在网上实现真正意义的网上购物,只是从网上获取企业和商品的信息而已。但它的出现使消费者购物时多了一种获取信息的渠道,能更透彻地了解企业和产品,特别是一些难以购买到的物品,不仅能得到生产厂家的呼应,还能得到众多网民的帮助。

2) 中级层次

中级层次是指企业利用网络的信息传递部分地代替了某些合同成立的有效条件,或者构成履行商务合同的部分义务。例如,企业实施网上在线式交易系统,网上有偿信息的提供,贸易伙伴之间约定文件或单据的传输等。在某种程度上,中级层次的网络营销使企业走上建立外联网(Extranet)的道路。在中级层次,虽然有些网络系统传输的信息处理并不十分复杂,但它还需要不同程度的人工干预,如在线销售环节与产品供应不能有效衔接,仍需要部分传统方式的操作。但在这一层次,网络营销的操作要涉及交易成立的实质条件,或已构成商务合同履行的一部分。因此,这时的网络营销就要涉及一些复杂的技术问题(如信用安全)和法律问题(如法律有效性)等。这一层次的实施需要社会各界相互配合,是世界各国近期主要发展的目标。

从消费者的角度看,他们从何处购物多了一种选择,购物更趋便利,消费者通过网络选择和定购自己所需的物品。

3) 高级层次

这一层次是网络营销发展的理想阶段。在企业内部和企业之间,从交易的达成,到产品的生产、原材料供应、贸易伙伴之间单据的传输、货款的清算、产品和服务的提供等均实现了一体化的网络信息传输和信息处理。在强大的信息处理技术与全面的顾客资料数据库的基础上,企业可以根据各个细分市场,甚至是每一个顾客的独特需求来为他们设计"度身定制"的产品。高度细分化、定制化的产品更有利于提高顾客满意度和忠诚度,巩固和提高市场占有率。高级阶段是将 B2C、B2B,甚至 B2G(企业对政府)有机地结合起来,实现企业最大限度的内部办公自动化和外部交易的电子化连接。这一层次的实现将有赖于全社会对网络营销的认同以及整个环境的改善。在这一阶段,与传统购物相比较,"顾客是上帝"得到真正的体现。

1.2.2　网络营销模式

企业要引入网络营销,首先要弄清楚网络营销通过何种机制达到何种目的,然后企业可根据自己的特点及目标顾客的需求特性,选择一种合理的网络营销模式(即运作机制+可达到的目的),由此模式亦可确定企业的网络营销的总体目标是什么。目前,人们已归纳了如下几种有效的网络营销模式。

1)顾客服务→增强与顾客的关系→留住顾客→增加销售

现代营销学认为保留一个老顾客相当于争取 5 个新顾客。而网络双向互动、信息量大且可选择地阅读、成本低、联系方便等特点决定了它是一种优越于其他媒体的顾客服务工具。通过网络营销可以达到更好地服务于顾客的目的,从而增强与顾客的关系,建立顾客忠诚度,永远留住顾客。满意而忠诚的顾客总是乐意购买公司的产品的,这样自然而然地提高了公司的销售量。

2)有用信息→刺激消费→增加购买

本模式尤其适用于通过零售渠道企业,它们可通过网络向顾客连续地提供有用的信息,包括新产品信息、产品的新用途等,而且可根据情况适时地变化,保持网上站点的新鲜感和吸引力。这些有用的新的信息能刺激顾客的消费欲望,从而增加了购买。

3)购买方便+折扣+直接销售+减少管理费用

使用网络进行销售对企业最直接的效益来源于它的直复营销功能:简化销售渠道、降低销售成本、减少管理费用。本模式适用于将网络用作直复营销工具的企业。

4)新的娱乐→促进顾客的参与→重复购买

新闻业已有一些成功运用此模式的例子。报纸和杂志出版商通过它们的网页来促进顾客的参与。它们的网页使顾客能根据自己的兴趣形成一些有共同话题的"网络社区",同时也提供了比传统的"给编辑的信"参与程度高得多的读编交流机会。这样做的结果是有效地提高了订户的忠诚度。同样电影、电视片的制作商也可用此模式提高产品的流行程度。他们可以通过建立网页向观众提供流行片的一些所谓"内幕",如剧情的构思,角色的背景,演员、导演、制片人的背景资料、兴趣爱好等。这些信息对影迷们是很有吸引力的,因为这样能使他们获得一种内行的鉴赏家的感觉,这种感觉会驱使他们反复地观看某部流行片,评头论足,乐此不疲。同时,他们还会与他的朋友们讨论这部片子,告诉他们他的评价,甚至还会劝说他的朋友去看一看。

5)提高品牌知名度→获取顾客忠诚→更高的利润

将品牌作为管理重点的企业可通过网页的设计来增强整个企业的品牌形象,Coca Cola,Nike ,Levi Strauss 等著名品牌都已采用网络作为增强品牌形象的工具。

6)数据库营销

网络是建立强大、精确的营销数据库的理想工具。因为网络具有即时、互动的特性,所以可以对营销数据库实现动态的修改和添加。拥有一个即时追踪市场状况的营销数据库,是公司管理阶层做出动态的理性决策的基础。传统营销学中一些仅停留在理论上的梦想通过网络建立的营销数据库可以实现,如目标市场的精确细分、价格的即时调整等。

1.2.3 网络营销的现状

通过对305家企业关于网络营销的调查分析发现,目前企业对网络营销的认识和利用还处于初级阶段,虽然对互联网和网络营销有一定程度的了解,但对互联网和网络营销的兴起究竟会对企业产生什么样的影响,网络营销究竟是什么,以及如何根据企业自身的特点及实际情况构建网络营销模式等问题还缺乏深入的研究。

1)大多数企业知道网络营销,但只停留在初步的认识阶段

大多数企业对网络营销有一定的知晓,在305家受访企业中,知道网络营销,听说过和有一点知道的占87.5%,不知道的企业占12.5%(见表1.1)。对网络营销到底是什么,选择依次为:网上交易(43.1%),网络营销(30.3%),网上销售(17.8%)和网上订单(8.8%)(见表1.1)。特别是有56.2%的企业认为网络营销的主要作用是给企业带来更多信息,而认为能给企业降低生产成本的只占3.3%(见表1.1)。这说明多数企业虽然已知道网络营销,但对网络营销的本质并不十分了解,尤其是对网络营销会对企业产生怎样的影响缺乏深入的认识。

表1.1 企业对网络营销的了解

对网络营销的知晓程度		对网络营销的认识		对网络营销作用的了解	
知道	50.4%	网上交易	43.1%	更多信息	56.2%
听说过	17.1%	网络营销	30.3%	降低交易成本	36.0%
有点知道	20.0%	网上销售	17.8%	降低生产成本	3.3%
不知道	12.5%	网上订单	8.8%	目标顾客更多	14.5%

2)需求、人才和资金是阻碍企业实施网络营销的主要原因

在我们的调查中,当被问及没有实施网络营销的原因时,有58%的企业认为时机还不成熟;8.6%的企业想做但不知如何做;6.5%的企业认为没人操作;认为没有必要、作用不大或没想到的占26.8%(见表1.2)。

表1.2 阻碍企业实施网络营销的主要原因

没有实施的主观原因		阻碍实施的内部环境因素		阻碍实施的外部环境因素	
认为时机还不成熟	58.1%	缺乏相关人才	48.8%	消费者观念,习惯难改	48.2%
认为不知如何做	8.6%	领导观念滞后	19.1%	安全与信用存在问题	33.3%
认为没人操作	6.5%	资金实力欠缺	16.3%	电信费用高	6.7%
认为作用不大	26.8%	其他	15.8%	相关法律不健全	11.8%

通过表1.2,还可以发现,阻碍企业实施网络营销主要的原因有企业内外两方面,从企业

外部因素看,主要有消费购物观念、购物习惯还难以改变,安全与信用存在问题,电信费用高,以及相关的法律法规不健全等主要的因素;从企业内部因素看,缺乏相关人才,领导观念滞后以及资金实力欠缺等是其主要原因。

3）网络营销初现端倪,但涉及领域窄、占总业务比重小

调查显示,有 24.8% 的企业已有某种形式的网络营销活动,网上订购原材料、零部件的占 11.5%,进行网上直接销售和到网上商场销售的分别占到 70.4% 和 12.3%。网上销售取得的销售额占公司总销售额的比例 80.5% 的企业少于 2%,14.3% 的企业在 20%~40%,仅有 5.2% 的企业的网上销售额占到公司的总销售额的 40%~60%(见表1.3)。

表1.3　现阶段企业网络营销活动形式及业务量分析

企业网上业务形式		企业网上业务额占企业总业务额	
原材料、零部件订购	11.5%	少于2%企业	网上业务额占企业总业务额80.5%
网上直接销售	70.4%	5.2%企业	网上业务额占企业总业务额40%~60%
网上商场销售	12.3%	14.3%企业	网上业务额占企业总业务额20%~40%

由此看来,企业对网络营销的认识和利用主要还是以宣传和销售产品为主,一小部分企业开始尝试通过网络向供货商下单并管理销售渠道,即实施所谓的供应链管理,但从总体来看,还是处于起步阶段。

4）实施网络营销的潜力巨大

当问及未实施网络营销的企业打算何时进行时,23.9% 的企业准备在一年内实施,44.7% 的企业打算在两至三年内进行,打算在三年后实施的企业有 31.4%(见表1.4)。因此未来企业实施网络营销的市场潜力是巨大的。

对未实施网络营销的企业的调查显示,多数企业对网络营销的实施往往从简单方式入手,因此在选择实施网络营销方式时,62.5% 的企业会首选建网页,实行网上销售,19.7% 的企业会选择先到网上商场去销售,8.6% 的企业会选择在网上订购原材料和零部件(见表1.4)。

表1.4　企业准备实施网络营销的计划

准备实施网络营销的时间安排		准备实施网络营销的进入方式	
一年内实施	23.9%	建网页直销	62.5%
两至三年内实施	44.7%	通过网上商场销售	19.7%
三年后实施	31.4%	网上订购原材料和零部件	8.6%

5）实施网络营销的人员以企业内部员工为主

当问及企业以何种人员组织方式实施网络营销时,已实施的企业中有 48.5% 是招聘相关专业的大学生来进行的,32.1% 是对企业相关技术人员培训后来实施的,专业公司帮助实施的占 18.4%。而未实施的企业有 60.9% 提出要招聘相关专业的大学生来进行,21.7% 的公司准备对企业相关的技术人员培训后来实施,有 17.4% 的企业打算请专业公司帮助实施网络营销(见表 1.5)。看来大多数企业由于资金实力的欠缺或由于对专业公司的不信任态度,往往会选择由企业内部人员来实施。

表 1.5　企业实施网络营销人员分析

已实施网络营销的企业		未实施网络营销的企业	
招聘相关专业大学生	48.5%	招聘相关专业大学生	60.9%
企业技术人员培训	32.1%	企业技术人员培训	21.7%
专业公司	18.4%	专业公司	17.4%

6) 解决物流的主要方式是开设分公司或与专业速递公司合作

调查显示,目前已实施网络营销的企业解决物流这个网络营销的瓶颈问题主要采取以下几种方式:在各大城市设立分公司的占 38.5% ,与专业速递公司合作的占 32.1% ,与大型连锁企业合作的占 10.2% ,其他方式如自备车运输等占 19.2% 。

7) 获得有效客户的难度与成本不断提升

网络营销信息传播,它所实现的只是点对点的传播,而且它不像电视那样具有强制收视的效果,主动权一直掌握在消费者的手中。他们依据喜好等各种原因,选择看与不看,这对于商家无异于守株待兔,整个市场已经进入买方市场的状态,有效客户的获得更难。一般来说,消费者的偏好决定了消费者选择互联网产品,因此,企业只有通过改变消费者行为才能获得更大的成功,这就对企业进行网络营销提出了更高的要求,在这个不断优化的过程中,企业的投入只会越来越多,再加上同行竞争,利润空间越来越小,而成本呈不断增长的趋势。

1.2.4　网络营销发展面临的国际性难题

从网络营销诞生之日起,四大国际性难题就一直伴随着它的成长和发展,至今尚未被完全解决。

1) 网络安全问题

从技术上讲,网络营销发展的核心和关键问题是交易的安全性。由于互联网本身的开放性,使网上交易面临了种种危险。尽管 ARPAnet 创造出一种不怕核攻击的网络系统,它的设计者们却没有考虑到网上交易的产生发展:网上交易安全吗？ 企业与消费者同样担心。消费者害怕自己的信用卡号码被盗,而企业害怕拿到的信用卡号码是盗用的而收款出问题。如果没有妥善的安全体系,网上营销的发展终究会受到限制。

以 Aeon World 为例,它的网上商场由 IBM 建立和管理,Aeon 信贷财务负责市场推广及交易结算,三菱商社负责为网上商场罗致商家。使用该网上商场购物,从进入网站、浏览货品以至付款、收费及安排送货服务,完全是由一个端口到另一个端口的方案处理。购物过程在网上及时完成,消费者无须打电话订货或另外办理付款手续。网上个人资料的保密问题,Aeon World 的财务交易将通过安全电子交易(Secure Electronic Transaction,SET)标准来处理,令信用卡付款能在安全保密的环境下由结算银行处理。SET 是 IBM 保安电子商务产品

Commerce Point 核心技术的一环,由 VISA、Mastercard 金融机构与多家科技公司共同开发,为一套通用标准。开业以来,已成交的生意在几百万元之间,还没有发生过安全问题,据悉,这个规范所提供的安全标准按目前的电脑技术,在 20 年内不会被破译。

2)税收问题

商家看中了网络工具潜在的商机,不失时机地在互联网上开展营销活动,通过它向顾客出售商品。这固然大大方便了消费者,但也给税务当局带来了一项新的课题,主要的问题有以下三方面。

(1)税收管辖权不易确定

由于互联网没有一个固定的地址,当一项交易发生时,应由哪个地区的税务机构对它行使税收管辖权,难以确定。例如,美国一个住在加利福尼亚的顾客向位于西雅图的一个网上商店购买了一份软件,该店通过互联网上德克萨斯州的一台计算机将该商品发送给顾客。这时,究竟应由哪个州对这一网上商店所获利润予以课税呢?

2015 年全年电子商务交易额达 20.8 万亿元,同比增长约 27%。2015 年全国网络零售交易额为 3.88 万亿元,同比增长 33.3%,其中实物商品网上零售额为 32 424 亿元,同比增长 31.6%,高于同期社会消费品零售总额增速 20.9 个百分点,占社会消费品零售总额(300 931 亿元)的 10.8%。因此,届时如果说税收管辖权问题仍不能得到很好的解决,必然会对销售方面的税收问题及消费行为产生很大的影响。

(2)课税操作问题多

当今许多国家如欧洲各国大都对商品销售征收增值税,但如何对网上交易的商品进行课税呢?显然,还存在不少问题。比如,许多荷兰人通过互联网向国外小公司购买 CD 盘。因为这些公司不征收增值税,所以它们的 CD 盘便宜,这极大地冲击了荷兰国内市场。为杜绝这种情况,1996 年 12 月,荷兰政府下令对所有可疑邮包进行开包检查,但是随着网络业务的拓展,海关官员又能打开多少打入国内的网上售货邮件,并对它们补征税款呢?而且也不可能期望这些小公司去向消费者征收增值税,并把收入情况向世界各国的相关税务机构如实申报。因此,如像目前加拿大那样,让所有通过互联网购物的消费者自己主动申报应缴增值税,那必然存在巨大的税收漏洞。

美国情况则有所不同。美国税法规定,对发往外埠的邮售商品公司的销售收入免征增值税。比如,加利福尼亚的一家公司通过互联网向纽约一客户销售了一箱葡萄酒,其所得的收入无须缴纳增值税,因此,这种税法规定将会刺激这类企业的发展。

(3)检查稽核难度大

首先,用网络销售产品,其边际成本几乎为零。这就使得税务机构不能用投入与产出的内在联系等老办法来检查稽核公司的纳税申报情况。其次,互联网还降低了传统的中介机构如银行和经纪人的作用。这些中介机构不仅向税务当局申报各项交易情况,还帮助税务检察官核实个人申报的从银行取得的利息所得。然而通过互联网交易,不需要中间人,因此税务当局也就无从检查稽核。最后,互联网上所用的电子货币与现金一样是匿名的,税务机构无法跟踪,所以难以查清纳税人的收入与支出情况。而在以前,税务机构可以通过银行账户或信用卡报表来进行检查。

3）商业惯例问题

消费者的采购行为习惯也影响网上商品的卖出。在传统商业中,消费者通过看、闻、摸等多种感觉来判断与选择商品。而在网上购物,只提供了一种可能:看。另外,消费者对上网购物所持的态度也会因人而异,有些人认为上网购物是积极的活动,有些人则视为休闲,而仍有相当一部分人对网上购物兴趣不大,觉得在网上购物失去了上街闲逛购物的乐趣。如何减少网上购物的不足,势必是网上售货成功与否的重要因素。

4）商业信用问题

从人类社会诞生之日起,资源稀缺就制约着经济的无限发展。对具体的国家、企业、个人来说,也是如此。要解决两者之间的矛盾,就必须引入借贷行为;而借贷关系的规范与管理,则要求整个社会信用体系的建立、完善。市场经济作为一种经济运行模式,因其有效配置资源以及自由、平等、竞争等原则,而被现代社会广泛接受。但是,商业欺诈、假冒伪劣等行为会损伤这些原则,并降低社会效率。根治这些行为的法律法规(如合同法、反不正当竞争法等),就成为维护市场正常运行的制度保障。随着信息技术蓬勃发展以及互联网的日益普及,整个社会步入网络时代。人们的生活、工作等越来越紧密地与互联网联在一起。而当我们身处网络之中的时候,却会发现这样一个问题:互联网的虚拟性增强了商业欺诈的可能性。例如,我国著名网站北京时代珠峰科技发展有限公司(my8848网),2001年年底拖欠供货企业和消费者货款600多万元,人去网空,由此引发了我国网络营销的全方位信用危机。

对买卖双方来说,所拥有的商品信息在交易过程中是不同的,也就是通常说的信息不对称。互联网的虚拟化,无疑使信息的不对称性增强,交易的风险性增加。传统交易模式下,消费者可以看到实物,用自己的经验和知识去辨别真伪。但对那些在线购物的消费者来说,仅凭网上的商品介绍和几幅图片来判断真假,可谓难上加难。另外,现实中降低不对称性的方法在网上都很难用得上。像试用、试穿根本无法实现,而网上的保质、保修承诺更像是空头支票,倒让人觉得有"此地无银三百两"的味道。对贩卖假冒伪劣商品的厂家来说,有了互联网作掩护,商业欺诈变得更容易。

实际上,互联网从一开始就对社会信用体系提出了更高的要求。互联网自身的技术特点增强了交易信息的不对称性,并造成物流与资金流的分割以及非同步发生。于是,电子交易过程的顺利完成,就有赖于社会信用体系,以及用来惩治违约行为的法律法规(如合同法、知识产权法等)。

所以,信用体系建设滞后的状况若得不到改善,新兴的网络营销很可能会被扼杀在摇篮之中。反之,只有信用体系建立、完善起来,人人都讲信用,利用信息不对称性进行的商业欺诈,以及物流、金流的非同步性诱发的违约行为就会减少;而相应法律法规的健全,会惩治违约行为,保护消费者利益。这样,中国的网络营销才能真正迎来阳光灿烂的明天。据悉,受国家信息产业部委托,中国生产力促进中心协会正在编制《中小企业电子商务信用管理规范》。该项目的完成将对我国网络营销真正迈向规范化起到助推作用。

1.2.5 制约网络营销发展的因素

通过调查统计分析,我们发现制约企业网络营销发展的因素有很多,但主要可分为企业外部的宏观因素和企业内部的微观因素两方面。

1）企业外部的宏观因素

制约我国企业网络营销发展的外部的宏观因素主要有商业支付体系不完善、社会化信用体系不健全、网络基础设施不够完备、法律和法规不健全、商家与消费者的观念问题、网络建设与发展用户数量的问题以及具体操作问题等方面。

（1）商业支付体系不完善

目前企业对网上交易最担心的问题之一是支付的安全问题,有三分之一的企业对网上交易的安全性表示担心。这主要是因为目前缺乏满足网络营销所要求的交易费用支付和结算手段,银行的电子化水平不高,安全性差,银行之间相对封闭,尚未能承担支付网络电子交易费用的角色。虽然已经有中国银行、招商银行等先行者,但距离全面的网络营销应用,特别是企业与企业之间安全资金结算的要求尚有很长的一段路要走。因此,建立一个安全的交易环境将是网络营销亟待解决的问题。

（2）社会化信用体系不健全

中国的市场经济体系还不健全,不规范,假冒伪劣商品屡禁不止,坑蒙拐骗时有发生,市场行为缺乏必要的自律和严厉的社会监督。市场信誉的不理想,使得消费者不敢贸然涉足,担心将款汇出后得不到应有的商品。因此,要发展网络营销,必须加速培育市场,创造比较成熟和规范的社会信用环境。

（3）网络基础设施不够完备

互联网用户数的快速膨胀使带宽拥挤、速度太慢,距开展全方位网络营销尚有一定差距。这主要表现在 3 个方面：网络的带宽；ISP 对用户的接入速率；互联网的网费。但随着中国联通、中国网通等介入互联网络建设和商业服务,竞争将加快推动网络基础设施的建设。

（4）法律和法规不健全

网络营销这种崭新的商务活动方式,不可避免地会带来一系列的法律问题,比如电子合同,数字签名的法律效力问题,网上交易的经济纠纷问题,计算机犯罪问题等。在我国,网上交易本身缺乏法律的认可和保护。目前我国的经济合同法不承认网上交易合同,当然更谈不上保护,网上交易需要新的立法和对消费者权益和经营者权益进行保护。网上交易,是交易方式的电子化,经营者与消费者不直接见面,消费者与商品没有直接接触,这将会引发一系列相应的法律问题,例如,购买者得到的商品与选购的商品不一致,网上欺诈行为、经营者被无理拒付等,在立法方面,应吸收和借鉴国际上比较成熟的经验,立法先行,防患于未然。

（5）商家与消费者的观念问题

网络营销这种新型的营销方式,不但需要经营者,而且需要消费者观念上的认同。任何新事物的出现都有一个适应过程的认同期,任何一种改革都会涉及利益的重新调整。从目前我国企业的经营体制来看,经营者更多考虑的是短期利益和自身利益,尽管有更新更好的经营方式,如果有违于现实利益,也只能束之高阁。开展网络营销活动,需要企业经营者资金、技术和人才的投入,而在经营初期,只会是低利润甚至是亏损的经营,短期利益不佳,这会令一部分经营者望而却步。从消费者来看,不成熟的市场经济中出现的某些弊端,使人们总有"一朝被蛇咬,十年怕井绳"之感,对新的东西总是过分理论化或带有一种不信任感,同时,中国人的时间观念尚没有充分树立,人们宁可多花钱、多跑路、多费时间,也要"眼见为实"的心态,也会制约网络营销活动的发展。

（6）网络建设与发展用户数量的问题

我国的通信业虽经历连续十余年的大发展,尤其是通信网的建设,为我国国民经济信息化奠定了网络基础,但是,这与流通网络化的未来发展要求比起来,还是远远不能满足要求。网络营销的开展,网络的建设是一个必要条件。互联网是全球通用的信息基础设施,但由于我国地广人多,各地区经济、科技发展、文化素质均有差异。所以,要使互联网在短期内覆盖到所有地区及每个人,是一件不太可能的事。

企业开展网络营销活动,网络用户的数量也是网络营销发展的必要条件。发展网络用户,一方面靠的是网上经营者自身的行销策略;另一方面有待于计算机的普及和上网用户的增加。网络用户越多,网络的渗透功能就越强,网上交易就越具有效益。

（7）具体操作问题

网上交易有两个需要一开始就逐步解决的问题。一是在有购买需求,特别是在异地需求的情况下,如何配送发货;二是结算问题。上网交易后,求购信号来自互联网络覆盖的各个区域,经营者应有足够的能力满足求购者配送发货,这些配送点如果设置不当,会给企业带来诸多不便,以至于影响企业的效果。在国外,这大多数是由连锁企业来完成的。为了适应这种配送要求,企业连锁化也成为必然趋势。甲地企业在网上成交后,可以从本企业设在乙地的连锁店送货,也可以委托乙地的其他企业送货,彼此再进行结算。或若干个企业联合组建配送中心,实施社会化服务,结算问题涉及结算的方式、结算效率及结算的安全性。如结算是否可用支票、信用卡或电子货币? 若可以,如何保障结算的安全性? 异地结算如何适应网上交易的效率? 从某种意义上讲,这些问题还有待于金融方式和手段的现代化,我国的电子银行业务几乎还处于"一穷二白"阶段,但一些网上企业已开始与金融部门联合行动,在网上交易的付款方式迈出了可喜的一步,如世纪互联公司与瑞得在线公司。

2）企业内部的微观因素

制约我国企业网络营销发展的内部的因素主要有观念上的问题、物流配送问题、人才储备和企业信息基础建设等方面的问题以及缺乏对网络营销的研究、推广和宣传等方面的因素。

（1）观念上的问题

一方面企业管理层的网络营销意识差,对经营信息化的重要性未给予足够重视;另一方面消费者的观念和消费习惯尚未转变。这使得企业和消费者的网络营销意识薄弱,企业信息化只成为理论界和信息界的热点。

（2）物流配送问题

目前网络营销配送需求尚没有达到物流企业所需的最低规模化运作要求,加之由于互联网的无边界性特点导致了网络营销客户区域的分散与不确定性,少量的供给和过于分散的配送网络使物流企业无法分摊较高的固定成本而难以降低服务价格。

（3）人才储备、企业信息基础建设等方面相当落后

有的企业连基本的企业管理都无法实现计算机化,而有的企业即使配置了十几台最先进的电脑。但整个企业只有一两个人会使用电脑,还是一知半解,没有技术人员帮助其向互联网转型。面对网络提供的种种机会,企业只能望网兴叹了。

（4）缺乏对网络营销的研究、推广和宣传，使网络营销平台没有发挥作用

在调查中发现，许多企业上网，仅仅是在网上建一个主页，一张企业全景照片，几行总经理致辞，一段企业发展历史，几个部门设置和一些相关产品介绍，这些信息甚至几个月不更新。可想而知，企业从网上非但没有得到好处，反而付出了不少人力、物力、财力，给企业背上了包袱，这就造成不少企业领导对上网缺乏信心。

1.2.6　开展网络营销的建议

虽然企业在开展网络营销活动中尚存在着许多困难和障碍，但是网络营销的浪潮已势不可挡，每个企业都无法回避这一冲击，为此我国的有关部门应制定合理的战略和策略以加快网络营销在企业的应用。

1）加快网络基础设施建设，为网络营销的发展提供物质基础

为了给企业网络营销的应用和推广创造一个更加良好的环境条件，有关部门应进一步打破行政垄断，努力提高客户服务质量和降低服务费用，提高网络服务业的竞争能力；在基础设施建设、低成本接入技术的研究与开发上也应进一步加大投入，以促进网络营销在尽快发展。

2）集中力量解决好网络营销系统安全保密、认证、支付等关键技术问题

既要防止计算机病毒和黑客对网络的捣乱、破坏，同时也要确保国家利益及企业的商业权益和秘密。银行要在跨银行、跨地区的贸易结算和现金划拨等方面有所突破，以适应网络营销发展要求。

3）加强法律法规的研究和制订，为网络营销的发展提供有利的外部环境

为了保障网络营销的发展，围绕网络营销发展及相关的网络管理、信息安全、金融结算、知识产权保护等问题，应加快现行法规的修改步伐，同时制定、出台新的贸易法规。

4）努力提高全民族网络营销意识

政府今后要加大计算机知识的普及教育，扩大宣传，让更多的人认识计算机，认识网络、了解网络营销。企业更应加快接受、融入这种新的经营模式，抓住信息化、网络化带来的机遇。

5）消除网络消费者对网络安全性的疑虑

网上交易的安全性包括相关的法律、政策、技术规范以及网络安全，加速商品防伪保真网络系统工程的建设和提高网络营销网站的信誉程度，是网上交易的关键。通过制定相关的电子商务法律，解决网络营销上发生的各种纠纷，还要制定相关的电子支付制度、网络营销规约，对其中引起的纠纷做到有章可循、有法可依、有据可查；建立完备的法律体系和权威的认证机构，维护整个网络营销的交易秩序，提高网络加密技术，加强网络安全防范，促使更多的人放心购物。

6）吸收培养具备网络营销技术的人才

人才是网络经济中最重要的资源，目前企业广泛开展网络营销活动缺乏计算机和网络人才，绝大多数企业还不了解网络营销的处理方式，不懂得如何应用电子手段来改进企业经

营。为此,必须要充分利用各种途径、手段,培养引进并合理使用好一批素质较高、层次合理、专业配套的网络、计算机及经营管理等方面的专业人才,为企业网络营销的发展提供人才保障。

7) 完善物流配送体系

网络营销对配送需求的多样性与分散性,为物流企业整合系统内资源提供了内在的动力与外在的需求,成立全国性的、遍布城乡的物流配送体系,适应网络营销物流配送的需求已迫在眉睫。物流企业提供的服务不应仅仅是送货,最终应成为企业的客户服务商,协助企业完成售后服务,提供更多增值服务内容,如跟踪产品订单、提供销售统计、报表等,进一步增加企业的核心服务价值。另外可以发展第三方物流,统一厂商服务,这样可优化物流配送网络,进而降低配送成本。

8) 促进企业内部资源系统电子化、信息化

网络营销是伴随着企业信息化产生,并伴随着国际互联网而发展的。企业内部网(Intranet)是企业信息化的第一阶段,是以浏览器/服务器模式为基础,建立企业的内部信息系统。从订单生产计划,设计文件、销售报表、财务报表到人事档案等,都可在 Intranet 上交流共享。这样既避免了报表的丢失和差错,又节省了办公时间和金钱,更为参与国际间网络营销竞争奠定了基础。无论是从长远角度与国际相接轨看,还是从短期效益来看,Intranet 对企业发展均有十分重要的作用。

9) 建立网上消费者协会等机构

网上消费有别于传统的购物活动,消费者往往有一种心理上的不安全感,一旦购买的商品有问题找谁呢?如果有了网上消费者协会,消费者可以大胆购物。除此之外,还可以设立其他相关机构。如为了引导全社会的网络营销活动健康、有序地发展,还需要一个有代表性、权威性的协调机构,建立由主管副总理直接领导的包括政府、企业、消费者社团各方面人士组成的"中国网络营销促进委员会"及其办事机构,负责网络营销的业务、技术、政策、法律、国际合作等总体框架的协调和规划的制订。

1.2.7 开展网络营销的模式及实现步骤

针对企业的实际情况,构建企业网络营销信息管理系统的模式眼下尚处于粗放的轮廓阶段。作为一种可行的思路,可以考虑沿以下思路进行:建立一个网络营销的信息管理系统,它包括网上系统维护、网上的系统管理、网上宣传和网上的网络营销传播等四个模块。网上系统维护的主要职能是软硬件的维护、文件的上传和下载以及信息资料的传输;网上系统管理的主要职能是对已获信息进行计划、组织、控制和协调,并反馈于其他模块。网上宣传的主要职能是运作公告栏、导航台、电子邮件、图标广告及其他相关的信息内容。网上的网络营销传播的主要职能则是网络营销方案策划、收集和整理信息、设计制作主页,根据反馈调整网络营销方案进而进行新一轮网络营销传播。不言而喻,以上这种网络营销模式构建是以企业信息化软硬件、集成化管理等为前提的,它作为实现企业完整的网络营销的一个重要的模式,就其对策性思路而言是有价值的,其流程示意如图 1.1。

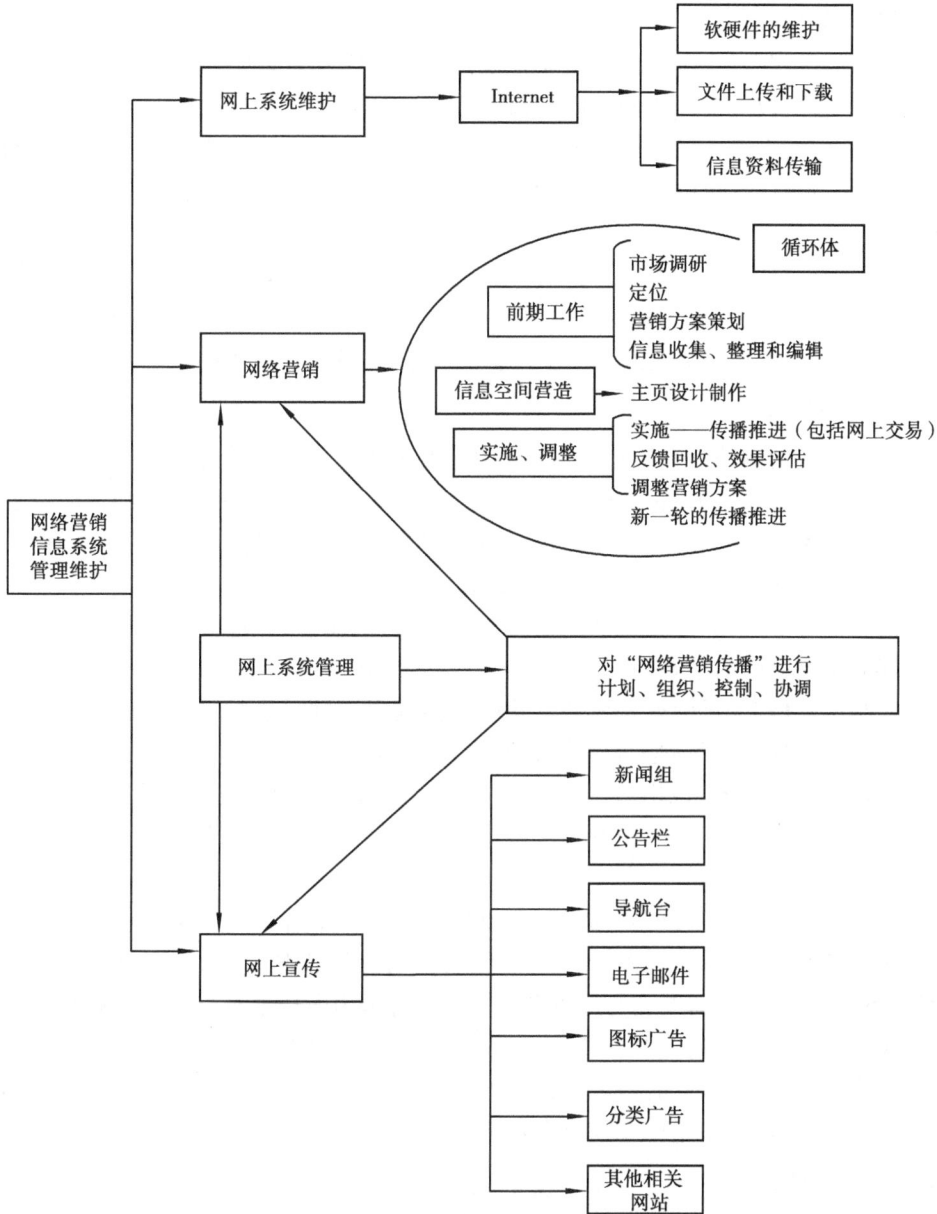

图 1.1　企业完整的网络营销系统

　　企业开展网络营销是必然趋势,但是开展网络营销活动并不意味着必须像上述模式一样投入大量资金、有专业的技术人员、架设上网专线、购买昂贵的服务器,并建设一个功能十分完备的网站。这种一步到位的思想实际上是一种认识的误区,也正是造成目前许多企业"上网恐惧症"的主要原因。从目前我们调查的情况来看,企业网站的作用是相对有限的,上网并不是改变企业命运的金钥匙。基于这样的现实,企业应该对互联网保持冷静的乐观态度,根据企业自身特点和内部条件逐步走上网络经营之路,我们认为采取分阶段逐步实现上述模式的策略更为妥当。具体而言,可分三步走。

1) 简单上网,收集信息

创造必要的上网条件,应该说是企业开展网络营销活动最基本的投入。这种方法简单易行,只要有一台可以连接互联网的电脑,就可以开展简单的网络营销活动,比如供求信息的查询和发布、向潜在客户发送信息等,甚至参与网上拍卖、在线采购等。通过互联网的信息资源共享,企业可以获得以常规方式无力收集的商业、市场信息,为企业开拓国内外市场创造条件。

但从目前情况看,企业开展网络营销的宏观环境还很不完善,因此,在企业上网的初期,充分利用网上信息并利用电子邮件等工具开展业务是主要的内容。在此阶段,是否可以发现新的商业机会,是否可以通过互联网获得新的订单,往往具有较大的不确定性。

2) 建立网络品牌

经过一定阶段的网络营销活动经验的积累,建立网络品牌的重要性日益表现出来。网络品牌主要是通过企业域名、企业电子邮箱、企业网站等建立起来的。一般而言,企业上网是从域名注册开始,到网站建设完成为止,但如果暂时不具备条件或者建立网站意义不大,这个过程也可以分两步走,将域名注册和网站建设分别进行。

企业间的商务活动,通常利用电子邮件进行沟通,因此,拥有自己企业域名为后缀的电子邮箱是建立网络品牌的主要内容。申请域名是企业建立网站的基本条件之一,无论申请国际域名还是国内域名,至少有一个域名才能让访问者访问自己的网站内容。正是为满足企业这些需要,一些网络营销平台提供商推出了企业邮局的解决方案,只要注册一个域名(无论国际或者国内),便可以申请一个企业级的电子邮局,自行管理公司员工电子邮箱的设置,例如中国频道的企业邮局解决方案可以让暂时没有建立网站的企业提前进入信息化经营阶段。

网站建设是网络品牌的重要组成部分,也是一个企业实现真正意义上的网络化的必备条件。对于大多数企业来说,在这个阶段由于网站内容比较简单,以发布企业产品信息为主,信息量不大,因此没有必要自行配置 Web 服务器,租用虚拟主机是最为便利和廉价的方式。对不满足于虚拟主机的企业,可采用服务器托管的形式建立自己的网站,这种方式企业有更大的自主性,可根据自己的需要设置网站的功能,能满足较大信息流量的要求,不必受虚拟主机提供商的制约,费用比专线上网要便宜。

3) 完善企业网站

网络营销是企业网站的主要功能,当然也是企业开展网络营销活动的主要目的。拥有一个独立域名下的企业网站,有自己独立的企业电子邮箱,全方位开展网络营销是企业开展网络营销比较现实的目标,企业通过互联网获得的最大收益,通常也来自网络营销。也就是说,网络营销贯穿于企业开展网上经营的整个过程,包括初期的信息发布、信息收集,到开展网上交易为主的网络营销阶段,网络营销一直都是一项重要内容。

通过网络品牌的推广,已经具备一定网络运作经验的企业,适时地推出完善的、以营销为导向的企业网站,或者对原来的简易网站进行升级是十分必要的,一方面可以进一步提升公司的形象,确立在行业中的竞争优势;另一方面,也为开展电子商务奠定基础。当然,实现这种功能,需要对网站进一步的投资,并且需要对操作人员进行一定的专业培训。

企业建立了网站,在网上进行商品销售,并非是网络营销活动的全部。企业还应把电子工具应用于企业的生产、销售、客户服务以及整个应用链;在有效管理内部资源的同时,还必须更注重外部工作,如跟踪客户的情况,开发市场,密切供应商的联系,以保证对市场变化的第一反应,从而获得领先地位。

4)掌握与灵活运用营销推广工具

营销推广工具服务于一切与实现营销目标有关的营销活动,其目的是促使企业的营销开展效率更高,效果更好。营销工具的产生、发展与互联网的产生、发展以及与企业的网上营销活动紧密相关,不可分割。在现阶段的网络营销活动中,常用的网络营销工具包括企业网站、搜索引擎、电子 邮件、网络实名通用网址、即时通信、浏览器工具条等客户端专用软件、电子书、博客、RSS 等。借助于这些手段,才可以实现营销信息的发布、传递、与用户之间的交互,以及为实现销售营销的有利环境。企业需要掌握并灵活运用各种营销工具,充分发挥其功能,提高营销的总和效果。

1.3　网络营销学的研究对象与研究方法

凡是为达到一定营销目标以互联网为主要手段进行的营销活动,都可称之为网络营销,也就是说网络营销贯穿于企业开展网上经营的整个过程,包括信息发布、信息收集,到开展网上交易为主的电子商务阶段,网络营销一直都是一项重要内容。

1.3.1　网络营销对传统营销理论的冲击

就学科而言,21 世纪的市场营销学将围绕消费者行为的最新变化和技术的创新而发展。21 世纪的互联网营销强调三个方向:①消费者已取得了主权;②营销策略重在吸引并拥有消费者,即时提供各种信息。而拥有消费者的最好办法就是支持他们,向他们提供所需要的工具,以增强他们同卖主(在某种意义是向自己)讨价还价的能力,这样就为持久的忠诚和信任奠定了基础。③消费者行为个性不但不会趋同,需求差异还会进一步拉大。由此,在营销理论上会有新的变化。

1)市场细分的标准与方法将更新

消费者的个性化需求导致细分更"细",市场细分难度增大,传统的细分目标市场的标准已经不能完全奏效,表现在标准的变化以及细分的程度差异上,除了传统的细分标准,还按是否上网、上网能力、上网时间、使用的语种等新的细分标准对目标消费者进行分群。由于消费者行为显著个性化,营销学在互联网环境和技术支持下,将深化个性营销的观念和规则;同时更注重环境和消费者行为分析。

2)消费者启动并控制的营销

在网络营销中,交换过程变成由消费者发动和消费者控制,是消费者,而不是营销者认可并控制互动关系。营销者和他们的代理躲在后面,直到消费者邀请他们加入交换。甚至在营销者进入交换过程后,也是消费者制订游戏规则,并且借助于代理和中介使自己免受伤害。消费者决定他们需要什么信息,他们对什么东西感兴趣,他们愿意支付什么样的价格。

在很多方面,这种消费者启动并控制的营销完全改变了营销实践,从而改变营销规划、策略制订、营销控制等理论。

3) 市场调查研究方法创新

收集信息的广度加大,方法也更加多样化,如统计网页点击率、访问次数、浏览时间、偏好等,分析数据库和客户信息等。对营销策略的研究会更加注重互动的、整合的网络营销,既要体现消费者参与营销的思想,又要把各类互联网技术与新的营销变量结合起来,达到与广泛的利益相关者进行沟通的目的。

4) 营销传播之新理论

营销传播的理论要改写,因为出现了完全不同的新特征:传播成本费用低,免费方式盛行,消费者网上投诉威力强大,顾客互动策略制订过程即时化、多元化、个人化。传统的整合营销进化为网络整合营销(I2M):它整合了产品和服务、公共关系、口碑、流行文化、广告、个人体验、标志、雇员、氛围、甚至是电子垃圾等元素,提供了一种与如此众多的利益相关者群体的沟通方法。

5) 网络直销修正了传统的分销观念

分销是指生产者通过市场把产品分别销售出去,转移到消费者手里,成为现实消费的活动。分销产品需要经过一系列的流通环节——销售渠道。销售渠道有直接渠道和间接渠道之分。传统的分销观念认为直接渠道,即生产者直接与用户进行产品交易,适用于技术性强、生产批量小的产业用品;对于人们日常生活密切相关的消费品来说,间接渠道是其主要的销售渠道,消费品从生产者转移到消费者要经过批发商、代理商、零售商等中间环节,消费者最终获得商品是通过零售商而不是制造商(生产者)。

与传统分销方式不同,网络营销的分销渠道就是互联网本身,互联网直通消费者,将商品直接展示在顾客面前,回答顾客疑问,接受顾客订单。利用无所不到的互联网可以避开传统销售渠道中许多间接环节,使消费品的直接营销成为现实。

网络直销并非一定要取代传统销售渠道,而是对传统销售渠道的创新和重组。但不可否认的是,网络直销必然会对传统销售渠道造成冲击,因此商业界一定要认清这种趋势,与科技界、软件产业界密切联系和合作,尽早上网,实施网络营销。

6) 网络信息资源丰富并发展了信息营销观念

现代企业处于瞬息万变的信息时代,信息科技已成为现代科技的核心和主流;信息资源与能源、材料并称为国民经济和社会发展的三大战略资源。信息是金钱、时间,是经济效益的源泉。信息营销观念指的是企业开展营销活动时,要充分重视市场信息的作用,企业在进行经营决策时,必须以大量真实可靠的市场信息资料为依据,例如关于市场规模及动向的信息,关于市场潜力、产品特性、产品生命周期的信息,关于消费者购买行为、市场占有率的变动、竞争企业状况的信息等。在此基础上,企业才能正确确定目标市场,科学制定产品、价格、分销、促销策略,才能使企业生产经营活动顺利展开,并实现目标利润。企业获取市场信息有两个渠道:一是通过搜集二手资料,诸如企业内部资料;统计部门、政府机关、图书馆、新闻单位提供的资料;市场调研机构提供的资料等。另一种是通过搜集一手资料,即对消费者实地调查来获取信息。

利用国际互联网开展的网络营销丰富并发展了信息营销观念。首先,互联网信息资源极为丰富。目前互联网有数万个大型数据库,并且连接世界 180 多个国家的商业贸易、企业的各种数据库以及有关商贸活动的各国政策法律等数据库。例如国际公认的权威预测机构美国预测公司生产的国际商业经济信息 PTS 数据库,随时向世界各地及时、准确地传送有关市场研究的资料,其范围涉及世界上具有国际水平的各种工业及产品的经营销售市场。又如世界著名 Dialog、BRS、DAT STAR 等都与互联网相连,涉及工农业、商业所有领域,其主题从市场销售到生产技术,从财政金融到经营贸易,从社会倾向到政策法规,从普通工业到高新产业,等等。如此丰富的网络信息资源丰富了信息营销的内容,任何一个企业都可简单、方便、快捷地从网上获取其所需的二手资料。其次,企业实施网络营销,更重要的是还可以通过与用户的双向互动沟通,直接、省时、省力地取得大量的一手资料,使信息资料更丰富、更准确、更完整、更具体,这就是网络营销的巨大优势所在,是任何其他营销方式都不能比拟的。

7)网络营销促进了国际营销理论的发展

国际营销是指超越了本国国境进行的市场经营和销售活动,它不仅要求企业开展出口贸易,而且要求企业跨国经营,推行"多国生产、多国销售"。国际营销是随着科学技术的进步和社会化大生产的发展以及国际分工的日益深化而得以产生并发展的。如今,经济发展的国际化趋向越来越明显,国际营销已成为各国经济活动不可缺少的组成部分。

遍布全球的互联网络给国际营销带来了新的契机。首先世界各地的网上用户都可以是国际营销的潜在用户。网上销售不仅使国际营销最大范围地拥有目标市场,而且使企业在国外市场上委托中间商即可经营,从而大大降低了成本,实现规模经济效益。其次网络可以提供最丰富的信息资源,这不仅可以解决不同国家由于在政治制度、法律体系、经济发展程度以及语言、价值观念等方面的差别而给国际营销带来的困难,而且,利用联机交谈业务,企业可寻找有共同兴趣的商贸伙伴,通过与全球各地的朋友和商贸伙伴交谈,获得一些世界最新消息,提高企业寻找市场的能力,实践"多国生产,多国销售"的国际营销观点。再次,在互联网上建立 EDI(Electric Data Interchange)系统后,把涉及外贸的银行、销售商、用户、海关、运输、税收、保险商检等国际贸易的各个环节连接在一起,通过互联网可在几秒钟内一次将信息传送到不同国家的不同地方,EDI 的计算机自动制作电子单证,实行无纸贸易,通过互联网传递又准确又快速,将一个企业在各国之间的订货、生产、销售过程全部自动完成。这将大幅度降低交易成本,提高工作效率,提高国际贸易的经济效益。

1.3.2 网络营销理论基础

网络营销理论目前还处于发展阶段,完善的理论体系和内容尚需要理论工作者不断地努力和探索,但我们基本上可以肯定其理论基础来自于传统的市场营销理论、直复营销、关系营销、网络软营销、整合营销和数据库营销等。

1)直复营销

根据美国直复营销协会(ADMA)为直复营销下的定义,直复营销是一种为了在任何地方产生可度量的反应和(或)达成交易而使用一种或多种广告媒体的相互作用的市场营销体系。网络作为一种交互式的可以双向沟通的渠道和媒体,它可以很方便地为企业与顾客之间架起桥梁,顾客可以直接通过网络订货和付款,企业可以通过网络接收订单、安排生产,直接将产品送给顾客。基于互联网的直复营销将更加吻合直复营销的理念。这表现在以下4个方面。

第一,直复营销作为一种相互作用的体系,特别强调直复营销者与目标顾客之间的"双向信息交流",以克服传统市场营销中的"单向信息交流"方式的营销者与顾客之间无法沟通的致命弱点。互联网作为开放、自由的双向式的信息沟通网络,企业与顾客之间可以实现直接的一对一的信息交流和直接沟通,企业可以根据目标顾客的需求进行生产和营销决策,在最大限度满足顾客需求的同时,提高营销决策的效率和效用。

第二,直复营销活动的关键是为每个目标顾客提供直接向营销人员反应的渠道,企业可以凭借顾客反应找出不足,为下一次直复营销活动作好准备。互联网的方便、快捷性使得顾客可以方便地通过互联网直接向企业提出建议和购买需求,也可以直接通过互联网获取售后服务。企业也可以从顾客的建议、需求和要求的服务中,找出企业的不足,按照顾客的需求进行经营管理,减少营销费用。

第三,直复营销活动中,强调在任何时间、任何地点都可以实现企业与顾客的"信息双向交流"。互联网的全球性和持续性的特性,使得顾客可以在任何时间、任何地点直接向企业提出要求和反映问题,企业也可以利用互联网实现低成本的实现跨越空间和突破时间限制与顾客的双向交流,这是因为利用互联网可以自动的全天候提供网上信息沟通交流工具,顾客可以根据自己的时间安排任意上网获取信息。

第四,直复营销活动最重要的特性是直复营销活动的效果是可测定的。互联网作为最直接的简单沟通工具,可以很方便地为企业与顾客进行交易时提供沟通支持和交易实现平台,通过数据库技术和网络控制技术,企业可以很方便的处理每一个顾客的订单和需求,而不用管顾客的规模大小、购买量的多少,这是因为互联网的沟通费用和信息处理成本非常低廉。因此,通过互联网可以实现以最低成本最大限度地满足顾客需求,同时了解顾客需求,细分目标市场,提高营销效率和效用。

网络营销作为一种有效的直复营销策略,说明网络营销的可测试性、可度量性、可评价性和可控制性。因此,利用网络营销这一特性,可以大大改进营销决策的效率和营销执行的效用。

2) 关系营销理论

关系营销是1990年以来受到重视的营销理论,它主要包括两个基本点:首先,在宏观上认识到市场营销会对范围很广的一系列领域产生影响,包括顾客市场、劳动力市场、供应市场、内部市场、相关者市场,以及影响者市场(政府、金融市场);在微观上,认识到企业与顾客的关系不断变化,市场营销的核心应从过去的简单的一次性的交易关系转变到注重保持长期的关系上来。企业是社会经济大系统中的一个子系统,企业的营销目标要受到众多外在因素的影响,企业的营销活动是一个与消费者、竞争者、供应商、分销商、政府机构和社会组织发生相互作用的过程,正确理解这些个人与组织的关系是企业营销的核心,也是企业成败的关键。

关系营销的核心是保持顾客,为顾客提供高度满意的产品和服务价值,通过加强与顾客的联系,提供有效的顾客服务,保持与顾客的长期关系。并在与顾客保持长期关系的基础上开展营销活动,实现企业的营销目标。实施关系营销并不是以损伤企业利益为代价的,根据研究,争取一个新顾客的营销费用是老顾客费用的 5 倍,因此加强与顾客关系并建立顾客的忠诚度,是可以为企业带来长远利益的,它提倡的是企业与顾客的双赢策略。互联网作为一种有效的双向沟通渠道,企业与顾客之间可以实现低费用成本的沟通和交流,它为企业与顾客建立长期关系提供有效的保障。这是因为,首先,利用互联网企业可以直接接收顾客的订单,顾客可以直接提出自己的个性化需求。企业根据顾客的个性化需求利用柔性化的生产技术最大限度满足顾客的需求,为顾客在消费产品和服务时创造更多的价值。企业也可以从顾客的需求中了解市场、细分市场和锁定市场,最大限度降低营销费用,提高对市场的反应速度。其次,利用互联网企业可以更好地为顾客提供服务和与顾客保持联系。互联网不受时间和空间限制的特性能最大限度方便顾客与企业进行沟通,顾客可以借助互联网在最短时间内以简便方式获得企业的服务。同时,通过互联网交易企业可以实现对整个从产品质量、服务质量到交易服务等过程的全程质量控制。

另一方面,通过互联网企业还可以实现与之相关的企业和组织建立关系,实现双赢发展。互联网作为最廉价的沟通渠道,它能以低廉成本帮助企业与企业的供应商、分销商等建立协作伙伴关系。如前面案例中的联想电脑公司,通过建立电子商务系统和管理信息系统实现与分销商的信息共享,降低库存成本和交易费用,同时密切双方的合作关系。有关网络关系理论的应用将在后面网络营销服务策略中进行详细介绍。

3) 软营销理论

软营销理论是针对工业经济时代的以大规模生产为主要特征的"强式营销"提出的新理论,它强调企业进行市场营销活动的同时必须尊重消费者的感受和体验,让消费者能舒服的主动接受企业的营销活动。传统营销活动中最能体现强势营销特征的是两种促销手段:传统广告和人员推销。在传统广告中,消费者常常是被迫的被动的接受广告信息的"轰炸",它的目标是通过不断的信息灌输方式在消费者心中留下深刻的印象,至于消费者是否愿意接受则不考虑;在人员推销中,推销人员根本不考虑被推销对象是否愿意和需要,只是根据推销人员自己的判断强行展开推销活动。

在互联网上,由于信息交流是自由、平等、开放和交互,强调的是相互尊重和沟通,网上使用者比较注重个人体验和隐私保护。因此,企业采用传统的强势营销手段在互联网上展开营销活动势必适得其反,如美国著名 AOL 公司曾经对其用户强行发送 E-mail 广告,结果招致用户的一致反对,许多用户约定同时给 AOL 公司服务器发送 E-mail 进行报复,结果使得AOL 的 E-mail 邮件服务器处于瘫痪状态,最后不得不道歉平息众怒。网络软营销恰好是从消费者的体验和需求出发,采取拉式策略吸引消费者关注企业来达到营销效果。在互联网上开展网络营销活动,特别是促销活动一定要遵循一定的网络虚拟社区形成规则,有的也称为"网络礼仪"。网络软营销就是在遵循网络礼仪规则的基础上巧妙运用达到一种微妙的营销效果。

4) 整合营销理论

在当前后工业化社会中,第三产业中服务业的发展是经济主要的增长点,传统的以制造为主的正向服务型发展,新型的服务业如金融、通信、交通等产业如日中天。后工业社会要求企业的发展必须以服务为主,必须以顾客为中心,为顾客提供适时、适地、适情的服务,最大限度地满足顾客需求。互联网络作为跨时空传输的"超导体"媒体,可以为在顾客所在地提供及时的服务,同时互联网络的交互性可以了解顾客需求并提供针对性的响应,因此互联网络可以说是消费者时代中最具魅力的营销工具。

互联网络对市场营销的作用,可以通过对 4P's(产品/服务、价格、分销、促销)结合发挥重要作用。利用互联网络传统的 4P's 营销组合可以更好地与以顾客为中心的 4Cs(顾客、成本、方便、沟通)相结合。

(1)产品和服务以顾客为中心

由于互联网络具有很好的互动性和引导性,用户通过互联网络在企业的引导下对产品或服务进行选择或提出具体要求,企业可以根据顾客的选择和要求及时进行生产并提供及时服务;另一方面,企业还可以通过及时了解顾客需求,组织及时生产和销售,提高企业的生产效益和营销效率。如美国 PC 销售公司 Dell 公司,在 1995 年还是亏损的,但在 1996 年,它们通过互联网络来销售电脑,业绩得到 100% 增长。由于顾客通过互联网络,可以在公司设计的主页上进行选择和组合电脑,公司的生产部门马上根据要求组织生产,并通过邮政公司寄送,因此公司可以实现零库存生产,特别是在电脑部件价格急剧下降的年代,零库存不但可以降低库存成本,还可以避免因高价进货带来的损失。

(2)以顾客能接受的成本定价

传统的以生产成本为基准的定价在以市场为导向的营销中是必须摒弃的。新型的价格应是以顾客能接受的成本来定价,并依据该成本来组织生产和销售。企业以顾客为中心定价,必须测定市场中顾客的需求以及对价格认同的标准,这在互联网络上很容易实现。顾客可以通过互联网络提出接受的成本,企业根据顾客的成本提供柔性的产品设计和生产方案供用户选择,直到顾客认同确认后再组织生产和销售,所有这一切都是顾客在公司的服务器程序导引下完成的,并不需要专门的服务人员,因此成本也极其低廉。目前,美国的通用汽车公司允许顾客在互联网络上,通过公司的有关导引系统自己设计和组装满足自己需要的汽车,用户首先确定接受价格的标准,然后系统根据价格的限定从中显示满足要求式样的汽车,用户还可以进行适当的修改,公司最终生产的产品恰好能满足顾客对价格和性能的要求。

(3)产品的分销以方便顾客为主

网络营销是一对一的分销渠道,是跨时空进行销售的,顾客可以随时随地利用互联网络订货和购买产品。以法国钢铁制造商犹齐诺—洛林公司为例,该公司创立于 8 年前,因为采用了电子邮件和世界范围的订货系统,从而把加工时间从 15 天缩短到 24 小时。目前,该公司正在使用互联网络,以提供比对手更好、更快的服务。该公司通过内部网与汽车制造商建立联系,从而能在对方提出需求后及时把钢材送到对方的生产线上。

(4)压迫式促销转向加强与顾客沟通和联系

传统的促销是以企业为主体,通过一定的媒体或工具对顾客进行压迫式的加强顾客对公司和产品的接受度和忠诚度,顾客是被动的和接受式的,缺乏与顾客的沟通和联系,同时公司的促销成本很高。互联网络上的营销是一对一和交互式的,顾客可以参与到公司的营销活动中来,因此互联网络更能加强与顾客的沟通和联系,更能了解顾客和需求,更易引起顾客的认同。美国的新型明星公司——雅虎(Yahoo!)公司开发了一个能在互联网络上对信息分类检索的工具,由于该产品具有很强的交互性,用户可以将自己认为重要的分类信息提供给雅虎公司,雅虎公司马上将该分类信息加入到产品中供其他用户使用,因此不用作宣传,其产品就广为人知,并且在短短两年之内公司的股票市场价值达几十亿美元,增长几百倍之多。

5) 数据库营销

所谓数据库营销,就是利用企业经营过程中收集、形成的各种顾客资料,经分析整理后作为制订营销策略的依据,并作为保持现有顾客资源的重要手段。数据库营销在企业营销战略中的基本作用表现在下列几个方面。

①更加充分地了解顾客的需要。

②为顾客提供更好的服务。顾客数据库中的资料是个性化营销和顾客关系管理的重要基础。

③对顾客的价值进行评估。通过区分高价值顾客和一般顾客,对各类顾客采取相应的营销策略。

④了解顾客的价值。利用数据库的资料,可以计算顾客生命周期的价值以及顾客的价值周期。

⑤分析顾客需求行为。根据顾客的历史资料不仅可以预测需求趋势,还可以评估需求倾向的改变。

⑥市场调查和预测。数据库为市场调查提供了丰富的资料,根据顾客的资料可以分析潜在的目标市场。

与传统的数据库营销相比,网络数据库营销的独特价值主要表现在 3 个方面:动态更新、顾客主动加入、改善顾客关系。

(1) 动态更新

在传统的数据库营销中,无论是获取新的顾客资料,还是对顾客反应的跟踪都需要较长的时间,而且反馈率通常较低,收集到的反馈信息还需要烦琐的人工录入,因而数据库的更新效率很低,更新周期比较长,同时也造成了过期、无效数据记录比例较高,数据库维护成本相应也比较大。网络数据库营销具有数据量大、易于修改、能实现动态数据更新、便于远程维护等多种优点,还可以实现顾客资料的自我更新。网络数据库的动态更新功能不仅节约了大量的时间和资金,同时也更加精确地实现了营销定位,从而有助于改善营销效果。

(2) 顾客主动加入

仅靠现有顾客资料的数据库是不够的,除了对现有资料不断更新维护之外,还需要不断挖掘潜在顾客的资料,这项工作也是数据库营销策略的重要内容。在没有借助互联网的情况下,寻找潜在顾客的信息一般比较难,要花很大代价,比如利用有奖销售或者免费使用等机会要求顾客填写某种包含有用信息的表格,不仅需要投入大量资金和人力,而且又受地理区域的限制,覆盖的范围非常有限。

在网络营销环境中,顾客数据库增加要方便得多,而且往往是顾客自愿加入网站的数据库。最新调查表明,为了获得个性化服务或获得有价值的信息,有超过50%的顾客愿意提供自己的部分个人信息,这对于网络营销人员来说,无疑是一个好消息。请求顾客加入数据库的通常做法是在网站设置一些表格,要求顾客在注册为会员时填写。但是,网上的信息很丰富,对顾客资源的争夺也很激烈,顾客的要求是很挑剔的,并非什么样的表单都能引起顾客的注意和兴趣,顾客希望得到真正的价值,但肯定不希望对个人利益造成损害,因此,需要从顾客的实际利益出发,合理地利用顾客的主动性来丰富和扩大顾客数据库。在某种意义上,邮件列表可以认为是一种简单的数据库营销,数据库营销同样要遵循自愿加入、自由退出的原则。

(3)改善顾客关系

顾客服务是一个企业能留住顾客的重要手段,在电子商务领域,顾客服务同样是取得成功的最重要因素。一个优秀的顾客数据库是网络营销取得成功的重要保证。在互联网上,顾客希望得到更多个性化的服务,比如,顾客定制的信息接收方式和接收时间,顾客的兴趣爱好、购物习惯等都是网络数据库的重要内容,根据顾客个人需求提供针对性的服务是网络数据库营销的基本职能,因此,网络数据库营销是改善顾客关系最有效的工具。

网络数据库由于其种种独特功能而在网络营销中占据重要地位,网络数据库营销通常不是孤立的,应当从网站规划阶段开始考虑,列为网络营销的重要内容,另外,数据库营销与个性化营销、一对一营销有着密切的关系,顾客数据库资料是顾客服务和顾客关系管理的重要基础。

6)全方位营销理论

全方位营销观念(Holistic Marketing Concept)指企业针对个别客户的需求,整合企业的全面关系网络,通过掌握客户占有率、顾客忠诚度和客户终生价值来达到获利性的成长。全方位营销观念与营销观念也有很大的不同。其起点是个别客户的需求,重心是客户价值、企业的核心能力和合作网络,手段是资料库管理、可联结协力厂商的价值链,结果是通过掌握客户占有率、顾客忠诚度和客户终生价值来达到获利性的成长。

如果说推销观念立足于企业的现有资源(产品),是以资源为重心的,营销观念立足于满足客户的能力(营销组合),是以能力为重心的,那么全方位营销观念则是立足于企业的全面关系(顾客、企业和协力厂商的关系),以全面关系为重心的。

全方位营销的基本架构是:相关角色(客户、企业和协力厂商)与"以价值为基础"的活动(价值探索、价值实现和价值传递)之间的联结和互动。

①价值探索。价值探索要解决的问题是企业如何才能找出新的价值机会,以开辟市场。价值机会存在于市场之中,并会在各市场之间浮现与流动。在新经济时代,由于价值是由企业、消费者、协力厂商和各相关团体推动的,所以为进行价值探索,要了解客户的认知空间、评估企业的能力空间、掌握协力厂商的资源空间。

②价值创造。为了充分利用探索出来的价值机会,企业必须拥有价值创造的技能。为此,营销人员必须以客户认知空间的变化为基础,创造客户的利益;以企业的能力空间为基础,重新安排企业的营运范围;以协力厂商的资源空间为基础,扩大业务伙伴的阵容,并选择、管理企业的合作伙伴。

③价值传递。要想传递价值,需要在其基础架构和能力上进行大量的投资。为此,要进

行客户关系管理、内部资源管理、企业合伙关系管理。

价值探索、价值创造和价值实现需要一定的平台。具体地说,需要构建四大竞争性平台。

①产品或服务平台。产品或服务平台的构建是客户的认知空间、企业的能力空间、客户利益和企业的营运范围相互作用的结果。在新经济条件下,产品会发生一些变化。企业面对众多的机会,应精心推出差异化的市场潜在产品或服务。

②企业架构平台。企业架构平台的构建是企业的能力空间、协力厂商的资源空间、企业的营运范围以及企业的合作伙伴相互作用的结果。这里,企业应设计营运模式,以管理特定的价值流。

③营销活动平台。营销活动平台的构建是客户利益、企业的营运范围、客户关系管理以及企业内部资源管理相互作用的结果。新经济条件下的营销活动在管理上发生了一些新变化,销售渠道数目大增,网站传播的信息更多,传播的面更广,成本更低,还能做到互动;价格管理也将发生变化。

④营运体系平台。营运体系平台的构建是企业的营运范围、企业的合作伙伴、企业的内部资源管理和企业合伙关系管理相互作用的结果。设计该平台所涉及的关键因素有新产品上市时间、企业对客户的反应速度和营运体系的形态。首先,企业必须加快新产品推出上市的时间;其次,企业必须简化“从接单到交货”的过程;最后,企业要选择营运体系的形态。

1.3.3 网络营销学的研究方法

网络营销学的主要任务就是要充分研究企业网络营销活动的客观规律,指导企业网络营销的实际。但由于网络营销活动涉及的面非常广泛,且其本身又包含了极为繁多的内容,因此,我们在从事网络营销学的研究和网络营销的实践中,就必须要有正确的方法做指导。

1) 马克思主义的唯物辩证法

按照马克思主义唯物辩证法的观点,事物总是在不断运动的,运动又必然是有一定规律的。所以,唯物辩证法可以研究和揭示企业网络营销活动中的规律性,研究它的发展规律、营销战略规划以及为达到营销战略目标而采取的各种营销策略等。规律性的揭示有助于人们更好地运用这些规律,为发展现代营销活动服务。

马克思主义唯物辩证法还认为,事物的运动不是孤立的,它必然与外界密切联系;事物的发展变化,是内因与外因共同作用的结果,内因是主要的,但外因也有重要的作用。因此,借助唯物辩证法来研究现代企业网络营销活动的规律,有利于我们密切注意现代营销环境的变化,及时指导企业做出决策。

2) 理论联系实际的方法

社会实践是理论的源泉,实践是检验真理的唯一标准,这是马克思主义的基本原理。网络营销学是一门实践性很强的应用科学,因此,更应该把理论同企业网络营销活动的实践密切结合起来,在实践中检验网络营销理论,发展理论,反过来再用理论来指导具体的企业网络营销活动。

3) 系统方法

系统方法是一种以系统论为基础的科学研究方法,它广泛应用于现代自然科学和经济学等的研究,并取得了较大的成绩。系统方法的基本原则是强调系统性,重视关联性,争取最优化。因为从系统方法的角度看,一切皆系统,世界上各种对象、事物和过程都是由一定部分或要素组成的统一体。中小企业的网络营销也是一个系统,它的组成,具体来讲包括营销环境分析过程、营销战略规划过程、营销方式选择过程、业绩评价过程等。

在一个系统内,系统方法强调构成整体的各个部分或要素又是由更小的部分或要素组成的。因此,我们在研究企业网络营销活动的各个过程时,应进一步分析其组成要素。例如,分析网络营销管理过程时,应注意它是由一系列网络营销策略组成,而其中的网络营销组合策略又包括5C's等。

系统方法的最终目的是通过协调系统的各个组成部分,争取整个系统的最优化。这就要求企业在从事网络营销活动中,一方面应有效地协调其各部门的营销活动,使企业的整体效益最好;另一方面,全面地系统地协调各项营销活动,使其实现在服从营销战略目标前提下的最优组合。

4) 定性分析与定量分析结合的方法

网络营销所阐述的范畴,往往首先要用定性方法进行分析,揭示每个范畴的本质和含义。但是,事物的一定的质蕴藏在事物的一定量中,离开数量就无法弄清事物的性质。所以在网络营销研究中,将定性分析与定量分析结合起来,是极其重要的研究方法之一。我们在企业(网络)营销的现状调查中应该采用此种方法。

5) 模拟和实验方法

现代企业是一个以先进的科学技术为基础的社会化大生产的组织,企业之间紧密地相互联系,国内外市场瞬息万变。这些复杂的经济动态,必须迅速加以处理。因此,借助大量的数学分析手段,并应用控制论等知识进行科学模拟网络营销等,对现代企业进行市场预测,了解经济发展的趋势,做出科学的营销决策和提高经济效益具有重要作用。

1.3.4　网络营销学的研究对象

由于网络营销学是一门从整体上系统研究企业网络营销活动及其相关的各个领域的战略、策略的规律性的应用科学,因此企业网络营销中涉及的一切活动多是其研究对象,但主要的不外乎以下5个方面的内容:

①一个目标——实现特定的战略计划;

②二种手段——战略规划和业绩评价;

③三种方法——市场细分、目标市场、市场定位;

④四种环境——政法环境、经济环境、科技环境、社会文化环境;

⑤五项策略——产品策略、物流渠道策略、定价策略、促销策略、客户关系管理策略。

以上5个研究方面的联系,详见图1.2。图中括号内的标号表示该内容在本书中的章次。

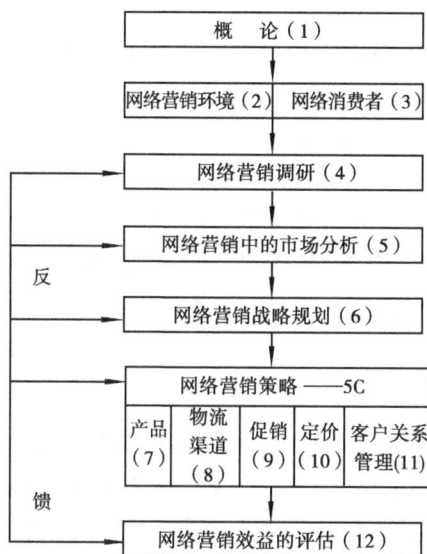

```
                    ┌──────────────┐
                    │  概   论（1） │
                    └──────┬───────┘
           ┌───────────────┴───────────────┐
        网络营销环境（2）        网络消费者（3）
           └───────────────┬───────────────┘
                    网络营销调研（4）

                 网络营销中的市场分析（5）

     反          网络营销战略规划（6）

                 网络营销策略——5C
              ┌────┬────┬────┬────┬──────┐
              │产品│物流│促销│定价│客户关系│
              │（7）│渠道│（9）│（10）│管理(11)│
              │    │（8）│    │    │       │
     馈        └────┴────┴────┴────┴──────┘

                 网络营销效益的评估（12）
```

图 1.2 "网络营销学"理论体系逻辑示意图

1.4 网络营销的常用工具和方法简介

开展网络营销需要一定的网络营销工具和方法,基本的网络营销工具包括企业网站、搜索引擎、电子邮件、即时信息、电子书等,了解这些基本工具及其特性,是有效开展网络营销的基础。网络营销方法是对网络营销工具和各种网络资源的合理应用。网络营销工具与网络营销方法是相辅相成的,只有工具而没有应用,网络营销的价值不会自动发挥出来,离开了网络营销工具,网络营销方法也将无所依托。只有将网络营销工具与方法相结合进行综合利用才能进行有效促销、顾客关系管理等网络营销活动。目前,国内有研究者从网络营销工具与方法入手来研究网络营销。在此,我们先仅对网络营销常用的工具与方法做一简单的介绍,较详细的介绍在其应用时穿插在相应的网络营销策略等内容中。

1.4.1 网络营销常用工具

1)企业网站

企业网站是一个综合性网络营销工具,也是开展网络营销的基础,网站建设是网络营销策略的重要组成部分,有效地开展网络营销离不开企业网站功能的支持,网站建设的专业水平同时也直接影响着网络营销的效果。企业网站有两种基本形式:信息发布型和在线销售型。前者是企业网站的基本形态,后者是企业网站发展到一定阶段的产物。企业网站具有发布信息、与客户进行沟通、产品销售等功能,充分理解企业网站的作用,才能把握企业网站与网络营销关系的本质,从而掌握这种内在关系的一般规律,建造适合网络营销需要的企业网站,为有效开展网络营销奠定基础。

2)搜索引擎

基于万维网的搜索引擎自 1993 年出现之后得到了迅速发展,已经成为网络用户获取信息和企业网站推广的重要手段之一。从工作原理来分,常见的搜索引擎有两类:一类是纯技术型的全文检索搜索引擎,其原理是通过机器手(即 Spider 程序)到各个网站收集、存储信息,并建立索引数据库供用户查询,国外的 Google 和国内的 Baidu 是这类搜索引擎的典型代表;另一类称为分类目录,利用各网站登录信息时填写的关键词和网站描述等资料,经过人工审核编辑后,输入数据库以供查询,早期的 Yahoo! 和 Sohu 都提供这种搜索引擎服务。搜索引擎目前已经成为顾客在互联网上获取信息的最主要的渠道。企业可以利用搜索引擎开展促销等网络营销活动。

3)电子邮件

电子邮件是互联网上最常用的服务之一,几乎应用于网络营销中的各个方面,主要功能在于信息收集、传递和交流。电子邮件是最有效、最直接、成本最低的信息传递工具,拥有用户的 E-mail 地址对企业开展网络营销具有至关重要的意义。电子邮件在网络营销中的作用主要表现在 8 个方面:企业品牌形象、在线顾客服务、发送会员通信与电子刊物、电子邮件广告、网站推广、产品/服务推广、收集市场信息、在线市场调查。电子邮件可以用于网络营销策略的各个方面,例如,网络营销产品策略中,企业可以利用电子邮件进行新产品开发的市场调查,收集消费者的意见;在进行促销时,可以利用电子邮件进行信息的发布。

4)网络实名和通用网址

网络实名和通用网址,在发展过程中曾被叫做"中文网址""中文关键词""快捷网址"等不同名称。网络实名和通用网址主要的区别在于两者属于不同的服务商,两者的基本原理和表现形式是类似的。

网络实名的服务商原属于北京三七二一科技有限公司(2003 年后被雅虎收购,到 2005年雅虎中国被阿里巴巴集团收购之后,网络实名的运营权也相应地转移到阿里巴巴),而通用网址的服务提供商是中国互联网信息中心(CNNIC)。

根据三七二一网站上的介绍:网络实名,提供给用户使用的全新上网方式。当用户开启网络实名功能后,在浏览器地址栏输入中文,即可直接进入网站,或得到丰富的网页搜索结果。如:在浏览器地址栏输入"中央电视台",即可直达央视网站;在浏览器地址栏输入"奥运会",则可以得到关于奥运会的数十万条搜索结果。

中国互联网络信息中心对通用网址是这样介绍的:"通用网址是一种新兴的网络名称访问技术,通过建立通用网址与网站地址 URL 的对应关系,实现浏览器访问的一种便捷方式。你只需要使用自己所熟悉的语言告诉浏览器你要去的通用网址既可。"

不同服务商的产品名称不同,但在实际应用中并没有本质的区别,都是一种可以用自然语言方式访问网站的方法,在英语中的同类服务叫"Keyword"。即在用户电脑上安装网络实名或者通用网址等相应的服务商提供的客户端插件的情况下,用户在浏览器地址栏中直接输入已经注册的网络实名或通用网址即可直接到达该网络实名或通用网址所对应的网页。

网络实名和通用网址在网络营销中的作用主要表现在三个方面:有助于网址推广、增加了网站被用户发现的机会、同一网站可以拥有多个网络实名或通用网址。

5）电子书

电子书（Electronic Book，E-book）是一种作为传统印刷品替代技术的数字化出版方式。电子书的内容需要借助于一定的设备才能阅读，如专用的电子书阅读器、个人计算机、PDA等。现在电子出版已经取得了一定的发展，但并没有像人们几年前想象的那样对传统出版业造成巨大冲击，至少目前，多数人仍然不习惯于电子阅读方式。不过，作为一种信息载体，电子书在网络营销中发挥了积极的作用，因而成为一种常用的网络营销工具，主要用于网站推广、产品推广、顾客服务等。

6）即时信息

即时信息（Instant Messaging，简称 IM），指可以在线实时交流的工具，也就是通常所说的在线聊天工具。即时信息早在 1996 年就开始流行了，当时最著名的即时通信工具为 ICQ。ICQ 最初由 3 个以色列人所开发，1998 年被美国在线收购，现在仍然是最受欢迎的即时聊天工具，到 2003 年底，全球的 ICQ 用户数量超过 15 亿，其中 60% 以上分布在美国之外的世界各国。

即时信息有针对个人应用和企业应用的不同类型，目前占主导地位的是个人应用，并且大多是免费服务的。目前常用的即时信息工具有国外的 ICQ、Yahoo 信使（Yahoo Messenger）、MSN 信使（MSN Messenger）、AOL 即时信使（AIM）等，以及国内网站提供的即时信息聊天工具如腾讯公司的 QQ、新浪 UC 等。此外，一个网站内部的在线用户之间的实时交流也是即时信息的一种具体应用形式。

即时信息在网络营销中的应用主要有五个方面：实时交流增进顾客关系、在线顾客服务、在线销售中的导购服务、网络广告媒体、病毒性营销信息传播工具。

7）博客

博客（Blog），它的正式名称为网络日志，是以网络作为载体，简易迅速便捷地发布自己的心得，及时有效轻松地与他人进行交流，集丰富多彩的个性化展示于一体的综合性平台。Blog 是继 E-mail、BBS、ICQ 之后出现的第四种网络交流方式，十分受大家的欢迎，是网络时代的个人"读者文摘"，是以超级链接为武器的网络日记，是代表着新的生活方式和新的工作方式，更代表着新的学习方式。一个典型的博客结合了文字、图像、其他博客或网站的链接及其他与主题相关的媒体，能够让读者以互动的方式留下意见，是许多博客的重要要素。

博客这种网络日记的内容通常是公开的，自己可以发表自己网络日记，也可以阅读别人的网络日记，因此博客可以理解为一种个人思想、观点、知识等在互联网上的共享。由此可见，博客具有知识性、自主性、共享性等基本特征，正是博客这种性质决定了博客营销是一种基于包括思想、体验等表现形式的个人知识资源，它通过网络形式传递信息。公司、企业或者个人利用博客这种网络交互性平台，建立企业博客或个人博客，发布并更新企业、公司或个人的相关概况及信息，并且密切关注并及时回复平台上客户对于企业或个人的相关疑问以及咨询，并通过较强的博客平台帮助企业或公司零成本获得搜索引擎的较前排位，使用户更加信赖企业，深化品牌影响力，以达到营销宣传目的。

8) 微博

微博(Weibo),即微型博客(MicroBlog)的简称,也即是博客的一种,是一种通过关注机制分享简短实时信息的广播式的社交网络平台。

微博是一个基于用户关系信息分享、传播以及获取的平台。用户可以通过 Web、Wap 等各种客户端组建个人社区,可以实时更新信息,并实现即时分享。微博的关注机制分为可单向、可双向两种。微博提供了这样一个平台,你既可以作为观众,在微博上浏览你感兴趣的信息;也可以作为发布者,在微博上发布内容供别人浏览。

相对于强调版面布置的博客来说,微博的内容组成只是由简单的只言片语组成,从这个角度来说,对用户的技术要求门槛很低,而且在语言的编排组织上,没有博客那么高。其次,微博开通的多种 API 使得大量的用户可以通过手机、网络等方式来即时更新自己的个人信息。

从信息传播的角度来看,微博具有以下特征:

①信息获取具有很强的自主性、选择性,用户可以根据自己的兴趣偏好,依据对方发布内容的类别与质量,来选择是否"关注"某用户,并可以对所有"关注"的用户群进行分类。

②微博宣传的影响力具有很大弹性,与内容质量高度相关。其影响力基于用户现有的被"关注"的数量。用户发布信息的吸引力、新闻性越强,对该用户感兴趣、关注该用户的人数也越多,影响力越大。只有拥有更多高质量的粉丝,才能让你的微博被更多人关注。此外,微博平台本身的认证及推荐亦助于增加被"关注"的数量。

③信息共享便捷迅速。可以通过各种连接网络的平台,在任何时间、任何地点即时发布信息,其信息发布速度超过传统纸媒及网络媒体。

目前,很多企业利用微博来进行各种营销活动,微博营销应运而生。微博营销是指通过微博平台为商家、个人等创造价值而执行的一种营销方式,也是指商家或个人通过微博平台发现并满足用户的各类需求的商业行为方式。微博营销涉及的范围包括认证、有效粉丝、朋友、话题、名博、开放平台、整体运营等。微博营销以微博作为营销平台,每一个听众(粉丝)都是潜在的营销对象,企业利用更新自己的微型博客向网友传播企业信息、产品信息,树立良好的企业形象和产品形象。

9) 微信

微信(WeChat)是腾讯公司于 2011 年 1 月 21 日推出的一个为智能终端提供即时通信服务的免费应用程序,微信支持跨通信运营商、跨操作系统平台通过网络快速发送免费(需消耗少量网络流量)语音短信、视频、图片和文字,同时,也可以使用通过共享流媒体内容的资料和基于位置的社交插件"摇一摇"、"漂流瓶"、"朋友圈"、"公众平台"、"语音记事本"等服务插件。

截止到 2016 年第一季度,微信已经覆盖中国 90% 以上的智能手机,月活跃用户达到 5.49 亿,用户覆盖 200 多个国家、超过 20 种语言。此外,各品牌的微信公众账号总数已经超过 800 万个,移动应用对接数量超过 85 000 个,微信支付用户则达到了 4 亿左右。

微信提供的闭环式移动互联网商业解决方案中,涉及到的服务能力包括:移动电商入口、用户识别、数据分析、支付结算、客户关系维护、售后服务和维权、社交推广等。通过为合作伙伴提供"连接一切"的能力,微信正在形成一个全新的"智慧型"生活方式。其已经渗透进入以下传统行业,如微信打车、微信交电费、微信购物、微信医疗、微信酒店等。为医疗、酒店、零售、百货、餐饮、票务、快递、高校、电商、民生等数十个行业提供标准解决方案。

伴随着微信的火热而兴起了微信营销这种网络营销方式。微信营销主要体现在以安卓系统、苹果系统的手机或者平板电脑中的移动客户端进行的区域定位营销,商家通过微信公众平台,结合转介率微信会员管理系统展示商家微官网、微会员、微推送、微支付、微活动,已经形成了一种主流的线上线下微信互动营销方式。

10)APP

APP 是英文 Application 的简称,由于 iPhone 等智能手机的流行,APP 指智能手机的第三方应用程序。

一开始 APP 只是作为一种第三方应用的合作形式参与到互联网商业活动中去的,随着互联网越来越开放化,人们逐渐习惯了使用 APP 客户端上网的方式,而目前国内各大电商,均拥有了自己的 APP 客户端,这标志着,APP 客户端的商业使用,已经开始初露锋芒,越来越多的互联网企业、电商平台将 APP 作为销售的主战场之一。泽思网络的数据表明,APP 既给手机电商带来的流量远远超过了传统互联网(PC 端)的流量,通过 APP 进行盈利也是各大电商平台的发展方向。事实表明,各大电商平台向移动 APP 的倾斜也是十分明显的,原因不仅仅是每天增加的流量,更重要的是由于手机移动终端的便捷,为企业积累了更多的用户,更有一些用户体验不错的 APP 使得用户的忠诚度、活跃度都得到了很大程度的提升,从而为企业的创收和未来的发展起到了关键性的作用。

11)网络社区

网络社区是指包括 BBS 或论坛、讨论组、聊天室、博客等形式在内的网上交流空间,同一主题的网络社区集中了具有共同兴趣的访问者,由于有众多用户的参与,不仅具备交流的功能,实际上也成为一种营销场所。

网络社区是网站所提供的虚拟频道,让网民产生互动、情感维系及资讯分享;从网站经营者的角度来看,网络社区经营成功,不仅可以带来稳定及更多的流量,增加广告收入,注册会员更能借此拥有独立的资讯存放与讨论空间,会员多,人气旺,还给社区营销造就了良好的场所。一个优秀的网络社区的功能包括电子公告牌(BBS),电子邮件,聊天室,讨论组,回复即时通知和博客的功能。网络社区主要包括综合性的社区和专业性的社区,专业性的社区分为自己建设网络社区和通过其他网站的专业社区。如新浪网上社区的内容囊括了社会生活的方方面面,而阿里巴巴的内容定位是网上商人。网络社区营销比较明显的,还是像阿里巴巴那样的为广大商人服务的专业性社区为主,因为其定位比较明确,会员多,且会员的结构比较具有购买能力,商品信息受众的反应率比较高。

12)二维码

二维码(2-dimensional bar code)是用某种特定的几何图形按一定规律在平面(二维方向上)分布的黑白相间的图形记录数据符号信息的;在代码编制上巧妙地利用构成计算机内部逻辑基础的"0""1"比特流的概念,使用若干个与二进制相对应的几何形体来表示文字数值信息,通过图象输入设备或光电扫描设备自动识读以实现信息自动处理。它具有条码技术的一些共性:每种码制有其特定的字符集;每个字符占有一定的宽度;具有一定的校验功能等。同时还具有对不同行的信息自动识别功能、处理图形旋转变化点。

二维码应用根据业务形态不同可分为被读类和主读类两大类:

①被读类业务。平台将二维码通过彩信发到用户手机上,用户持手机到现场,通过二维码机具扫描手机进行内容识别。应用方将业务信息加密、编制成二维码图像后,通过短信或彩信的方式将二维码发送至用户的移动终端上,用户使用时通过设在服务网点的专用识读设备对移动终端上的二维码图像进行识读认证,作为交易或身份识别的凭证来支撑各种应用。

②主读类业务。用户在手机上安装二维码客户端,使用手机拍摄并识别媒体、报纸等上面印刷的二维码图片,获取二维码所存储内容并触发相关应用。用户利用手机拍摄包含特定信息的二维码图像,通过手机客户端软件进行解码后触发手机上网、名片识读、拨打电话等多种关联操作,以此为用户提供各类信息服务。

随着电子商务企业越来越多地进行线上线下并行的互动,二维码已经成为电子商务企业落地的重要营销载体。二维码营销是指通过对二维码图案的传播,引导消费者扫描二维码,来推广相关的产品资讯、商家推广活动,刺激消费者进行购买行为的新型营销方式。拍摄二维码后,常见的营销互动类型有视频、电商、订阅信息、社会化媒体、商店地址等。二维码营销的核心功能就是将企业的视频、文字、图片、促销活动、链接等植入在一个二维码内,再选择投放到名片、报刊、展会名录、户外、宣传单、公交站牌、网站、地铁墙壁、公交车身等。当企业需要更改内容信息时,只需在系统后台更改即可,无须重新制作投放。方便企业随时调整营销策略,帮助企业以最小投入获得最大回报。用户通过手机扫描即可随时随地体验浏览、查询、支付等,达到企业宣传、产品展示、活动促销、客户服务等效果。

1.4.2　网络营销方法

根据企业是否建立网站,可将网络营销方法分为无站点网络营销和基于企业网站的网络营销。一般来说,凡是未建立企业网站即可采用的网络营销方法,对于已经建立网站的企业同样可以采用,并且营销效果会更好。无站点网络营销常用的方法包括:通过供求信息平台、分类广告、黄页服务、网络社区等渠道的信息发布,以及利用网上商店与网上拍卖等方式开展网上销售。基于企业网站的网络营销方法主要包括:搜索引擎营销、网站资源合作、病毒性营销、网络广告、许可 E-mail 营销、网络会员制营销等。这些基本的网络营销方法成为实现网络营销职能的基础,网络营销的开展就是要对各种网络营销工具和方法分别或者相互组合地进行应用,以实现促销、顾客关系管理等网络营销活动。

无线网络营销与网络营销之间存在着必然的联系,不过并不是常规网络营销在无线领域的复制,两者所采用的方法也不相同,无线营销具有一定的独特性。无线营销可以被看作是网络营销工具的一种延伸和补充。目前无线网络营销还没有形成系统的理论和方法,也没有成为网络营销内容体系中的常规策略。无线营销的方式以无线广告为主,尤其基于GSM 的短信息发送更为成熟。目前无线网络营销应用主要面临的具体问题包括:无线网络营销中的用户许可问题、无线网络营销方法问题、无线网络营销的服务质量问题、用户个人信息保护问题等。

[本章小结]

本章主要从网络经济对传统市场营销理念的冲击导致了网络营销产生的基础与发展入手,详细地分析了网络营销的现状、问题、对策及国际性难题;探讨了网络营销的研究对象、研究方法和研究框架;最后,对网络营销常用的工具与方法进行了简单的介绍。

[思考题]

1. 为什么说工业经济时代的营销观念不能适应现代生产方式的变化?
2. 你认为网络经济对传统市场营销理念的冲击主要表现在哪些方面?
3. 网络营销产生的基础是什么?
4. 简述网络营销的特点。
5. 请对网络营销的利与弊进行分析。
6. 谈谈我国企业目前网络营销过程中存在的问题及对策。
7. 网络营销常用的工具与方法有哪些?

[案例分析]

"打个 Uber 回家,和司机聊,现在加上补贴每月能有 3 万多收入,着实震撼了一下。不过亮点总在最后,师傅说每月都给老婆孩子三四千让他们去打滴滴。我说有了钱就是不一样啊,师傅说不是,要花点钱养着滴滴不能倒闭。倒闭了,Uber 就不会给这么多补贴了。"

此乃 Uber 的又一公关软文。作为"外来客",凭借擅长的"社会化营销",Uber 涌入中国市场后,争议不断的同时,长期霸占各大科技媒体的头条。

Uber 是一家风险投资的创业公司和交通网络公司,成立不过才五年,虽饱受争议然其市场已经扩展到全球 58 个国家和 311 个城市。作为打车软件鼻祖和共享经济明星代表的 Uber 诞生于 2009 年,以野蛮生长的姿态和披荆斩棘之势红遍了全世界。根据纽约时报的消息,Uber 可能成为全球估值最高的创业公司,下一轮融资或将使其估值达到 500 亿美元。共享经济的本质是弹性定价,在用户眼里就是经济实惠。进入中国一年多以来,Uber 试图用层出不穷的跨界营销活动撬开市场大门。

美国气质的 Uber 在讲故事层面天赋异禀,它的作用不仅仅是打车,还有许多跨界的多样化标签:时尚、社交、温暖、优雅、高端、创意等。与国内的同行相比,令 Uber 出名的不是它的补贴,而是各种充满创意和想象的营销活动。

Uber 的营销和品牌策略启示

Uber 的独特之处在于,司机的身份有了多重的可能性:遇到明星司机的机会渺茫,但有可能遇到顺路捎客的企业高管、找灵感的作家、体验生活的富人等。一些典型的故事成为 Uber 的营销爆点:比如网上流传一个女乘客用 Uber 叫到一位绿城房地产的高管,相谈甚欢之余,女孩通过内部优惠直接购入一套绿城的房产。类似这些故事激发起人们对"奇妙的连接和遇见"怀有期待。除此之外，Uber 还不仅仅是载客工具，车辆仅作为一个核心载体，支持它向不同的领域做延伸，送餐送快递等也纳入其服务范畴。而做创意营销归根结底是从商业目的出发，细细探究 Uber 的爆红路径，确也有其另辟蹊径的高明之处：

第一：通过因时制宜、因地制宜发掘创意

中国的用户和西方的用户自然不同，Uber 在本土思维和逻辑上下足了功夫。作为一个美国来客，Uber 懂得入乡随俗，通过在后海边叫人力车、西湖边叫摇橹船等可见。不仅如此，抓住一切可以利用的时机发挥创意也是 Uber 的本能，抓住 9 月 1 日送宝宝入园的母爱心理，发挥佟大为在热映电影后"暖男"余温，复古舞狮表演迎合传统民间艺术的爱好者……对"天时地利人和"的把握可谓驾轻就熟。

第二：跨界合作，话题营销，以借势见长

Uber 为何能频频曝光，甚至上头条？佟大为和赵又廷都是形象健康阳光的当红男明星，两人在微博上的粉丝数量加起来近 2 800 万，时装专栏博主 gogoboi 也有 400 多万关注国际时尚潮流的粉丝，为 Uber 带来的曝光度和话题量可想而知，大量媒体也自发性地报道，同时 Uber 还能将合作对象的粉丝部分转化成自己的粉丝。除了名人，Uber 与特斯拉、喜达屋等一众高端企业达成合作，也是巩固自身的品牌调性，同时形成良性的借势循环。有媒体写道，一位绿城高管在朋友圈扼腕叹息："万科今日抢先和 Uber 签订战略合作协议，我们还是太老太慢"。从企业之间争相"借势"的反应来看，Uber 的光环毕现。

第三：讲精彩故事，打温情牌，创造社交价值

在网上流传的许多司机故事中，常见奇趣、温情、正能量的路线。有婚姻失败后出来当 Uber 司机的中年女子，通过扩大交际圈来缓解情伤；有厌倦了国企枯燥工作的年轻工程师，通过当 Uber 司机逃离温水生活，脱离父母的控制；还有用 Uber 免费接送乘客的记者司机，通过跟乘客的聊天获取信息写出系列报道。……这些人性化的故事是否真实不得而知，但赢得了相当一部分群体的喜爱，具有传播特性和价值。通过故事潜移默化的影响，人们渐渐了解到这款打车软件的非凡之处，它还兼具了线下的社交功能。

第四：懂得扬长避短，用创意绕开正面战场

和其他打车软件一样，Uber 也给司机和乘客补贴，但这并不是 Uber 最大的宣传亮点，甚至许多人不知道怎么获取优惠码，因为非高峰时段"人民优步"本身价格足够低廉。王高教授认为，滴滴、快的直接发红包的补贴方式也是营销行为，而 Uber 不仅让客户享受到了补贴，还建立了一种传播机制。Uber 补贴方式则显得更有趣，比如微博上传"乘客和司机用手指共同比出 U 字"照片就可以赢得优惠码。这种方式加强了用户、Uber、司机三方的互动性。王高教授认为，通过补贴来烧钱抢用户，Uber 比起背靠阿里巴巴和腾讯两大金主的滴滴快的并无优势，将营销创意活动作为重头戏，也是掩盖自己短板的巧妙手段。

第五：精通传播策略，善于包装商业行为

无论是和佟大为、赵又廷还是博主 gogoboi 合作，Uber 都极力淡化广告效应，甚至媒体上流传 Uber 和佟大为的合作并没有广告费的说法。从受众心理的角度来说，大家都愿意主动传播娱乐信息，而不愿意转发商业广告。王高教授分析称：广告营销到达受众即是终点，病毒营销则使得受众成为传播者，并从主体开始呈核爆式不断向外围扩散。而 Uber 巧妙地将商业广告包装成娱乐性的视频、照片，并令其成为引爆点，使看客不知不觉成为 Uber 商业营

销的助推者。尤其在佟大为的营销案列中，后期网上流传的视频完整记录了佟大为为三位乘客服务的过程，不仅将乘客的特殊体验直播出去，也给受众带去一部精彩微电影的惊喜感受。

第六：传递品牌观点，清晰品牌定位

在 BrandZ 品牌专家孙莺看来，Uber 塑造品牌的三部曲是寻找目标受众、了解目标受众、打动目标受众。移动互联网的使用者以年轻人为主，作风洋派的 Uber 以高端、时尚、灵活等标签吸引到他们，成为"打车软件中的苹果手机"，同时用多元化的出行体验、不断翻新的营销 High 点留住用户，培养出受众对品牌的偏好和忠诚。相比之下，滴滴快的对品牌没有清晰的定位，没有通过营销手段将品牌故事表达出来，容易导致用户在脑海将滴滴快的和便宜划上等号，一旦不便宜了，受众就会失望并迅速离开。同样是"圈用户"，朋友圈里漫天飞舞的滴滴快的补贴红包虽然真实但无趣，而 Uber 高频次、不重复的创意营销则显现出"润物细无声"的效应。

Uber 的花式营销：

戛纳电影节：Uber 叫直升机

Uber 似乎一直想告诉消费者，它不只是专车。一键呼叫 CEO，用 Uber 找工作，找对象，送外卖，领养小动物，这些都是 Uber 曾经展开的营销活动，而在纸醉金迷的终极名利场——戛纳电影节，Uber 再次将服务升级，推出了直升机送客项目。

据悉，直升机业务主要是往来机场和戛纳电影节的主会场（影节宫）之间，这也是每一位来参展旅客的必经之路，两地在不堵车的情况下，走高速大约 40 分钟，但是电影节期间，小城戛纳和机场大约要接待 20 万远道而来的客人，拥堵状况不可避免，而乘坐直升机，只需要7 分钟即可到达。

价格大约在 180 美元，一次可乘 4 人，虽然换算人民币还是有点贵，但据悉一般乘坐出租车往返于机场和戛纳影节宫，也需要人民币 800 元，这样算下来，直升机只是贵了 400 块而已。其实在去年戛纳电影节期间，Uber 曾在法国巴黎和尼斯之间开展过飞机接送业务，一个小时的航程收费 9 000 美元。

对于明星而言，钱不是重点，如此霸气的出场方式值得拥有，而对 Uber 来说，通过这次活动盈利不是重点，通过明星引发社交媒体关注才是目的。

明星斗秀的名利场，也是品牌扎堆的地方，不是每个闪光灯都有价值，不是每次博版面都有掌声，正所谓经得起多大的诋毁，就受得起多大的赞美，戛纳营销以质取胜。

上海：佟大为变身司机

2015 年 4 月 6 日，一个视频在网上疯转——在上海，明星佟大为驾驶着售价近 100 万元的特斯拉电动汽车，作为一名 Uber 的司机满市转悠着拉客。比较有趣的是，第一位乘客上车后，视线丝毫不离手机。尽管佟大为使出浑身解数，仍没有被认出来。

深圳和广州：Uber 定制的雪糕车

风靡全球 130 多个国家的雪糕日也来到了中国，2014 年 7 月，在深圳和广州多辆 Uber 定制的雪糕车驶向街头。夏日炎炎时，用户只需在 Uber 的 APP 里选择"雪糕"按钮，离他们最近的雪糕车会尽快把雪糕送至指定地点，用户最快可在几分钟内就能享用到雪糕。

终极大招:再查司机,我们就用无人驾驶汽车

最近 Uber 在各地被查,于是他们加快了无人驾驶汽车的研发。今年二月,Uber 宣布和卡内基梅隆大学(CMU)建立战略合作关系,联合开发先进的地图、车辆安全、自动驾驶技术。

最近听说 Uber 的无人驾驶车辆已做出来了,这速度! 有钱别说能使鬼推磨,磨推鬼都行! 你看,车辆顶部安装了一大堆奇怪的仪器,侧面则有 Uber 公司标识。

Uber 的 CEOTravis 既谦虚又自信:这还只是试验阶段,人家谷歌的无人驾驶汽车 2020 年就要上路行驶了,特斯拉下一款新车也要配置"自动驾驶"功能,因此我们要加大力度投入研发更先进的无人驾驶技术。

现在,打车大头还是司机拿了,要真实现无人驾驶,那一辈子打车的成本也没自己买车高,还有人免费接送。于是,大家不买车了,交通不拥堵了,空气清新了,马路杀手也没有了,这才是伟大的公司!

令人吃惊的是,Uber 在全球做了这么多活动宣传居然都没有花一分钱。

深圳地区市场经理 Evanee:Uber 全球范围都没投放过广告,不管是线上或线下。和一些明星的合作也是不需要付费,双方是秉持互利原则合作。很多明星其实也有一些推广需求,比如发新片的时候。Uber 已经成为了一个渠道或者小型媒体了,我们有很多的用户,也有很多媒体合作伙伴和很支持我们的粉丝。

UBERx 曜能量

2015 年 5 月 8—9 日的广州,一群复仇者联盟上了街。

这是 UBER 与曜能量推出的活动,在《复仇者联盟》上映前,曜能量联手 UBER 一起策划的英雄专车活动,活动期间打开 UBER 有英雄专车入口,地图上的车也身披斗篷,威风得很! "热点事件(电影《复仇者联盟》上映)+人物 Cosplay+线下场景引爆"让这个事件的关注度再次提升!

UBERx 麦当劳——键呼叫 U 堡宝

麦当劳的营销一直都是国际级的,从线上的社会化营销,到线下店面的活动营销整合很棒。

2015 年 10 月 30 日在魔都上海 UBER 与麦当劳首次合作,麦当劳的新品热烤墨鱼面包推出 UBER 特别版,同时推出呆萌 UBER 汉堡小熊"U 堡宝"。

与 UBER 的拼车功能结合,推出活动主题"拼出味来"。

"新品(热烤墨鱼面包)+跨界元素整合(UBER 拼车)+限量版玩具(2 000 只 UBER 汉堡小熊)"让这次合作席卷魔都,很是有趣! 限量玩具的玩法是麦当劳的杀手锏,与 UBER 跨界让这个威力再次放大!

活动海报

UBER 汉堡

小熊"U 堡宝"

UBERx 淘宝

一键呼叫移动试衣间

2015 年 8 月 22—23 日,Uber 与淘宝共同打造了一个线下场景——移动试衣间。在杭州、成都、广州三地 Uber 用户可一键呼叫体验神秘专业人士的一对一换装搭配指导和全新造型打造。通过共享经济的方式,以 Uber 为载体,通过专业的造型师为用户进行一对一搭配指导,这是淘宝线上平台在线下营销的一个不错亮点场景。

这样买衣服再也不担心买家秀了!

(资料来源:http://www.wuwenyuan.com/2414.html,2015 年 6 月 16 日。)

[案例思考]

1. Uber 为拓展市场,采用了哪些营销方法?

2. Uber 的营销策略,对于其他企业有什么启示?

第2章
网络营销环境

同传统营销一样,网络营销也面临着一定的环境,并在特定的环境条件下通过互联网络这一特殊平台开展营销活动。网络营销环境是指网络营销活动所面临的各种内外部条件的总称,包括宏观环境和微观环境两大部分,其中宏观环境主要有政治、法律、经济、科技、社会文化和自然6个方面,微观环境主要包括行业性质、竞争者状况、供应商、营销中介、顾客和社会公众等诸多方面。

2.1 宏观环境

宏观环境是指对企业网络营销活动没有直接作用但又经常对企业营销决策产生潜在影响的一般要素环境,包括政治环境、法律环境、经济环境、科技环境、社会文化环境和自然环境等6个方面。

2.1.1 政治法律环境

政治法律环境是指一个国家或地区的政治制度、体制、政治形势、方针政策、法律法规等方面,它直接影响着企业的各项决策。政府作为政治和法律环境的制定和执行者,对企业而言主要起着两方面的作用:一是规范企业的经营,约束企业在国家法律法规和各种政策允许的范围是从事合法经营活动,保护劳动者、消费者和社区的利益,通过政策、法令,积极干预和引导企业经营;二是调剂商品供给,即政府根据市场和产业结构目标,制定一系列的方针与政策刺激或抑制经济增长与扩张,以期实现国家产业结构优化,使国民经济获得持续、健康、稳步、快速发展。

1) 政治环境

政治环境是指影响企业营销活动的政治因素和条件。政治环境主要包括国家的政治制度、体制、国内国际的政治形势、国家政府的方针与政策等。

(1) 政治制度与政治体制

各个国家的社会制度不同,所代表统治阶级的意志不同,所表现出的政治制度与体制也不同。不同的政治制度和政治体制影响和决定着各自不同的经济管理制度和经济体制。

（2）政治形势

政治形势也称为政局，是指一个国家的政治局面。一般来说，政治事件是政治形势变化的标志。由于许多国家是由多个阶级、党派和民族组成，多元化的政治格局与结构使得各党派相互之间经常可能出现政治矛盾和利益冲突，从而影响国家的政治局势，进而影响社会的经济生活和企业的营销活动。政治事件是与一个国家政局有关的突发性事件，政治事件对社会经济生产和营销环境也有重大的影响和冲击。对任何一个企业来说，只有在国家政局稳定的环境下才能全力从事生产经营活动，在涉外市场营销中，特别要了解东道国内的政局状况和所处的国际政治环境，以避免因政治风险导致的不必要的经济损失。

20 世纪 80 年代末，国际政治环境发生了巨大变化，苏联解体、东欧剧变，新的市场使跨国公司面临极大的市场机会，但这些国家政局动荡，严重阻碍了西方资本的大规模投入。与此相反，在过去的 20 年里，东南亚以稳定的政局和卓越的经济表现吸引了大量外来投资，成功实现了经济软着陆和局部腾飞。

一直以来我国政局稳定，安定团结的政治局面不仅吸引了大量的国际投资，促进了我国改革开放和国际贸易的迅速发展，良好的政治环境为企业提供了有利、稳定和持续的营销机会。

（3）方针和政策

方针和政策是指一个国家为指导国民经济活动所制定并付诸实施的准则和措施，它是国家管理经济的职能体现。政府的方针、政策规定了国民经济的发展方向和速度，并直接关系到社会购买力和市场消费需求的增长变化。

2）法律环境

法律环境是指影响企业营销活动的法律因素和条件，它是国家意志的强制性体现，是市场营销环境的重要组成部分。由于法律具有强制性约束力，企业作为法人组织，必须加强法制观念，自觉遵守各种经济法规，在法律允许的范围内开展营销活动；同时企业的合法经营也受到法律的保护，企业要学会运用法律武器，维护自身的正当权益。法律的这种对企业营销既制约又保护的作用，为企业创造了一个引导公平竞争的规范的外部营销环境。在国际市场营销活动中，企业一方面要遵守东道国自身的经济法律法规，遵守国际通用规则；另一方面，企业还必须学会运用东道国的法律法规和国际法规、通用惯例和准则保护自己的合法经营。企业开展经营活动所面临的法律环境包含的法律内容主要有以下几方面。

（1）经济法规

经济法规主要是国家经济管理机关和地方政府在其权限范围内制定的各种经济法律文件，用于规定和协调经济运行中的各方关系。

（2）经济法

经济法是一定社会经济关系法律规范的总称，它是用法律形式确定下来的经济生活的规范和经济活动的准则，是国家干预、组织和管理经济活动的重要工具，具有权威性和强制性，任何个人与组织都必须遵守。如国家为扶持某些产业发展所制定的向其倾斜的产业政策与指导经济运行的法规等。其中对企业营销关系最直接的经济法主要有以下几种。

①商业法。商业法是调整商品交换关系法律规范的总称，主要包括国家权力机关、行政机关颁布的有关商业活动的法律、法令、条例、规则、决议、决定、命令、章程等，它是国家组

织、领导和管理商品工作、规范商品流通活动的重要准则。

②价格法。价格法是调整商品价格制定、执行和管理过程中形成的社会经济关系法律规范的总称,它是国家对商品价格的制定、调整和管理监督的法律依据。

③税法。税法是调整税法关系法律规范的总称,它是国家向纳税人征税和调整与纳税人关系的法律依据,是国家凭借其权力对一部分国民收入进行分配和再分配并取得财政收入的一种重要手段。

④财政法。财政法是调整财政关系法律规范的总称,它是经济法中的核心法律。它对促进国民经济稳定发展具有重要作用,对企业营销活动具有很大约束力。

⑤银行法。银行法是调整金融关系法律规范的总称。它是处理货币流通和银行信用业务中各种经济关系的法律依据,对市场营销活动的资金融通具有制约作用。

⑥专利法。专利法是规定专利权享有人的权利和义务的法律规范的总称,它是处理解决有关发明创造的权利归属和使用问题的法律依据。

⑦审计法。审计法是调整审计关系法律规范的总称,是国家管理、协调企业财务活动、严肃财经纪律的工具。

⑧破产法。破产法是企业破产宣告、债务清偿、债权人与债务人调解等法律规范的总称。

⑨经济合同法。经济合同法是调整合同当事人各方权利与义务关系的法规,它是处理经济合同关系的重要准则。

(3)消费者权益保护法

《中华人民共和国消费者权益保护法》是维护全体公民消费权益的法律规范的总称,是为了保护消费者的合法权益,维护社会经济秩序稳定,促进社会主义市场经济健康发展而制定的一部法律。规定了消费者享有安全权、知情权、选择权、公平交易权、获赔权、结社权、获知权、尊重权、监督权等9项权利。

(4)广告法

《广告法》是为了规范广告活动,保护消费者的合法权益,促进广告业的健康发展,维护社会经济秩序而制定的,2015年4月24日下午,十二届全国人大常委会表决通过新修订的广告法。新法明确,广告不得含有虚假或者引人误解的内容,不得欺骗、误导消费者。禁止在大众传播媒介或公共场所等发布烟草广告;禁止利用其他商品或服务的广告、公益广告,宣传烟草制品名称、商标等内容。在中华人民共和国境内,商品经营者或者服务提供者通过一定媒介和形式直接或者间接地介绍自己所推销的商品或者服务的商业广告活动,均适用《广告法》。

2.1.2 经济环境

所谓经济环境是指企业网络营销过程中面临的各种经济因素和条件。它在影响企业网络营销的众多因素中,是最直接、最根本的因素。考察一国或地区经济环境时,必须考察该国或该地区经济制度、产业结构和行业市场结构、居民收入水平、人口状况、消费结构等内容。

1）经济制度

经济制度是一个国家的经济体制,它强烈地影响和制约着该国或地区的市场体系,影响企业的各种营销活动。例如,我国在经济体制改革以前,实行的是高度集中的计划经济,企业的一切经营活动只需要按计划办,企业生产、营销都不需要考虑市场需求。在这样的经济体制下,市场不可能繁荣,社会商品不可能丰富,人们的多样化需求被压抑且长期得不到有效满足。相反,现在社会主义市场经济体制的建立和逐步发展完善,给企业带来了前所未有的机遇。诚然,机遇也是一种压力和挑战,企业必须学会适应环境,善于抓住各种营销机会,有效实现企业价值。

2）经济发展状况

（1）国民收入

国民收入是指一个国家在一定时期内（一般指一年）所生产的社会总产品价值减去同期内所消耗的生产资料的价值,它反映一国国民经济的发展水平,它对宏观市场营销有着重大影响。就直接影响购买力而言,对国民收入的考察主要强调个人收入。个人收入是指从国民收入中扣减企业税款、企业盈余以及各种社会保险等后的余额。个人收入扣除个人税就是个人可支配收入,个人可支配收入的高低更直接地影响着消费支出的多寡。国民收入的增长反映着企业劳动生产率的提高、劳动者数量的增加,也决定着消费基金的分配比例和分配数量,影响着社会购买力水平。

（2）产业结构

产业结构是指国民经济体系中各产业之间的比例关系。国家产业结构优化合理与否也是该国经济发展状况好坏与水平高低的重要标志。各个国家的资源结构状况,各产业发展阶段与水平各不相同,各国的产业结构各不相同。但各国都在不断地通过政策、法规引导产业结构朝有利于国民经济的合理方向调整,影响社会资源的整体流向,包括原材料流向、资金流向和劳动力资源的流向,以实现国民经济资源配置的不断优化、合理。产业结构的不断调整,影响企业对行业与目标市场的选择,影响企业产品结构的变化,影响企业的市场营销。同时,合理的产业结构布局将为企业营造一个良好的适度竞争性营销环境,既有利于社会资源得到合理有效地配置和利用,同时又能有效地实现市场总供给与总需求达到平衡。

3）市场规模和消费结构

（1）市场规模

市场是由那些想购买商品,同时又具有购买力的消费者构成的。这种购买力既有现实的购买力,又有未来预期的购买力。市场规模主要受国民生产总值和人口因素影响。

①国民生产总值是指一国以当年价格（或不变价格）计算的一年内用于销售的一切产品和劳务的价值总和。就工业品而言,国民生产总值反映市场规模的代表性高,而对消费品市场规模反映的代表性则较低。反映消费品市场需求规模的指标主要有国民收入水平、个人收入水平、个人可支配收入和家庭收入及可支配收入水平等。

②考察市场规模的另一宏观变量是人口。人口的多少直接决定市场的潜在容量。人口的数量、年龄结构、地理分布、人口密度、流动性、出生率、死亡率等相对指标都会对市场格局和规模产生深刻的影响,企业营销必须密切关注人口特性指标及其发展动向,而网络营销更

甚,互联网络各层次用户数量与格局日新月异,企业必须不失时机地抓住市场机会,及时、果断地调整企业网络营销战略与策略。

（2）消费结构

消费结构亦称"消费构成",是指一定时间内各类生产消费支出在总消费支出中所占有的比例,它包括个人消费结构和社会消费结构。个人消费结构是最基本的,是社会消费结构的基础。在我国,虽然人均收入总量增长较快,但总体收入水平仍较低,且收入的差距也客观存在,这直接影响个人消费结构的整体状况,主要表现如下。

①影响需求层次。由于经济发展不平衡导致的东西部差别、沿海与内地差别以及城乡差别,这些差别导致消费者间的收入差距,消费品需求存在巨大的层次差别,一部分消费者追求高档耐用消费品,而广大居民仍是以大众化商品需求为主,少数边远山区居民还没有解决温饱问题,他们渴望的仍是生活必需品。

②影响需求发展。从 20 世纪 80 年代以来我国居民消费状况的考察可以看出,消费需求在不断发展,无论是物质消费还是精神都在向新、高、雅的方向发展。

③影响消费结构变化。主要表现在生活消费由温饱向小康变化:食物消费支出下降,衣着装饰消费上升;大件耐用消费品增加;旅游、住房、教育方面消费增加。

2.1.3 科技环境

科技环境是指影响企业营销活动的科技因素与条件。它主要包括科学技术的发展水平,新发现、新发明的获得,新材料、新技术、新工艺的应用,新产品的问世等。科学技术是第一生产力。科学是人类认识自然和改造自然界的知识体系,是潜在的生产力;技术是生产过程中的劳动手段与工艺方法,是现实的生产力。现代化科学技术的发展程度,直接影响企业的劳动效率、经营管理水平和经济效益的高低。每一种新技术的发明和应用都会给某些企业造成新的市场营销机会,甚至会诞生新的行业;同时,它也会给某些行业的企业造成极大威胁,使这些行业受到冲击甚至被淘汰。

科学技术对人类影响的另一面,是科学技术对社会生产力的发展,具有划时代的意义。近年来,以电子、光纤、生物工程、信息技术与通信技术为代表的新兴科学的发展,将人类的各领域带入了一个崭新的阶段,它将改变人们的生产方式、思维方式和生活方式,继而改变整个世界。计算机技术的发展,互联网络的不断成长壮大,不仅影响着企业内部环境,而且直接影响着整个经济和社会环境。

1）科学技术的发展直接影响企业的经济活动

现在,社会生产力水平的提高,主要依靠设备的技术开发(包括原有设备的革新、改装以及设计、研制效率更高的现代化设备)、创造新的生产工艺和新的生产流程。同时,技术开发也扩大和提高了劳动对象的利用广度和深度,并不断创造新的原材料和能源。这些都不可避免地影响到企业的管理程序和经营活动。科学技术既为企业网络营销提供了科学理论和实践操作方法,又为企业网络营销提供了物质手段和保障支持,从理论和实践,从方法和实体物质支持上促进了网络营销的广阔开展。

2）科学技术的发展和应用影响企业的经营决策内容与效率

消费者、经营者、竞争者和市场都受到科学技术的冲击。这种冲击,意味着科学技术的发展给企业既带来机会,也伴随着风险和隐忧。每天都有新品种、新款式、新功能、新材料的商品在市场推出,消费者面对着成千上万的新产品既惊喜而又感到迷惑。科学技术进步所产生的效果,往往借助消费者和市场环境的变化而间接地影响企业市场营销活动的组织。经营人员在决策时,必须考虑科技环境所带来的影响。科学技术的发展与应用极大地提高了企业经营决策的效率,使企业能更快地发现市场机会并作出有效回应,提升企业的市场竞争力。

3) 科技的发展对人们的生活方式、消费模式和消费需求结构均产生深刻的影响

科学技术是一种"创造性的毁灭力量"。它本身创造出新的东西,同时又淘汰旧的东西。一种新技术的应用,可能会导致新的产业部门和新兴市场的出现,使消费者可选择的品种不断增加,范围不断扩大,消费结构也随之发生变化。所以,企业在制定经营战略与策略时,必须注意技术环境的变化,看准网络营销机会,避免科技发展给企业造成的威胁与陷阱。

科学技术的不断发展与进步促进了新行业的诞生,使原有的老行业焕发新的活力,大大提高了社会劳动生产率,改善企业自身的经营管理模式与技术水平,使企业的经营决策更科学、理性、客观,使企业最大限度地实现经营目标和自身价值。

2.1.4　文化环境

文化环境是指影响企业营销活动的社会文化因素和条件。它是一定社会物质财富和精神财富的结晶,具体表现为价值观念、民族传统、风俗习惯、宗教信仰、行为规范以及特殊社会组织异动等方面。它决定消费者需求的差异性,购买心理的特殊性和多样性,最终决定消费者购买行为和方式。它对企业营销目标的确定、产品设计、价格制定、促销方式的选择等有极大的影响和制约作用。

1) 价值观念

价值观念是人们评价客观事物时所持的观点、看法和信念。人们往往根据自己的价值观来评价客观事物的利弊、是非、善恶和美丑等。价值观影响着人们的消费观念和消费行为。如消费观念的差异,决定着购买行为的不同,直接影响着购买决策。如果企业促销时,根据社会时尚潮流,能使消费者在财富、价值、名望地位和舒适安逸等方面产生联想,就能刺激消费者的欲望,激发持不同观念的消费者的购买动机,才能成功地推销产品,扩大销售。

2) 民族传统

民族传统是指一个国家整个民族的文化传统与风俗习惯。在西方国家,人们以超前性、享受性消费为主流;而我国传统以勤俭持家、节衣缩食为荣,随着改革的不断深入,生活水平出现多层次化,既有追求消费的高档化、享用化一族,又有注重商品的实用和节衣缩食一族。这就要求企业的产品品种多样化和系列化以适应不同层次的消费需求。

3) 风俗习惯

风俗习惯是人们根据自己的生活内容、生活方式和自然环境,在一定的社会物质生产条件下长期形成的,并世代相传,约束人们思想和行为的规范。它在饮食、服饰、居住、婚丧、信仰、节日、人际关系等方面,都表现出独特的心理特征、伦理道德、行为方式和生活习惯。

4）宗教信仰

全球约有 35 亿人信仰着不同的宗教,如基督教、伊斯兰教、天主教、佛教等。宗教信仰对企业市场营销具有较大的影响,尤其是在一些国家和地区(如中东地区),崇拜与禁忌有很大的出入,其影响力更大,远超过政治等影响因素对企业营销的影响。

5）教育水平

我国的教育状况,无论就其内容还是形式,都正在变得越发丰富多彩。从全日制的中专技校、高等院校,到各种夜校、函授学校,以及各类短期培训班,应有尽有。教育方面的积极变化,对企业网络营销产生多方面的影响。受教育的人口增加,意味着符合企业现代化生产与经营要求的劳动力资源的增加,而越来越多的人有机会接受高等教育,更给企业网络营销提供了充裕的人才资源支持。另一方面,由于受教育程度的提升,消费者的产品鉴别能力增强,对产品质量、品牌比较挑剔,还要求突出消费个性,同时对图书、艺术、旅行、文化娱乐等产品的需求也更大。

6）特殊社会组织异动

社会组织结构的变动较突出地表现在共同利益群体成为社会经济生活重要的影响力量,如政党团体、工会、行业协会、消费者协会等。在西欧许多国家,绿色和平组织诞生的历史不长,却迅速成为环境保护运动组织中的主导力量之一。他们的宣传与活动极大地改变了人们对生态环境保护的薄弱认识,也改变了某些产品的生产和消费行为。企业在生产经营中,要关注某些特殊社会组织的异动和活动,防患于未然,制定适合于企业网络营销长远发展的战略。

2.1.5　自然环境

社会生产不但需要一定的社会经济条件,还需要有一定的自然条件,这种自然条件就是企业网络营销所面临的自然环境。近二三十年来,西方国家的一些学者越来越多地关注工业发展对自然环境的影响。随着工业的发展,自然资源短缺、能源危机、工业污染、生态系统失衡等一系列问题日益严重。这一切对企业既是威胁,又是新的网络营销机会。

自然资源可分为三大类:其一,无限供给的资源,如水、空气等;其二,有限但可再生的资源,如森林和农产品等;其三,有限又不可再生的资源,如石油、煤和各种矿产品。上述资源中,水、空气虽然取之不尽,但污染问题严重;森林和农产品等,短期内问题不大,但必须防止采伐过量和耕地侵占;石油、煤及矿产品,问题最为严重。据估计,到 21 世纪末,银、锡和铀等产品将会短缺,价格大涨;如果不减少消耗量,到 2050 年,许多矿产资源将枯竭。这意味着,依靠这些矿产品为原料的企业,将面临成本大幅度上升的问题。因此,必须积极从事研究开发,尽力寻求新的资源或代用品。

现代工业的发展,对自然环境造成了不可避免的破坏。西方发达国家自 20 世纪 60 年代以来在环境保护方面陆续采取了大量措施,已经收到一定的成效。我国近年来,污染问题也已经引起政府和公众的重视。政府和公众对环境保护的关心,一方面限制了某些行业的发展;另一方面也创造了两种营销机会:一是为治理污染的技术和设备提供了一个大市场,二是为不破坏生态环境的新生产技术的利用提供了机会。

2.2　微观环境

企业开展网络营销的微观环境包括企业本身、行业性质、竞争者状况、供应商、营销中介、顾客和社会公众。这些因素比宏观环境企业开展网络营销的影响更为直接,它们直接影响企业网络营销的成败。

2.2.1　企业内部

网络营销作为一种新兴营销模式,较传统营销模式具有无可比拟的各种优势,但网络营销对企业并非一劳永逸,企业内部影响网络营销开展的主要因素有:企业的网络营销观念、企业内部的信息化程度和产品或服务本身的特点。

1) 企业的网络营销观念

网络营销作为社会营销领域一大新的发展趋势和潮流,这种融合网络技术与市场营销于一体的新型营销方式已被广为运用。随着网络用户的迅猛增长和自身所独有的开放性交流、信息资源共享、服务互动性和成本低廉,以及网络安全的不断提高,企业网行天下已势在必行。但是,对于网络营销,企业必须客观、公正、科学地予以正确对待。

网络营销是一项交流工程,涉及企业各个部门、客户关系管理的各个方面和供应链的各个环节。成功的网络营销源自于良好的基础工作、正确的营销方向、快速互动和持之以恒的有效努力。很多公司只将网络技术看作是降低成本的手段,没有把网络营销作为企业保持顾客服务价值的新载体,而获得成功的公司则是充分运用网络技术提供的快捷平台,迅速而全面地去吸引客户、了解客户,通过建立大规模数据库锁定客户群,培育忠诚客户,并改善产品开发和服务能力。在网络营销交流中,更强调各部门各环节间的衔接与协调。

2) 企业信息化程度

企业内部信息化即在企业内部建设有内部管理信息系统。企业管理信息系统在组织中发挥收集、处理、存储和传递信息以及支持组织决策与控制的功能。企业管理信息系统最基本的系统软件是数据库管理系统 DBMS(Database Management System),它负责收集、整理和存储与企业经营相关的一切数据资料。从职能上,企业管理信息系统分为生产、财务、会计、人力资源和销售信息系统。一般营销部门的营销管理信息系统主要处理客户管理、订货、库存管理、往来账款管理、产品信息管理、销售人员管理以及市场信息收集与处理。根据组织内部不同组织层次,企业管理信息系统分为操作层、知识层、管理层、策略层四部分。

由于互联网上信息浩如烟海,互联网络本身就是一个没有地域的庞大的信息数据库,企业可以利用它获得大量有价值的环境、商业原始数据和其他各种有用信息。庞大的下载信息与数据和网络营销信息反馈、信息服务如果缺乏有效的企业管理信息系统作对应的信息加工、整理、分析与运用,企业的市场回应效率将下降,同时也失去了开展网络营销的初衷。

良好的企业信息化硬件系统还必须有各层次各岗位适配的管理和操作人员。开展网络营销会导致企业在组织结构上的重大变革。组织机构中有些部门需要重新设立,有些部门要削减掉,有些机构要合并重整,相关的人员也必须进行系统的培训。

3)产品与服务

随着网络技术的不断成熟,网络用户的不断增长,上网企业的不断增多,互联网络上提供的产品与服务将日益丰富,这是必然的趋势。但在不同的发展阶段,开展网络营销的企业与接受网络营销服务的网络消费者,其提供产品或服务和产品或服务需求的成熟度具有较大的产业差异。目前,书籍、CD唱片、电脑软件、电脑整体和配件等产品网络营销的市场成熟度较高。

2.2.2　行业性质

一个企业是否具有长远的发展前景,首先同它所处的行业本身的性质有关,如通信行业、计算机行业、高分子材料行业等,它们是朝阳产业,具有较大的前途;而钢铁、化工等传统制造业则须顺应时势,进行改革、创新,才能立于不败之地。分析行业的性质,一个常用的方法是认识其处于行业生命周期的哪个阶段,因为这是行业发展所处的总体环境(主要是需求状况)及自身发展内在轨迹的综合反应。

美国哈佛大学著名的战略学专家迈克尔·波特教授对行业竞争提出了五力模型,即决定产业获利能力和结构稳定性的五种竞争力:新加入者的威胁、替代品的威胁、现有企业间的竞争、购买者的讨价还价能力以及供应商的讨价还价能力。他们之间相互影响、相互制约。

在行业发展初期,产业获利能力强,风险性也大,大量新加入者带来生产能力和充裕的资源,不断促进行业成长、壮大、升级。随着行业的不断发展,竞争的加剧,行业中逐步出现专业化分工,形成产业链,逐步稳定的产业竞争者、供方与买方格局形成,行业进入的障碍和现有企业反击的力量逐步被提高,此时新入侵者和替代品威胁开始出现。在产业成熟阶段,五种力量形成的产业结构格局相对稳定,产业获利能力也与其他产业相当,同时产业链中的企业通过技术创新、管理创新、服务创新淘汰弱者,不断提高产业竞争力,产业得到升级和进一步优化。

当一个企业实行多角化经营跨越多个行业领域时,更要对每个领域所在行业性质有深刻的认识,从而才可能在总体上把握企业战略方向,避免过大的风险,提高整个企业的获利水平。

2.2.3　竞争者状况

有市场行为的地方就会有竞争。尤其在网络大行其道的时代,企业要获取竞争优势就须针对竞争对手采取更多的优化方案与手段。在市场营销实践中,市场竞争策略往往是针对竞争对手做出的反应。因此,企业必须了解自己的竞争对手是谁,它们的目标是什么,它们具有什么优势和劣势,其现在采取和将来可能采取的竞争策略是什么,等等。在此基础上,才能采取相应的对策有效地应对竞争,化解危机,赢得优势。竞争者分析一般包括以下五项内容和步骤。

1)识别企业的竞争者

识别企业竞争者必须从市场和行业两个方面分析。从市场方面看,企业的竞争者可分为：

①品牌竞争者：以相似价格向同类顾客提供相似的产品和服务的企业；

②产品形式竞争者：提供同类产品和服务的企业；

③一般竞争者：提供不同种类的产品和服务，满足顾客同种需要的企业；

④愿望竞争者：提供不同产品，满足顾客的不同愿望，与本企业争夺顾客购买力的企业。

由此可见，竞争者的范围十分广泛，不能仅仅理解为提供同类产品和服务，以相似价格供给同一市场的竞争对手。只有分析四个层面上的各种竞争关系，才能真正把握与本企业争夺顾客的竞争者究竟有哪些。

从行业方面来看，企业的竞争者主要来自三个方面：现有厂商、潜在竞争者和替代品厂商。

企业只有了解所在行业的竞争结构，才能识别企业所面临的现实或潜在的竞争者。

2）识别竞争者策略

竞争者的策略可以通过竞争者的市场行为反映出来。在大多数产业中，可以根据竞争者采用的不同策略，把竞争者分为不同的策略群体。采取相同或相似策略的竞争者属于同一策略群体。如果企业决定进入某一群体，该群体成员就成为企业的主要竞争对手。

竞争者之间采用的策略越相似，竞争就越激烈。但群体之间也存在着竞争，因为不同策略群体可能以同市场为营销目标，或者属于某个群体的企业可能改变策略而进入另一个群体。

3）判断竞争者目标

竞争者通常会有多个目标，如追求利润、投资报酬率、市场占有率、技术领先、服务领先、低成本领先、信誉领先等。这些目标，不同企业在不同时期有不同的侧重点，形成不同的目标组合。对于企业而言，了解竞争者的侧重点非常关键，因为了解竞争者的侧重点，就可以预知竞争者的反应，进而可以采取适当对策进行防御或进攻。

4）评估竞争者的优势和劣势

对竞争者优势和劣势的评估，是竞争者分析的重要方面，它主要包括两项内容。

①对竞争者资源的分析：竞争者资源条件的好与差只有在与本企业的比较中才能确认，企业将竞争者每一项资源要素与自身一一对比，在财务实力、企业信誉、技术、组织管理、人员素质、产品、分销、促销、价格等方面指出竞争对手的强项和弱项。

②对竞争对手假设的分析：每一个企业都有一套关于自己的市场假设。例如，它可能把自己看作是行业的领导者，或者有最强的销售能力，或者认为"顾客欢迎价廉物美的产品"，"顾客认为服务比价格更重要"，等等。竞争者的这些假设可能是准确的，也可能是不准确的。对竞争者假设的分析也就是识别其在认识环境时的偏见与盲点，以便捕捉到市场机会。

5）判断竞争者的反应模式

企业需要进一步判断竞争者对企业策略可能做出的反应模式。竞争者的反应模式不仅受其目标和优势、劣势的制约，而且受企业文化、企业价值观念、企业经营观念等因素的影响，在竞争中，常见的竞争者反应模式有以下几类。

①从容不迫的竞争者：它们对某一特定竞争者的行动没有迅速反应或者反应不激烈。

其原因可能是:认为自己产品的顾客忠诚度高;或者敏感度不高,没有发现对手的新举措,也有可能是缺乏资金,等等。

②选择型竞争者:它们对竞争对手某些方面的进攻做出反应,而对其他方面的进攻不加理会。

③强烈型竞争者:它们对竞争对手的任何进攻都会做出迅速而强烈的反应。

④随机型竞争者:它们不会表现出预知的反应行为,反应模式难以捉摸。

通过上述分析,企业就能选定较适应本企业的市场竞争方针和手段,争取处于比较有利的竞争地位,获得竞争优势。

2.2.4 供应商

供应商也称供应者,是指向企业及其竞争者提供生产上所需要的各种资源的企业和个人,包括提供原材料、设备、能源、劳务和资金的企业和个人等。企业要选择在质量、价格以及运输、信贷、承担风险等方面条件最好的供应商。

供应商这一环境因素对企业经营的影响很大,它所提供资源的价格和供应量,将直接影响企业产品的价格、销量和利润。供应短缺,可能影响企业按期完成交货任务。从短期来看,损失销售额;从长期来看,则损害企业在顾客中的信誉。因此,企业应从多方面获得供应,而不应依赖于任何单一的供应商,以免受其控制和限制。企业可以在网络营销过程中广泛地接触各方面的供应商并进行比较、分析和选择,从而获得更优质的资源和更为优惠的合作条件,并努力地实现企业的价值。

现在,许多企业对供应商的重要性和影响力有一定的认识,并尽可能地与其保持良好关系,开拓更多的供货渠道,甚至采取逆向发展战略,兼并或收购供应商企业。在网络时代,如何将供应链各松散部分紧密结合起来,以保持组织的灵活性,较好地适应市场因产品和技术周期缩短、竞争激烈所导致的动态发展要求,战略联盟是一种较好的选择。通过战略联盟,打破传统供应中严格的层级结构,组建网络化供应组织结构,发挥战略联盟的乘数效应,对联盟内资源进行有效组织,实现要素共享,从而保证从投入到产出全过程的"节约",实现企业对外部规模经济的积极有效利用。通过战略联盟,在共同利益面前,有利于各成员企业的自律性提高,有利于在相互协调、共同运作的基础上促进彼此的交流,增强共同防御能力和协同配合,提高企业对环境、技术和市场急剧变化的适应能力。

不管采用哪种模式,企业必须时刻与供应商保持密切联系,及时了解供应商的变化与动态,使资源供应在时间上和连续性上能得到切实保证,在商品的内在质量和售前、售中、售后服务上能得到有效落实,抓大放小,合理协调,心中有数,应变自如。

2.2.5 营销中介

营销中介是指在促销、销售以及把产品送到最终购买者方面给企业以帮助的机构,包括渠道中间商、物流公司、营销服务机构(调研公司、网络服务商、咨询公司等)、金融中介机构(银行、信托公司、保险公司等)。这都是企业经营不可缺少的中间环节,大多数企业的营销活动都必须通过它们的协助才能顺利进行。比如,生产集中和消费分散的矛盾,必须通过中间商的分销来解决;资金周转不灵,则需求助于银行或信托公司等金融中介机构。商品经济越发达,社会分工越细,服务越专业,这些中介机构的作用就越大。企业在营销过程中,必须处理好同这些中介机构的合作关系。

1) 渠道中间商

渠道中间商包括网上渠道中间商和网下渠道中间商。

(1) 网上渠道中间商

在网络营销发展的高级阶段,电子商务日益成熟,网上渠道中间商将日益重要。网上渠道中间商包括网上经销商、网上代理商和网上零售商店。

①网上经销商。即在网上从事商品购销活动并发生商品所有权转移的网上渠道中间商。

②网上代理商。即在网上从事商品购销活动但不发生商品所有权转移的网上渠道中间商。

③网上零售商店,即在网上直接与网络消费者发生商品交易的网上渠道中间商。

(2) 网下渠道中间商

在网络营销发展的相当长阶段,渠道中间商还是以传统的为主,也即网下渠道中间商。网下渠道中间商包括商人中间商和代理中间商。

①商人中间商。即从事商品购销活动,并对所经营的商品拥有所有权的网下实体批发商与零售商。

②代理中间商。即专门介绍和协助订立合同但不取得商品所有权的网下中间商,其主要职能在于促成商品的交易,借此取得佣金收入。

2) 物流公司

物流公司即实体分配机构,包括包装、运输、仓储、装卸、搬运、库存控制和订单处理等方面,物流是电子商务的生命线,同样网络营销的现在和未来的发展都离不开物流的支持。物流调节了生产和消费之间的矛盾,弥合了产销时空上的分离,延伸了商品的时间效用和空间效用,以利于适时、适地和适量地将商品提供给消费者。

物流专业化既是市场营销的要求,也是网络营销的要求,更是电子商务的迫切要求。我国目前第三方物流市场潜力大、发展迅速。2003 年第三方物流的市场规模已超过 600 亿元,并且正以年均 30% 的速度递增。但总体而言,我国的第三方物流由于尚处于发展初期,呈现地域性集中分布,而且物流供应商功能单一、增值服务薄弱,物流服务商目前 85% 以上收入来自基础性物流服务。同时,客户对第三方物流服务的需求也千差万别,物流外包将是一个渐进的过程。虽然面临着一些挑战,同时各自第三方物流服务提供商也存在各自的困难,但许多第三方物流企业正在寻求合作,以提高服务能力和行业竞争力。

3) 网络营销服务机构

网络营销服务机构即协助企业开展网络营销,维持和协助拓展网上市场的企业营销服务机构。如网络营销研究公司、网络广告公司、网络传播公司、网站平台搭建公司等。企业也可自设网络营销服务部门,也可委托外部专业网络营销服务机构代理网络平台搭建、网络研究、网上营销传播策划,并定期评估其作业绩效,促进网络营销策划水准和网络营销执行力,优化产品和服务质量。

4）金融中介机构

金融中介机构即协助网络营销企业融资和保障货物、商品购销、储运风险的专业中介机构,如银行、信托公司、保险公司等。金融中介机构不直接从事商业活动,但对工商企业的经营发展至关重要。在市场经济中,企业与金融机构的关系密切,随着网络营销的发展,电子商务的出现及不断成长,网上金融服务,如网上银行结算、电子货币等都会影响和制约网络营销向高级阶段的发展。

2.2.6 顾客

企业的一切营销活动都要以满足顾客的需要为中心,因此,顾客是企业最重要的环境因素。顾客可以从不同角度以不同的标准进行分类。如按照购买动机和类别分类,整个市场可分为消费者市场、生产者市场、中间商(转卖者)市场、社会团体市场、政府市场和国际市场,每一种市场都有其独特的顾客群。企业的网络营销活动就是企业要认真研究为之服务的不同顾客群,研究其类别、需求特点、购买动机等,使企业网络营销活动能针对顾客的需要、符合顾客的愿望并提供良好的顾客服务。

1）消费品市场中的顾客

在网络营销时代,互联网络所连接的顾客群无论是在收入、受教育水平,还是在消费品位、购物标准上较之传统意义的消费者都有明显的不同,他们的个性化需求更趋明显。网络营销的开展首先面对的是网络使用者这一广大的市场。

（1）年龄和性别特征

据据法国《20分钟报》2016年2月22日报道,美国当地时间2月22日,社交网络Facebook公布的一份研究报告称,截至2015年底全世界已有约32亿网民。网民总体年龄偏年轻,性别比例存在差异。以我国为例,第37次《中国互联网络发展状况统计报告》显示,截至2015年12月,中国网民规模达6.88亿,互联网普及率达到50.3%,中国网民男女比例为53.6∶46.4,我国网民以10~39岁群体为主,占整体的75.1%。其中20~29岁年龄段的网民占比最高,达29.9%,10~19岁、30~39岁群体占比分别为21.4%、23.8%。

（2）受教育程度、收入水平与职业特征

在早期,网络用户的使用者多属于受过现代高等教育的高学历者。例如,早期的美国网络用户60%~70%受过大学以上的教育,月收入一般平均超过5 000美元,上网的用户中近25%的家庭年收入超过8万美元;从职业上看,近50%用户是专业人员或经理阶层,他们的教育、经济和社会条件明显较高。目前,随着互联网络的发展和互联网使用的逐渐普及,中低收入群体上网的比例有逐渐增加的趋势。以我国为例,第37次《中国互联网络发展状况统计报告》显示,网民中月收入在2 001~3 000元、3 001~5 000元的群体占比较高,分别为18.4%和23.4%。

（3）地域和民族性特征

因为互联网络突破了时间和空间地域的界限,企业将面对的是不同国家、地区和民族的网络顾客。不同国家或地区的政治环境、经济条件、技术发展水平、法律制度、社会文化背景、风俗习惯、宗教信仰的不同,导致同阶层、同职业、同收入水平网络顾客的购买行为和习惯具有极大的差异性,这就给网络顾客购买的个性化又增加了民族性、地域性的特征。因此,网络环境条件下,由市场主导型转变成了顾客主导型,市场细分成为网络营销企业环境研究与分析的重大课题。

在传统的市场营销中,企业所遵循的观念是市场导向,由于技术手段的制约,企业无法了解和掌握每一个个体顾客的实际需要,也无法针对每一个个体顾客来设计产品,企业只能将所面对的市场在很大程度上看成是同质性市场,根据市场调查统计结果出现频次最高的需求特征来设计产品,最终将产品通过既定的销售渠道推向市场。然而,在网络时代,企业所面对的网络顾客与传统的消费者有质的变化,他们的消费心理和行为更加理性和个性化,他们有各自的选择和期望,他们希望在任何时间,任何地点,以最低的比较价格得到满意的产品和服务,可见,由这样的消费群体构建的网络市场较于传统市场发生了根本的变化,网上销售的企业也面临着一个相当繁杂的环境,面临着一个更大的难题:如何赢得网络顾客?这其中包括一系列观念、技术、社会、文化等方面的革新和变革,最终导致企业经营管理模式和营销战略的变革。

2) 组织市场中的顾客

互联网络一旦运用于企业发展,其突出的特点之一是它可以"使大企业变小,小企业变大"。当然这并不是指企业的实际经济规模,而是指互联网络作为一种信息科技,它完全可以从信息管理的角度使企业在互联网上进行信息的交流和利用,从而不再受经济规模大小的制约,这一特点对于中小企业尤为有利。

在传统的企业生存环境下,企业的知名度往往来自企业自身经济规模大小、企业的历史等各种因素,企业的业务范围一般也是确定的。客户资源是有限的,而大规模的促销、广告等手段对大多数企业往往又是可望而不可即的。即使是大型企业,为了占领市场,花大量的人力、物力忙于跑交易会、寄送产品目录样本,在国内外报刊、电视上做广告,派大批市场或营销人员直接"上门"推销,这些传统促销方式的优势和局限性是显而易见的。也正是在这种环境条件下,大量中小企业的发展面临着巨大的困难。

互联网络的发展,为企业尤其是中小企业的市场营销提供了时空上的惊人突破,在网络环境下,企业将产品的品牌、式样、规格、性能介绍、包装以及价格制成图文并茂的页面,进入互联网服务器上,便能覆盖世界 100 多个国家和地区。让各国客商直接、随时查询企业信息,扩大产品和企业的对外宣传力度。可见,互联网络已经成为企业全面走向世界舞台的有力工具。

一方面,网络营销的确给企业提供了一个全新的广阔舞台,特别是给中小企业营销带来了巨大机遇,企业不论知名与否、规模大小都能同台竞技。但另一方面,特别是组织市场网络营销中,产品功能优异、服务良好的实力雄厚的企业如何在网上快速脱颖而出,在互联网上,企业作为供方被考察与甄选,以及作为需方考察与甄选供方,在网络营销不太成熟,管理不太规范的今天,一切都需极其谨慎和小心,除了信息的快速传递,一切都仍较艰难。

2.2.7　社会公众

企业的经营环境还包括社会公众。社会公众是指对某一组织实现其目标的能力具有实际或潜在利害关系和影响力的一切团体和个人。现代企业是一个开放的系统,它在经营活动中必然与各方面发生联系,企业必须处理好与各方面公众间的各种关系。为此,西方许多公司都设有"公共关系"部门,专门负责处理与公众的关系。但是,企业如果把公关工作仅仅交给公关部门负责是不够的。所有员工,上自决策管理者,下至基层操作员(包括电话总机接线员等),应积极实行"全员公关",都应对建立良好的组织公共关系负责。

互联网络本身既是一个庞大的信息数据库,也是一个全天候跨越地域时空的超媒体。同传统营销一样,企业开展网络营销所面对的公众主要有以下几类。

1)企业内部公众

企业的股东、高层管理者、中层干部和基层操作者都属于企业内部公众。企业的网络营销计划或涵盖网络营销部分的整体营销计划需要全体职员的充分理解、支持和具体执行。企业内部要经常信息互通,关心职员福利、疾苦,鼓励员工献计献策,激发员工的积极性、主动性与创造性,增强企业凝聚力与战斗力。员工的责任感、满意感、忠诚和归属感既利于内部的稳定团结,又利于对外塑造良好的企业形象。

2)媒介公众

媒介公众主要是报纸、杂志、广播、电视和互联网络自身。企业既要与传统传播媒介建立良好的关系,更要与互联网络上的媒介建立友善和广泛的合作关系,争取正面宣传,抑制和消除不利宣传。并将网上与网下营销宣传予以有机整合。

3)融资公众

融资公众指影响企业融资能力的金融机构,如银行、投资公司、保险公司等。金融服务网络化对企业网络营销向高阶发展提供了有力保障,企业须以良好的资信在融资公众中树立信誉,争取合作和获得帮助。

4)政府公众

政府公众指负责管理企业营销行为的有关政府机构。在政府的经济发展计划、产业政策、法律法规面前,企业的战略与营销计划必须与之保持方向一致,倡导遵纪守法,合法经营,同时,要勇于反映行业实情,同时争取立法有利于产业的发展。

5)社团公众

社团公众包括保护消费者权益的组织、环保组织及其他群众性团体等。社团公众活动的触觉遍布互联网络,企业必须密切关注来自社团的批评和意见,并积极回应和予以吸收、解决。

6)社区公众

社区公众指企业所在地邻近的居民与社会组织。企业必须重视社区关系,支持社区公益活动,为社区的发展贡献力量,以争取社区公众对企业营销活动的理解和支持。

7)一般公众

一般公众指上述关系公众以外的社会公众。这些公众比较分散,一般不对企业经营活动采取行动,但不当的企业行为会影响他们的惠顾和产品购买。

由于互联网络的飞速发展,网络的互联性、可视性、实时交互性、能动性和个性化、需求敏感性使得互联网络环境缩短了市场营销者与顾客之间的距离,提高了信息交流的广度、深度和交流效率,大大提高了企业营销效率,同时也使竞争变得更加复杂和多变。

[本章小结]

网络营销环境是指网络营销活动所面临的各种内外部条件的总称。本章主要阐述网络营销所面临的各种环境,包括宏观环境和微观环境两大部分。

网络营销宏观环境主要有政治环境、法律环境、经济环境、科技环境、社会文化环境和自然环境六个方面。网络营销微观环境主要包括行业性质环境、竞争者状况环境、供应商环境、营销中介环境、顾客环境和社会公众环境等诸多方面。互联网络的飞速发展,其影响力与日俱增,"快"是网络营销环境发展变化的一大特点,同时网络营销环境也将逐步得到优化。

[思考题]

1. 网络营销宏观环境包括哪些内容?
2. 谈谈如何建设和完善互联网法律制度体系,优化网络营销法制环境?
3. 网络营销微观环境包括哪些内容?
4. 竞争者分析包括哪些内容?
5. 比较国内外网络营销环境。

[案例分析]

亚马逊公司的网络营销战略分析

亚马逊网站是一家财富 500 强公司,总部位于美国华盛顿。它创立于 1995 年 7 月,目前已经成为顾客涵盖 160 多个国家和地区,全球商品品种最多的网上零售商。亚马逊致力于成为全球最以顾客为中心的公司,以使人们能在网上找到与发掘任何他们想购买的商品,并力图提供最低价格。其创建人 Jeff Bezos 是在一台笔记本计算机上开始构思自己的业务计划。他的思路是将 Internet 作为一种新的流通渠道来为消费者提供适合这种渠道的消费品,其优势在于为消费者提供每年 365 天、每天 24 小时家庭购物的便利性和更高效率的销售方式,并有效地降低销售成本。Jeff Bezos 的目标是在零售领域与大量消费者迅速建立一种对双方都有利的销售关系。他首先选择了大约 20 种适合在线购买的商品,然后将范围缩小到两种:音像制品与图书。这两种商品的共同特点是:①商品品种量巨大;②商品生产的时间和地点相对集中,但销售时间和消费者群都极其分散;③消费者购买决策时需要一定的介绍信息;④任何传统商店均无法存放所有品种,最大的传统书店只有 20 多万种书;⑤每家零售店所面对的消费者群是有限的。例如,曼哈顿的电话黄页目录上有 250 多家书店和 100 多家的旧书与珍本书店,其中 BKS 有 17 家,曼哈顿的 150 万人和纽约其他五个区的 730 万人构成其市场。也就是说每家 BKS 书店的服务范围是 8.8 万曼哈顿人或 43 万纽约人。

这就使在线销售显示出其特有的优势:①为消费者提供了选择范围远远大于传统商店

的品种;②不受消费者地理分布的限制,可以送达全球的顾客;③能在网上提供较详尽的商品资料,可以交互式演示商品;④检索方便,比如消费者可根据书名、作者、主题及书评来搜寻图书;⑤在线销售的开业和经营成本低于传统商店,可以形成价格优势;⑥销售运输简便,消费者收货方便,图书可放进邮箱里。

竞争态势分析

1. 亚马逊是图书在线销售的市场先入者

由于首先进入,亚马逊在消费者心目中占领了有利"位置",在 Internet 用户中有很高的品牌知名度。亚马逊通过实施名为亚马逊 Associates 的项目来扩展它的分销渠道,在较短的时间内,大幅度地提高了其品牌知名度。这个项目允许其他网站直接与亚马逊链接,使访问者可从其他网站进入亚马逊,从而形成了有效而廉价的在线交叉营销。自此项目于 1996 年 7 月启动以来,已发展了四万多家会员企业,其中著名的有 http://www.wenkuxiazai.com、Yahoo!、Netscape、Excite、AltaVista Search Service、@ Home Network、Prodigy Shopping Network、iVillage、Upsido 和 Dr. Ruth。这种合作使双方都提高了访问量和销售额。

2. 亚马逊开始的目标就是 Internet 上最大的图书经销商

目前亚马逊确实做到了这一点,它现在能提供 300 多万种图书(包括 100 多万种绝版图书)。1996 年销售额占在线图书市场的 43%。1998 年一季度亚马逊在各种网站调查中都排前 20 名,不但是最佳在线图书商,而且是最佳在线购物网站。这说明它在 Internet 用户中的影响不断提高,市场领导的地位日益巩固。1998 年 4 月亚马逊又花了 5 500 万美元收购了三家 Internet 公司:Bookpages 公司(英国最大的在线图书商,销售 120 万种英国出版的图书)、Telebook 公司(德国最大的在线图书商,有 40 万种德文书籍)和 Internet Movie Database 公司(Internet 上最大的电影和电视信息库)。Bookpages 和 Telebook 两家在线零售公司使亚马逊进入了欧洲市场,Internet Movie Database 则使亚马逊进入了在线影视市场。

3. 用各种方法来提高访问量和知名度

就如 Yahoo! 这个不断进取的 WWW 品牌(它已经从功能单一 WWW 检索网站发展成信息聚集地)一样,亚马逊也从简单的售书网站发展成一个图书和音像制品零售商,拥有 226 万顾客群。庞大的顾客群和 60% 的回头客保证了其网站的访问量,而这又会带来广告收入,从而为网站的改进提供了资金,进而吸引更多的访问。

4. 有人情味的商品销售和服务

亚马逊不断努力使顾客重返其网站。它于 1997 年重新设计其网站,就是为了吸引用户回来看看它的新面貌。和其他经销商的另一个关键差异是其 Editorial 栏目的内容:使顾客不但能够看到出版商的推荐,也可看到其他顾客和作者本人的看法,亚马逊的编辑和专家的专业书评与排名榜,"纽约时报"书评版、"大西洋月刊"和"娱乐周刊"等的评介,这是帮助顾客进行购买决策的有效方法。其 Journal 栏目有作者访谈等特色专栏,而 The Book of theDay 栏目里则重点推出若干图书和各类畅销书榜。

这些特色提高了读者的参与程度,并使顾客除了选书和比价外也愿意访问网站。过去读者很少能接触到想买图书的书评,而在购买决策时就能看到书评的机会就更少了,亚马逊正是通过 Internet 交互性满足了这一特点,并允许顾客自己撰写书评。

在线零售的另一个优势是通过建立类似会员制的环境来主动联络顾客。亚马逊提供了二种免费的 E-mail 新书提醒服务:Eyes 可以自动追踪新发行的图书,而 Editors 则由编辑通知读者所感兴趣的新书发行情况。

5. 顾客数量的增长和回头客是收入增长的原因

亚马逊用 27 个月争取到 100 万顾客,接着 6 个月又争取到 100 万顾客。亚马逊的回头客很高(超过 60%)。据测算,每个顾客平均一个季度购买 2.4 本书。它能满足任何时间、任何地点的购书需要,并为顾客提供了额外的好处:允许他们仔细选择商品。亚马逊的管理人员由于分析了大量数据,非常了解 WWW、用户以及激励用户的手段。从顾客的角度来看,它已经是最受欢迎的在线购物网站。而且由于其很高的顾客忠诚度和对用户的经验使得重复购买的程度很高。

6. 亚马逊的经营优势

与传统的图书销售商相比,亚马逊具有低成本的优势。其经营是高度自动化的,编辑人员的效率非常高。1997 年亚马逊人均创造收入为 25 万美元,而 BKS 只有 9.2 万美元——显然,网络为亚马逊带来了经营优势。BKS 必须通过增加雇员来维持收入的平稳增长,而亚马逊可以低于收入增长的速度增加员工。所以 BKS 人均创造收入会保持稳定,而亚马逊人均创造收入将持续增长。

在线广告也是一种潜在的利润来源——从理论上来说,会帮助亚马逊与传统的或在线的、客流量低的图书网站进行价格竞争。

亚马逊没有传统零售商的庞大库存管理费用,实际上它只存储了大约 700 种图书,这得益于诸如 Ingram Books(世界上最大的图书批发商,年交货达 1.15 多亿册书,为 3.2 万多家零售商服务,代表 9 000 家出版商,其库存图书达 31 万种,在美国有 7 个大型物流中心,并为顾客提供电子订购服务和实时库存信息,能够 24 小时内完成订单)和快递公司的后勤服务;虽然这样降低了整体利润率,但却不必支付零售商店的巨额租金及大量销售员的工资,也不必依赖现有的零售渠道。而且,亚马逊通过定制它的"店内布局(在线界面)"来适应各类顾客的需要,从而刺激了需求。

网络营销策略

亚马逊的发展有两个特点:第一个是扩张速度快而且猛;第二个是资金消耗多而又快。亚马逊书店的商业活动主要表现为营销活动和服务活动。它的工作目标是以顾客体验为主,以顾客为中心,吸引顾客购买它的商品,同时树立企业良好的形象。它使用的网络营销策略如下。

1. 产品策略

亚马逊公司的第一个产品策略是全,全面收藏各种出版物,建立高质量、数目庞大的数目数据库。第二个产品策略是大,扩大规模和商品的多样化,使顾客在网上可以买到任何想要的东西。第三个产品策略是广,在世界各地建立营销网络。亚马逊已不再满足于美国市场的成功,它开始向世界各地扩展。

2. 品牌策略

品牌是网络信息服务企业最重要的无形资产。在营销市场上,网络信息服务企业和产品的品牌将占据越来越重要的地位,具有高附加值的名牌信息产品将具有更大的优势。亚马逊书店把营业收入的大部分突入到品牌的宣传上,极力使自己的服务设计独具特色,富有魅力,吸引用户。品牌最主要的价值在于消费者对产品和服务的评价。亚马逊书店创造了读者在网上购买的参与权,为读者提供信息反馈的机会和热情的服务,为扩大影响,它允许任何网址免费与亚马逊相连,并将这种"同志站点"带来的效益以5%～15%的比例返还。这种"同志参政会"成为最好的品牌宣传方式。

3.定价策略

亚马逊书店采用了折扣价格策略。以实惠的价格建立竞争力并回馈顾客,始终是贝索斯的重要经营策略。

4.促销策略

亚马逊网站根据网络的特点策划了各种促销策略。

①以虚为实。在亚马逊书店的主页上,除了不能直接捧到书外,这种乐趣并不会减少,精美的多媒体图片,明了的内容简介和权威人士的书评,读者的评价都可以使上网者有身临其境的感觉。经过精心设计,亚马逊为读者提供了全方位的服务:

A.内容丰富的书评。

B.功能强大的搜索引擎。亚马逊具有高质量的综合书目数据库和方便的图书检索系统。不仅涉及了丰富的检索入口,还在这些入口的位置和层次的设计上也下了很大的功夫,具体做法是:主页空间利用、推荐中心、帮助信息、全文检索。

C.超级服务 Your Store。亚马逊公司发布了面向回头客的能够定制的在线商店"Your Store"服务。它能在亚马逊公司的 WWW 网站内手机适合顾客嗜好的商品,通过以顾客名字命名的标签进行访问。

②博客营销策略。网络营销的一大优势,就是利用互联网实现互动,这样既缩短了企业和顾客之间的距离,提高了上网者对网站的兴趣和关注程度,同时又能及时了解市场动态和引导消费市场。亚马逊网站注重与上网者的互动,经常邀请一些作者上网与读者展开面对面交流,大大调动了公众参与的积极性,提高了读者的热情,使得玩那个站访问的流量大增。亚马逊网站先后建立了互动式小说、BBS 论坛、作者博客平台作为网络营销工具。

③亚马逊物流促销策略。免费送货服务是亚马逊往凶悍的促销策略之一。亚马逊网站在物流配送模式上选择了外包。将国内的配送业务委托给美国邮政和 UPS,将国际物流委托给国际海运公司等专业物流公司。同时,在送货中还采取一种被称为"邮政注入"方式,再由邮局向顾客送货。亚马逊制定的物流促销策略和完善的物流系统是电子商务生存与发展的命脉。

2014 年亚马逊+搜狗=马上有惊喜

2013 年淘宝双十一采购单日创下 350 亿销售额,让电商行业竞争愈演愈烈。亚马逊作为国际化电商巨头,希望在电商大战中,需求个性化、创新性、国家化的品牌高度,并能在2014 年开年,打响电商第一枪。为此,亚马逊也对搜狗提出了三个挑战。

①六亿网民中,谁是亚马逊核心用户?中国网民快速发展和流量的迅速攀升让亚马逊对有效流量的需求越发迫切,如何针对性的找到受众,在广撒网的同时精准的找到消费受众,是营销能否成功的关键。

②如何在众多电商品牌中形成差异化?如何将推广与自身定位匹配,实现品牌和销量共赢。

③搜狗除了传统搜索服务,如何创新?亚马逊不希望搜狗只是单纯的提供 PC 搜索服务

这一单纯的广告形式,需要有更多广告展现样式,更多流量入口,让营销变得更加饱满、丰富。

与传统的营销活动不同,在淘宝双十一大捷后,亚马逊希望能够在本次营销活动中,让品牌和销量实现双赢。

品牌层面:在电商白热化竞争中脱颖而出,深度展示品牌信息,传递品牌创新理念。

效果层面:在元旦春节采购季,提高年货采购量,并且借助 PC 和移动双网联动,覆盖全网用户。

解决方案及实践

合作充分利用了搜狗搜索的两大核心平台——PC 搜索+无线搜索平台,借助如搜狐网、腾讯网、搜狗浏览器、QQ 聊天、搜狗输入法等多样的入口资源,让用户在搜索亚马逊相关信息时,在搜索结果页以浮层弹框形式出现动态的 Flash 广告。覆盖屏幕的立体动画,可以让用户充分点击;结合马上有的热潮,让用户很轻易的想到采购年货选择亚马逊;更配合搜狗 PC 品牌专区和无线品牌专区,在搜索结果页增加购买转化。

创意策略:马上有,借助马上有,让用户在输入时、搜索时、聊天时、浏览新闻时各个场景进行搜索,都能看到亚马逊广告信息。

媒体策略:全面打通搜狗系、腾讯系、搜狐系资源,多入口、强曝光、全覆盖,短时间内增加亚马逊搜索转化效果,提升品牌。

此次营销是搜索广告形式的重要突破,是搜索精准广告和品牌展示广告的有机结合,也开启了搜狗与众品牌的浮层品牌专区深入合作。

创新价值点

与传统客户选择搜索引擎侧重效果不同,亚马逊更加重视品牌和效果的双向结合。如何满足亚马逊的双重需求?搜狗有机结合了品牌展示广告和搜索广告,为亚马逊定制化推出全新搜索引擎推广形式——浮层品牌专区,借助"马上有"热潮和创新浮层,满足亚马逊品牌推广和效果考核的双重需求。

在用户搜索亚马逊等信息时,搜索结果以 Flash 方式弹出全屏广告,占据搜索结果页整个屏幕。此时,恰好"马上有"的活动席卷微博微信,借助马年,搜狗为亚马逊推出"马上有惊喜"浮层专区,让丰富商品在马上轻松阅览。

在搜狗亚马逊战略推广案例中,双方在合作深度、合作形式与合作流程上的创新,体现出了搜狗搜索营销在时效、整合、创新三方面的优势。八大互联网入口的跨屏传播,达到了效果的最大化;浮层品牌专区,代表了互动创新的趋势,实现了品牌认知的强化;而在 PC+无线端的整合营销,也为一屏多资源推送奠定了坚实的基础。搜狗搜索用创新的多维推广,精准覆盖了亚马逊的潜在消费目标人群,成功地将大量流量导入亚马逊。

(资料来源:亚马逊公司的网络营销战略分析,http://www.wenkuxiazai.com/doc/f7d15926a216147916112826;回顾 2014 最 duang 的网络营销案例(线上品牌活动)html,http://www.meihua.info/a/62980,2015 年 4 月 16 日)

[案例思考]

1.网络营销环境是如何影响企业经营的?

2.亚马逊为改善网络营销环境做了哪些工作?

第3章
网络消费者购买行为分析

3.1 互联网对消费者的影响

从 1969 年互联网络在美国起源直到 1995 年万维网(www)协议建立以及同年首个网络浏览器 Mosaic 的诞生以前,互联网络一直都只被用于科学研究。随后,在不到 10 年的时间,互联网络风暴席卷了全球。

据统计,1995 年美国有 1 800 万人上网;1998 年 2 月这个数字达到 6 200 万人,约占美国全国人口的 1/4,到 2000 年上网人数超过 1 亿,到 2015 年,美国互联网用户 2.8 亿,互联网普及率 87%,网民约占全球 10%。在中国,1997 年 10 月上网用户 62 万,到 2001 年 1 月达到 2 250 万人,2003 年 7 月这个数字被刷新为 6 800 万人,超过全国总人口数的 5%,是 1997 年 10 月上网人数的 110 倍。截至 2016 年 6 月,中国网民人数已经达到 7.10 亿,位居世界第一。

互联网络在迅速膨胀,网络用户在飞速增长,企业也不甘落伍,积极响应网络的呼唤。

3.1.1 角色的转变

互联网络的迅猛发展离不开消费者和企业等社会组织的积极推动,同时互联网络的蓬勃发展也使得消费者和企业等社会组织的角色产生了巨大转变。

1)消费者角色的转变

在传统的市场营销中,消费者始终处于被动的不利局面。首先,产品或服务等相关专业知识对于消费者而言是一块短板,消费者获得该类型产品或服务专业知识的渠道面狭窄,往往在面临购买时接触产品或服务,由于专业知识的不足而对产品与服务缺乏有效的鉴别、比较和评价,同时企业往往在其产品或服务的市场推广过程中将其功能与作用通过包装和广告宣传等形式从心理学和沟通技巧等方面予以美化,使得消费者在产品或服务专业知识上处于劣势。其次,在产品或服务的成本、价格上的有效资讯知之甚少,使消费者在价格与配套服务上处于谈判劣势。这种不平等的被动局面,使得消费者从购买动机产生一直到购后在心理上难以获得平衡,时刻充满风险感并害怕购后后悔,这种购后后悔一方面是产品或服务功效作用的心理预期与实际之间的巨大差异;另一方面是购买成本方面的后悔,即因个人购买成本、价格与产品或服务价格透明化后价格间的巨大差异而产生的后悔。

互联网络的不断发展,网上资讯与产品的不断丰富与繁荣,促成了消费者在观念意识、消费心理和购买行为上的巨大转变。

（1）消费者观念的转变

传统营销中,消费者获取产品与服务专业知识的途径和渠道比较有限,同时这种专业知识的获取需要一定的成本,还会耗费大量的时间与精力,同时消化和吸收这些专业知识既是个难题,更多时候也显得没有必要,这些原因打击了消费者对产品与服务专业知识学习与掌握的积极性,导致消费者产品与服务专业知识的匮乏,促成了消费者被动的不利局面。随着互联网络的不断发展,网上信息的开放性使消费者获取产品与服务相关专业知识的渠道更加广阔,上网费用的低廉也极大降低了相关专业信息的获取成本,上网的快捷与全天候、跨地域等优势既提高了消费者信息收集的效率也克服了传统营销中的诸多不便,随着互联网上信息与产品的日益丰富与繁荣,消费者不再被动地等待和抱怨,而是积极、主动地参与到营销活动中来,主动地搜集、获取与商品有关的各种信息,积极的分析、比较、评价,减少风险感,降低和避免购后后悔并争取心理上的购物满足感与成就感。

（2）消费心理的转变

在传统营销中,消费者总是被集群服务,工业化和标准化的生产方式以及标准统一化的营销与沟通方式使消费者的个性被淹没和压抑。在今天网络时代,消费者的个性化消费需求与消费行为开始冲击消费的主流。社会物质产品的多样化和生产技术水平的不断提高为个性化消费提供了坚实的产品基础,同时消费者也渴望从个体心理愿望的角度挑选和购买商品与服务,消费者开始定制自己的准则并向商家提出挑战。同时消费者还追求购物乐趣体验以排解压力、消遣时间,寻找生活乐趣,满足心理需求。

（3）消费者行为的转变

互联网时代的消费者在行为方面有如下转变。

①积极上网。互联网是一个庞大的数据库,网上信息极其广泛,包罗万象。消费者已经开始积极、主动地上网搜集所需要的各种资讯、信息。据 CNNIC 第 38 次调查结果,2015 年上半年,中国网民的人均周上网时长为 26.5 小时。截至 2016 年 6 月,网民中即时通信用户规模达到 6.42 亿,其中手机即时通信用户 6.03 亿,占手机网民的 91.9%。即时通信的网民使用率仍为各类应用最高,且用户规模还在不断提升。

②个性化定制产品或服务。如在网上个性化订购电脑、鲜花、礼品、玩具等。

③积极体验网上购物这一全新方式。

2）企业角色的转变

在网络时代,网络技术的发展和应用改变了信息的分配与接受方式,改变了人们的生活、工作与学习,企业也积极地利用新技术变革经营理念,重组经营组织,改变经营方式,改善经营方法。

（1）网络营销成为企业整体营销战略的重要组成部分

互联网络的开放性,企业与消费者之间的信息交流克服了传统市场营销中的单向信息交流模式,有效地实现了双向、自由、互动的信息沟通模式。互联网络为消费者提供了一个全天候、跨越地域限制、快捷、低成本的信息反应渠道,消费者可以方便地向企业反映感受、提出建议和个性化需求,企业根据这些信息发现自己的不足,不断改善产品、调整价格、整合沟通与传播模式。互联网络对于企业竞争越来越重要,许多企业已经将网络营销作为战略性课题列入企业的议事日程。如何将网络营销与传统营销在企业内部有效整合,这是当前所有企业面临的难题。尽管如此,网络营销作为企业整体营销战略的重要组成部分已是不争的事实。

(2)供给个性化

通过互联网络这一快捷低成本的双向、互动的信息沟通渠道,企业与消费者之间可以实现直接的"一对一"信息交流与直接沟通,企业在产品与服务技术允许的前提下可对每一位单独的顾客提供独特的个性化需求满足,随着互联网络对企业超细分市场的营销效率的极大提高,企业产品与服务供给的个性化能力将得到极大增强。

(3)市场反应快速化

通过互联网络,企业开展网上市场调查和竞争环境与消费者行为异动监测,以快速把握市场环境的变化,迅速对企业营销作出有效的调整与改变,市场快速应变力得到极大增强。这些反应包括企业快速高效地对产品改进、升级换代以及开展新产品开发研制;改善营销沟通方式和营销整体宣传模式,形成网上网下有效互动的整合宣传攻势;调整价格策略和渠道模式,使购买更方便,价格更贴近消费者,以更有利于竞争;同时还要积极地开展网上公共关系,积极推行整合公共关系战略,获得更多的消费者以及社会公众对企业的认识、了解、理解与信任,争取广泛的支持,良好的营销环境和公众关系将有助于企业对市场反应的快速化,有助于企业的市场竞争。

3.1.2 互联网对营销组合的改变

互联网的兴起和蓬勃发展极大地改变着消费者的消费观念、意识、心理和行为模式,使得消费者在互联网环境中表现出的需求特征、购买动机和消费行为模式与在传统市场群体中的表现截然不同。同时,研究这些互联网络环境下消费者需求特征、购买动机和消费行为模式的方法与运用工具与传统研究也极为不同。面对日趋激烈的市场竞争以及日趋庞大的互联网用户群,企业也因时就势,积极地改变其营销组合,通过更为有效的营销沟通将更个性的产品与服务提供给消费者,并实施多元化服务让消费者感到超值满意。

1)产品与服务策略的改变

互联网络作为信息沟通的高效渠道,用户与公众的建议与意见能与企业实现高效交流,企业必须根据消费者的意见与建议,改进和不断完善企业的产品与服务,并进行新产品开发研制。同时,结合互联网络的特点,改变传统产品策略中的产品规划、设计、开发、包装以及品牌等策略,利用互联网的互动性和引导性,及时了解消费者需求,并根据消费者要求及时组织生产和销售,使顾客跨时空得到满意的产品与服务;另一方面,企业通过互联网及时、有效地引导消费者对产品与服务提出的合理的具体要求与选择,通过有效的互动与引导,真正了解和影响消费者,使企业营销真正实现以顾客为中心。如美国戴尔(Dell)公司,1995年处于亏损状态,在1996年,公司通过互联网销售电脑,消费者可以根据个人的实际需要在公司的主页上选择配件组配电脑,公司生产部门根据网上订单迅速组织生产,并适时送达,当年销售业绩实现翻番,到 2000 年,公司的营业数据为每天网上销售额 4 000 万美元。零库存生产,极大程度地降低了公司的生产成本,极大的价格优势赢得了顾客,提高了公司的经营竞争力,公司占领了市场,赢得了巨额利润,公司才有能力开发更好的产品,最终使消费者再度受益。

2) 价格策略的改变

传统的以生产成本为基准的定价策略必须摒弃,新的价格策略是以消费者能接受的成本来定价,并根据这种成本来组织生产和销售。在传统营销中,对消费者需求以及对应价格认同的标准及其测量准确度、测量成本、测量周期都不尽理想,但在互联网上则很容易实现。消费者通过互联网络提出可接受的购买价格,企业可立即计算出消费者的成本要求,企业根据消费者的成本要求提供柔性产品设计和生产方案供消费者选择,如此经过几个轮回,企业和消费者之间达成价格和产品设计与生产方案的一致认同,企业组织生产,消费者等着提货。所有这一切活动双方都是在互联网上的企业服务器运作程序的引导下完成,操作极其简单。如美国的通用汽车公司提供消费者在公司的导引系统上设计和组装自己需要的汽车,消费者首先确认可接受的价格标准,然后从各分项配置限定中选择配件进行设计与组装。

现在网上许多产品和服务采用免费或低价策略,如网上邮箱、网络音乐免费下载等。企业制定网上营销价格策略时,必须考虑互联网的独特性以及它对企业定价的影响。

3) 渠道策略的改变

戴尔(Dell)公司借助互联网开展网上直销取得了巨大成功,改变了传统营销渠道中的多层次和管理控制复杂等诸多问题,最大限度地降低了渠道中的营销费用。互联网络实现了企业与消费者之间营销渠道的"一对一"和跨越时间与空间地域的限制,消费者可以随时随地利用互联网收集商品与服务信息,作充分的比较、分析与评估,并最终订货和完成商品购买。

随着第三方物流的不断发展,网上营销渠道对企业将更加重要,网络将更专业地承担企业信息流、资金流(电子货币)和相关的商务活动,突破传统营销中的静点服务,实现动点间的对接服务,网络渠道的便利性在物流发展的促进下将会体现得更淋漓尽致,网络渠道为王的时代必将到来。

4) 网上促销与网络广告

互联网被人称为"第四大媒体""超媒体",作为突破时间与空间地域限制的一种新的双向沟通的传播渠道与平台,其操作简便、高效和费用低廉的优势已经得到充分体现。网上促销的目标性更强。通过互联网,企业可广泛地搜集消费者与客户信息与情报,运用网络营销系统和企业管理信息系统分析所获得的庞大的消费者信息数据库,深入地进行信息挖掘,对消费者实施个性化促销,使促销的手段与方式更易为消费者所接受。由于采用现代化的信息技术和分析软件,以及在互联网上可快速地将制定的促销策略与方案进行适时有效实施,网络时代的企业促销不再像传统营销中那样呆板、统一、缺乏目标性和对市场促销反应的严重时滞性而导致企业在竞争中失利。

网络广告作为仰赖互联网最重要的网络营销促销工具与传统的四大传播媒体(报纸、杂志、电视、广播)广告以及户外广告相比,具有自身独特的优势。

(1)传播范围广

中国网民人数已经达到1.62亿,并且还在快速增长,年增长率达到31.7%,只要具备上网条件,他们可随时随地浏览网络广告信息。

(2)受众数量可准确统计

利用传统媒体做广告,很难准确知道受众的具体数量,而网络广告可通过网络访问者流量统计软件系统,精确地知道有多少用户看过该广告,以及查阅时间、地域分布等用户信息。

(3)强烈的交互感和感观性

由于网络广告载体基本上是多媒体和超文本格式文件,访问者如对某商品想进一步了解,只需鼠标轻轻一点便可从图、文、声、像多种形式感受商品和服务,并能实现网上预订、支付等交易全过程,大大增强广告的实效性。

(4)非强迫性传播

网络广告具有极强的分类性,这大大节约了用户的时间,用户按需查阅,避免了被动注意与接受。

凡事有利必有弊,网络营销也不例外,它也面临着诸多问题,如网络企业与个人信誉、消费者隐私保护、信息安全与保护等问题。企业必须因势利导,根据营销需要,从企业的实际出发,科学、合理、高效地制定营销组合,充分利用互联网这一营销利器,充分高效地满足消费者需求,争取在竞争中获胜。

5)服务策略的改变

互联网络作为信息沟通的高效渠道,用户与公众的建议与意见能与企业实现高效交流,企业必须根据消费者的意见与建议,改进和不断完善企业的服务。同时,利用互联网的互动性和引导性,及时了解消费者需求,并根据消费者要求及时组织生产和销售,使顾客跨时空得到满意的服务;另一方面,企业通过互联网及时、有效地引导消费者对产品与服务提出的合理的具体要求与选择,通过有效的互动与引导,真正了解和影响消费者,使企业营销真正实现以顾客为中心。网络营销与传统营销模式不同还在于它特有的互动方式,传统营销模式人与人之间的交流十分重要,营销手法比较单一,网络营销则可以根据自身公司产品的特性设立。

3.2 网络消费者分析

3.2.1 网络消费者总体特征

据中国互联网络信息中心(CNNIC)2016年8月(截止时间2016年6月30日)第38次CNNIC调查统计数据,中国网民规模达7.10亿人,互联网普及率为51.7%。

1)我国网络消费者的基本特征

互联网作为新生事物加上网络使用的技术性,网络消费者一般学历较高,购买力较强,同时随着网络用户和网上购买者的快速增长,互联网已成为遍布商机的巨大市场。在网络消费者中,中国网民男女比例为 53.6∶46.4,网民性别结构趋向均衡;我国网民以 10 ~ 39 岁群体为主,占整体的 75.1%:其中 20 ~ 29 岁年龄段的网民占比最高,达 29.9%,10 ~ 19 岁、30 ~ 39 岁群体占比分别为 21.4%、23.8%;网民中具备中等教育程度的群体规模最大,初中、高中/中专/技校学历的网民占比分别为 37.4%、29.2%;网民中学生群体的占比最高,为 25.2%,其次为自由职业者,比例为 22.1%,企业/公司的管理人员和一般职员占比合计达到 15.2%,这三类人群的占比相对稳定;网民中月收入 在 2 001 ~ 3 000 元、3 001 ~ 5 000 元的群体占比较高,分别为 18.4% 和 23.4% 。随着互联网的不断普及和发展,互联网将越来越平民化,向大众消费靠拢。

2) 我国网络消费者网络使用特征

2015 年,我国个人互联网应用发展迅速,除论坛/BBS 外,其他应用的用户规模均呈上升趋势,其中网上炒股或炒基金成为网民投资热点,用户规模增长了 54.3%,网上支付场景不断丰富,用户规模增长 36.8%;在移动端,仍是商务交易、网络金融类应用领跑,其他各项应用的用户规模均出现不同幅度上涨。

(1) 基础应用使用率提升空间有限,用户使用体验有较大突破

即时通信、搜索引擎、网络新闻和社交作为基础的互联网应用,用户规模一直保持稳中有升的趋势:即时通信的使用率已基本见顶,从基础功能向外延伸的态势更加明显,成为用户连接各类生活服务的综合性平台;搜索引擎由信息服务向生态化平台服务的转型快速推进,移动搜索引擎市场快速增长的态势得以延续;网络新闻市场朝着"资深编辑" + "智能算法"相互融合的方向发展,实现精准个性化推荐;社交应用借助大数据及移动社交技术进而与其他领域融合发展。

(2) 商务交易类应用保持稳健增长,企业积极拓展市场发掘新增长点

商务交易类应用经过多年的高速增长,进入稳健发展时期。网络购物市场保持快速发展,跨境电商和农村电商成为市场热点,团购行业继续"去团购化",深挖 O2O 模式下消费潜力;网上订餐市场在大型互联网企业的战略注资下,积极扩充线下商户;在旅游消费高速增长带动下,在线旅行预订行业迅速发展。

(3) 网络娱乐类应用稳步发展,以优质内容为核心拉动娱乐应用快速增长

以知识产权为核心的网络娱乐产业链在 2015 年展现出巨大商业价值,由热门网络文学作品改编的影视作品不仅屡创收视新高,改编的游戏也能迅速获得忠实粉丝的关注,而影视和游戏的改编成功又反哺了网络文学本身的发展,促使其商业模式由单纯向用户收费转变为利用免费模式扩大受众群体进而培养优质 IP(Intellectual Property,知识产权)。与此同时,随着视频直播业务的发展,网络音乐节目的视频直播成为一种正在探索的新商业模式,在吸引用户的同时为音乐从业者提供了新的发展机会。

(4) 互联网定期理财走红,网络支付快速向线下支付场景拓展

2015 年互联网金融类应用发展进一步深化:互联网理财市场在用户规模继续扩大的同时,产品格局已由发展初期的活期理财产品"包打天下"转变为活期、定期理财产品共同发展;网络支付快速向线下支付场景延伸和拓展,并积极开通外币支付等服务,相比 2014 年底网络支付用户规模增长 1.12 亿。

（5）医疗、教育服务模式加速网络化,互联网有力提升公共服务水平

2015 年,互联网对个人生活方式的影响进一步深化,融入到教育、医疗、交通等民生服务中。调查结果显示,在线教育、互联网医疗、网络约租车等公共服务类应用的用户规模均在 1 亿以上,用户习惯逐渐养成(见表 3.1)。

表 3.1　2014—2015 年中国网民各类互联网应用的使用率

应　用	2015 年		2014 年		
	用户规模(万)	网民使用率	用户规模(万)	网民使用率	全年增长率
即时通信	62 408	90.7%	58 776	90.6%	6.2%
搜索引擎	56 623	82.3%	52 223	80.5%	8.4%
网络新闻	56 440	82.0%	51 894	80.0%	8.8%
网络视频	50 391	73.2%	43 298	66.7%	16.4%
网络音乐	50 137	72.8%	47 807	73.7%	4.9%
网上支付	41 618	60.5%	30 431	46.9%	36.8%
网络购物	41 325	60.0%	36 142	55.7%	14.3%
网络游戏	39 148	56.9%	36 585	56.4%	7.0%
网上银行	33 639	48.9%	28 214	43.5%	19.2%
网络文学	29 674	43.1%	29 385	45.3%	1.0%
旅行预订	25 955	37.7%	22 173	34.2%	17.1%
电子邮件	25 847	37.6%	25 178	38.8%	2.7%
团购	18 022	26.2%	17 267	26.6%	4.4%
论坛/BBS	11 901	17.3%	12 908	19.9%	−7.8%
互联网理财	9 026	13.1%	7 849	12.1%	15.0%
网上炒股或炒基金	5 892	8.6%	3 819	5.9%	54.3%
社交应用	53 001	77.0%	—	—	—
在线教育	11 014	16.0%	—	—	—
互联网医疗	15 211	22.1%	—	—	—

资料来源:中国互联网络信息中心(CNNIC):《第 37 次中国互联网络发展状况统计报告》。

3) 我国网络消费者网上购买行为特征

我国互联网信息中心的调查结果显示,我国网络消费者的网上购买行为具有以下特征。

用户选择网上购物的主要原因:节省时间(占47.4%)、操作方便(占44.4%)、节约费用(占39.2%)、寻找稀有商品(占31.7%)、出于好奇(占22.3%)等。用户在网上实际购买的产品与服务主要是:书籍(占35%)、电子产品(不包括电脑)(占23%)、订购旅游产品(占20%)、纺织和服装(占17%)、进行股票或基金买卖(占14%)、家居/工艺品(占9%)、影音档案(占8%)、电脑(占6%)、食品(占3%)、其他(占27%)。用户对付款方式主要选择网

上支付(信用卡或储蓄卡)(占 73.8%)、货到付款(现金结算)(占 28.1%)、银行汇款(占 15.2%)、邮局汇款(占 12.4%)、手机支付(占 2.4%)、其他(占 2.0%)。用户一般接受普通邮寄、送货上门和快递送货方式。

用户不进行网上交易的原因有:交易安全性得不到保障(占 61.5%)、产品质量、售后服务得不到保障(占 45.7%)、担心隐私受侵犯(占 28.2%)、条件不允许(占 23.3%)、付款不方便(占 21.7%)、送货不及时(占 10.7%)、价格不够诱人(占 10.2%)、商品数量和种类不够丰富(占 8.3%)、其他(占 4.0%)。

3.2.2 网络消费者类型

网络消费者根据其行为目的与特点可分为以下几种类型。

1) 直接寻求型

所谓直接信息寻求者是指上网的目的是为了寻觅某类特定信息的网络用户。比如,你想知道 DNA 分子排列方式与肌肉营养不良之间的关系是什么,想阅读一下上个月当地报纸上的一篇关于你的竞争对手的报道(如果当地报纸有网络版的话)等,你带着这些目的上网,此时你就是直接信息寻求者。对企业站点来说,那些经常访问站点以获得关于产品、投资等信息的网络用户也属于这一类型。对这类冲浪者你务必保证站点包含他们所需要的信息。

2) 间接寻求型

这类信息寻求者没有明确的信息寻求目标,只是想在网上寻找有用的信息以及能令他惊喜的信息等。这种心态犹如我们每天早上看报纸,我们不是目标明确地寻求某个信息,而是通篇浏览,有令人感兴趣的文章就仔细阅读,否则就很快跳过去。间接信息寻求者在网上的冲浪过程和此很相似。

3) 免费品寻觅者

这类网络用户上网时常希望能得到免费品,如免费软件、免费照片、免费旅游、免费书籍等。总之,站点上"free"这类字样对他们很有吸引力,犹如现实生活中,"大减价""清仓甩卖"等字样对一些顾客具有吸引力一样。在网络上,"free"是企业站点使用频率很高的噱头词(buzz word),事实证明效果也不错。所以记住:有可能的话,提供一些额外价值让渡给这类网络用户,这能使他们成为掏腰包买你产品的顾客。

4) 享乐型

很多网络用户在网上漫游仅仅是为了寻找乐趣,或找点刺激。Internet 包罗万象,无所不有,是一个绝对的"娱乐媒体"。在这里,你可以玩游戏、竞赛、访问很"酷"的站点和有趣的个人网页,还可以听音乐、看电影、学烹饪等。

5) 购买者

购买者上网的明确目的就是购物。可能他的脑子里已有一个明确的购物清单,如他要购买一斤牛肉,或某协会的会员要为他的朋友买件生日礼物,但他不知道买什么东西合适,他上网先寻求帮助,等有了好主意后再行购买。由于网络市场的虚拟性以及目前网络的发展状况,许多网络消费者对网上购物将信将疑。根据购买者网上购物特点可将网上购买者分为六类,即简单型、冲浪型、接入型、议价型、定期型和运动型。

①简单型的顾客需要的是方便直接的网上购物。他们每月只花有限的时间(一般为7小时)上网,但他们进行的网上交易却占了一半。零售商们必须为这一类型的顾客提供真正的便利,让他们觉得在你的网站上购买商品将会节约更多的时间。

②冲浪型的顾客占常用网民的8%,而他们在网上花费的时间却占了32%,并且他们访问的网页是其他网民的4倍。冲浪型网民对常更新、具有创新设计特征的网站很感兴趣。

③接入型的顾客是刚触网的新手,占36%的比例,他们很少购物,而喜欢网上聊天和发送免费问候卡。那些有着著名传统品牌的公司应对这一用户群保持足够的重视,因为网络新手们更愿意相信生活中他们所熟悉的品牌。

④另外8%的议价者,他们有一种趋向购买便宜商品的本能,eBay网站一半以上的顾客属于这一类型,他们喜欢讨价还价,并有强烈的愿望希望在交易中获胜。

⑤定期型和运动型的网络使用者通常都是被网站的内容吸引而进行浏览访问。定期网民常常访问新闻和商务网站,而运动型的网民喜欢访问运动和娱乐网站。

目前,网络服务商面临的挑战是如何吸引更多的网民,并努力将网站访问者转变为购买者。

3.2.3　网络消费者购买动机

所谓动机是指推动人进行活动的内部原动力,即激励人行动的原因,是人行动的内在驱动力。动机分为两类,一类是生理性动机,如肚子饿了会产生对食物的需要,口渴了要喝水;另一类是心理性动机,它是由人们的感知、认识、感情、意志等心理过程引发的动机。购买动机是使消费者做出购买某种商品或服务决策的内在驱动力,是引起购买行为的前提。购买动机分为生理性购买动机和心理性购买动机。网络消费者购买动机是指在网上购买活动中,使网络消费者产生购买行为的某些内在驱动力。它包括心理动机和需求动机,无论是生理性购买动机还是心理性购买动机都最终反映为某种需求动机。

1)网络消费者的心理动机

网络消费者在购买行为中的心理动机主要体现为感情动机、理智动机和信任动机三个方面。

(1)感情动机

感情动机是由人的感情需要而引起的购买动机。感情动机分为情绪动机和情感动机两类。情绪动机是低级形态的感情购买动机,它是由人们情绪的喜、怒、哀、乐变化所引起的购买动机,这种购买动机具有冲动性和不稳定性。针对情绪购买动机,在促销时,卖方有必要营造一种可引导购买者或购买者可接受的情绪环境。情感动机是高级形态的感情购买动机,它主要是由于人们的道德感、美感、群体感、友谊感等情感需要所引发的购买动机,这种购买动机一般比较稳定、深刻,如通过互联网络提供的网上购买异地送货服务为异地的亲朋好友购买鲜花和馈赠礼品。

(2)理智动机

理智动机是消费者对某种特定的商品或服务有清醒的认识和了解,并在此基础上,做出理性决策和理性购买行为的购买动机。理性购买动机具有客观、周密、理性控制等特点。网络消费者大多具有较强的分析判断力,他们一般阅历丰富,受教育程度高,在网上购物时往往是经过多轮反复比较各个在线商场的商品,详细了解所要购买商品的性能、功效、价格、使用方法等以后才决定是否购买,购买活动较少受外界的影响与干扰。

(3)信任动机

信任动机是基于对某个品牌、某种产品或服务、某个企业的信任而产生的重复性的购买动机。网络消费者基于理智经验和感情,对一些特定的网站、商品、广告因为特殊的信任与偏好而经常重复性、习惯地访问。信任动机在网上一般是由于搜索的便利、图标广告的独特性和吸引力、站点内容、企业的相当地位和权威性以及产品或服务的良好声誉而形成。网络消费者一旦对某一网站产生信任动机,不但自己会经常光顾、忠诚消费,还会在网上对众多网民和网下对自己的社交圈层进行宣传和影响,这对企业网站的推广极为有利。

在现实生活中,网络消费者的心理动机还呈现出一些不同的表现形式,如求实、求同、求美、求名、求廉、求便、求新等。不同的购买动机导致不同的购买行为,企业必须认真、深入地研究网络消费者的消费心理动机,科学决策和组织营销活动。

2) 网络消费者的需求动机

人们在生存的过程中会产生各种各样的需求,由需求产生购买动机,再由购买动机导致一系列的购买行为活动。人类需求的形式有低级的,也有高级的。美国著名的心理学家马斯洛在 1943 年出版的《人类动机的理论》一书中提出需求层次理论。这种理论有三个基本假设:一是人们在生活的过程中有着不同的需求,只有未满足的需求能够影响人们的行为;二是人的需求按重要性可排成一定的层次,包括从基本的生理需求到复杂的自我实现的需求;三是当人的某一级需求得到最低限度的满足之后,才会追求高一级的需求。根据这三个基本假设,马斯洛把人的需求划分为五个层次:生理需求、安全需求、社交需求、尊重的需求和自我实现的需求。前三个层次属于低级需求,后两个层次属于高级需求。对多数人而言,在实际生活中,每个个体的需求不是单一层次的,而是以多层次复合型形式呈现出来,由于条件的限制,这些需求往往只能部分地得到实现。

在传统营销中,马斯洛需求层次理论被广泛地予以应用。但网上虚拟市场与传统营销市场毕竟有很大的差别,虽然需求层次理论可以解释虚拟市场中的许多购买行为,但在网络虚拟市场中仍显不足,需求层次理论需要进一步的补充、丰富和完善。信息网络的发展构成了一个独特的虚拟社会,从表面上看,这个虚拟社会在聚集各种资源,实质上这个虚拟社会在聚集人的需求,它为人们的各种个体需求的有效聚集提供了一种广阔的平台。企业利用这一特殊的网络平台不断满足传统的层次需求,也有效地满足着虚拟环境下的新需求、兴趣、聚集和交流。

在互联网虚拟环境下,许多人的兴趣与爱好不再被压抑,互联网络为每个消费者个体的兴趣与爱好提供了释放和发展平台。热爱音乐的不但可尽情聆听,还可自由创作并在网际开展广泛交流;热衷体育的可随时随地尽情欣赏,不再受限于电视、广播,不再苦恼于昔日直播、重播与工作、学习间的矛盾冲突。爱好收藏的可尽情把玩古今奇玩,可谓"旧时王谢堂前燕,飞入寻常百姓家"。网际畅游用户主要出自两种动机:一是网络探索的内在驱动力,互联网络给人类展示了一个前所未有的广阔世界,包罗了人类几十万年来的知识精华,涵盖了人类知识的方方面面;二是个人追求成功和完整的内在驱动力,人们通过网络寻找自己所需的各种信息、商品和服务,并通过吸收与创造,追求成功的愉悦。

"物以类聚,人以群分",个体与群体相比存在时间、精力、资源、知识、技能等诸多方面的不足,互联网为具有相似经历的人们的聚集提供了机会与平台,这种聚集不受时间、空间诸多因素的限制,形成富有意义的网上虚拟组织。如"癌症防治组织",为癌症的预防及癌症病人与家庭提供专业支持,他们探讨这种疾病,交换防治方法、疗效和医疗研究的国内外动向信息。这种网上虚拟组织极为民主,组织气氛和谐,成员与成员之间平等、互助、互爱,与传统组织中的紧张状态截然不同。

传统的个体与群体交流范围小、效率低。聚集在一起的网络用户,既是网上信息的享用者,又经常免费为他人提供信息。这种信息多为沟通而不是一种交易。随着交流频次的增加、交流范围的不断扩大,带动对某些商品和服务有相同兴趣的成员聚集在一起,形成商品信息交易网络,并进而向电子商务发展。互联网络虚拟社会的这种广泛深入、快捷而充分的交流使社会资源有效地降低内耗,优化了社会资源配置,提高了社会资源利用效率。

3.2.4　网络消费者需求特征

随着互联网商务的诞生,消费者的消费观念、消费方式和消费者的地位正发生巨大的变化。首先是资源节约型消费。工业化时代产品的标准化和极大丰富在提高规模降低成本的同时,也造成了产销脱节,即生产过剩与消费不足,导致了社会资源与财富的极大浪费。而在网络经济时代,企业对消费者和市场变化反应加快,企业与消费者直接交流与互动,中间经营环节减少,虚拟商店无库存或低库存,生产的 JIT 制等,使得社会资源的生产与营销配置日趋优化和合理,资源被有效节约,利用效率得到极大提高。网上信息的极度丰富与开放性,消费者从信息搜集、比较、评估到购买行为,整个购买行为模式和消费方式速度更快、效率更高、消费效用性更强。供给者与需求者间时空制约的消失,消费者主权时代已经到来。在买方市场,消费者面对更为纷繁复杂的目标商品选择,其需求与以往相比呈现出新的特点和趋势。

1) 个性消费的回归

人类的进步和历史的发展常常处于肯定与否定的变化之中。这种轮回不是简单的回归,而是曲折发展和螺旋形上升。人们在历史这张白纸上涂抹上图画,一段时期后,又会将其抹掉,另画一幅,这样循环往复,以至无穷。

在过去相当长的一个历史时期内,工商业都是将消费者作为单独个体进行服务的。在这一时期内,个性消费是主流。只是到了近代,工业化和标准化的生产方式才使消费者的个性被淹没于大量低成本、单一化的产品洪流之中。另一方面,在短缺经济和近乎垄断的市场中,消费者可以挑选的产品本来就很少,因而个性不得不被压抑。但市场经济发展到今天,多数产品无论在数量还是在品种上都已极为丰富,消费者能够以个人心理愿望为基础挑选和购买所需的商品或服务。更进一步,他们不仅能做出选择,而且还渴望选择。他们的需求更多了,需求的变化也更多了。逐渐地,消费者开始制定自己的准则,他们不惧怕向商家提出挑战,这在过去是不可想象的。用精神分析学派的观点考察,消费者所选择的已不单是商品的使用价值,而且还包括其他的"延伸价值",这些"延伸价值"及其组合可能各不相同,因而从理论上看,没有一个消费者的心理是完全一样的,每一个消费者都是一个细分市场。心理上的认同感已成为消费者做出购买的品牌和产品决策的先决条件,个性化消费正在也必将再度成为消费的主流。

2) 消费主动性增强

在社会分工日益细分化和专业化的趋势下,消费者将购买的风险感随选择的增多而上升,而且对单向的"填鸭式"营销沟通感到厌倦和不信任。在许多日常生活用品的购买中,尤其在一些大件耐用消费品(如电脑)的购买上,消费者会主动通过各种可能的途径获取与商品有关的信息并进行分析比较。这些分析也许不够充分和准确,但消费者却可从中获得心理上的平衡,以减轻风险感或减少购后产生后悔感的可能,增加对产品的信任和争取心理上的满足感。消费主动性的增强来源于现代社会不确定性的增加和人类追求心理稳定和平衡的欲望。

3) 对购买方便性与购物乐趣的追求并存

一部分工作压力较大,紧张度高的消费者会以购物的方便性为目标,追求时间和购买劳动成本的尽量节省,特别是对于需求和品牌选择都相对稳定的消费者,这点尤为突出。然而另一些消费者则恰好相反,由于劳动生产率的提高,人们可供支配的时间增加,一些自由职业者或家庭主妇希望通过购物来消遣时间,寻找生活乐趣,保持与社会的联系,减少心理孤独感,因此他们愿意多花时间和体力进行购物,而前提必须是购物能为他们带来乐趣,能满足他们的心理需求。这两种相反的心理将会在今后较长的时间内并存和发展。

4) 价格仍然是影响消费心理的重要因素

虽然营销工作者倾向于通过各种差别化来减弱消费者对价格的敏感度,避免恶性削价竞争,但价格始终对消费心理有重要影响。特别是在当代发达的营销技术面前,价格的作用仍然不可忽视。只要价格降幅超过消费者的心理界限,消费者也难免会怦然心动地改变既定的购物原则。

5) 受网络口碑的影响较大

互联网技术的高速发展,使得消费者能够快速搜索到企业的产品和服务等相关信息,而且能够从网络中了解到商家的信誉和产品质量。网络购物消费者面临更多的不确定性,并感知到更高的风险,因此,消费者决策前越来越重视网络口碑。在网络环境下消费者不能真正接触产品或者服务,网络口碑成了消费者的一种重要参考,所以网络口碑信息越丰富,营造良好的用户体验,详细的产品介绍、清晰的产品图片更容易打动消费者的心。

3.3 网络消费者的购买决策过程

网络消费者的购买决策过程,也就是网络消费者购买行为的形成和实现的过程。这是一个复杂的过程,在实际购买之前各种购买行为早就已经开始,并且延长到实际购买后较长一段时间。网络消费者的购买决策过程可分为唤起需求、收集信息、比较选择、购买决策和购后评价五个阶段。网络消费者购买决策最终必须确定:①购买目标,即消费者购买什么。②购买目的,即消费者为什么购买。它是消费者购买时所追求的利益、价值和满意。③购买活动的参与者,即哪些人参与购买决策。各参加者所承担的责任与要履行的义务。④购买过程,即消费者如何购买。⑤购买时机,即消费者何时购买。⑥购买地点,即消费者在何处购买。消费者所选择的购买渠道。网络消费者购买决策五阶段各阶段行为都是为了这"六项购买确定"服务。

3.3.1 唤起需求

任何购买的起点都是唤起需求,网络购买也不例外。消费者的需求受到内外双重刺激而产生。当消费者对网上某种商品或服务发生兴趣后,经过商品或服务的多层次多角度反复刺激,自身的认知与不断参与,理解与认识逐渐增强,从而产生购买欲望。

在网络营销中唤起需求的动因主要有以下几个方面。

1) 外界因素

唤起网络消费者需求的主要外界动因如下。

①文化因素。文化、亚文化和社会阶层等文化因素对消费者具有广泛而深远的影响。在网络中,消费者非常注重自己的知识和文化素养以及社会层次。

②社会因素。参照群体、家庭、社会角色和地位等一系列社会因素影响网络消费者的需求和购买行为。消费者往往通过消费行为对自身角色形成一种认同印证和形象重塑。

③外界直接刺激。在互联网上,视觉与听觉是企业诱发消费者购买的直接动因,如华丽辞藻的表述、精美图片的设计以及悦耳怡人的音乐氛围营造。

2) 内在因素

唤起网络消费者需求的主要内在因素如下。

①个人因素。主要是个人年龄、所处的人生阶段、职业、经济状况、生活方式、个性以及自我观念等影响因素。

②心理因素。即购买者动机、知觉、学习、信念和态度等影响其需求动机的心理因素。

从事网络营销的企业必须注意自己的网上规划、设计与策划等宣传是否能唤起网上消费者的需求动机,同时要深入研究唤起网络消费需求的动因,使互联网上所提供的产品与服务与消费者需求能实现有效对接并匹配。

3.3.2 收集信息

当需求被唤起,在消费者心中,往往已有一个初步的购买行动计划与安排。首先一步总是收集各种相关信息资料,了解市场供求行情。

(1) 目标产品与服务信息

目标产品与服务信息即能满足需求的各种类型的产品与服务信息,这些产品和服务信息通常延伸到相关企业和品牌。

(2) 价格与购买成本信息

价格与购买成本信息即产品和服务的网络销售价格与购买成本,这种购买成本不仅仅是最后的交易成本,它还包括购前的信息收集、咨询、评价、决策所耗费的金钱、时间和精力等经济成本和精神成本。

（3）购买渠道信息

购买渠道信息即不同渠道的产品服务和价格存在较大的差异，其安全性和产品或服务质量与信誉也有所不同。

（4）购买时机信息

购买时机信息即产品与服务在促销期间与常规销售期间的价格相比要低得多，新产品刚上市时价格一般总是最高的，一段时间后就会调低价格，一些特殊节假日和突发事件也会影响网上商品的购买时机。

信息收集必须遵循针对性、积累性、预见性和计划性四项原则。信息收集一定要有的放矢，针对需要展开，所收集到的信息不但要真实、准确、客观，还要力求深刻和系统，保持连贯性和完整性。要收集有预见性的购买信息，以最低的成本在最佳时机购买最优质的产品和服务。整体信息收集工作要有计划，讲求时效，避免信息收集工作出现盲目、重复和打乱仗现象。

信息收集的渠道主要有历史文献、期刊，关系渠道，网上搜索和传统直接接触四种。

（1）历史文献、期刊

有些专业购买涉及的技术知识专业程度高，可先通过专业历史文献、期刊予以先行查询。

（2）关系渠道

关系渠道主要指个人的亲朋、好友、同事对同类购买的经验体会信息。这些信息在网上通过电子邮件传递与沟通非常便捷。

（3）网上搜索

网上搜索即直接通过互联网搜集所需的相关购买信息。

（4）传统直接接触

如接触展览、上门推销、各类广告宣传等均属于传统接触。

网络购买的信息收集带有较强的主动性，并根据主观需要积极开展，不断浏览、跟踪查询，以寻找新的购买机会信息。良好的信息收集将为下一步比较选择打好坚实基础。

3.3.3　比较选择

消费者要求的是企业所提供的产品与服务能实现其需求的满足，企业要求的是消费者具有实际支付能力。消费者将不同渠道收集到的各种信息资料进行比较、分析、研究，了解各种商品的特色和性能，充分考评产品的功能、可靠性、稳定性、式样、价格和售后服务。对于一般消费品和低值易耗品，易于作出比较选择；但对高档耐用品，消费者一般选择慎重。

由于网上购物不直接接触实物，消费者对网上商品的评价依赖于企业对商品的感官描述，网上的购买者往往担心网上产品的质量、功效和售后服务，担心厂商信用和交易安全性，所以企业的网上宣传中对产品的描述要充分、功效切合实际，切忌过分夸张，更不可欺瞒消费者和网上公众。

3.3.4　购买决策

网络消费者在完成对商品的比较选择之后便进入购买决策阶段。购买决策是指网络消费者在购买动机的支配下，从两件或两件以上的商品中选择一件满意商品的过程，它是网络消费者购买活动中最主要的部分。

与传统购买相比，网络消费者在购买前的准备工作要全面、仔细、理性，在真正实际购买时要快捷于传统购买。由于虚拟市场交易，要取得交易成功，企业首先必须取得消费者信任、对支付的安全感和对产品的喜爱。

网络消费者的购买决策可分为以下四种类型。

1) 习惯性购买决策

习惯性购买决策即指对于价格低廉、经常购买、功能相近、品牌差异小的产品，消费者不需要花时间进行选择，也不需要经过信息搜集、产品特点评价等复杂过程，其购买决策行为最为简单。消费者只是被动地接收信息，出于熟悉而购买，也不一定进行购后评价。对这类产品，市场营销者可以采用价格优惠、电视广告、独特包装、销售促进等方式鼓励消费者试用、购买和续购其产品。

2) 寻求多样化购买决策

有些产品品牌差异明显，但消费者并不愿花长时间来选择和评价，而是不断变换所购产品的品牌。这样做并不是因为对产品不满意，而是为了寻求多样化。针对这种购买行为类型，市场营销者可采取销售促进和占据有利货架位置等办法保证供应，播放有创新的广告，传播品牌差异，鼓励消费者购买。

3) 化解不协调购买行为决策

有些产品品牌差异不大，消费者不经常购买，而购买时又存在一定的风险，消费者一般要对商品进行比较、分析和评估，只要价格公道、购买方便、机会合适，消费者就会决定购买。购买以后，消费者会感到某些不协调或不够满意，在主动积极使用过程中，会了解更多情况，并寻求种种理由来减轻、化解这种不协调，以证明自己的购买决定是正确的。经过由不协调到协调的过程，消费者会产生一系列的心理变化。针对这种购买行为类型，市场营销者应注意运用价格策略、人员推销策略，选择最佳销售地点，并向消费者提供有关产品评价的信息，使其在购买后相信自己的正确决定性。

4) 复杂购买决策

当消费者购买一件贵重的、不常买的、有风险的而且又非常有意义的产品时，由于产品品牌差异大，消费者对产品缺乏了解，因而需要有一个学习过程，以广泛了解产品性能、特点以及品牌文化等，从而对产品产生某种看法，最后决定购买。对于这种复杂购买行为，市场营销者应采取有效措施帮助消费者了解产品的性能品牌及其相对重要性，并介绍产品与品牌优势及其给购买者带来的利益，从而影响购买者的最终选择。

3.3.5　购后评价

消费者购买商品后，往往通过使用，体验产品的功效、性能和品牌，比较产品实际效用与预期，对自己的购买行为进行评估、检验和总结反思，思考这种购买行为是否理智、合理，经济价格上是否划算以及服务是否周到等，进而形成对产品、品牌和企业的具体评价与整体印象。

好的评价结果会使消费者对可供选择的品牌形成某种偏好,并得到进一步心理强化,从而形成重复购买意图,进而重复购买所偏好的品牌。但是,在购买意图和决定购买之间,有两种因素会起作用,一是别人的态度,二是意外情况。也就是说,偏好和购买意图并不总是导致实际购买,尽管二者对购买行为有直接的影响。根据一项特别具有典型意义的调查表明,在对 100 名声称年内要购买 A 品牌家用电器的消费者进行追踪研究以后发现,只有 44 名实际购买了该类产品,而真正购买 A 品牌家用电器的消费者只有 30 名。

不好的评价结果导致消费者购买行为修正,即推迟或者回避做出某一购买决定。这往往是因为受到了可觉察风险的影响。可觉察风险的大小随着冒这一风险所支付的货币数量、不确定属性的比例以及消费者的自信程度而变化。市场营销人员必须了解引起消费者有风险感的那些因素,进而采取措施来减少甚至消除消费者可觉察的风险。

消费者在购买产品后会产生某种程度的满意和不满意感。购买者对其购买活动的满意感(S)是其产品期望(E)和该产品可觉察性能(P)的函数,即 $S=f(E,P)$。若 $E=P$,则产品达到消费者的产品预期,消费者会满意;若 $E>P$,则产品未达到消费者对产品的预期,消费者不满意;若 $E<P$,则产品超过消费者对产品的心理预期,消费者会非常满意。消费者根据自己从卖主、朋友以及其他来源所获得的信息来形成产品期望。如果卖主夸大其产品的优点功能,消费者将会感受到不能证实的期望,这种不能证实的期望会导致消费者的不满意感或满意度下降。E 与 P 之间的差距越大,消费者的不满意感也就越强烈。所以,卖主应使其产品真正体现出其可觉察性能,有效引导消费者的产品期望,以便使购买者感到满意。事实上,那些有保留地宣传其产品优点的企业,反倒使消费者产生了高于期望的满意感,并树立起良好的产品形象和企业形象。

消费者对其购买的产品是否满意,将影响到后续的购买行为。如果对产品满意,则在下一次购买中可能继续采购该产品,并向其他人宣传该产品的优点。但是,如果消费者对产品不满意,则会修正自己的购买行为,通过放弃或退货来减少不和谐感,也可以通过寻求证实产品价值比其价格高即"值得购买"的有关信息来提高和谐感。市场营销人员应该采取措施,利用人脑思维机制中存在的一种在自己的意见、知识和价值观之间建立协调、一致、和谐的驱动力,尽量减少和消除引起购买者买后的不满意。

研究和了解消费者的需求及其购买决策过程,是企业市场营销成功的基础。网络营销人员通过了解网络购买者如何经历需求唤起、信息收集、评价选择、购买决策和购后评价的全过程,采取措施增强企业网络营销的有效性,培养忠诚的网络购买者。

3.4 影响网络消费者购买的主要因素

互联网为消费者创造了一种全新的购物模式,足不出户可购遍天下好商品。影响网络消费者购买行为的主要因素有商品特性、价格、购买的便利与快捷、安全性和服务等几个方面。

3.4.1 商品特性

互联网上市场有别于传统市场,由于互联网消费者群体的独特性,并不是所有的产品都适合通过互联网开展网上销售和网上营销活动。根据网上消费者的特征和其网上购买行为模式特点,网上销售商品首先要考虑其新颖性,即必须是时尚类商品。追求时尚与新颖是许多网上消费者进行网上购物的主要原因,这类消费者注重商品的款式、格调和社会流行趋势,讲求新潮、时髦和风格独特,力争站在时尚潮流的浪尖,而对商品的价格高低不予计较。

其次是商品的个性化。表现为企业根据网络消费者的个性化需求为网络消费者对商品在功能、外观、结构上进行重新设计和组配,剔除冗余功能与结构,添加新的个性化功能,并根据个性化要求优化外观结构,以实现消费者高度个性化效用满意。

再次是网络消费者的商品购买参与程度。体验式消费要求消费者参与程度较高,这种体验往往要求消费者必须亲临现场感受商品和服务。这种体验或消费受到时间、空间、规模、价格等诸多因素的制约。但在网络时代,许多企业已开发了许多模拟体验软件,消费者在互联网上可通过模拟软件的引导,体验身临其境的消费感受,如网络游戏等。现在一些汽车商家通过模拟驾驭软件使消费者足不出户就实现驾驭体验,大大降低了传统汽车销售中的驾驭体验成本,并极大地扩大了汽车驾驭体验面,有利于提高汽车的销售业绩。

3.4.2 商品的价格

价格不是决定销售的唯一因素,但是它是一个极其重要的影响因素,单价为100元的牙刷市场销售肯定很不容易。对同种商品,消费者的购买总是倾向价格更低者。而互联网营销没有传统店面昂贵的租金成本,没有传统营销中沉重的商品库存压力,低行销成本和可预期的低结算成本使网络商品在价格上比传统销售更具价格优势。这种价格优势不仅体现在网上销售的标准化大件必需品、网络消费者熟知的各种必需品(如图书、音像等),还体现在绕过物流问题的商品(如酒店的客房,飞机的舱位,电影、剧院、音乐厅的票位,讲座、培训、高档餐饮的座位,金融、保险产品以及媒介版面等)。

互联网上免费和低价策略已深入人心。1999年亚马逊网络书店(www. Amazon. com)商品(主要是书籍和CD)销售额达16亿美元。现在它作为世界上销售量最大的书店,比全球最大的拥有2.7万名员工的Bames & noble图书公司人均年销售额高3倍以上,而且这一差距仍在扩大。这一佳绩离不开其价格策略:"You'll enjoy everyday savings of up to 40% on CDs, including up to 30% off Amazon com's 100 best-selling CDs(对CD类享有40%的折扣,其中包括对畅销CD的30%的折扣)。"

3.4.3 购物的便利与快捷

购物便利性是消费者选择购物渠道的首要考虑因素之一。由于互联网上商品贩卖与服务突破了时间和空间地域的限制,网上购物已经比传统购物更加方便了。但另一方面,不同网上商店是否容易被搜索到、搜索的速度以及其网站页面、导航设计、商品的选择范围与详细目录、信息服务速度等都会影响到网络消费者对购买渠道的购买选择。

1) 与传统购物相比的便利与快捷

(1)购物的便利性

传统的零售服务业每天的营业时间也只能10~14小时,即早上8:00开门,晚上最迟22:00收档,还有特别的公休日、节假日歇业。同时,传统购物中的零售店与消费者存在空间距离,有时为了买到称心商品还要奔赴异地。在互联网上,虚拟商店全天 24 小时营业,网络全天候开放,消费者与网上零售商店实现跨时空零距离接触,可以半夜醒来买东西,购物极其便利。

(2)商品挑选的范围

传统商业中,百货商店曾以货品丰饶自傲,但在今天网上零售商店里商品的种类、数量极为丰富,而且在种类、数量、款式、风格上还在保持高速增长,网上商品可供消费者选择的空间被大大扩展了。消费者可以通过网络,方便而快速地搜索到全世界相关商品的信息,进而比较、评估,从中选择自己满意的商品。同时,对于个性化消费需求,消费者可将具体要求以多种网络互动沟通方式告知商家,从与自己联系的商家中筛选符合要求的个性商品。

2)网上商家对购物便利与快捷的竞争

互联网络时代,消费者对兴趣爱好和效率的要求达到了极致。尽管与传统购物相比,通过互联网开展网上购物已经极为便利和快捷了,但网络消费者对"等待"是难以容忍的。网络消费者在购物便利性和快捷方面仍有诸多的抱怨和不满,这些抱怨和不满主要集中在:

①难以找到有效的网站和某种特定的商品;

②网上商店的页面、导航设计存在操作不便;

③网上商店的信息服务速度过慢;

④网上订购手续复杂、烦琐等。

在互联网上,商家对消费者的这些抱怨与不满应引起重视。第一,要强化自身网络站点的网上市场推广,以利于消费者通过搜索引擎便能快速找到。第二,规划和重新设计网站的导航系统、网站页面和内容等,使网络站点更贴近消费者,更方便消费者操作使用。第三,升级服务器,优化数据库,提高网上信息服务速度与效率。第四,合理简化订购手续。

3.4.4　安全性与服务

传统的购买一般是一手交钱,一手交货,即"钱花出去了,商品在自己手里"。网上购物一般需要先付款后送货,改变了传统交易的模式,这种购买的安全性、可靠性总让消费者担心与不安。网上消费者担心商品质量与宣传不符或差异过大,担心售后服务得不到保障,担心网商的信用与信誉,担心交易划账时信用卡的安全与个人信息的外泄,以及网商的订单处理速度、质量、送货费用和各项顾客服务等问题。据 Datamonitor 估计,2001 年美国因顾客服务问题造成的网上零售损失高达 1.35 亿美元;2001 年全美在线零售订单中的 69.4% 没有最终完成的主要原因集中在订单处理速度、安全问题、送货和处理费用太高以及缺乏完善的购物咨询等顾客服务 4 个方面。

网商必须在网络购物的各个环节加强安全和控制措施,增强消费者的购物信心,从安全性和顾客服务的加强与优化着手,培育消费者对网站的信心。同时,随着网络安全技术的不断发展和提高,网上购物将越来越安全,越来越有保障,网上购物服务将越来越优质。

3.4.5　风险感知

风险感知最初是由哈佛大学的 Bauer 于 1960 从心理学延伸出来的。他认为消费者任何的购买行为,都可能无法确知其预期的结果是否正确,而某些结果可能令消费者不愉快。所以,消费者购买决策中隐含着对结果的不确定性,而这种不确定性,也就是风险最初的概念。风险感知理论在解释消费者购买行为方面,主要是把消费者行为视为一种风险承担行为,因为消费者在考虑购买时并不能确定产品的使用结果,故实际上消费者承担了某种风险。消费者在网上购物过程中感知到各种风险,这些风险感知严重地影响了消费者的网上购物行为。网络消费者一般会选择公众影响力较好,信任度和声誉较好的网站和商家的商品。由于消费者感知到了网上购物的多种风险,当这些风险因素的总和小于消费者可接受的风险水平时,消费者则会实现其网上购物愿望,进而完成网上购物行为;反之,消费者则会采取各种方式来降低感知到的风险。

3.4.6　个人特性

消费者购买行为是复杂的,其购买行为的产生是受到其内在因素和外在因素的相互促进交互影响的。影响消费者购买行为的因素有很多,个人特性是消费者购买决策过程最直接的影响因素,如年龄、性别、职业、收入、文化程度、生活方式、民族、宗教等,在这些个人特性的作用下,消费者的需求有很大的差异性,对商品的要求也各不相同,而且随着社会经济的发展,消费者消费习惯、消费观念、消费心理不断发生变化,消费者购买差异性也越来越大。人们虽然来自相同的次文化、社会阶层或是职业群体,但是也可能有不同的生活型态。譬如,有人选择努力工作追求成就,有人选择游山玩水悠游自在。销售者应设法了解消费者的生活型态,并使其商店或品牌形象能与消费者的生活型态相吻合。

3.5　网络集团客户购买行为分析

3.5.1　网络集团客户购买概述

集团购买是指购买后的商品不再进入流通领域,而采购数量较大的稳定的消费性购买。集团购买是近年来出现的新型消费模式,它既不同于个体消费市场的消费购买,也不同于组织市场的生产性购买,但他们彼此之间关联密切。

网络集团客户购买是指通过互联网、周期性、采购数量较大的消费性购买,购买后的商品不再进入流通领域。网络集团客户购买包括两部分:一部分是传统的集团客户购买网络化;另一部分是互联网时代兴起的网络虚拟集团客户组织的网络购买。

传统的集团客户购买模式主要有两种:一种是集团客户主动寻找商品生产者或商品的中间流通商,在价格和服务上通过数量优势争取更优待遇,双方签订合同实现购买;另一种是商品生产者或商品中间流通商寻找集团客户,通过上门推销的方式,在价格和服务上给予购买方极为优厚的交易条件,最后以签订合同的方式实现商品交易。随着互联网的迅猛发展,网上商品的极其丰富,网上商品价格优势更为明显,开展网上采购对集团购买客户更为有利,更能体现集团购买用户的购买谈判优势,争取更低的交易价格和更优越的销售服务,尤其是售后服务。

网络虚拟集团客户购买组织是网络消费者通过互联网所提供的便利的交流与沟通平台,围绕某一购买利益目标而将同类型购买者在网上有机地组织起来,形成某一利益目标明确的网络虚拟购买组织,并以集团客户购买者的身份进行购买谈判,争取更低的购买价格和更优的销售服务(包括售前、售中和售后服务三方面)。这种网络虚拟集团客户购买组织正在发展壮大,作为网络集团客户购买群体中的主力军,其购买行为对厂家和商家的影响将越来越大。

3.5.2　网络集团客户购买行为特点

网络集团客户不论其是网下实体组织还是网上虚拟组织,其购买行为都具有以下特点。

(1)商品的购买数量大

网络集团客户的商品购买数量都比较大,如网下实体企业集团对办公用品的网上采购,同样网上虚拟集团购买组织越庞大,其目标商品购买数量也越大。

(2)专业人员采购

企业实体集团客户采购人员大都经过专业训练,具有丰富的采购专业知识,清楚地知道商品所需的性能、质量、规格和各种技术要求。网上虚拟集团客户采购人员一般是该组织的专业优秀代表,专业知识、采购技能、谈判水准毫不逊色于前者。

(3)直接采购

网络集团客户购买不经过中间商环节,供需双方直接完成各自的销售和采购职责与工作。

(4)商品个性化需求

商品个性化需求,如特殊配置电脑的批量集团采购,以适配集团企业的信息管理专业软件。再如网上的摄影联盟阵线组织,其业余和专业的摄影人士对相机镜头和焦距的要求与选择个性化。

(5)购买中处于有利地位

购方往往通过数量获取购买中的谈判优势,购买数量越大,所处谈判优势越明显。这种优势表现为购买价格优惠,并时常伴有附加商品或礼品赠送,售后服务的效率、质量与服务内容更好更多。

(6)租赁

对于大型耐用消费品还可通过租赁方式取得。许多企业无力购买车辆,许多个体摄影爱好者也无力购买昂贵的专业相机,但他们都可以以用户联盟的形式予以"集团租赁"。

3.5.3　网络集团客户购买行为模式

网络集团客户在实际购买前首先必须明确以下几点。①购买者自己。购买群体会有哪些,自己处于哪一层次,以及具有的谈判优势与劣势。②购买对象。即购买利益和功能的载体。③购买目的、即为什么购买,要达成什么目的。④购买参与者、即哪些人参与购买。⑤购买行为、即怎样购买。⑥购买时间、即何时购买最佳。⑦购买地点、即在哪里购买最合适。

认识购买的起点是刺激反应模式,见图3.1。营销和环境的刺激进入网络集团客户的意识。购买客户的特征和决策过程导致购买决策。在实际购买执行中,网络集团客户往往根据实际需要作出合理有效的购买反应。

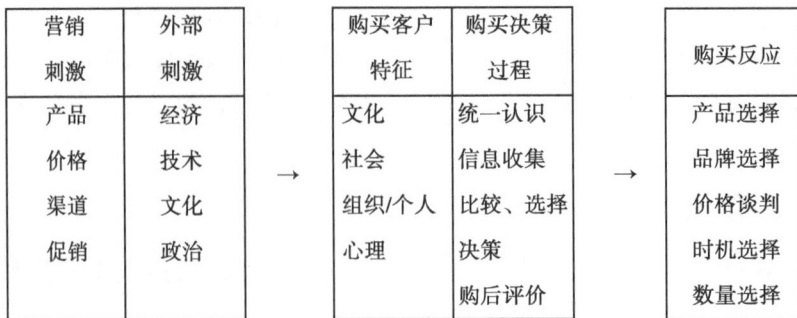

营销刺激	外部刺激		购买客户特征	购买决策过程		购买反应
产品 价格 渠道 促销	经济 技术 文化 政治	→	文化 社会 组织/个人 心理	统一认识 信息收集 比较、选择 决策 购后评价	→	产品选择 品牌选择 价格谈判 时机选择 数量选择

图 3.1　网络集团客户购买行为模式

3.5.4　网络集团客户购买程序

表 3.2　网络集团客户购买过程

购买阶段	购买类型		
	新购	修正重购	直接重购
1.认识需要	是	可能	否
2.说明需要	是	可能	否
3.确定需求	是	是	是
4.物色供应商	是	可能	否
5.报价及方案征询	是	可能	否
6.供应商方案评估与选择	是	可能	否
7.签订合约	是	可能	否
8.购后评估	是	是	是

如表 3.2,网络集团客户的购买过程分为 8 个阶段,不同的购买类型具体过程不同,直接重购和修正重购可能会直接跳过某些阶段,一般而言,新购会完整地经历这 8 个阶段。

(1)认识需要

认识需要指网络集团客户认识自己的需要,明确所需解决的问题。认识需要是网络集团客户购买决策的起点,它可由内在刺激或外在刺激引起。①内在刺激。如网上虚拟集团客户成员受年龄、职业角色、个性和自我兴趣爱好等引发的群体需求,再如实体企业组织因追求工作的方便性与效率而团购小汽车等。②外在刺激。如外部的经济、政治、技术、文化以及微观营销环境中的供应链、竞争和消费者环境对网络集团客户的刺激。

(2)说明需要

说明需要指通过价值分析确定所需商品提供的功能、性状、品种、规格、数额及服务等。标准化产品易于确定,对于非标准化产品需由采购人员、使用者和专家及高层管理者协商确定。

(3)确定需求

确定需求指确定所需采购商品的功能、性状、品种、规格等详细技术参数要求,以及数量与服务要求,作为采购人员的采购依据,同时买方还应成立专家组对采购随时提供支援。

(4)物色供应商

采购人员根据确定的需求寻找最佳供应商。网上供应商的物色要细致、认真,既要网上接洽,还要在网下摸底了解,以寻求产品最优、价格最廉、服务最佳的供应商。

(5)报价及方案征询

报价及方案征询指邀请合格的供应商提交报价及方案。对于复杂和开支较大的采购项目,购买方还会事先要求潜在供应商提出详细的书面建议与意见,经过选择淘汰后,余下的供应商再提交正式报价及方案。

(6)供应商方案评估与选择

集团客户对供应商的报价及方案从诸多方面进行综合评价,包括产品质量、性能、技术参数、价格、信誉、服务、送货等,确定最佳供应商。

(7)签订合约

签订合约指集团客户与选定的供应商就产品质量、功效、价格、数量、交货时间、地点、退换货条件、担保、货款支付等双方的责任与义务内容签订经济合同。

(8)购后评估

购后评估指集团用户根据其内部成员的产品使用效果、外部供给环境变化对本次集团购买加以综合评价,以决定维持、调整修正或中止供货关系。

对于每一次集团采购过程中的相关资料要做好建档工作,并注意保存好,供应商时刻在发展和变化,这些历史采购资料会在未来某一天采购中起到重要的参考作用。

[本章小结]

本章主要从互联网对消费者的影响、网络消费者分析、网络消费者购买决策过程、影响网络消费者购买的主要因素、网络集团客户购买行为分析 5 个方面进行了阐述。

首先介绍了互联网对消费者的影响。互联网络的独特优势和迅猛发展使消费者的消费观念、消费心理和消费行为发生了极大的转变。这种转变也迫使企业积极作出快速有效的市场应对,包括将网络营销作为企业整体营销战略的重要组成部分,提供个性化供给,运用互联网络实现市场反应快速化;同时从产品与服务、价格、渠道、网上促销与网络广告等方面改变企业的营销组合策略。

接着,对网络消费者进行了全面分析。包括①网络消费者的特征;网络消费者的 5 种类型:直接寻求型、间接寻求型、免费品寻觅者、享乐型、购买者;网络消费者购买动机:心理动机和需求动机;网络消费者的 4 种需求特征:个性消费的回归、消费主动性增强、对购买方便性与购物乐趣的追求并存、价格仍然是影响消费心理的重要因素。②网络消费者的"需求唤起、信息收集、比较选择、购买决策和购后评价" 5 阶段购买决策过程。③影响网络消费者购买的"商品特性、价格、购买的便利与快捷、安全性和服务"等主要因素。

最后,从网络集团客户购买行为的内涵与特点、网络集团客户购买行为模式、网络集团客户购买程序 3 方面对网络集团客户购买行为进行了分析。

[思考题]

1. 互联网络对消费者有哪些影响? 企业该如何积极有效地应对这些变化?
2. 网络消费者有哪些类型?
3. 简述网络消费者的购买动机。
4. 网络消费者的需求具有哪些特征?
5. 简述网络消费者的购买决策过程。
6. 哪些因素影响网络消费者的购买决策?
7. 网络集团客户购买行为有何特点?
8. 简述网络集团客户的购买程序。

[案例分析]

2014年网络购物用户的整体情况

网民规模提升,非网民转化的速度逐步减缓

根据艾瑞整理CNNIC最新数据显示,截至2015年12月,我国网民规模达6.9亿,全年共计新增网民3 951万人,增长率为6.1%,较2014年提升1.1个百分点。我国互联网普及率达到50.3%,超过全球平均水平3.9个百分点,超过亚洲平均水平10.1个百分点。随着易转化人群规模的逐渐减少,人口红利逐步消失。我国非网民人群受自身群体特点、上网意愿及网络知识技能水平等限制,非网民的转化速度将进一步减缓。

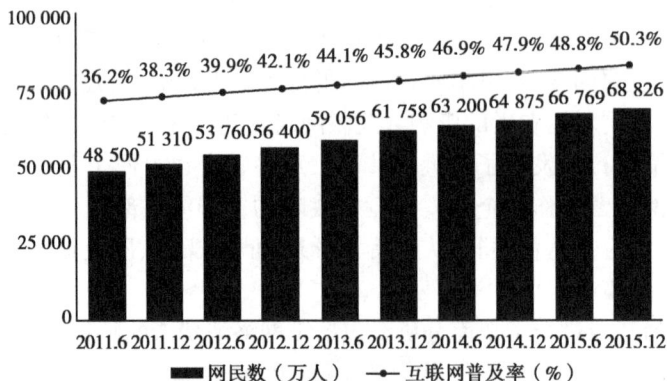

图3.2　2011—2015年中国网民规模与互联网普及率分布

来源:2015年,CNNIC发布的第37次《中国互联网络发展状况统计报告》

网民上网设备进一步向手机端集中,新网民尤其偏好移动端

根据艾瑞整理CNNIC最新数据显示,截至2015年12月,我国手机网民规模达6.20亿,网民中使用手机上网的人群占比由2014年的85.8%提升至90.1%。

对于新网民的调查结果显示:①2015年新网民最主要的上网设备是手机,使用率为71.5%,较2014年底提升了7.4个百分点;②2015年新增加的网民群体中,低龄(19岁以下）、学生群体的占比分别为 46.1%、46.4%,这部分人群对互联网的使用目的主要是娱乐、沟通,便携易用的智能手机较好的满足了他们的需求;③新网民对台式电脑的使用率为39.2%,较 2014 年有所下降,移动端对于 PC 端的替代作用凸显。

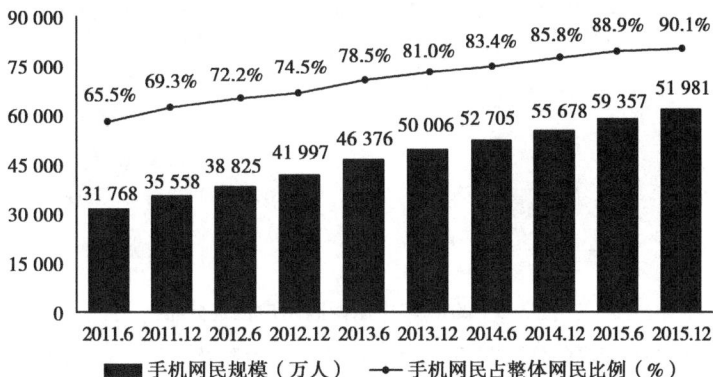

图 3.3　2011—2015 年中国手机网民规模及其占网民比例

来源:2015 年,CNNIC 发布的第 37 次《中国互联网络发展状况统计报告》

网民关注与点击最多的是购物类网站广告

根据艾瑞 2015 年 12 月网络广告调研数据显示,超七成网民在"购物类网站""搜索引擎""综合门户网站"以及"视频网站"时最常关注广告,占比分别为 79.3%、73.8%、73.3%与 70.8%。而关注过社交类网站广告的网民占比在 60% 左右。

2015 年中国网民在"购物类网站""综合门户网站""搜索引擎"和"视频网站"点击广告最多,占比分别为 61.7%、51.4%、50.7% 与 47.3%。用户关注和点击保持一致。

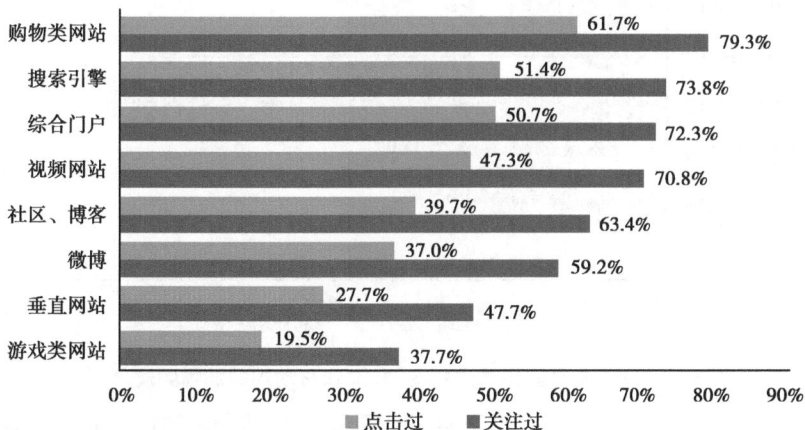

图 3.4　2015 年网络广告用户浏览以下网站时关注与点击广告情况

样本:N=1 604;根据 2015 年 12 月 iClick 社区 2015 大调研问卷——网络广告受众调研数据获得。

网购用户整体上男性偏高

网络购物已成为中国网民的一种普遍行为,不论是在 PC 端还是在移动端,2014 年中国网购用户属性均已基本接近整体网民。其中,从性别分布来看,男性用户略高于女性,且移动端相对更高。

艾瑞分析认为,这一方面与中国整体网民男性占比稍高的特征相符;另一方面也与中国女性多使用配偶(或男朋友)注册账号进行网络购物的习惯有关,其原因或者是便于男方进行支付货款或者是便于将商品配送至男方地址由男方搬运回家等。

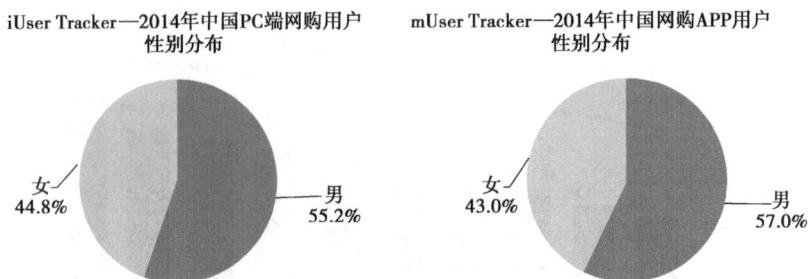

图 3.5   2014 年中国网购用户性别分布

来源:1. iUser Tracker. 家庭办公版 2015.3,基于对 40 万名家庭及办公(不含公共上网地点)样本网络行为的长期监测数据获得;2. mUser Tracker,2015.3,基于对 15 万名 iOS 和 Android 系统的智能终端用户使用行为长期监测获得。

PC 端网购频次相对较高

2014 年中国网民已基本养成网络购物习惯,不论在 PC 端还是在移动端,约八成用户平均每月至少网购 1 次。此外,网购用户在 PC 端的购物频次相较于移动端更高。艾瑞认为,这与网购从 PC 向移动端发展的历史进程有关,随着移动网购的快速发展,网民移动端购物行为的逐步养成和移动购物场景的不断延伸,移动端网购频次将会逐步上升。

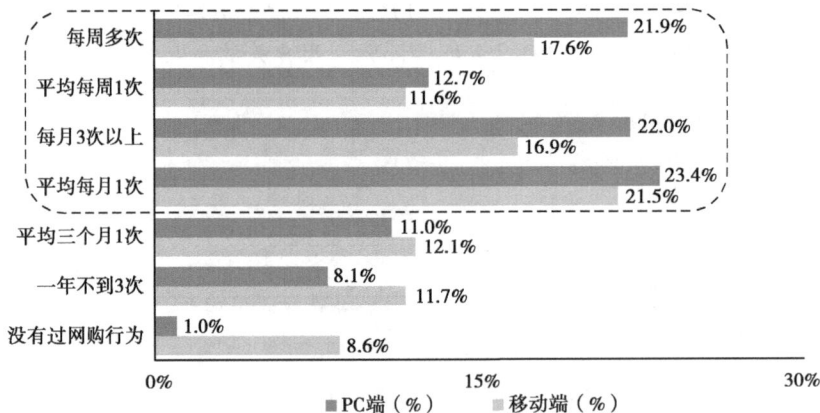

图 3.6   2014 年中国网购用户在 PC 端和移动端的购物频次分布

样本:N=3 151;根据 2014 年 12 月 iClick 社区第十四届艾瑞网民网络习惯及消费行为调研数据获得。

六成网购用户经常访问的电商 APP 个数为 2～3 个

2014 年约 60% 的网购用户经常使用的电商 APP 个数为 2～3 个,且女性网购用户倾向于使用更多的电商 APP。艾瑞分析认为,这一方面女性本身对购物更有兴趣,乐于尝试多种购物渠道,发现优质商品;另一方面近年来以唯品会、聚美优品、蘑菇街、美丽说等为代表的女性垂直类电商 APP 大量涌现,吸引女性网购用户下载使用,一定程度上也使得女性用户使用电商 APP 的个数偏多。

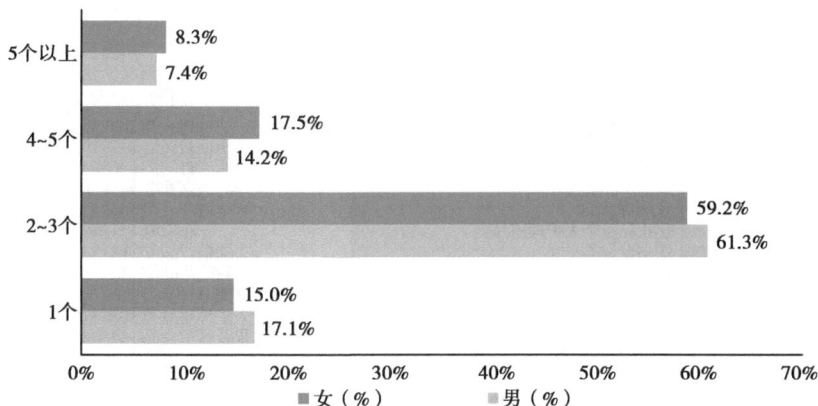

图 3.7　2014 年中国网购用户电商 APP 使用个数分布

样本:*N*=3 151;根据 2014 年 12 月 iClick 社区第十四届艾瑞网民网络习惯及消费行为调研数据获得。

使用电商 APP 数量越多的用户移动端购物频次越高

2014 年中国网购用户中使用电商 APP 数量越多的用户在移动端购物的频次越高,以"每周多次"为例,在使用 1 个、2 ~ 3 个、4 ~ 5 个和 5 个以上电商 APP 的用户中占比逐次升高,分别为 6.3%、16%、22.3% 和 43.9%。相反,"一年不到 3 次"和"没有过网购行为"这两类低频次购物在上述用户中的占比则逐次降低。

艾瑞认为,一方面不同类别垂直类电商 APP 分别满足了用户对于不同商品的需求,从而导致移动端购物频次的增加;另一方面,同时使用多个电商 APP 的用户多为移动电商的重度用户,移动端网购需求较强。

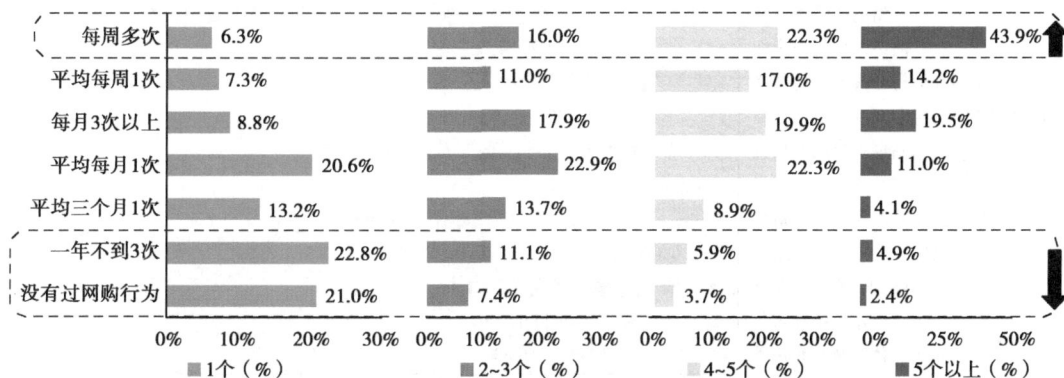

图 3.8　2014 年使用电商 APP 不同个数的网购用户在移动端购物频次分布

样本:*N*=3 151;根据 2014 年 12 月 iClick 社区第十四届艾瑞网民网络习惯及消费行为调研数据获得。

网购品类仍以服装、鞋帽、箱包、户外及话费充值为主

中国网购用户未来考虑购买的商品类别仍以当前占比较高的"服装、鞋帽、箱包、户外用品类"和"手机话费充值"为主,未来网购用户对在线购买"大宗家电"的需求和兴趣出现大幅度的上升。艾瑞分析认为,推动大宗家电网购风兴起的主要因素有三个:一是网络直销由于节省了渠道、场地、人力等方面的费用,商品的价格普遍要比卖场便宜;二是品牌美誉度较高的传统家电零售连锁企业国美、苏宁等纷纷拓展线上商城,将原有线下用户转移到线上;

三是经过十几年的发展,我国电商物流环节建设越来越完善,大大提升大宗家电网购用户体验。

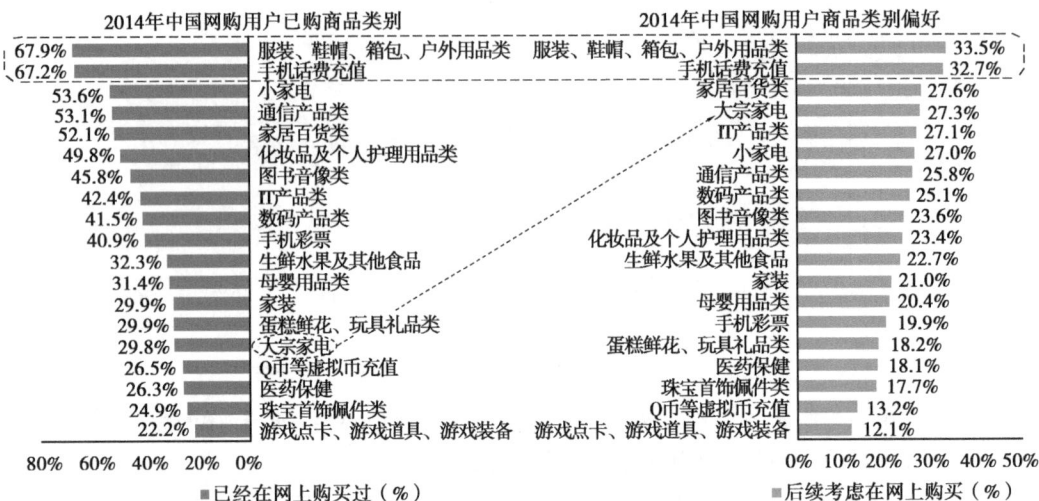

图 3.9　2014 年中国网购用户已购商品类别

样本:$N=3\ 151$;根据 2014 年 12 月 iClick 社区第十四届艾瑞网民网络习惯及消费行为调研数据获得。

质量与价格是影响网购用户的两大核心因素

2014 年影响中国网购用户进行网络购物的因素主要有"网站商品产品质量"和"网站商品价格高低"两大因素,用户比例分别为 47.7% 和 46.9% 。

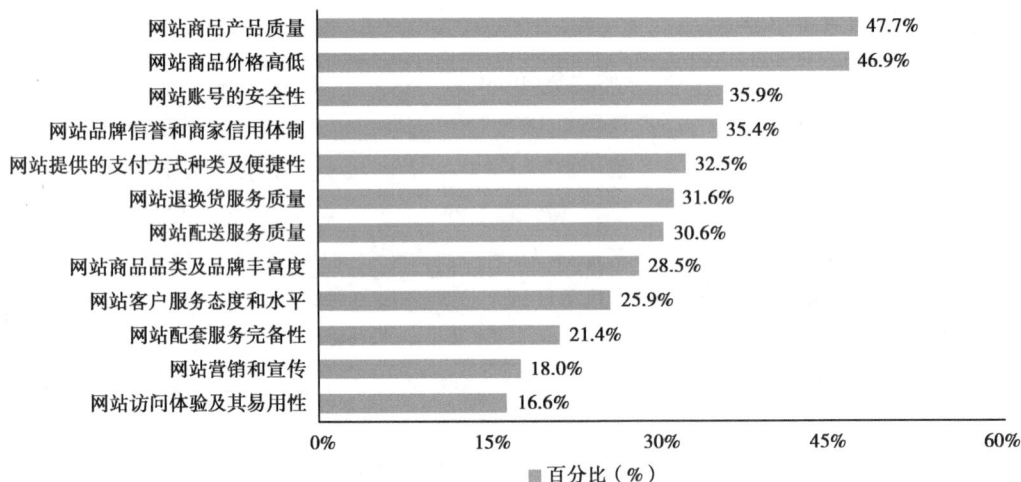

图 3.10　2014 年影响中国网购用户进行网络购物的因素

样本:$N=3\ 151$;根据 2014 年 12 月 iClick 社区第十四届艾瑞网民网络习惯及消费行为调研数据获得。

(资料来源:2015 年中国网络购物用户调研报告简版 www.iresearch.com.cn,2015 年 4 月 23 日。)

第4章
网络营销调研

一个策划完美的营销方案必须建立在对市场细致周密的调研基础上。市场调研的内容包括了对消费者、竞争者以及整个市场情况的及时报道和准确分析。市场调研对一个企业来说是必不可少的，它能促使企业生产适销对路的产品，及时地调整营销策略。市场调研能够引导营销人员推出打动人心的广告，制订出产品的推广、促销方案。事实上，如果市场调研进行得及时而且迅速，销售情况必会形势大好，因为企业能根据市场需要来生产产品。到了数字化科技迅速发展的今天，互联网为市场调研提供了强有力的工具。

4.1　市场营销调研概述

市场营销调研就是运用科学的方法，有目的、有计划、系统地收集、整理和分析研究有关市场营销方面的信息，提出解决问题的建议，供营销管理人员了解营销环境，发现机会与问题，作为市场预测和营销决策的依据。市场调研与市场调查二者互相联系又互相区别。市场调查主要是通过各种调查方式与方法，系统地收集有关商品产、供、销的数据与资料进行必要的整理和分析，如实反映市场供求与竞争的状况。而市场调研则在市场调查的基础上，运用科学的方法，对所获得的数据与资料进行系统的、深入的分析研究，从而得出合乎客观事物发展规律的结论。

4.1.1　市场营销调研的类型

市场营销调研可根据不同的标准，划分为不同的类型。如按调研时间可分为一次性调研、定期性调研、经常性调研、临时性调研；按调研目的可分为探测性调研、描述性调研、因果关系调研。下面就调研目的分类加以叙述。

1) 探测性调查

当企业对所要调查的问题和范围尚不清楚，无法确定应当调查什么问题，调查哪些内容时，可采用探测性调查。探测性调查的目的是为了确定调查的问题和范围。至于问题如何解决，则尚需采用其他调查。

探测性调查一般通过搜集第二手资料，或请教一些内行、专家，让他们发表自己的意见，谈自己的看法,或参照过去类似的实例来进行。

2)描述性调查

所谓描述性调查,就是通过搜集与市场有关的各种历史资料和现实资料,并通过对这些资料的分析,来揭示市场发展变化的趋势,从而为企业的市场营销决策提供科学的依据。多数的市场调查是属于描述性的,如调查本企业产品销售对象的情况(年龄结构、收入高低情况);或者调查同类产品竞争对手的多少、竞争能力的强弱等。

与探测性调查相比,描述性调查要深入一步。因此,需要制订详细的调查计划,并做好市场调查的各项准备工作(包括调查表的设计、样本的选择、调查人员的选择与培训以及调查过程的管理等),以确保调查工作的顺利进行。

3)因果性调查

一个企业,在经营活动过程中,存在着许多数量关系。这些数量,有的是属于自变量,即企业自身可控制的变量,如产品产量、产品价格、各项销售促进费用的开支以及销售人员的配备等;有的则属于因变量,也就是它的变化,会受到多种因素的影响,如产品销售量(或销售额)、产品成本、企业获利情况等。所谓因果性调查,就是要揭示和鉴别某处因变量的变化究竟受哪些因素的影响以及各种影响因素的变化,对因变量产生影响的程度。因果性调查同样要有详细的计划和做好各项准备工作。它可以与描述调查相结合,前者为后者搜集和整理必要的数据资料。另外,实验法也是因果性调查中常用的方法。

4)预测性调查

所谓预测性调查是根据前三种调查所提供的各种市场情报资料,运用定性或定量的方法,推断市场在未来一定时期内对某种产品的需求情况及变化趋势。这种调查使企业能及时了解未来需求量,制订合适的经营计划,组织好企业生产,避免由于滞销积压所造成的实际损失和由于供不应求失去时机所造成的机会损失。

4.1.2　市场调查的步骤

企业的市场调查既可以由自身的调研部门进行,也可以委托外部的专业调研部门进行。无论企业内部组织调查,还是外部组织调查,都要求营销人员与调研人员密切配合,有计划、有步骤地开展调查工作。它一般可分为三个阶段。

1)预备调查阶段

该阶段包括初步情况分析和非正式调查两项内容。通过这一阶段的调查,缩小调查范围并使调查人员明确调查主题,以免无的放矢,浪费人力和财力。

2)正式调查阶段

正式调查阶段包括搜集资料的来源和方法、准备调查表格、抽样设计、实地调查等内容。

(1)搜集资料

调查搜集的资料一般分为两种:一种是经别人搜集、整理过的资料,通常是已经发表的,称为第二手资料;另一种则是调查人员通过发放问卷、面谈、抽样调查等方式搜集到的第一手资料,或称原始资料。

调查人员在开始一项调查之初,一般先搜集第二手资料,这就是案头调研。二手资料主要有两个来源:一是内部资料,二是外部资料。内部资料包括企业营销信息系统中贮存的各处数据,如企业历年销售额、利润状况、主要竞争对手的销售额、利润状况、有关市场的各种数据等。外部资料主要是政府的各类出版物,公开出版的各种报刊、书籍、各类咨询企业、信息中心提供的各种有关数据。一般来说,调查人员可以通过直接查阅、购买、交换索取以及通过情报网络搜集和复制等方式获得第二手资料。而第一手资料则可采取访问调查、观察实验等方法获得。

(2)设计调查表格

调查表格的设计是一项艺术性很强的工作,调查表不同于一般的记录表,它要求凭着调查人员丰富的经验,根据不同的主题和不同的对象提出各种问题,如果问题措辞不当或意思含糊不清,回答结果就不可靠,甚至会出现相反或错误的回答。因此,调查表格的设计要能够明确反映调查目的,问题具体,突出主题,简明扼要,亲切有趣,便于回答和统计。常用调查表的问题类型有:是非题,又叫二项选择题,即要求被调查者对某个问题用"是"或"否","有"或"无"回答;自由回答题,也称回答题,即让被调查自由回答所提的问题,在问卷上并没有已拟定的答案;品等题又叫顺位题,即将几种可能答案按调查者的意愿排列先后次序;多项选择题,即事先拟定若干个答案,让被调查者自由选择其中最适合他意见的答案;程度评定题,即要求被调查者在反映调查问题的答案的程度上进行选择,以表明自己对该问题的态度或认识程度。

(3)抽样设计

在市场调查中,往往采取抽样调查,即从调查对象中抽取一部分子样进行调查,然后推算总体状况。抽样调查较普遍,调查省钱、省力、省时间,又可把调查对象集中在少数样本上,并获得与总体调查相适应的结果,所以在市场调查中应用较为广泛。

按照采用什么方式组织抽样调查以取得样本,抽样调查可分为随机抽样和非随机抽样两大类,每类又各有多种方法。随机抽样常用的方法有:纯随机抽样法,亦称单纯随机抽样法,抽样者不作任何有目的的选择,用纯粹偶然的方法从全体中抽取若干个个体为样本;分层随机抽样法,亦称分类抽样法,它是将总体中所有单位,按其属性、特征分为若干类型(组、层),然后在各类型(组、层)中再用纯随机抽取样本单位,而不是从总体中直接抽取样本单位;机械随机抽样法,亦称等距抽样法,在总体单位中,先按一定标志顺序排列,并根据总体单位总数和样本单位数,计算出抽样距离(即同等的间隔),然后按相等的距离或间隔抽取样本单位;分群随机抽样法,亦称整群抽样法,它不同于其他抽样法,不是从总体中抽取个别单位,而是整群或整组地抽取样本,对被选中的群或组所包含的所有单位,均无例外地作为样本进行调查。非随机抽样常用的方法有:配额抽样法、任意抽样法、判断抽样法等。

(4)实地调查

就是到现场去收集资料。实地调查工作的好坏,调查人员素质的高低直接影响调查结果的正确性。因此,进行实地调查应注意抓好两个方面工作:首先,要提高调查人员的素质,要求调查人员工作态度热忱、勤劳、善于和陌生人相处;有克服困难的信心和勇气,工作作风稳重、踏实、细致;在调查过程中,善于运用各方面的知识,仪表大方,平易近人。其次,要讲究思想方法和工作方法,要求在调查中保持客观,不能用主观臆想去代替客观事实;发现问题要追根究源,把调查深入下去;要边调查边分析,随时"梳辫子",及时将调查资料与调查目的和要求进行对照,进一步明确调查方向。

3)结果处理阶段

结果处理阶段包括整理分析资料和提出调查报告两项内容。

①整理分析资料。将调查收集到的资料采用科学的方法,进行整理、分类、编号,以便查找归档,统计分析。然后进行编校、消除资料中的错误和不准确的因素,统计计算并得出结论,最后用统计图表的形式把结果表达出来。

②提出调查报告和追踪。市场调查结果必须写成调查报告,供有关预测决策部门应用或参考,才有价值。调查报告一般有概括性报告和正式调研报告两种。概括性报告是供企业高层决策者审阅的,必须简明概括。调查报告内容包括调查目的、资料收集的方法、调查分析的问题、调查结论和建议。调查报告力求客观、重点突出、文字简练、图表形象易理解。最后还要通过追踪了解报告是否已被采纳及采纳程度、采纳后的实际效果,以便积累经验,改进调查方法,提高调查质量。

4.1.3 市场调查的方法

市场调查的方法很多,选用的方法是否得当,对调查结果的功效影响极大。一般有以下几种方法。

1)询问法

询问法是以询问的方式了解情况、搜集资料,并将所要调查的问题,以面谈、电话、会议、书面等形式向被调查者提出询问,从而获得所需的各种情况和资料。按调查者与被调查者的接触方式和询问表的传递方式不同可分为访问调查、电话调查、会议调查和通信调查4种形式。

(1)访问调查法

这种方法是调查者与被调查者面对面地进行交谈,由调查者根据事先拟好的调查提纲提出问题,被调查者回答。也可结合产品销售进行随访,征求意见,了解情况。访问调查主要靠"走出去"的方式,但也可以"请进来",如采用召开用户座谈会的方式。二者相比,后者具有时间省、费用少的优点。访问调查法由于是调查者与被调查者面对面的交谈,其优点是能互相启发,具体生动,富于伸缩性,便于控制,资料面广,真实性较大;缺点是费用较高,调查结果易受调查人员水平高低的影响。

(2)电话调查法

这是由调查人员根据抽样要求,用电话向被调查者了解情况和询问意见的一种方法。这种方法的优点是简便迅速,了解及时,费用低,不受调查人员在场的心理压迫,使调查对象能畅言无忌;缺点是询问时间短,调查仅限于电话用户,调查面受到影响,不易取得调查对象的配合,问题不能深入。

(3)会议调查法

会议调查是利用企业参加各种外协会议和订货会议的机会进行调查。这些会议往往集中各类人员,能收集到内容广泛的信息。会议调查的优点是能节省时间和费用,资料丰富;

缺点是受到开会时间和内容限制。

（4）通信调查法

由调查人员将设计好的调查表、信函、征订单、订货单等寄给被调查者,请其填写后寄回。通信调查法的优点是调查面广泛,费用较低,调查对象有充裕时间进行回答,避免了调查人员偏见的影响;缺点是回收率较低,调查花费时间较长,了解的情况不易完整和准确,一般限于调查较简单的问题,不易探测用户的购买动机。

通信调查的效果,决定于回收率的高低。影响回收率的因素通常有市场调查机构的声誉、调查机构与被调查者间的关系、调查表所附说明函件能否引起被调查者的合作、被调查者对问卷是否感兴趣、询问问题是否涉及被调查者的秘密、完成答卷所需的时间。

2）观察法

观察法即在不向当事人提问的条件下,通过各种方式对调查对象作直接观察,在被调查者不知不觉中,观察和记录其行为、反应或感受。

（1）直接观察法

派人直接对调查对象进行观察。例如,调查消费者对品牌、商标的爱好与反应,可派人到零售商店柜台前观察购买者的选购行为。调查销售人员的工作表现,可派人员对调查对象的服务态度、方法、效率进行直接观察。

（2）亲自经历法

亲自经历法就是调查人员亲自参与某种活动来搜集有关的资料。如果一家工厂,要了解它的代理商或经销商服务态度的好坏,就可以派人到它们那里去买东西。通过亲身经历法搜集的资料,一般是非常真实的,但应注意不要暴露自己的身份。

（3）痕迹观察法

这种方法不直接观察被调查对象的行为,而是观察被调查对象留下的实际痕迹。例如,美国的汽车经销商都同时经营汽车修理业务。他们为了了解在哪一个广播电台做广告的效果最好,对开回来修理的汽车,要干的第一件事情,就是派人看一看汽车里收音机的指针是对准哪一个电台,从这里它们就可以了解到哪一个电台的听众最多,下一次就可以选择这个电台做广告。

（4）行为记录法

在调查现场安装收录、摄像及其他监听、监视仪器设备,调查人员不必亲临现场,即可对被调查者的行为和态度进行观察、记录和统计。在取得被调查者的同意时,也可用一定的装置记录调查对象的某一行为。

观察法的优点是可以比较客观地搜集资料,直接记录调查的事实和被调查者在现场的行为,调查结果更接近实际;缺点是不易观察到内在因素,只能报告事实的发生,不能说明其原因,调查的花费较大,时间较长。

3）实验法

实验法在搜集市场研究资料中应用很广,特别是在因果性调查中,实验法是一种非常重要的工具。例如,将某一种产品改变设计、改变质量、改变包装、改变价格、改变广告、改变陈设、改变销售渠道以后,对销售量会产生什么样的影响,都可以先在一个小规模的市场范围内进行实验,观察顾客的反应和市场变化的结果,然后再决定是否推广。常用的实验法如下。

（1）实验室实验调查法

实验室实验调查法在研究广告效果和选择广告媒体时常常被使用。例如,某工厂为了了解用什么样的广告信息最具有吸引力,可以找一些人到一个地方去,每人发给一本杂志,让他们从头到尾翻一翻,问他们每一本杂志里,哪几个广告对他们吸引力最大,以便为本厂设计广告提供一些有用的参考资料。

（2）销售区域实验调查法

销售区域实验调查法就是把少量产品先拿到几个有代表性市场去试销,看一看在那里的销售情况如何。得到一些实际资料,然后再分析把这种产品拿到全国去推销可能有多大的市场占有率、需要多少时间、多少费用,值不值得在全国推销等。这种试验方法在消费品生产企业是常用的。

（3）模拟实验

模拟实验的基础是计算机模型。模拟实验必须建立在对市场情况充分了解的基础上,它所建立的假设和模型,必须以市场的客观实际为前提,否则就失去了实验的意义。模拟实验的好处是,它可以自动地进行各种方案的对比,这是其他实验难以做到的。

（4）消费者购买动机的实验

这是通过各种心理实验来进行的。实验法较为科学,资料的客观价值较高,对于了解因果关系,能提供其他调查法所不能供给的资料,应用范围也相当广泛。实验法的优点还在于:通过少量产品的试销,获得比较正确、实用的试验资料;通过少量产品的试销,推测产品的未来销售趋势;通过对少数用户的调查,了解广大用户对企业营销活动的评价。实验法的主要缺点是时间长、费用高,选择的调查对象不一定有代表性,市场上各种因素的变化难以掌握,调查的结果也不易比较。

4）心理调查法

心理调查主要是调查消费者心理状态,可分为动机调查和投射调查两种。

（1）动机调查

动机调查是调查消费者的购买动机,如为什么购买这种商品？为什么要选购这家企业生产的商品？了解购买动机,有助于企业掌握消费者的爱好特点,生产适合销路的产品。

（2）投射调查

投射调查是采用心理学方法,并不直接就某一问题提问,而是采用看图发表意见等间接方式,从中发现被调查者的真实心理,目的在于消除被调查者由于种种原因而不愿说出真心话的情况。

4.1.4 市场调查的内容

市场调查贯穿于市场营销的全过程,为每一个营销环节提供管理决策依据。市场调查的内容十分广泛,但每次市场调查的内容又不能包罗万象、面面俱到,只能根据市场调查的目的,有选择、有区别地进行调查,为市场预测与经营决策提供资料。一般来说,主要从宏观和微观角度进行市场调查。

1）**宏观市场调查**

宏观市场调查是指以一定地区范围内的市场为对象,对市场供求总体情况进行的调查,目的是为宏观市场调控和企业经营决策提供信息。

（1）政治环境调查

政治环境调查主要是了解对市场影响和制约的国内外政治形势以及国家管理市场的有关方针政策。对于国际市场,由于国别不同,情况就复杂得多,主要可以从以下几个方面进行调查。

①国家制度和政策。主要了解其政治制度、对外政策,包括对不同国家和地区的政策等。鉴于有些国家政权不够稳定,因此,只有了解并掌握这些国家的政权更迭和政治趋势,才能尽可能避免承担经济上的风险和损失。

②国家或地区之间的政治关系。随着国际政治关系的变化,对外贸易关系也会发生变化,如设立或取消关税壁垒,采取或撤销一些惩罚性措施,增加或减少一些优惠性待遇等。

③政治和社会动乱。由于罢工、暴乱、战争等引起社会动乱,会影响国际商品流通和交货期,给对外贸易带来一定的风险,但同时也可能产生某种机遇,通过调查,有助于企业随机应变,把握市场成交机会。

④国有化政策。国有化政策是指了解各国对外国投资的政策,如外国人的投资是否要收归国有,什么情况下要收归国有等。

（2）法律环境调查

世界许多发达国家都十分重视经济立法并严格遵照执行。我国作为发展中国家,也正在加速向法制化方向迈进,先后制定了经济合同法、商标法、专利法、广告法、环境保护法等多种经济法规和条例,这些都对企业营销活动产生了重要的影响。随着外向型经济的发展,我国与世界各国的交往越来越密切,由于许多国家都制定有各种适合本国经济的对外贸易法律,其中规定了对某些出口国家所施加的进口限制、税收管制及有关外汇的管理制度等。这些都是企业进入国际市场时所必须了解的。

（3）经济环境调查

经济环境对市场活动有着直接的影响,对经济环境的调查,主要可以从生产和消费两个方面进行。①生产决定消费,市场供应、居民消费都有赖于生产。生产方面调查主要包括这样几项内容:能源和资源状况、交通运输条件、经济增长速度及趋势产业结构、国民生产总值、通货膨胀率、失业率,以及农、轻、重比例关系等。②消费对生产具有反作用,消费规模决定市场的容量,也是经济环境调查不可忽视的重要因素。消费方面调查主要是了解某一国家（或地区）的国民收入、消费水平、消费结构、物价水平、物价指数等。

（4）消费者人口状况调查

某一国家（或地区）购买力总量及人均购买力水平的高低决定了该国（或地区）市场需求的大小。在购买力总量一定的情况下,人均购买力的大小直接受消费者人口总数的影响。为研究人口状况对市场需求的影响,便于进行市场细分,应对人口情况进行调查,主要包括总人口、家庭及家庭平均人口、人口地理分布、年龄及性别构成、教育程度及民族传统习惯等。

（5）社会文化环境调查

社会文化环境在很大程度上决定着人们的价值观念和购买行为,它影响着消费者购买产品的动机、种类、时间、方式以及地点。经营活动必须适应所涉及国家(或地区)的文化和传统习惯,才能为当地消费者所接受。

例如,在销往中东地区的各种用品中不能含有酒精,这是因为该地区绝大多数的居民笃信伊斯兰教,严禁饮酒;又如,有些地区消费者喜欢标有"进口"或"合资"字样的商品,而另一些地区消费者却可能相反,这种情况一方面与民族感情有关,另一方面也与各国、各民族的保守意识和开放意识有关,这些都要通过市场调查去把握。

（6）科技环境调查

科学技术是第一生产力。新技术、新材料、新产品、新能源的状况,国内外科技总的发展水平和发展趋势,本企业所涉及的技术领域的发展情况,专业渗透范围、产品技术质量检验指标和技术标准等,这些都是科技环境调查的主要内容。

（7）地理和气候环境调查

各个国家和地区由于地理位置不同,气候和其他自然环境也有很大的差异,它们不是人为造成的,也很难通过人的作用去加以控制,只能在了解的基础上去适应这种环境。应注意对地区条件、气候条件、季节因素、使用条件等方面进行调查。气候对人们的消费行为有很大的影响,从而制约着许多产品的生产和经营,如衣服、食品、住房等。

2) 微观市场调查

微观市场调查是指从企业生产经营的角度出发对市场进行调查。其目的是为企业经营管理决策提供信息支持。

（1）目标市场调查

目标市场调查就是对于目标顾客和购买者的调查。目标市场调查的主要内容包括:市场需求规模的测量和分析,即估计某类产品现有的市场规模和潜在的市场规模,预测产品在不同的细分市场的中长期需求;测算不同的产品和品牌在不同市场的占有份额及其动态变化,分析企业在市场竞争中的优劣势及其变化;了解市场的特点及其变化趋势,掌握不同类型顾客的购买特点及其购买行为基本模式等。

（2）购买行为调查

购买行为调查包括研究影响消费者购买行为的因素和购买行为本身两个层面。对消费者购买行为的调查,应该重点把握以下几个方面的信息:购买者由谁构成;购买什么;为何购买;购买活动的参与者是谁;怎样购买;何时购买;何地购买。不仅如此,对于影响消费者购买行为因素的诸多方面的调查同样也是十分重要的。购买行为调查还包括消费者对于品牌的知名度、美誉度、忠诚度的测量,对于品牌认知、品牌态度的分析研究等。

（3）产品调查

产品调查的内容涉及以下几个方面:一是产品效用调查。包括产品形态、大小、质量、色彩、美观程度、使用方便性、耐久性、可靠性以及安全性等。二是顾客对产品的意见调查。包括顾客对产品及服务的要求、意见与评价等。三是产品寿命周期调查。包括调查产品在寿命周期的哪一阶段,其销量或销售增长率发生了哪些变化,老产品应如何改进,有无新的销售领域等。四是新产品调查。包括调查市场需要何种新产品,新产品如何发展,是向多功能化、多样化还是向微型化和简单化的方向发展等。五是产品品牌、商标调查。包括调查本企业产品品牌、商标是否容易记忆,是否引人注意,是否富于联想等。六是产品包装外观调查。包括调查本企业产品包装是否美观,是否轻便、安全,是否符合环境保护要求,是否过度包装等。

（4）价格调查

价格调查包括产品的比价问题研究、差价问题研究、消费者的价格敏感度研究和定价问题研究等。这些信息对于营销管理者制定价格方面的营销决策都是十分重要的。

（5）销售方式和服务调查

商品销售方式和服务调查包括调查人员促销与非人员促销（包括广告、折扣、电视）的利弊,广告设计的内容及效果,怎样搞好销售服务咨询,怎样搞好售后服务等。

（6）销售渠道调查

企业销售渠道调查的内容包括:企业采用直接销售还是中间商（批发商与零售商）销售;中间商服务的顾客是否是企业希望的销售对象;中间商能否提供商品的技术指导、维修服务与运输存储;顾客对批发商、代售商、零售商的印象如何等。

（7）竞争对手调查

竞争对手调查的内容:一方面是竞争单位调查,包括竞争对手数目,竞争对手商品市场占有率,竞争对手的生产能力、生产方式与生产成本,竞争对手的技术水平、产品特性与服务项目,竞争对手的促销方式、营销策略、地理位置与运输条件等;另一方面是竞争产品调查,包括竞争产品的特性、品质、用途、功能、包装、价格、商标与交货期等内容。

4.2 市场营销信息管理系统

市场营销信息是指通过营销调研得到的经过加工整理且被市场营销者接受,对其完成市场营销任务有使用价值的情报、资料和消息。

4.2.1 市场营销信息的作用

企业为了适应市场环境的变化,打开产品的销路,取得良好的经济效益,越来越重视市场信息的作用。市场信息的重要作用归纳起来有以下几个方面。

（1）市场营销信息是企业的重要资源

市场信息被人们誉为"无形财富"。对企业来说,市场信息是生产力发展中的黏合剂和增值因素。企业通过有效地利用市场信息来合理组织生产和经营活动,可以使生产力要素得到最佳的结合,产生放大效应,使经济效益得到提高。

（2）市场信息是企业制订营销计划、进行经营决策的基础

在企业营销活动中,计划与决策正确与否是营销成败的关键,而正确的计划和决策只能以正确的市场信息为基础。正确的市场信息反映着经营的客观情况,反映着市场活动的动态和过程。以准确、及时、全面的市场信息为基础制订的计划和决策,才是符合市场客观情况的计划和决策。

（3）市场信息是连接生产和消费的纽带

在市场经济条件下,商品生产方向、生产数量,是由消费者需求所决定的。消费者需要什么,需要多少,通过市场信息可以传递给生产者,为商品生产者指引生产方向。商品生产出来之后,也可以通过市场信息传递给消费者,为他们指引消费方向。

4.2.2 市场营销信息管理系统

现在许多企业不重视信息管理,或信息管理混乱,往往对市场营销信息的变化不敏感,以致市场营销信息不能为企业经营决策起作用。我们应对市场营销信息进行系统收集、分析与管理,建立市场营销信息管理系统,便于企业及时查询、利用所需信息,提高营销效率。市场营销信息管理系统包括以下几个子系统。

1)基础信息管理子系统

在市场经济下,企业的营销活动与环境的变化、竞争状况、消费者需求密切相关。企业在激烈的竞争中,怎样比对手提供更好的产品,怎样寻找消费者未被满足的要求,怎样在环境的变化中抓住机会,避免威胁,这需要企业通过各种渠道收集有关外部环境、竞争趋势、消费者等基础信息,并进行分类贮存、分析处理,输入计算机,便于企业决策者随时查询所需的信息,做出正确决策。基础信息管理子系统包括对环境、竞争者、消费者信息的分析与管理。

（1）环境信息管理

企业的市场营销活动是在一定的外界条件下进行的,也即企业要适应一定的营销环境。而企业所处的营销环境是不断变化的,这种变化一方面给企业造成新的市场机会,另一方面也给企业带来威胁。因此,企业要经常监视和预测其周围的营销环境的发展变化,并要善于分析和识别由于环境变化造成的主要机会和威胁,及时采取适当的对策,使营销活动与其环境的发展变化迅速适应。

环境信息,按一般环境信息和个别环境信息进行记录处理。一般环境信息主要指有关科技、法律法规、经济、社会文化、自然环境、国外动态等方面的信息。个别环境信息主要指有关企业所处行业的行业规范、行业信息以及销售地的地区政策等方面的信息。企业应有专职的调研人员、销售地的营销人员密切关注这些环境因素的变化,对变化的信息及时按类转入信息库供查询使用,并及时反馈给决策者。

（2）竞争者信息管理

竞争是市场经济的润滑剂,没有竞争也就没有市场机制。企业在开展营销活动时,首先要确定竞争范围,然后识别竞争对手的目标和策略,并评估竞争者的优势和劣势,做到"知己知彼",超越对手,从而防患于未然。也有利于企业进行有效竞争性定位,使企业及其产品占有尽可能多的优势,使其在顾客心目中具有良好的形象。市场营销管理者通过查询竞争者数据库可随时注意竞争者动向,掌握竞争的趋势,从中发现潜在的有利与不利因素,据以制定竞争性的营销策略。

竞争者信息主要指主要竞争者状况和竞争地位分析两部分。竞争者状况记录主要竞争对手产品销量、市场占有率、产品质量、售后服务、广告投入及形式、主要促销方式、顾客知晓度等信息。竞争地位分析主要根据竞争对手及企业自己的市场份额和销售增长状况确定谁是市场的主导者、挑战者、跟随者和市场补缺者。从而找准企业在市场中的位置,制定相应的竞争战略和策略。

(3)消费者信息管理

消费者是市场营销最重要的因素,是企业为之提供产品及服务的对象。企业只有对消费者有了深入透彻的了解,才能够满足他们的需要,最终把产品销售出去。

对于直接面对顾客的企业可设立消费者基本状况信息库,记录购买产品和服务的消费者的年龄、性别、职业、家庭收入、习惯爱好、联系方式等,既有利于企业分析现有顾客的类型,又能与这些消费者保持联系,争取回头客。如杭州望湖宾馆为顾客建立了一套"档案",并用这为客人进行尽善尽美的服务。该宾馆使用"消费者档案",使回头客惊喜:自己爱喝的茶酒,喜欢阅读的报刊早有准备,而自己的生活习惯也为宾馆熟悉并得到尊重,使客人有宾至如归的欢喜与亲切,感情价值与经济价值就在其中了。

调查统计信息库主要记载企业通过入户访问、座谈会、街访等形式所获取的信息。企业为了准确把握目标市场的状况,通过各种形式调查,获取了大量、杂乱无序的信息,企业通过统计,把各类信息分类贮存,如目标顾客年龄结构、职业分布、收入水平、购买和使用习惯、使用频率等,便于企业随时查询,有针对性地制定营销策略。

2)产品销售信息管理

在市场营销活动中,不仅要"知彼",更要"知己"要对企业中各类产品的产量、销售量了如指掌,分析滞销、畅销的原因,不断调整产品结构,避免产品积压,甚至某些产品在仓库里大量积压,还不知道是何原因造成的。产品销售信息管理分产品销售基本信息管理和产品销售状况分析两部分。

产品销售基本信息管理按产品大类记录该大类销售量、销售增长率、市场占有率及按大类中的产品项目记录其生产量、累计销量、当月销量以及库存等明细情况,能了解各类产品即时状况,并对库存达到一定量的产品大类和产品项目发出警告,打出产品清单和积压的库存数。产品销售状况分析主要根据产品销售基本信息及竞争信息库确定企业各大类产品所属类型:问题类产品、金牛类产品、明星类产品、瘦狗类产品。并用圆圈把销量大小在波士顿矩阵图上标示阵图。该矩阵图较直观地展示了各大类产品所处的位置,所属产品类型,及该企业产品组合的合理性,并对每一类产品提出初步建议。

3)销售渠道信息管理子系统

销售渠道被喻为企业的"血液循环系统",渠道不畅,产品再好,广告投入再多,产品也不能送到消费者手中,许多企业忽视销售渠道的建立,或渠道建立后没有对渠道进行管理和控制,造成渠道混乱,更是空耗了人力物力,而不能达到预期的目标。销售渠道信息包括对渠道中中间商信息管理(我们称之为客户信息管理)和对企业销售人员的管理。

(1)客户信息管理

为了使企业销售渠道畅通,使企业销售工作有条不紊地进行,避免企业"病急乱投医",找到不可靠的客户,轻者客户推销不力,产品滞销,重者货款收不回,货钱两空,故特设置客户档案信息库,以全面了解客户状况,有针对性地做好客户的工作,激励客户积极销售本企业的产品,客户档案信息库的内容很多,主要记录客户所在地、经办人、实权者、公司电话、公司区别、营业概况、付款情况等,还可进一步记录经营者年龄、籍贯、学历、语言、性情、品性、社会关系、配偶影响程度、其他职位、曾倒闭否、以往信誉等。

客户销售信息按客户的销售额和回款情况,企业可按照全部客户销售额从大到小查询,也可按客户类型(批发店、零售店、特许店、代理店、连锁店、专营店等)进行查询,又可查当月或每月销量,对于企业营销人员了解自己销售分布状况十分便利。

客户等级分类信息按照客户销售信息,依据客户的销售额,可以将客户分为 ABC 三级,A 类占累计销售额的 75% 左右,是企业重点客户;B 类占 20% 左右;C 类可视为未来潜在客户,企业要设立不同的激励制度及访问制度。并且每隔一段时间,根据销售情况,重新进行等级划定,实行动态管理。

(2)销售人员信息管理

销售计划确定后,就需要具体的销售人员来执行。如何对销售人员管理,使之保持高昂的士气,强烈的敬业精神,就需要了解销售人员的状况、销售业绩,并给予一定配额,根据不同情况,给予奖罚。

销售人员档案信息库记录着每一位销售人员的姓名、年龄、性别、学历、家庭情况、身份证号、联系电话、家庭地址、奖励处罚记录、上年度销售业绩等。

销售业绩信息记录每一位销售人员的每月销售额、累计销量、配额及完成情况、回款、销售费用。营销经理可按产品、销售地区、销量大小、回款情况、销售费用等逐项查询,它也是营销经验奖励或处罚营销人员的依据。

以上初步提出了对市场营销活动所需的信息进行系统管理的模式,若再配以计算机管理,实现数据共享,定能提高营销效率。

4.3 网络营销调研

企业的营销人员通过互联网能够更方便地收集到顾客和潜在顾客的信息。这些信息有助于更好地理解并服务于顾客。现在,国际上许多企业都利用互联网和其他一些在线服务进行市场调研,并且取得了满意的效果。

4.3.1 网络营销调研的特点

相对于传统的市场调研,网络营销调研具有如下特点。

(1)网络信息的即时性和共享性

网络上的信息传输速率非常快,而且能即时地传送到连接上网的网络用户上。这保证了网络信息的准确性和即时性。

(2)网络调研结果的客观性

因为企业站点的访问者一般都对企业产品有一定的兴趣,所以这种基于顾客和潜在顾客的市场调研结果是客观和真实的,反映了消费者的消费心态和市场发展的趋向。

(3)网络调研的便捷和低成本耗费

在网络上进行调研,只需拥有一台计算机、一个调制解调器、一根电话线就可以了,也可以通过无线上网等其他上网条件,网络调研无疑是极为方便的。你只需在企业站点上发出电子调查问卷,提供相关的信息,然后利用计算机对访问者反馈回来的信息进行整理和分析。这无疑会大大减少企业的人力和物力耗费。

但网络调研的普及现在还有一定的难度。消费者对这种新型市场调研方式尚不适应，现在的网络软、硬件方面的欠缺导致调研流程不畅，专业的网络调研人员人数欠缺。但随着互联网的普及应用和人们传统思想观念的转变，网络上的市场调研在逐渐成为一种趋势。

4.3.2　网络营销调研和数据库的利用

数据库现在广泛地应用在网络上，它包含了大量的信息。数据库很像一个 Rolodex 文件：只需搜索索引即可找到合适的卡片（记录）。每个记录可能具有几条信息（字段），比如姓名、地址和电话号码。在计算机数据库中，处理不仅更容易，而且可以进行更详细的搜索。不仅可以按一个索引字段（比如姓名）寻找记录，而且可以通过一些字段搜索记录。可以根据地址、城市、电话分机号或地区号或者可能具有的其他数据来寻找记录。

数据库经常应用于网络上的市场调研。营销人员通过提供迎合大众趣味或者有关本行业的数据库来吸引顾客访问企业主页。这些数据库可能别的站点也具备，也可能是企业专备的。另外，营销人员能够通过数据库来获得有关产品、顾客支持的信息和其他市场营销信息。

营销人员在网络上的市场调研中，一般运用两种方式来利用数据库。

1）充分利用企业数据库

一个提供信息及时、富有参考使用价值的数据库无疑会吸引访问者链接。在设计企业主页的时候，应该提供到达数据的链接路径，以方便访问者查询。从目前来看，企业数据库主要有 3 种类型。

（1）基于浏览器的数据库

基于浏览器的数据库是企业最常用的数据库，它包括简单的文本文件字段和复杂的附有图表和格式化文本的主页。浏览器一般会下载整个数据库文件来搜索目标对象。为了使用的方便，这种数据库文件应该有合理的大小。如果你的数据库超过了 100 000 字节，应该将它按照逻辑顺序分成几个部分，每个部分的开头附上内容提要，以方便访问者选择他们感兴趣的内容。

（2）基于服务器的数据库

如果数据库需要包含的信息量是非常巨大的或者需要及时地更换信息，那么最好选择使用基于服务器的数据库。这种数据库使用 HTML 表单，不仅能够显示日常的主页信息，而且其中的文本盒还能允许使用者键入新信息，控制盒和按钮能使使用者作出选择。例如，如果你在使用一个有关产品系列的零售价格记录的数据库，你可以用控制盒来引导访问者来查看每个产品目录，输入待查看日期的范围。当访问者进入你企业的数据库主页点击申请服务区时，网络服务器就会接收到访问者发现的请求信息。服务器就会搜索访问者申请数据的区域，进而将搜索结果格式化传送至访问者所在的计算机上。为了安装、储存和保留这种数据库，你需要和网络服务的有关提供者取得联系，达成协议。

（3）链接型数据库

这种数据库一般使用 HTML 编辑器来建立。像其他文本文件一样，数据库文件能被写入链接。通过往数据库中写入链接，提供 HTML 文本格式和运用逻辑方式组织数据库原材料,你就能创造高质量的数据库。

因为数据随时都会改变,你可能提供链接到非 HTML 文本文件中。这样你只需删除旧的文本文件,再用包含最新信息的文本文件来代表它。除了在文件开头部分实施链接到其他章节中外,还可以从这些章节重复链接至文件开头部分,或者链接至任何章节的开头部分。

这种类型的数据库需要营销人员投入更多的时间和精力。但这种数据库对使用者而言是非常友好的,是能够高效利用的。

以上论述了在网络上调研利用数据库的方式。营销人员必须熟练掌握使用数据库,从网络中获取大量有关的市场和产品信息,为调研作好充分的准备。但是建立企业自己的数据库要花费企业大量的人力、物力和财力,因此,企业在条件不充分时,可以利用网络上已有的数据库。

2)充分利用网络数据库

在互联网上,营销人员可以将许多已有的数据库链接到企业的网页上,这样,不论是谁访问过企业主页,他都能进入已链接的数据库。营销人员必须查找适合企业需要的数据库,这就要选用适当的搜索引擎。像 Lycos,Alta Vista 和 Web Crawler 都是常用的搜索引擎。营销人员应该经常查看每个已链接的数据库来保证数据库信息的及时和准确。

绝大多数站点的链接是随机性的。站点间没有过互相接触和具体的协议。有时如果你链接上了一个于你毫无利害的站点,你可能会付出许多无谓的劳动。但如果你链接上的站点是一个商业性站点,你就会从中受益,这时你应该做好充分的准备与这个站点紧密联系,即使支付费用也要一试。

4.3.3 网络调研的程序

网络市场调研应遵循一定的程序。一般而言,应经过下述几个主要步骤。

1)选择合适的搜索引擎

搜索引擎是指能及时发现你所需要的调研对象内容的电子指针。目前在互联网上可选择的搜索引擎有许多,像 Yahoo、Google、Baidu 及其他一些专业领域内使用的搜索引擎,它们能提供有关的市场信息,能阅读、分析并且储存数以百万计的私人网页上获得的资料。这些资料和信息可以借助于一系列的关键词和基本参数识别,如调研开始和结束的日期等。企业市场调研人员可以利用搜索引擎进入有关的主题搜索,同时可以将所获得的信息通过互联网拷贝在计算机的硬盘上,插入文件表中,或者直接打印出以便今后利用。

搜索引擎的最大用途就是搜索,而说到搜索就不能不提到关键字(Keyword),每一个搜索引擎的制作过程都离不开关键字。关键字越多、越精确,搜索也就越方便、越精确。所以在进行搜索之前,找对、找准关键字至关重要。

(1)最基本的搜索步骤

通常利用搜索引擎来检索资料,可按以下最基本的步骤进行。

①确定你的搜索概念或意图。

②选择描述这些概念的关键字及其他形式(同义词、近义词等)。

③决定采用哪种搜索功能并选定搜索引擎。

④到底是采用简单搜索还是高级搜索。

⑤研究一下所选搜索引擎主页上的说明,往往有 Help、Advanced Search、FAQ(Frequently Asked Questions)、查询诀窍(Search Tips)等内容。研究一下这些说明,能够极大地提高你的搜索效率。

⑥建立搜索表达式,使用符合该搜索引擎语法的正确表达式,开始搜索。

⑦察看搜索结果。看看共返回多少搜索结果?与你的期望是否相符?看看页面或网站的简介与你的目标还差多远?如果有必要,就修正一下搜索概念,重新调整搜索需求,找出更合适的关键字。

(2)搜索技巧

目前主流的搜索引擎一般都采用关键字搜索。搜索引擎搜索的技巧很大程度上就是关键字的选择技巧。对于关键字的选择技巧,像 Baidu(www.baidu.com)、Google(www.google.com)等主流搜索引擎在其主页中都有"帮助"栏目,在"帮助"栏目里有如何选择关键词等搜索技巧的详细介绍,大家可以比较方便地进行查阅并练习。

2)确定调研对象

(1)企业产品的消费者

消费者在网上购物必然要访问企业的站点,利用企业首页所提供的分类、目录或搜索引擎工具,浏览商品的说明、功能、价格、付款方式、送货与退货条件、售后服务等方面的信息。企业市场营销调研人员可通过互联网络跟踪消费者,了解他们对企业产品的意见和建议。

按照现代市场理论,对一切既定的商品来说,营销市场包含 3 个要素:有某种需要的人、为满足这种需要的购买能力和购买意愿。形成营销市场的这些要素相互制约,缺一不可。只有它们结合起来才能构成现实的市场,才能决定市场的规模和容量。企业只有满足了消费者的购买欲望和需求,才能赢得市场并获得相应的利益。因此,人口统计分析是市场调研的一个重要内容,市场调研人员通过对访问企业站点的人数进行统计,进而分析顾客的分布范围和潜在消费市场的区域,以此制定相应的网络营销战略和决策。

目标对象识别法(Target Audience Identification)是目前互联网上出现的一项人口统计技术。这种技术能在被应用的站点上跟踪调查访问者,从而有助于网络调研人员及时准确地把握访问者的人口统计情况。

如果企业希望开拓国际市场,需要了解国外人口的有关统计信息,可以访问:www.hotbot.com 等。

在搜索信息时,只需键入 census、demographics、population 等表示人口的英文单词和想查询的有关国家或地区的英文名称即可。

(2)企业的竞争者

现有企业之间的竞争、新竞争者的加入与替代品的出现形成了主要的行业竞争力,它们之间相互影响,相互制约。通过对行业竞争力的分析可以了解本企业在行业中所处的地位、所具有的竞争优势与不足,以便制定企业战胜各种竞争力量的对策。

行业的上述竞争结构对于行业的竞争态势和企业的市场营销策略有强烈的影响。因此,市场调研人员应随时掌握有关的信息和资料,而互联网为调研工作提供了极为方便的工具。调研人员可以进入互联网上竞争者的站点查询面向公众的所有信息,如竞争企业的历史、企业结构、产品系列、有关年度评价报告、营销措施等。调研人员通过竞争者有关动态信息的分析,准确地把握行业竞争趋势,做到知己知彼,使企业能及时调整营销策略。

3) 查询调研对象的相关信息

在确定了调研对象后,市场调研人员即可通过电子邮件(E-mail)向互联网上的个人主页、新闻组(news group)或邮件清单(mailing lists)发出相关查询。

互联网上的个人主页信息对企业来说是非常重要的,应引起营销调研人员的高度重视。因为利用搜索引擎访问个人站点,企业产品的购买者和潜在消费者都可以成为调研的具体对象。只要被访问的人愿意并且是善意的,他们就会以电子邮件的形式通过互联网做出相应的回复。

新闻组是互联网上针对人们感兴趣的主题而设立的公告板块。新闻组涉及的内容极为广泛,像教育、体育、文艺、科技等。据有关资料介绍,目前国外有新闻服务器5 000多个,据说最大的新闻服务器包含39 000多个新闻组,每个新闻组中又有上千个讨论主题,其信息量之大难以想象,就连WWW服务也难以相比。众多的新闻组给人们提供了深入讨论你所感兴趣的各方面问题的机会,包括对各产业,各企业的讨论。营销调研人员可以使用Google(http://groups.google.com/)这个搜索引擎,以搜索每个新闻组从而找到你感兴趣的内容。比如,在互联网上的Usenet新闻组中发现社会各界讨论本企业及本企业的产品,或者企业竞争者的详细情况。假如你对某一行业感兴趣,则可以要求Google(http://groups.google.com/)找到行业内几乎所有大企业、大企业的有关资料。利用搜索引擎会很方便地发现和跟踪市场动态和竞争趋势。

在新闻组板块中,营销调研人员可以观察到发送信息的个人邮件地址,已发信息的新闻组名称和发送信息的标题,并一起浏览下去,以阅读收集新闻组中信息的具体内容和个人所发表的意见。同时可以针对本企业、本行业的情况提出一些问题发送到新闻板块中让社会公众讨论。需要注意的是,提出的问题不要纯商业化,应尽可能符合公众的兴趣和口味,以吸引更多的人参加讨论,从中可以得到许多意想不到的信息和有价值的建议。

邮件清单与新闻组大体相同,也是互联网上为方便社会公众讨论相关话题而设立的公告板块。而与新闻组板块不同的是,每天在邮件清单中发表的信息会发送到个人的邮件信箱中,而且这些信息不能被Google(http://groups.google.com/)所搜寻到。但邮件清单中的清单能在http://paml.net/中找到,营销调研人员可以针对邮件清单中的信息提出询问,并可得到相应的回复。

4) 确定适用的信息服务

互联网上的信息服务不仅能使企业市场调研人员掌握大量调研对象的信息,而且通过公告板块以便访问者提出询问而获得更翔实的信息,与传统的市场调研相比,网上信息服务为企业的市场营销调研开拓了更广阔的空间。另一方面,利用互联网进行市场营销调研的最大优势是及时快速。在互联网上,调研人员可以不定时地查看本企业的电子邮件信箱,并向各个私人或公众站点发出询问请求,以便及时准确地了解来自各方面的信息,把握市场变化动态和消费变化趋势,制定相应的市场营销策略。

互联网上有众多的关于不同地区和不同行业的综合信息服务站点,企业市场营销调研人员在确定了具体的调研范围、调研对象之后,应选择相应的站点进行信息查询。同时,对查到的有关信息可以被请求发送到专门的个人电子邮件信箱中,以作进一步的阅读分析,而且这些综合信息服务将来还可以通过互联网络直接把所需要的信息加到私人网页的主页上或者发送到传真机上。

在网络环境下,世界上各个国家和地区发行的报纸、杂志、政府出版物、新闻公报以及人口、环境分析报告,工商企业的供求信息与产品广告都可以上网。因此,对企业来说,互联网络是一个没有界的数量巨大的信息数据库,市场营销调研人员可以利用互联网络获得大量有价值的环境、商业原始数据和信息,并且可以将其下载作认真的分析和研究。

正因为互联网上提供的各类信息浩如烟海,所以市场营销调研人员应确定适用的信息服务。在互联网上选择确定适用的信息服务,主要应考虑以下几个方面的因素:

①被选择的信息服务所提供信息的来源;

②信息服务所提供的信息是否符合本企业市场营销调研的具体要求;

③信息服务所发布信息的内容是否及时得以更新和补充;

④信息服务所发布的信息以什么方式传递到用户手中,能否直接传送到个人计算机上;

⑤在网络上分享信息或下载打印信息是否有特殊的规定。

这就是说,企业在选择信息服务时应充分考虑到信息服务的及时性、准确性、适用性、便捷性、经济性和安全性。在确定并选择了合适的信息服务之后,企业应建立专门的信息跟踪和处理系统,以便充分及时地利用信息,这是市场营销调研的根本目的。

5)信息的加工、整理、分析和运用

对从互联网上获得的市场调研信息,有关人员应根据调研的目的和用途进行认真的筛选、分类、整理等科学的加工,并形成规范的市场调研报告,以供有关企业决策者参考。

①信息资料的整理。对调研所获得的信息资料进行阅读和编辑整理,既要剔除信息中不真实和无关的内容,又要采用适当的方法进行资料分类处理。

②信息资料的分析。经过人整理的信息资料,要运用各种定性和定量的方法进行分析研究,掌握市场营销活动的动向和发展变化趋势,探索解决问题的措施和办法。

③撰写调研报告。调研报告是市场调研成果的集中体现,它是经过对信息资料的分析,对所调研的问题做出的结论,并提出实现调研目的建设性意见,供有关决策者参考。市场营销调研报告一般有两种形式:一种为专门性报告,是专供市场研究及市场营销人员使用的内容详尽的报告;另一种为一般性报告,是供职能部门管理人员和企业领导者阅读、内容简明扼要而重点突出的报告。

4.3.4　网络营销调研的策略

网络市场调研的目的是收集网上的购物者和潜在顾客的信息。为使更多的消费者访问企业站点并乐于接受企业的调研询问,善意而又真实地发回反馈信息,市场调研人员必须研究调研的策略,以充分发挥网络调研的优越性,提高网络调研的质量。网络市场调研的策略主要包括如何识别企业站点的访问者以及如何有效地在企业站点上进行市场调研。

1) 识别公司站点的访问者并激励其参与调研

识别公司站点的访问者也是了解谁是企业站点的访问者,即被调查者。网络市场调研无法确定调研对象样本,即使是对于在网上购买企业产品的消费者,确知其身份、职业、性别、年龄等也是一个很复杂的问题。因此,网络市场调研的关键之一是如何鉴别并吸引更多的访问者,使他们有兴趣在企业站点上进行双向的网上交流。企业如果掌握了这些信息,就能找到目标市场的客户群,有针对性地开展营销活动。

①通过电子邮件或来客登记簿询问访问者,获得市场信息。Internet 能在厂商和客户之间搭起一座友谊的桥梁,起关键作用的是电子邮件与来客登记。电子邮件可以附有 HTML 表单,访问者可在表单界面上点击相关主题并且填写附有收件人电子邮件地址的有关信息,然后发回给企业。来客登记簿(guest book)乃是让访问者填写并发回给企业的表单。

通过电子邮件和来客登记簿,不仅所有顾客均可以读到并了解企业的情况,而且市场营销调研人员可获得相关的市场信息。比如,在确定访问者的邮编后,就可以知道访问者所在的国家、地区、省市等地域分布范围;对访问者回复的信息进行分类统计,就可以进一步对市场进行细分,而市场细分是企业制定营销策略的重要依据之一。

②要求访问者注册个人信息进入主页。如果企业向访问者提供大量有价值的信息或向访问者承诺免费使用软件,则可鼓励访问者进入本网站或下载免费软件时提供个人信息;若是通过网上论坛、新闻组的方式进行调查,可以让参与者先注册,再进入相应栏目。比如,Industry Net(www.Industry.net)是专门登载工业贸易信息的站点,这个站点提供大量免费的信息,并允许访问者下载软件,同时要求并鼓励访问者提供包括个人所在地域、单位、姓名、年龄、职业与职务及所在行业等的有关信息,这样就可掌握访问者的基本情况。企业市场调研人员同样可以采用这种策略。

③为访问者提供奖品或免费商品以激发起参与调研的积极性。一般的网络访问者可能担心个人站点被侵犯而可能发回不准确的信息,为此企业可根据实际情况,给访问者一定的奖品或给访问者购买商品一定的折扣优惠,企业就可获得比较真实的访问者的姓名、住址和电子邮件地址。同时,当访问者按要求填写调查问卷时,企业还应明确表明调查信息仅作为调研依据,绝不泄露访问者信息,这样可使访问者放心填写问卷。

④科学地设计调研问卷。一个成功的调查问卷应具备两个功能:一是能将所调查的问题明确地传达给访问者;二是设法取得对方的合作,使访问者能给以真实、准确的回复。但在实际的调研中,由于被调查者的情况差异很大,调研人员的专业知识和技术水平也不同,从而会影响调研的结果。因此,调查问卷的设计应遵循一定的原则:一是目的性原则,即询问的问题与调查主题密切相关,重点突出;二是可接受性原则,即被调查者回复哪一项,是否回复有自己的自由,故问卷设计要容易让被调查者所接受。无论在西方或是东方国家,对涉及有关个人问题时,比如个人收入、家庭生活中比较敏感的问题等,访问者一般不愿意或拒绝回复。因此,关于个人隐私的问题不应出现在调查问卷中,以免引起访问者的反感;三是简明性原则,即询问内容要简明扼要,使访问者易读、易懂,而且回复内容也简短省时。因此,调查问卷的设计应多采用二项选择法、顺位法、对比法等技巧,对调查问卷中问题答案的选项应给访问者提供相应的信息,以方便访问者回答。在设计调查问卷时,调研人员应在每个问题后设置两个按钮(YES,NO),让访问者直观地表达他们的观点。这两个按钮是典型

的 Mailto：它要求被调查者将他们的电子邮件地址传送到企业的邮件信箱中；四是匹配性原则，即要使对访问者回复的问题便于检查、数据处理、统计和分析，以提高市场调研工作的效率。

2）企业站点上的市场调研

如果企业的网站已经有了一批固定的访问者，则可以在企业自己的网站上开展网上调研。在企业网站上的调研，通常是针对产品、服务、企业形象等与企业直接相关的问题而开展。要想有效地在企业站点上进行网络市场调研，可以采取以下策略。

①科学有效地设计调查问卷内容组合。一个成功的调查问卷应具备两个功能：一是能将所调查的问题明确地传达给访问者；二是设法取得对方的合作，使访问者能回复真实、准确的信息。同时，在因特网上修改调研问卷的内容也是很方便的。因此，营销人员可方便地测试不同的调研内容的组合。像产品的性能、款式、价格、名称和广告页等顾客比较敏感的因素，更是市场调研中重点要涉及的内容。通过不同因素组合的测试，营销人员能分析出哪种因素对产品来说是最重要的，哪些因素的组合对顾客是最有吸引力的。

②监控在线服务。企业站点的访问者可在合法情况下利用互联网上的一些软件来跟踪在线服务。营销调研人员可通过监控在线服务了解访问者主要浏览哪类企业、哪类产品的主页，挑选和购买何种产品等基本情况。通过对这些数据的研究分析，营销人员可对顾客的地域分布、产品偏好、购买时间及行业内产品竞争态势做出初步的判断和评估。

③以产品特色、网页内容的差异化赢得访问者。如果企业市场调研人员跟踪到访问者浏览过其他企业的站点，或阅读过有关杂志的产品广告主页，那么，应及时恰当地发送适当的信息给目标访问者，使其充分注意到本企业站点的主页，并对产品作进一步的比较和选择。

④传统网络调研和新兴媒体相结合。在微博、微信等新兴媒体飞速发展的时代，企业网络调研应积极运用这些新兴媒体。企业市场调研人员可以在微博等传播媒体上，发布相关的调查问卷，并通过转发抽奖等激励方式，让消费者积极地参与调研的问题，以此收集市场信息。采用这种方法，调研的范围比较广，同时可以减少企业市场调研中相应的人力和物力的消耗。

⑤通过产品的网上竞买掌握市场信息。企业推出的新产品，可以通过网上竞买，了解消费者的消费倾向和消费心理，把握市场态势，从而制定相应的市场营销策略。

4.4 网上营销信息的整理与分析

网上营销信息整理就是将获取和存储的信息条理化和有序化的工作，其目的在于发现信息之间的内在联系，提高信息的利用价值和提取效率。信息整理之后，我们对信息进行分析，进而获得调研结论，从而指导原料采购、生产方案的改变，以及销售策略的制定。

4.4.1 网络商务信息的收集与整理

1）网络商务信息的概念和特点

信息的概念非常广泛，可从不同的角度对信息下不同的定义。在商务活动中，信息通常指的是商业消息、情报、数据、密码、知识等。网络商务信息则限定了商务信息传递的媒体和途径,只有通过计算机网络传递的商务信息(包括文字、数据、表格、图形、影像、声音以及内容能够被人或计算机察知的符号系统)才属于网络商务信息的范畴。相对于传统商务信息,网络商务信息具有以下显著的特点。

①时效性强。传统的商务信息,由于传递速度慢、传递渠道不畅,经常导致"信息获得了但也失效了"。网络商务信息则可有效地避免这种情况。由于网络信息更新及时、传递速度快,只要信息收集者及时发现信息,就可以保证信息的时效性。

②价值具有相对性。网络信息的收集,绝大部分是通过搜索引擎找到信息发布源获得的。在这个过程中,减少了信息传递的中间环节,从而减少了信息的误传和更改,有效地保证了信息的准确性。但由于网络商务信息的内容时时在更新,因而网络商务信息的价值具有相对性。网络商务信息的收集和加工工作只有与网络信息的变化保持同步性,网络商务信息的价值才能不断地体现出来。

③便于存储。现代经济生活的信息量是非常大的,如果仍然使用传统的信息载体,把它们都存储起来难度相当大,而且不易查找。网络商务信息可以方便地从 Internet 下载到自己的计算机上,通过计算机进行信息的管理;而且,在原有的各个网站上,也有相应的信息存储系统,自己的信息资料遗失后,还可以到原有的信息源中再次查找。

④检索难度大。虽然网络系统提供了许多检索方法,但全球范围内堆积如山的各行各业信息,常常把企业营销人员淹没在信息的海洋或者信息垃圾之中。在浩瀚的网络信息资源中,迅速地找到自己所需要的信息经过加工、筛选和整理,把反映商务活动本质的、有用的、适合本企业情况的信息提炼出来,需要相当一段时间的培训和经验积累。

2) 网络商务信息收集的基本要求

网络营销离不开信息,有效的网络商务信息必须能够保证源源不断地提供适合于网络营销决策的信息。网络营销对网络商务信息收集的要求是:及时、准确、适度和经济。

①及时。所谓及时,就是迅速、灵敏地反映销售市场发展各方面的最新动态。信息都是有时效性的,其价值与时间成反比。及时性要求信息流与物流尽可能同步。由于信息的识别、记录、传递、反馈都要花费一定的时间,因此信息流与物流之间一般会存在一个时滞。尽可能地减少信息流滞后于物流的时间,提高时效性,是网络商务信息收集的主要目标之一。

②准确。所谓准确,是指信息应真实地反映客观现实,失真度小。在网络营销中,由于买卖双方不直接见面,信息准确就显得尤为重要,只有准确的信息才能导致正确的市场决策;信息失真,轻则会贻误商机,重则会造成重大的损失。信息的失真通常有三个方面的原因:一是信源提供的信息不完全、不准确;二是信息在编码、译码和传递过程中受到干扰;三是信宿(信箱)接受信息出现偏差。为减少网络商务信息的失真,必须在上述三个环节上提高管理水平。

③适度。所谓适度,是指提供信息要有针对性和目的性,不要无的放矢。没有信息,企业的营销活动就会完全处于一种盲目的状态;信息过多、过滥,也会使得营销人员无所适从,在当今的信息时代,信息量越来越大,范围越来越广,不同的管理层次又对信息提出不同的要求。在这样的情况下,网络商务信息的收集必须目标明确、方法恰当,信息收集的范围和数量要适度。

④高效。这里的"高效",是指以最少的时间和金钱等成本获得必要的信息。追求高效率是一切经济活动的中心,也是网络商务信息收集的原则,许多人上网后,看到网络上有大量的可用信息,往往想把它们全部存储下来,但最后才发现花费了大量成本。应当明确,我们没有力量、也不可能把网络上所有的信息全部收集起来,应该在考虑收集成本的情况下,高效地收集商务信息。信息的及时性、准确性和适度性都要求建立在高效性基础之上。

3) 网络商务信息收集的对象

(1) 网络营销竞争对手的信息

在互联网上收集竞争者信息主要包括以下途径:①访问竞争者网站:注意竞争者网站中有哪些工作值得借鉴,有什么疏漏或错误需要避免,竞争者是否做过类似的市场调研等。一般来说,领导型企业由于竞争都需要设立网站。我国一些大型企业也纷纷设立网站,如联想、海尔等,这正是市场挑战者及追随者获取竞争者信息的最好途径。②收集竞争者网上发布的各种信息:如产品信息、促销信息、电子出版物等。③收集其他网上媒体摘取的竞争者的信息:如通过网上电子版报纸、人民日报(www. peopledaily. com. cn)、光明日报(www. guangming. com. cn)、各电视台的网上站点(如中央电视台 www. cctv. com. cn)等收集竞争者的各种信息。④从有关新闻组和 BBS 中获取竞争者信息:如微软为提防 Linux 对其操作系统 Windows 的挑战,就经常访问有关 Linux 的 BBS 和新闻组站点,以获取最新资料。⑤利用其他各种方式搜集竞争者信息:如利用搜索引擎,设定与自己产品相同或相似的关键词来寻找竞争对手及其相关各种信息。

(2) 网络市场行情信息

所谓市场行情信息,主要指产品价格变动、供求变化等信息。目前,互联网上有许多站点提供这些信息,如前面介绍的各商业门户网站、商贸搜索引擎网站等,另外还有一些专业信息网站。

①实时行情信息网:股票和期货市场,如中公网证券信息港。

②专业产品商情信息网:如惠聪商情网。

③综合类信息网:如中国市场商情信息网。

收集信息时,调研人员可通过搜索引擎首先找出有关的各商情网址,然后访问各站点,寻找所需的市场行情信息。

(3) 消费者信息

通过互联网了解消费者的偏好,主要采用网上直接调研法。在互联网上,调查人员可向各私人网站或公众站点发出询问请求,不定时地查看企业的 E-mail 信箱,及时收集来自各方面的反馈信息。

(4) 网络市场环境信息

企业在做市场调查时,除了收集产品、竞争者和消费者这些紧密关联的信息,还必须了解当地的政治、法律、人文、地理环境等信息,这有利于企业从全局高度综合考虑市场变化,寻求市场商机。在互联网上,对于政治信息,可到一些政府网站(以. gov 作为最高域名,如中华人民共和国商务部网址为 www. mofwm. gov. cn)和一些 ICP 站点查找(如新浪网网址为 www. sina. com. cn);法律、人文和地理环境等信息属于知识性的信息,可直接去图书馆查阅,或查阅图书馆站点上的电子资源或直接通过搜索引擎在网上查找。具体查找时,若要利用图书馆的信息,可通过搜索引擎先找出图书馆的地址,然后再利用图书馆站点上的搜索功能查找有关信息。

4)网络商务信息收集与整理的方法

互联网为我们收集各种市场信息提供了十分便利、快捷的手段。在互联网上,世界各个国家和地区发行的报纸、杂志、政府出版物、新闻公报、人口与环境分析报告、市场调查报告、工商企业的供求信息与产品广告都可以在网上寻找到,市场营销调研人员只要掌握利用搜索引擎的技巧和一些相关的网站资源分布,就可以在互联网上查找到大量有价值的环境和商业原始数据或市场信息。

(1)使用合适的途径查找商务信息

首先,互联网上有很多优秀的国内外搜索引擎。在互联网上查找商务信息,既可以用综合类搜索引擎,也可以用各种专题类搜索引擎。对于不同的信息,可以用中文搜索引擎查找,也可以用英文搜索引擎查找。同时,互联网上有大量的商业资源站点,集中了大量的商务信息,而且大部分是供用户免费使用的。其中与网络市场调研有关的资源站点有很多,如商业门户网站、专业资源网站、专业调查网站、传统商业媒体转型的网站、电子商务网站、工商企业网站等,市场调研人员通过它们可获得许多有价值的商务信息。

(2)明确检索目标

要完成一个有效检索,首先应当确定检索的目标。检索目标是指要检索的主要内容以及对检索深度和广度的要求。检索的深度与需求的针对性有关。如果需求的针对性较强,且涉及到大量的特定领域和专业词汇,就需要进行较为深入的检索。检索的广度是指信息所涉及的方面和领域。对市场一般供需状况信息的检索,在深度上不必要求太高,但是在信息的广度上应该有比较高的要求。检索概念较泛,尚未形成明确的检索概念时,或仅需对某一专题做泛泛浏览时,可先用主题指南的合适类目进行逐级浏览,直到发现相关的网址和关键词后再进行扩检。

(3)选择查询策略

不同目的的查询应使用不同的查询策略,这主要取决于是想得到一个问题的多方面信息还是简单的答案。搜索引擎的统计表明,很多用户只输入一个词来进行查询,这会带来很多不需要的匹配。要进行有效的搜索,最好输入与主题相关的、尽可能精确的词或词组。提供的词组越精确,检索结果就越好。同时,应通过不同词组的检索,逐渐缩小搜索范围。

(4)分步细化逐步接近查询结果

如果想查找某一类信息但又找不到合适的关键词,可以使用分类式搜索逐步深化。搜狐网站的主页上将所有的信息分为新闻、体育、财经、IT、生活、健康、理财等30余类,然后再根据各个大类分为各个小类,如在"IT"中又以细分为"互联网、通信、科学"等。

5)网络商务信息的整理与分析

通常我们收集到的和储存的信息往往是零零散散的,不能反映系统的全貌,甚至其中可能还有一些是过时的甚至无用的信息。通过信息的合理分类、组合、整理、分析,就可以使片面的信息转变为较为系统的信息,这项工作一般分为以下几个步骤。

①明确信息来源。下载信息时,由于各种原因而没有将网址准确记录下来,这时首先应

查看前后下载的文件中是否有同时下载或域名接近的文件,然后用这些接近的文件域名作为原文件的信息来源。如果没有域名接近的文件,应尽量回忆下载站点,以便以后有机会还可以再次查询。对于重要的信息,一定要有准确的信息来源,没有下载信息来源的,一定要重新检索。

②浏览信息,添加文件名。从因特网上下载的文件,由于时间的限制,一般都沿用原网站提供的文件名,这些文件名很多是由数字或字母构成的,使用起来很不方便。因此,从网上下载文件后,需要将文件重新浏览一遍,添加文件名。

③分类。从因特网上收集到的信息往往非常零乱,必须通过整理才能够使用。分类的办法可以采用专题分类,也可以建立自己的查询系统。将各种信息进行分类,必须明确所定义的类特征。有了清晰的类特征定义,信息分类的问题就变成为类特征的识别与比较的问题:把具有相同类特征的信息分为同一类,而把具有不同类特征的信息分为不同的类。除了分类处理之外,往往还需要进一步做信息排序处理:各类之间要有类的排序,每个类的内部要有类内事项的排序。在分类和排序的基础上,还应当编制信息的储存索引。这样,用户就可以按照索引的引导快速查询出所需要的信息。

④初步筛选。在浏览和分类过程中,对大量的信息应进行初步的筛选,确定完全没有用的信息应当及时删去。不过应当注意,有时有些信息单独看起来是没有用的,但是综合许多单独信息,就可能发现其价值。比如市场销售趋势必定在数据的长期积累和一定程度的整理后才能表现出来。还有一些信息表面上是相互矛盾的,例如,一家纸业公司的经理想了解一下新闻纸的市场行情,检索到的结果可能会出现两种情况:一类信息告诉他,新闻纸供大于求,而另一类信息则说新闻纸供不应求,这时就要把这些信息进行科学的分类整理,然后进入整理分析环节。

⑤整理分析。网络信息的整理分析是指将各种有关信息进行比较、分析,并以自己的初衷为基本出发点,发挥个人的才智,进行综合设计,形成新的有价值的个人信息资源,如个人专业资源信息表等。从网络上得到的信息有时候会是自相矛盾的,还有一些可能是商业对手散布的用来迷惑竞争者的虚假信息。对于上面提到的关于新闻纸的两条信息,就需要进行人工处理。首先要对这两条信息的发源地、发布时间等进行比较,如果发源地和时间都基本相同,就要参考其他信息来进行比较,最终获得真正有价值的信息。

4.4.2　网络营销调研报告的撰写

调研报告的撰写是整个市场调研的最后一个阶段。网络营销调研报告是调研人员以书面形式,反映网络营销市场调查内容及工作过程,并提供调研结论和建议的报告。网络营销调研报告是调查研究成果的集中体现,其撰写的好坏将直接影响到整个市场调查研究工作的成果质量。一份好的市场调查报告,能给企业的市场经营活动提供有效的导向作用,能为企业的决策提供客观依据。调研人员应把与网络营销决策有关的主要调查结果写出来,呈现给管理人员。

1) 营销调研报告的特点

营销调研报告的撰写一般需要具备 4 个特点。

①要有明确目的。营销调研报告是为了满足制定营销决策时对信息资料的需求,无论

是描述和评价,还是意见和建议,都是以开展营销活动为目的而撰写。一份报告直接对应一项营销活动,解决一个重要问题,有着明确的针对性。

②要以事实为依据。对事实现象和数据的收集、整理在营销调研报告中占据很大比重,即使是有一些主观的分析和推理,也还是建立在一定现象和数据基础上的。

③要有科学性。文化市场营销调研报告的科学性主要体现在三个方面:①调研报告撰写的前提是对市场事实客观、正确的掌握;②调研报告的撰写必须建立在运用科学分析方法,对数据、情况进行充分定性、定量分析的基础之上;③调研报告得出的结论应该能够科学地揭示经营活动或是市场变化情况的规律。

④要有时效性。在经济竞争全球化的今天,市场的情况瞬息万变,市场机会稍纵即逝。决策者和管理者要使自己的营销与决策具有超前性,掌握市场的主动权,就必须及时、准确地掌握市场信息。而营销调研报告正是掌握这些信息的很重要的途径。

2)市场营销调研报告的内容与结构

(1)前言

①封面。通常包括以下4方面内容:第一,标题,要尽可能提供有关报告的目的和内容的信息;第二,委托单位的名称,即为哪个单位或个人提供调研服务;第三,调查机构的名称(可以添加地址、电话、传真、电子邮箱等联系方式);第四,呈送调研报告的日期。

②授权书。授权书是指在调研活动开始前委托客户写给调研机构的信函,详细说明了对调研机构的要求。通常是由双方订立确定委托代理关系的合同文书。并非所有报告都要求有授权书。一份授权书通常包括以下内容:调研范围与调研方法、付款条件、预算、人员配备、期限、临时性报告、最终报告的要求。

③目录。目录即列示整个书面报告的内容目录,帮助快速找到每一章节在报告中的相应位置。通常包括以下3个方面内容:章节标题、副标题及相应页码;图表及数字清单标题及页码;附录标题及页码。

④摘要。此部分是对调研报告主体部分的高度概括和总结,是整个报告的必读部分,为忙碌的管理者及委托单位提供了预览条件。主要包括调研目标、调研方法、调研结果的简单陈述、简述结论及建议、其他有关信息。

(2)主体

①引言。介绍实施调研的背景、参与调研的人员和单位、向相关个人及单位致谢,也可以对报告中每一部分内容及相关联系进行简单介绍。

②分析与结果。此部分是调研报告的正文部分,也是最核心的部分。应按照一定的逻辑顺序进行陈述,并配合文字、图表等展示分析的全过程,并得出调研结果。

③结论及建议。此部分是调研报告的关键部分,也是最吸引人之处。其中,结论是以调研分析结果为基础得出的结论或决策;建议是根据结论而提出工作及行动建议,是今后的行动指南,是调研机构对整个调研项目的总结。

④调研方法。此部分主要介绍调研的研究类型及研究目的;总体及样本的界定;资料收集方法和调查问卷的一般性描述及特殊类型问题的讨论;对特殊性问题的考虑,以增强调研的可靠性。通常调研方法描述的篇幅不需过长。

⑤局限性。由于任何调研都难免受样本界定误差或随机误差的影响,同时又受时间、预

算、资源或其他条件的约束和限制,使调研结果产生不同程度的误差现象,因此应以客观的态度对所调研项目的局限性进行相关说明。

(3)附录

①调查问卷及说明。将调查问卷原稿附在正文后面,并对调研方法、抽样调查方式及问卷中相关问题进行详细说明。

②数据统计图表及详细计算与说明。报告中涉及的图表及其他视图资料应进行详细说明,对于数据的统计计算过程也应适当作详细解释。

③参考文献及资料来源索引。报告中所参考的文献、学术期刊等资料需进行说明,同时需要对一手资料、二手资料的来源及联系方式进行详细说明。

④其他支持性材料。除上述资料外的其他资料也应作相应说明。

3)营销调研报告撰写步骤

(1)调查资料分析

对收集的资料进行分类整理后,运用"回归分析""相关分析""因素分析""判断分析""聚类分析"等分析方法,对有关影响企业营销的主要因素"市场""消费者""竞争者""宏观营销环境"及"企业自身条件"等资料进行客观、全面、准确的分析。具体地说,就是分析出影响营销活动的主要环境因素有哪些? 这些因素对企业的营销活动会产生什么影响? 分析在这些因素中哪些是有利因素? 哪些是不利因素? 分析它们各自的影响程度如何? 它们各自出现的概率有多大?

(2)提出调研结论

营销调研的目的性很强,调研结果必须要提出调研结论。调研结论是以调研分析结果为基础得出的结论或决策,是今后的行动指南,是调研机构对整个调研项目的总结。

(3)撰写调研报告

营销调研最终要形成一份书面营销报告。营销调研报告是对影响企业营销的有关环境因素的调查结果,进行客观陈述,提出调研结论的书面表现形式,是整个调研工作的文字化表现,也是调研结果被他人所知、所接受,便以利用的书面材料。为此,要组织好营销调研报告的撰写。

①明确撰写任务。营销调研报告是综合实践课业,一般要求作为团队合作课业完成。要求每个学生积极参与,明确自己撰写哪个部分,在规定的期间内必须完成作业,不拖小组后腿。小组成员可以使用组内共同资料、数据、图表,可以多组织讨论,群策群力;分配的报告撰写部分必须由个人独立完成,防止抄袭。

②做好撰写准备。营销调研报告撰写是一种极为有益的学习机会,是在专业学习中检验所学知识并锻炼书面表达能力与技巧的极少而又宝贵的机会。但也是一项艰巨的任务,为此学生要做好撰写准备。资料应及时准备。把搜集的资料、小组的讨论、个人分析意见及时汇总起来,并整合为方案设计所需材料。撰写时间合理安排。需花费一定时间完成初稿,再经过修改校对,正式打印,设计封面,进行装订。这些撰写环节都需要一定时间,因此要求合理进行安排。

③掌握撰写方法。一般来说,营销调研报告撰写方法的要求有:以营销环境理论为指导进行分析;分析资料运用要求充实,全面;分析资料运用要求真实,要有资料索引说明;市场

分析要求紧扣主题,观点正确;市场分析要求结构合理,层次清楚,注意逻辑性。

4)市场营销调研报告的写作技巧

撰写一份好的调查报告不是一件易事,调查报告本身不仅显示着调查的质量,也反映了作者本身的知识水平和文字素养。在撰写调查报告时,主要注意以下几个方面的问题。

①考虑谁是读者。报告应当是为特定的读者而撰写的,他(们)可能是领导、管理部门的决策者,也可能是一般的用户。不但要考虑这些读者的技术水平、对调查项目的兴趣,还应当考虑他们可能在什么环境下阅读报告,以及他们会如何使用这个报告。有时候,撰写者必须适应有几种不同技术水平和对项目有不同兴趣的读者,为此可将报告分成几个不同的部分或完全针对对象分别地撰写整个报告。

②力求简明扼要,删除一切不必要的词句。调研报告中常见的一个错误是"报告越长,质量越高"。通常经过了对某个项目几个月的辛苦工作之后,调研者已经全身心地投入,因此,他试图告诉读者他所知道的与此相关的一切。因此,所有的过程、证明、结论都纳入报告,导致的结果是"信息超载"。事实上,如果报告组织得不好,有关方甚至连看也不看。总之,调查的价值不是用重量来衡量的,而是以质量、简洁与有效的计算来度量。调查报告应该是精炼的,任何不必要的东西都应省略。不过,也不能为了达到简洁而牺牲了完整性。

③行文流畅,易读易懂。报告应当是易读易懂的。报告中的材料要组织得有逻辑性,使读者能够很容易弄懂报告各部分内容的内在联系。使用简短的、直接的、清楚的句子把事情说清楚,比用正确的但含糊难懂的词语来表达要好得多。为了检查报告是否易读易懂,最好请两三个不熟悉该项目的人来阅读报告并提出意见,反复修改几次之后再呈交给用户。

④内容客观,资料的解释要充分和相对准确。调查报告的突出特点是用事实说话,应以客观的态度来撰写报告。在文体上最好用第三人称或非人称代词,如"作者发现……""笔者认为……""据发现……""资料表明……"等语句。行文时,应以向读者报告的语气撰写,不要表现出力图说服读者同意某种观点或看法。读者关心的是调查的结果和发现,而不是调查人个人的主观看法。同时,报告应当准确地给出项目的研究方法、调研结果的结论,不能有任何迎合用户或管理决策部门期望的倾向。在进行资料的解释时,注意解释的充分性和相对准确性。解释充分是指利用图、表说明时,要对图表进行简要、准确的解释;解释相对准确是指在进行数据的解释时尽量不要引起误导。

⑤报告中引用他人的资料,应加以详细注释。这是大多数人常忽视的问题之一。通过注释,指明资料的来源,以供读者查证,同时也是对他人研究成果的尊重。注释应详细准确,如被引用资料的作者姓名、书刊名称、所属页码、出版单位和时间等都应予以列明。

⑥打印成文,字迹清楚,外观美观。最后呈交的报告应当是专业化的,使用质量好的纸张,打印和装订都要符合规范。印刷格式应有变化,字体的大小、空白位置的应用等对报告的外观及可读性都会有很大的影响。同时报告的外观是十分重要的。干净整齐、组织得好的、具有专业性的报告一定比那些匆匆忙忙赶出来的外观不佳的报告更可信、更有价值。撰写者一定要清楚,不佳的外观或一点小失误和遗漏都会严重影响阅读者的信任感。

⑦切忌将分析工作简单化。这可以从以下两个方面来考虑:首先在进行数据分析的过程中,一定要尽量从各个层面来考虑问题,也就是透过现象看本质;其次,数据的分析包括三个层次:说明、推论和讨论,即说明样本的整体情况、推论到总体并对结论作因果性分析。

⑧注重调研报告的时效性。时效性是营销调研报告的重要特性。市场信息瞬息万变，有的调研报告经过一定时间后很可能会失去应有的价值，所以，调研人员在完成数据资料的收集、分析、处理和形成意见之后，必须尽快形成报告并交给报告使用者。

[思考题]

1. 市场营销调研按调研目的可分为哪几类？
2. 简述市场营销调研的步骤。
3. 什么是市场营销信息管理系统？它由哪些子系统组成？
4. 网络营销调研具有哪些特点？
5. 如何利用企业数据库进行网络营销调研？
6. 如何利用网络数据库进行网络营销调研？
7. 如何运用网络调研的策略？
8. 简述网络营销调研的程序。

[案例分析]

张裕集团网络营销市场调研

张裕集团网络营销调研的思路

（1）明确调研方向

烟台张裕集团有限公司其前身是 1892 年由我国近代爱国华侨张弼士先生创办的烟台张裕酿酒公司，至今已有 120 多年的历史。它是中国第一个工业化生产葡萄酒的厂家，也是目前中国乃至亚洲最大的葡萄酒生产经营企业。集团公司现有职工 4 000 余人，总资产 22.9 亿元，净资产 14.8 亿元，主要产品有葡萄酒、白兰地、香槟酒、保健酒、中成药、粮食白酒、矿泉水和玻璃制瓶八大系列几十个品种，年生产能力 8 万余吨，产品畅销全国并远销马来西亚、美国、荷兰、比利时、韩国、泰国、新加坡、中国香港等世界 20 多个国家和地区。然而，随着葡萄酒关税降低以及人民币升值，国内葡萄酒相对国外葡萄酒具有的价格优势慢慢减少。国际葡萄酒生产商又将对我国市场发起自 20 世纪 90 年代后的第二次市场争夺攻势，我国葡萄酒市场竞争将越来越激烈，形势不容乐观。张裕集团审时度势，决定从 2015 年的下半年开始通过互联网进行网络营销调研，并在此基础上开辟广阔的国外市场。张裕集团确定了营销调研的 3 个方向：

①价格信息。包括生产商报价、批发商报价、零售商报价、进口商报价。

②关税、贸易政策及国际贸易数据。包括关税、进口配额、许可证等相关政策，进出口贸易数据，市场容量数据。

③贸易对象，即潜在客户的详细信息。包括贸易对象的历史、规模、实力、经营范围和品种、联系方法等。

(2)制定信息收集途径

①价格。主要有两种:一是生产商报价,包括厂方站点、生产商协会站点、讨论组和Trade-Lead(有两种方式:按国家分别检索、常用站点每周例行检索);二是销售商报价,包括销售商站点、政府酒类专卖机构和商务谈判信息。

②关税、贸易政策和数据。主要包括检索大型数据库、向已经建立联系的各国进口商发E-mail、相关政府机构站点和新闻机构站点查寻。

③交易对象的详细信息。包括目录型、数量型、地域型搜索引擎,黄页,专业的管理机构及行业协会站点和各国酒类专卖机构站点。

网络营销调研的步骤

(1)价格信息的收集

价格信息的收集是至关重要的,是制定价格策略和营销策略的关键。通过对价格信息的分析,可以确定世界上各种葡萄酒的质量与价格之间的比例关系;可以摸清世界各国葡萄酒的总体消费水平;可以确定国际葡萄酒的贸易价格,其中最主要的作用还是为张裕葡萄酒的出口定位。

对价格信息的收集从以下几个方面入手。

①生产商的报价。由于张裕集团是生产企业,因此来自其他生产企业的价格可比性很强,参考价值很高。特别是世界知名的葡萄酒生产企业的报价,更具有参考价值。这是因为世界著名的葡萄酒在国际贸易中占的比例很大,其价格能左右世界市场的价格走向。

生产商的报价从以下几个方面入手。

a.搜索厂方站点。这种方法的关键是如何查找到生产商的互联网站点,找到了厂商的站点也就找到了报价。有的站点还提供最新的集装箱海运的运价信息,也有很高的参考价值。

搜寻厂商站点,常用的方法是利用搜索引擎,即利用关键字进行数据检索。一般来说,商业性的检索都需要利用该搜索引擎的高级功能。在检索之前应仔细阅读其关于检索的说明,真正掌握其检索的规律。另外,任何一个搜索引擎都有其局限性,应该把多个搜索引擎结合起来使用,才能达到事半功倍的效果。目前,常用的搜索引擎有:Yahoo!、Infoseek、HotBot、Lycos、Altavisa、Webcrawler等。

b.利用生产商协会的站点。这类站点也可通过搜索引擎查询到。通常,生产商协会的网站上都列出了该生产商协会所有会员单位的名称及联系方式,但是一般都没有列出这些会员单位自己的网站。主要原因是这类协会的网站建立时,绝大部分的协会会员还没有建立网站。此时,向这些机构发出请求帮助的电子邮件,一般都会得到满意的结果。

c.利用讨论组。讨论组中的报价也大都是生产企业的直接报价。从事国际贸易的企业一般是加入Business中的Impon-Expon(进出口)组,在这个专业的讨论组中,可以发现大量关于进出口贸易的信息,然后输入关键字进行查询,可以寻找到所需要产品的报价。

在讨论组中发布信息的生产商一般规模较小、知名度也较低,它们往往借助专业的Import-Export组来宣传它们的产品,并希望以其低价格来打动进口商。这里的报价对于中国的出口企业具有特别的参考意义。

②销售商的报价。销售商包括进口商和批发商。它们报出的价格都是国内价格,一般

都含有进口关税。对于生产企业而言,可比性不是很强。但是它们所提供的十几甚至几十种产品,都来自不同的国家,参考价值很高。厂商可以据此确定每种产品的档次,确定不同档次产品的价格水平。

另外,还可以对不同国家的关税水平也有一个大概的了解。收集销售商的报价可以从以下几个方面入手。

①销售商站点中的报价。找到销售商的站点,也就找到了它们的报价。也可利用各种搜索引擎的关键词来查找销售商站点。例如:(vodak or spirits or alcohol or liquor or wine) and(wholesales or agent or distributor or import or importer or imported or trade)。

②政府酒类专卖机构的价格。在某些国家或地区,政府的酒类专卖机构是唯一的进口商和批发商。这些机构中酒类品种多达上百种,价格中的虚头也最少,所以参考价值很高。

下面分别是张裕集团利用的美国加州、加拿大安大略省和瑞典的酒类专卖机构的站点:www.abc.ca.gov,www.lcbo.com,www.systembolagetse。

③在商务谈判中定价。商品的最终价格往往要通过商务谈判才能确定,这种方式非常复杂,耗费的时间和金钱也最多,但它却是现阶段商业定价的最重要的方法,也最能体现供需双方的信息。然而,商务谈判中的定价极难获得,有的企业甚至视其为高度的商业机密。张裕集团在实践中发现,搜索各种博览会、交易会的信息公告以及从经济类媒体的报道中可以发现有用的蛛丝马迹。

从生产商、销售商及商务谈判得到的价格信息,应该再加以整理、分析,才能确定它们之间的相互关系,最后得出完整的价格体系。

(2)关税及相关政策和数据的收集

关税及相关政策信息在国际营销活动中占有举足轻重的地位。进口关税的高低,影响着最终的消费价格,决定了进口产品的竞争力;有关进口配额和许可证的相关政策关系到向这个国家出口的难易程度;海关提供的进出口贸易数据能够说明这个国家每年的进口量,即进口市场空间的大小;人均消费量及其他相关数据则说明了某个国家总的市场容量。要从世界上160多个国家来选择重点的销售地区、确定重点突破的目标,就必须依靠这些信息。这类信息的收集有以下几种方案。

①通过大型数据库检索。互联网中包含大量的数据库,其中大型的数据库有数百个,与国际贸易有关的数据库至少有几十个,其中有的收费,有的免费。收费的数据库商业价值最高,一般来说,想要的信息都能从其中查到;免费的数据库通常都是某些大学的相关专业建立起来的,其使用价值也很高。

世界百科信息库(www.dialog.com)是世界上最大的数据库检索系统,它包括了全球大多数的商用数据库资源。另外,它提供了一套专门的信息检索技术,有专用的命令,初次使用者需要认真学习才能掌握。该网站的大多数服务是收费的,但是网站提供的一个免费的扫描程序,可以帮助访问者得到扫描结果,若要得到具体的内容则需付费。

通过对数据库的查询,张裕集团得到了欧洲各国人均的葡萄酒(wine)消费量,尤其是南欧、中欧和法国的人均消费量很高,据此可以确定欧洲是重点的潜在市场。

②向已建立联系的各国进口商询问。这是一种非常实用、高效而且一举两得的方法,不但考察了进口商的业务水平,确认其身份,而且可以收集到最直接有效的信息。企业拟定一

份商业公函,发一个 E-mail 给对方,其中详细列出询问的内容,请求对方在最短的时间内给予答复。但是,进行这种询问的前提是:双方已经彼此了解,建立起了相互信任的关系。如果没有这种关系,国外的进口商一般是不愿回答的,因为这种方式有恶意收集信息之嫌。

③查询各国相关政府机构的站点。随着互联网的高速发展,很多政府机构都已经上网,建立了独立的网站。用户可以针对不同的问题去访问不同机构的站点,许多问题都可以得到非常详尽的解答。对于没有查到的内容,还可以发 E-mail 请求相关的职能部门或咨询部门给予答复。张裕集团发出去的此类信件,基本上都得到了较为详尽的答复。

④通过新闻机构的站点查询。世界上各大新闻机构的站点是宝贵的信息库,特别是国际上著名的几家新闻机构(如 BBC、CNN、Reuter 等),其每天 10 万字以上的新闻是掌握实时新闻和最新信息的捷径,而且有的站点还提供过去 1 年或 2 年的信息,并且支持关键词的检索。另外,一些关键的贸易数据、关税或人均消费量在某些新闻稿中也可以查到,这对信息的掌握常常是很重要的。

(3)各国进口商的详细信息的收集

收集进口商的信息,是网络营销的一个重要环节,其目的是建立一个潜在客户的数据库,从中选出真正的合作伙伴和代理商。需要收集的具体内容包括:进口商的历史、规模、实力、经营的范围和品种、联系方法(电话、传真、电子邮件)。对于已经建立了网站的进口商,只要掌握其网址就可以掌握以上信息。对于没有建立网站的进口商,可以先得到其联系方法,建立起联系后再询问。具体方法有以下几种。

①利用 Yahoo! 等目录型的搜索工具。Yahoo! 的优势在于其分类目录,把信息按主题建立分类索引,按字母顺序列出了 14 个大类,可以按照类别分级向下查询。Yahoo! 共汇集了 30 万个左右的分类 URL,信息充沛、准确率高。

②利用数量型的搜索工具。数量型的搜索引擎,都支持关键词的检索。对于支持布尔逻辑搜索的引擎,还可以把词义相近的词语组合起来进行一次性的查询,如一般使用 vodka and(import or agent or whole-sales or distributor or trade)进行搜索,可以得到较好、较全面的结果。

③通过地域性的搜索引擎。互联网上的 URL 浩如烟海,各大搜索引擎所能收列的毕竟是少数。这就要求检索者学会利用各种地域性的、规模较小的搜索。例如每个国家都有几个甚至十几个较知名的搜索引擎,可以搜索到当地的大部分 URL,如:www.solo.ru,weblist. ru,www.cesnet.cz,www.eckorea.net,www.euronline.fr 等。这对于针对某个国家的信息收集是最有帮助的。这些地域性 URL 也可以通过类似 Yahoo 的目录性的搜索引擎按国家/互联网/服务(如 German/Internet/Search)一级一级地向下找。

④通过 YellowPage 等商业工具,在电话号码簿上商业机构用黄色的纸张,故而得名商业黄页(YellowPage)。比较著名的搜索引擎都提供商业黄页服务。一般来说,这些商业黄页服务都不是自成一体的,都链接着某一个专业的商业搜索引擎。目前,世界上比较著名的商业搜索引擎主要有 Big Book,Big Yellow,Switch Board,Wofld Pages.com。

⑤通过专业的管理机构及行业协会。这是一种高效快捷的查询手段,不但命中率相当高,而且信息的利用价值也相当高。作为网络营销检索的重要手段,应该得到高度的重视。张裕集团在收集美国的生产商及进口商的信息时,这种方法就收到了奇效。

在美国的酒类管理体制中,酒基本上被分成了啤酒、葡萄酒和烈酒三类,而且每种酒的进口或批发都需要专门的许可证或执照。这就带来了很大的麻烦,因为无法确定某一家公司到底是经营葡萄酒还是伏特加酒,到底是进口商还是批发商,在黄页中查询到的最小分类是酒(Liquor),而没有更细的分类。当找到美国加州酒类管理中心的网站(www.abc.ca.gov)时,这些问题都迎刃而解了。这里不仅按酒的类别、字母的顺序、不同的地域对每个公司进行了分类,而且对于每个公司的信息都有详尽的记录,包括:公司名称、申请人姓名、地址、许可证的种类、许可证的使用期限、经营历史、电话号码等,真是一个信息宝库。

⑥通过最大的进口商——各国的酒类专卖机构。在酒类控制严格的国家,往往酒类专卖机构是唯一的进口商。它们也是世界上最大的购买集团。例如瑞典酒类专卖机构,每年都要向全世界招标进口某一种类的酒,其进口量也是很大的,最低为每年 150 个集装箱。所以应该特别注意定期访问其站点,以获得最新的招标信息。

有的酒类专卖机构并不直接进口酒,而是通过一批中介公司。它们也是经过酒类管理机构签发许可证的专业公司,其积极性比起专卖机构高得多。一般来说,它们会很高兴地向你介绍该国、该州的有关贸易情报。这也是信息的一个重要来源。

网络营销调研过程评价

张裕集团利用半年左右时间,收集了以上 3 个方面的情报,对于世界上葡萄酒的贸易状况有了基本的了解,掌握了世界葡萄酒交易的价格走势,认清了张裕葡萄酒所处的档次水平,也联系了上百家进口商、经销商,可以说基本上把握了国际葡萄酒市场的脉搏,圆满地完成了市场营销调研工作。这些工作为以后的网上谈判、选择代理商等网络营销工作打下了良好的基础。

(资料来源:张裕报 http://www.changyu.com.cn/classroom/zyb_books.html,2016 年 3 月 19 日。)

[案例思考]

1.张裕集团在利用网络进行市场营销调研过程中使用了哪些方式?

2.网络营销调研能否收集到企业决策所需要的全部信息?

3.网络营销调研方式与传统调研方式应该如何结合?

第 5 章
网络营销中的市场分析

网络营销中的市场分析,是企业进行网络营销时一个不可或缺的过程,它主要解决企业在网络市场中满足谁的需要,向谁提供产品和服务的问题。因为对于企业来说,只有在网络市场中选准了为谁服务这一目标,才能有效地制订网络营销方案和策略。而这又是以网络市场细分、网络目标市场及市场定位为基础和前提的。

5.1 网络市场细分

网络市场细分是指企业在调查研究的基础上,依据网络消费者的需求、购买动机与习惯爱好的差异性,把网络市场划分成不同类型的消费群体,每个消费群体就构成了企业的一个细分市场。这样,网络市场可以分成若干个细分市场,每个细分市场都是由需求和愿望大体相同的消费者组成。在同一细分市场内部,消费者需求大致相同;不同细分市场之间,则存在着明显的差异性。企业可以根据自身的条件,选择适当的细分市场为目标市场,并依此拟订本企业的最佳网络营销方案和策略。

5.1.1 网络市场细分的作用

网络市场细分可以为企业认识网络市场、研究网络市场,从而选定网络目标市场提供依据。具体来说,网络市场细分有以下几方面的作用。

(1)有利于分析网络市场,开拓新市场

在网络市场细分的基础上,企业可以深入了解网络市场顾客的不同需求,并根据各子市场的潜在购买数量、竞争状况及本企业实力的综合分析,发掘新的市场机会,开拓新市场。

(2)有利于集中使用企业资源,取得最佳营销效果

企业通过网络市场细分,发掘网络市场机会,并根据主客观条件的分析选定网络目标市场。因此,可以将企业资源集中用于最有利的子市场,争取较理想的市场份额,以使有限资源得到较充分的利用,取得最佳营销效果。

(3)有利于制订和调整营销方案,增强企业应变能力

在网络市场细分的基础上,比较容易认识和掌握各细分市场消费者需求的变化,以及对营销措施的反应,从而相应地调整营销策略,制定最佳的营销策略。

下面借用 1 个案例来说明市场细分的作用。资生堂(Shiseido)是日本著名化妆品品牌,资生堂的长盛不衰,与其独具特色的营销策略密不可分。20 世纪 80 年代以前,资生堂实行的是一种不对顾客进行细分的大众营销策略,即希望自己的每种化妆品对所有的顾客都适用。80 年代中期,资生堂因此遭到重创,市场占有率下降。1987 年,公司经过认真反省,决定由原来的无差异的大众营销转向个别营销,即对不同顾客采取不同的营销策略,资生堂提出的口号便是"体贴不同岁月的脸",他们为不同年龄阶段的顾客提供不同品牌的化妆品。为十几岁少女提供的是 RECIENTE 系列,为 20 岁左右的女性提供的是 ETTUSAIS,40 ~ 50 岁的中年妇女有"长生不老"的 ELIXIR,50 岁以上的妇女则可以用防止肌肤老化的资生堂返老还童 RIVITAL 系列。正是资生堂成功的市场细分战略,使得它成为百年企业,在激烈的化妆品行业市场竞争占有一席之地。

5.1.2　市场细分的前提

市场产品供应的多元化和市场需求的差异性是市场细分的前提。

1)产品供应的多元化

众所周知,生产决定分配、交换和消费。因此,产品供应多元化是市场得以细分的最重要前提。在现代经济社会中,各个企业生产的各种产品,都有某种程度的差异。这种产品供应上的差异化原因很多,其中较重要的有以下几项。

①各个生产企业所采用的生产设备、生产程序和生产方法不尽相同,因此,即使都是为相同或类似的使用者设计的产品,各个企业实际推出的产品仍会有较大的差异。

②各个生产企业都会拥有一些特殊的资源。

③各个竞争企业在产品的设计、发展、改良和革新等方面的进展,总会参差不齐,有先有后。

④在某些行业中,生产企业即使都推行严密的全面质量管理制度和采用相同的技术,也无法消除产品的某些差异。

⑤各个企业对市场需求特点及趋势的估计也不尽相同。

由此可见,即使各个企业都有意识地执行某种相同的营销方式,他们之间向市场提供的产品仍然会有很大的差异性。

2)市场需求的差异性

生产虽然决定消费,但生产又必须依赖于消费。生产企业的产品只有为顾客所接受,最后进入生活消费,其价值与使用价值才能最终实现,再生产才有可能继续。要使顾客真正愿意接受自己的产品,各个生产企业就有必要区分各种不同类型顾客的需求。分别采取相应的市场营销手段,生产和推销各有不同特点的产品。因此,市场需求的差异性也是市场细分的基本前提。

市场需求的差异性,主要是由于人们的个性、爱好、看法、动机、经济状况、生活方式以及家庭、生理等各有差异,从而表现出各种不同的需求,并派生出其他不同的需求。因此,市场上任何一项产品或劳务,如果拥有两个以上的顾客,这个市场便可以加以细分,可以划分为具有不同需求特点的购买群体。如国外的服装制造业,通常就是根据时间、场所、情况的不同,把服装市场细分为家庭服装市场、游乐旅行服装市场、喜庆宴会社交礼服市场、最流行时装市场、运动服装市场、学生服装市场等。为打进这些目标市场,在产品设计、分配路线选择、广告宣传、价格的制定、促进销售的方法上,都要适应这些细分后的小市场的需要。

综观上述两方面的原因,可以说市场细分已是现代市场发展的要求,是社会经济发展的一种必然趋势。

5.1.3 网络市场细分的原则

实现网络市场细分化,并不是简单地把消费者视为需求相同或不同就行了。因为它在企业的市场营销活动中,处于策略地位,直接影响到企业各种营销策略的组合。所以,网络市场细分必然要遵循一定的原则,或者具备一定的条件,这些主要原则如下。

1) 可衡量性

可衡量性指表明消费特征的有关资源的存在或获取这些资料的难易程度。亦即细分出来的市场不仅范围比较明晰,而且能大致判定该市场的大小。各有其容易认识的组成人员,共同的特征,表现出类似的行为,并且有可能取得表明购买特性的资料。比如,以地理因素、消费者的年龄和经济状况等因素进行市场细分时,这些消费者的特征就很容易衡量,该资料获得也就比较容易;而以消费者心理因素和行为因素进行市场细分时,其特征就很难衡量,所以它是一种高级细分技术,需要在有关专家协助下才能搞好。

2) 实效性

实效性指网络目标市场的容易及获利性值得企业进行开发的程度。一个细分市场是否大到可以实现具有经济效益的营销目标,取决于这个市场的人数和购买力。网络市场划分范围必须合理,细分市场的销售量,应考虑是否值得进行分开的营销活动。一个细分市场应是适合设计一套独立营销计划的最小单位。

3) 可接近性

可接近性指企业能有效地集中力量接近网络目标市场并有效为之服务的程度。企业对所选中的网络目标市场,更能有效地集中营销能力,开展营销活动。一方面指企业能够通过一定的媒体把产品信息传递到细分市场的消费者;另一方面是产品经过一定的渠道能够达到该细分市场。对于企业难以接近的网络市场进行细分就毫无意义。

4) 反应率

反应率指不同的细分市场,对企业采用不同营销策略组合所具有的不同反应程度。如果网络市场细分后,由于市场对各种营销方案的反应都差不多,则细分市场就失去了意义。例如,如果所有细分市场按同一方式对价格变动做出反应,也就无须为每一个市场规定不同的价格策略。

5) 稳定性

网络细分市场必须在一定时期内保持相对稳定,以便企业制定较长期的营销策略;有效地开拓并占领该目标市场,获取预期收益,若细分市场变化过快,网络目标市场有如昙花一现,则企业经营风险也随之增加。同时,在实践中,除稳定性外,细分市场也并不是越细越好。因为如果细分过细,一是增加细分变数,给细分带来困难;二是影响规模效益;三是增大费用和成本。这时就应实施"反细分化"策略。它并不是反对市场细分,而是要减少细分市场的数目,亦即略去某些细分市场。或者把几个太小的细分市场集合在一起。推行"反细分化"策略,要有利于扩大产品的适销范围;降低成本和费用,增加销售,提高经济效益。

5.1.4 市场细分的一般方法

根据细分程度的不同,市场细分有三种方法,即完全细分、按一个影响需求因素细分和按两个以上影响需求因素细分。图 5.1A 为假设的一个拥有 6 个购买者的市场。按不同方法对这一市场细分的情况如下。

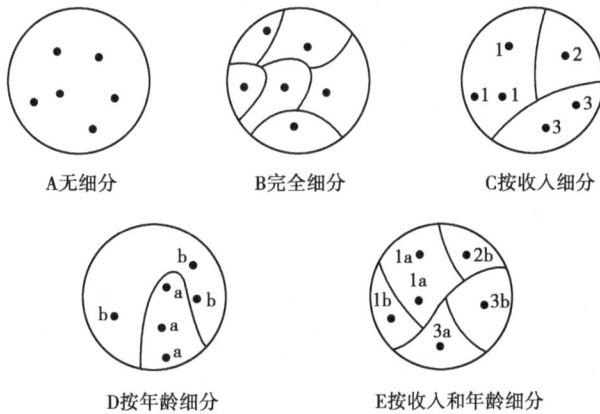

图 5.1 市场的不同细分法

1)完全细分

假如这 6 个购买者的需求完全不同,那么每个购买者都可能是一个单独的市场,完全可以按照这个市场所包括的购买者数目进行最大限度的细分,即这个市场细分后的小市场数目也就是构成此市场的购买者数目。图 5.1B 所示就是这种彻底细分的极端情况。在实际市场营销中,有少数产品确实具有适于按照这种方法细分的特性。但在绝大多数情况下,要把每一购买者都当作一个市场,并分别地生产仅符合这些单个购买者需要的各种产品,从经济效益看是不可取的,而且实际上也是行不通的。因此,大多数销售企业还是按照购买者对产品的要求或对市场营销手段的不同反应,将他们作概括性的分类。

2)按一个影响需求因素细分

按一个影响需求因素细分即对某些通用性比较大,挑选性不太强的产品,往往可按其中一个影响购买者需求最强的因素进行细分,如可按收入不同划分,或按不同年龄范围划分。图 5.1C 以 1,2,3 代表收入不同的阶层,将相同收入阶层的购买者归入同一个市场范围内。结果可按收入因素,将原市场细分成 3 个部分。在本例中,第一收入阶层所包含的购买者最多。在图 5.1D 中,以 a,b 代表不同的年龄范围,按年龄范围将原市场细分成两个部分,每个细分市场的人数都相等。

3)按两个以上影响需求因素细分

大多数产品的销售都受购买者多种需求因素的影响,如不同年龄范围的消费者,因生理或心理的原因对许多消费品都有不同的要求;同一年龄范围的消费者,因收入情况不同,也会产生需求的差异;同一年龄范围和同一收入阶层的消费者,更会因性别、居住地区及其他许许多多情况的不同而呈现纷繁复杂、互不相同的需求。因此大多数产品都需按照两个或两个以上的因素细分。图5.1E是按购买者的收入及年龄两因素将原市场进行细分的情况,结果可把原市场区分为6个细分小市场:1a,1b,2a,2b,3a,3b。在本例中,1a部分有两个购买者,2a部分无购买者(虚细分市场),其他部分各有一个消费者。

当然以多个需求特征组合作为市场细分的根据时,如前所述,销售者可以更精确地划分目标市场,但这样一来,却增加了细分市场的数目。如果销售者按照所有可能影响需求的因素组合来细分市场,那么又将回到图5.1B所示的完全细分情况,那时每个购买者都是一个细分市场。因此,本细分方法中所说的两个以上影响需求因素并不是无限的。各个销售企业在具体运用市场策略时,还应根据不同的产品情况,适量控制一定的细分因素组合。

5.1.5 网络市场细分的标准

市场细分是根据一定的标准来进行,利用这些标准就能够区别不同的需求。在消费者购买行为中,我们知道影响消费者需求和行为的因素有很多,这里我们把它划成五大标准。在现代社会中影响和造成消费者市场需求差异性的因素是极其纷繁复杂的,因此细分网络消费者市场就不可能有一个绝对正确的标准和方法或固定不变的模式。各行业、各企业可采取许多不同标准的方法来细分,以寻求最佳的营销机会。根据长期以来细分消费者市场的实践经验,影响消费者市场需求的主要因素,大致可分为五大类。即地理因素、人口因素、心理因素、行为因素和网络因素。

1)地理因素

可根据消费者所在的不同地理位置、气候、人口密度和城乡的情况,划分出不同的细分市场。按区域划分市场,从全国来看,可区分为东北地区、华北地区、华南地区、华东地区、西南地区、西北地区等;按自然条件分,如山区、平原、丘陵、湖泊、沙漠、草原等地,由于地理条件不同,消费者对产品的需求也不一样;按不同气候来说,居住在不同气候条件下的居民,对消费品的需要也有不少差异。

这种按地理状况细分市场的方法的优点是:可把营销准确地集中到潜在顾客居住的地方,生产当地需要的产品,有效地利用当地或地区的广告媒体,合理地设置销售机构和储运设施。其缺点是:消费者的偏好往往与其居住地没有明显的联系,而经济的、人口统计方面的因素似乎对消费的影响更直接,而且按地理细分的市场都较大,不符合经济工作要愈做愈细的原则。如我国的中南地区,有沿海有内地,虽然还包括许多富有经济意义的次细分市场,但居住在这些地区的居民地理上的一致性往往会被其他影响消费者购买行为的因素所大大抵消。因此,一个地理细分市场中的成员,要成为一个作为营销活动的目标市场,往往其差异性很大。现在按地理细分市场有一种很有效的方法,就是采用区分邮区的"邮区编码制",这种编码制可提供更多比按行政区域细分较令人满意的细分市场。工商企业可更方便而有效地对这些地区的消费者开展直接邮购业务,广告则可选择不同地区的不同报刊,登载对某些特定地区最有针对性的广告,这样既可节省广告费用,又可收到最大的广告效果。较为重要的地理因素有以下4种。

（1）地理区域

不同地区的消费者的消费习惯和购买行为,由于长期受不同的自然条件和社会经济条件等的影响,往往有着较为明显的差异。如我国的饮食习惯,素有南甜北咸、东辣西酸之说;我国南方人喜欢吃大米,北方人喜欢吃面食等。

（2）气候

气候的差异也会引起人们需求的差异。如气温的高低对人们的衣着以及部分日用品的消费就有很大的影响。北方人大多需暖气设施,南方人大多需降温设施等;气候的干湿程度对人们的消费需求也有很大的影响,气候干燥的地区大多需抗旱设施,气候湿润的地区则需雨具及防涝设施等。

（3）人口密度

城市、郊区及乡村的情况是不一样的。例如,由于生活空间条件的差异,我国城市消费者喜欢小巧玲珑、较为轻便的自行车,农村顾客则喜欢结实耐用的载重型自行车。

（4）城镇规模

城镇以规模大小可划分为特大型城市、大城市、中型城市及小城市、县城与乡镇。一般来说,地理因素具有较大的稳定性,与其他因素相比,容易辨别的分析。然而地理因素毕竟是静态因素,不容易划分得很详细,原因是生活在同一地理位置的消费者仍然会存在很大的需求差异。因此,进行市场细分时还必须同时综合考虑其他因素,方能选择目标市场。

2）人口因素

人口因素历来是细分市场常用的重要因素。因为消费者的欲望、需求偏好和使用频率往往和人口因素有着直接的因果关系,而且人口因素较其他因素更易测量,人口因素主要包括以下几个方面。

（1）性别

男女有别。依据性别因素细分市场一直应用于服装、鞋帽、化妆品等领域,现已扩大到许多方面。随着妇女参加工作和社会经济地位的改变和提高,女性市场已成为一个越来越重要的市场。企业应高度重视女性市场需求的变化和发展。

（2）年龄

不同年龄的消费者对商品需求的特征也有着明显的差异。一般地说,儿童需要玩具、食品、童装、儿童读物;青年人则需要学习、体育和文娱用品;老年人需要营养品与医疗保健用品等。按年龄细分市场,有利于满足各年龄档次的消费者的特定需要。因此,企业必须掌握市场上消费者的年龄结构、各档次年龄占总人口的比重及各档次消费者的需求特点。

（3）家庭生活周期

家庭生活周期是指一个以家长为代表的家庭生活的全过程,从青年独立生活开始,到年老后并入子女的家庭或死之时为止。一个家庭,按年龄、婚姻和子女状况等,可划分为 7 个阶段,同一消费者及家庭的购买力、兴趣和对商品的偏好也会有较大差别。

①单身阶段:年轻、单身,几乎没有经济负担,他们是新消费观念的带头人,娱乐导向型购买。

②新婚阶段:年轻夫妻无子女、经济条件比较好。他们购买力强,对耐用品、大件商品的购买欲望强烈。

③满巢阶段Ⅰ:年轻夫妻,有6岁以下子女,他们是家庭用品购买的高峰期。不满足现有的经济状况,注意储蓄,购买较多的儿童用品。

④满巢阶段Ⅱ:年轻夫妻,有6岁以上未成年子女,经济状况较好。他们的购买趋向理智型,受广告及其他市场营销刺激的影响相对减少。注重档次较高的商品及子女的教育投资。

⑤满巢阶段Ⅲ:年长的夫妇与未独立的成年子女同住,经济状况仍然较好,妻子或子女皆有工作。他们注重储蓄,购买冷静、理智。

⑥空巢阶段:年长夫妇,子女离家独立,他们多购买老年人用品,如医疗保健品。娱乐及服务性消费支出增加。后期退休收入减少。

⑦孤独阶段:单身老人独居,收入锐减。他们特别注重情感、关注等需要及安全保障。

(4)收入

不同收入的消费者对商品的需求也有明显的差异,因为收入水平是购买力形成的重要因素。按照消费者收入的不同,细分市场可以针对不同收入的消费者生产不同档次的商品,利用不同的渠道、不同的价格去满足各种需求。许多企业把市场区分为精品市场与大众市场,高收入者市场、中等收入者市场及低收入者市场,或进一步依据消费者收入的不同档次细分市场。

(5)职业

不同职业的消费者,对商品的需求也有明显的差异。比如教师、职员、工人、农民、学生等不同职业者,对商品的需求有着明显的差异。此外,经常用于市场细分的人口因素还有家庭规模(家庭人数)、教育程度、宗教信仰、国籍和种族等。

(6)民族

世界上大部分国家都拥有多种民族。我国除汉族外,还有50多个少数民族,人口约占全国总人口的6.7%,分布在我国50%的土地上。这些兄弟民族都各有自己的传统习俗,过着不同的生活,因而也呈现出各种各样的产品需求。在不同民族间,饮料和食品的消费更显著不同。如我国西北少数民族饮茶特多,回族则不吃猪肉。在衣着服饰以至使用器具上,各族人民之间也有明显特点。如藏族男子喜欢佩带藏腰刀,藏民还有使用银器的传统;瑶族、苗族妇女的服饰特别讲究,这样,耳环、手镯、项链等银饰,以及碗、盘、勺、筷、酒壶、酒杯等银器,就是很重要的少数民族特需品。

(7)教育水平

同属某一收入水平的阶层,教育程度也会使得个人需求产生某些差异。因为教育程度不同的人,在志趣、生活方式、文化素养、价值观念等方面都会有所不同,因而影响到他们的购买种类、购买行为、购买习惯等。如高等学校毕业的人,花在书报杂志上的开支就远比文化水平不高的人为多,他们的阅读内容也与没有受过高等教育的人有很大差异。至于什么样的服饰、家庭用具和摆设,往往也反映出主人所受的教育程度。总之,一个人购买什么产品,在很大程度上要取决于他所受教育的状况。因此,教育程度也是进行市场细分的一个独立客观因素。

3)心理因素

心理因素是一个极其复杂的因素,消费者的心理需求具有多样性、时代性和动态性的特点。企业可根据消费者所属的社会阶层、生活方式及个性特点等心理因素,进行市场细分。

(1)社会阶层

在一个社会中,社会阶层是具有相对的同质性和持久性的群体。它们按等级排列,每一阶层的成员具有类似的价值观、兴趣爱好和行为方式。一个人所处的社会阶层,通常是职业、收入、教育和价值观等多种因素作用的结果。同一社会阶层的人,要比来自两个社会阶层的人行为更加相似。因此,社会阶层是市场细分的重要心理因素。

(2)生活方式

生活方式是人们生活和花费时间及金钱的模式。可根据消费者的不同生活方式划分出各种明显的细分市场。例如深居简出者,他们大都在家里度过闲暇时间,是以家庭为中心的人;时髦人物则大都热衷于社交活动;事业心重的人则将大部分闲暇时间用在考虑工作上。这样,就可根据消费者所花时间从事的活动进行市场细分。例如,妇女时装生产商为"纯朴女性""时髦女郎"和"男性化女士"设计不同款式的服装。

(3)个性

个性是指一个人的特有的心理特征,它会导致一个对其所处环境做出相对一致和持续不断的反应。一个人的个性,会通过自信、支配、自主、服从、交际、保守和适应等性格特征来表现。企业依据个性因素细分市场,可以为其产品更好地赋予品牌个性,以期与相应的消费者个性相适应。

(4)态度

根据消费者对企业及其产品的态度进行分类并采取相应营销措施。如对持中间态度的消费者("我曾听说过某品牌,但我并不真正了解它"),应大力开展资料丰富的、有说服力的促销活动;对抱积极态度的消费者("某品牌是市场上最好的产品"),应利用接连发出的广告与消费者签订合同的办法加以巩固;对持消极态度的消费者("某品牌比另外某品牌大大低劣"),要改变其态度是较困难的,应在广告宣传上具体化,并改进产品质量,提高企业形象。一般说来,企业放弃这一细分市场是合适的,因为企业进行市场细分,并不是要企业利用一种营销努力来满足所有消费者群体的要求。

(5)购买动机

购买动机即按消费者追求的利益进行细分。如美国的一位市场学者曾研究得出结论,牙膏市场可按此分为 4 个细分市场:①重感官的细分市场:追求味道和产品外观的人;②爱交际的细分市场:追求洁白牙齿的人;③忧虑者的细分市场:追求防蛀牙功效的人;④独立自主的细分市场:追求低价的人。购买某项产品的重要性也随购买者的不同而不同,如郊区工矿企业比市内机关认为购买交通车的意义更重大。一个家里没有任何电视机而又收入颇丰的人,会比家里已有黑白电视机的人对彩色电视机购买的意义看得更重要。因此可根据这些不同利益的追求而将消费者进行细分。

4)行为因素

消费者市场细分的标准,总而言之可分为两大类型。一类的依据是消费者的特征,如地理因素、人口因素和心理因素;一类的依据是消费者的反应,如各种行为因素。西方国家许多学者及企业认为,将购买者按其对产品的理解、态度、使用或反应即按消费者的行为来细分成不同的群体,是细分市场至关重要的出发点。

（1）购买时机

消费者购买商品的时间习惯有时受商品的特性所影响。如有些商品是时令商品（如电风扇、空调器、取暖器等），有些商品是节日礼品或婚嫁特殊品，消费者购买时间有一定的规律性。在西方国家，许多企业往往通过时机细分，把握特定时机的市场需求，试图扩大消费者使用本企业产品的范围。

（2）追求利益

依据消费者通过购买、消费产品，期望得到的主要利益，进行市场细分。企业可以根据自身的条件，选择其中某一个追求某种利益的消费者群体作为目标市场，生产出适合该目标市场需要的产品，然后通过广告媒介，把这种产品的信息传递给追求这种利益的消费者群。如联合利华集团认识到消费者具有不同的需求，为此，根据消费者在购买时"利益的追求"进行市场细分，并针对不同的细分市场的特点生产不同的洗护产品，以满足其需要。如联合利华旗下个人洗护品牌主要有多芬、清扬、凌仕、夏士莲，而每个品牌都有自己的特色，每个品牌都有特定的目标用户。"多芬"宣扬的是"温和洁净、轻柔柔滑"，"清扬"注重于去头屑，"清扬，让你无需隐藏"，"凌仕"针对男士护理，突出"时尚睿智"，"夏士莲"个性在于天然成分、自然健康。于是联合利华构筑了一条完整的个人洗护的产品线，占据了很高的市场占有量。

（3）使用者情况

有些商品市场，可以按照使用者的情况进行细分。分为未使用者、初次使用者、经常使用者、曾经使用者和潜在使用者等。一般地说，具有较高市场占有率的企业，往往更重视把潜在用户细分出来，以便使之成为现实的用户。而小企业则较重视经常使用者顾客群的开发，力图使自己的产品比竞争者更富于吸引力。

（4）使用频率

根据消费者对特定商品的使用次数和数量，可以划分为大量使用者、中量使用者和少量使用者。大量使用者往往人数不多，但他们所消费的商品数量在商品消费总量中所占比重却很大，并往往具有某种共同的人口及心理方面的特征。

（5）忠诚程度

消费者的忠诚程度，包括对企业的忠诚和对品牌的忠诚等。以品牌为例，可以把消费者细分为四类不同的消费者群：始终不渝地坚持购买某一品牌的坚定的忠诚者；经常在几种固定的品牌中选择的不坚定的忠诚者；由偏爱某一品牌转向偏爱另一品牌的转移型忠诚者；对任何一种品牌不忠诚的多变者。每个企业都包含了比例不同的这样四类顾客。依据忠诚程度细分市场，可以发现问题，采取措施改进市场营销工作。

企业有必要利用"忠诚状况"来细分市场。通过研究本企业牌号的"坚定忠诚者"的特征，企业就可以根据这些特征采取措施来满足他们的需要；通过研究"弹性忠实者"，企业能认识到哪种牌号的产品是企业的主要竞争者，企业可通过改良本企业的产品，以增强竞争能力，也可以用广告形式来说明本企业的产品具有更大的优点，从而使"弹性忠诚者"转变为本企业的"坚定忠诚者"；通过研究"转移忠诚者"，企业就能发现某些消费者为什么原来忠诚于本企业的牌号，但现在转而忠诚于其他牌号的原因，找出本企业市场营销工作的弱点，以便采取补救措施；而对于随机者，企业可以通过改良市场营销手段，促进他们热爱本企业的产品。

（6）待购阶段

企业可以把购买某种产品（特别是新产品）的消费者按"待购阶段"（即准备购买阶段）分为不同的类型。如有的消费者不知道市场上已存在某种产品；有的消费者已知道这种产品而未做出是否立即购买的决定；有的消费者已经掌握了一定的信息，愿意购买使用；有的消费者愿意重复购买。根据购买者的"待购阶段"细分市场后，企业就可以针对处于不同待购阶段的消费者，采取相应的促销措施，如对于尚未知道市场上存在某种产品的消费者，企业应做介绍性广告，尽快让他们了解产品的信息；而对已经了解某种产品的消费者，企业要着重宣传该产品能为消费者带来的利益，促使他们采取购买行动。

5）网络因素

除了上面传统的细分标准外，我们还可以按是否上网、上网能力、上网时间、上网费用、上网的主要地点、拥有 E-mail 地址的平均值、平均每周收发的电子邮件数、知悉新网站的主要途径、使用的语种等新的细分标准对目标消费者进行分群。

由于消费者的情况千差万别，任何市场都是由许多小市场组成的，不过这些小市场不是随便根据什么标准都可以划分出来，而是要根据一些影响消费需求的主要因素来进行细分，一般在进行市场细分时，大致可以围绕下列问题来进行。

①细分小市场的位置在什么地方？

②这些细分小市场的顾客是什么人？

③他们购买什么产品？

④他们如何购买这些产品？

⑤他们为什么要购买这些产品？

当然，上面这些问题牵涉的范围也是非常广泛的。如市场的位置问题，实际上就是一个地理环境的问题。居住在不同地区的消费者其需求是互不相同的。各个地区的文化、气候、生活方式的差异，对消费者的购买种类和行为将产生很大影响。至于"顾客是什么人"的问题，则可按许多特点来描绘。这些特点有人口统计方面的，如按不同年龄、性别、婚姻状况的典型统计来区分；有社会经济方面的，如按不同的收入、教育状况等与社会经济地位有关联的特征来区分；也有心理上的，如按不同性格、价值观念和兴趣等个人特性来区分。根据消费者"购买什么产品"的问题来细分市场，则要考虑他们原有的消费模式和使用习惯。而根据"他们如何购买"这一问题来划分市场。则可按其购买频率和他们经常去购买东西的商店或企业的类型来划分。而对"为什么购买"这一问题的回答，则要对一系列心理作用的因素进行一番详细的考察。

由此可见，影响产品需求的因素是多方面的，这些因素非常复杂，实际上不可能按这些因素逐个来进行市场细分。因此在实际工作中，往往把它们归纳为若干基本要素，然后使用多个细分标准对其进行细分。

以上我们较详细地论述了细分消费者市场的标准，在实际应用时，企业应根据经营内容，选择合适的标准来细分市场。同时，在细分市场时，往往要同时使用几个标准，表 5.1 有助于我们认识这个问题。

表 5.1　运用多种标准细分摩托车市场

年　龄	性　别	地理位置	职　业	生活方式	追求利益	经济收入
儿　童	男	城　市	农　民	浪漫	快速	高
青　年	女	郊　区	工　人	朴素	中速	中
中　年		农　村	职　员		慢速	低
老　年			学　生			

表 5.1 说明某摩托车厂运用多种标准细分摩托车市场,最后选择家住郊区、经济收入中等、生活方式浪漫、要求车速较慢的女青年工人作为企业的目标市场。

5.2　网络目标市场的选择

所谓网络目标市场,也叫网络目标消费群体。事实上,也就是企业商品和服务的销售对象。市场经过细分之后,便使企业面临许多不同细分市场的机会,接着便要进一步做好两方面的工作:评估细分市场与选择细分市场。

5.2.1　细分市场的评估

企业在评估不同的细分市场时,必须考虑到以下三个因素。

1) 细分市场的规模和增长程度

即在选择目标市场时,企业首先要弄清潜在的细分市场,其规模及增长程度是否恰当。当然所谓恰当的规模,也是相对而言的。大企业一般应选择销售量较大的细分市场,小企业则通常会避免选择那些大市场。原因:一是需要资源太大;二是这些市场对大企业太有吸引力,小不斗大。至于细分市场增长程度,本来各企业都希望自己的销售额和利润不断增长,但这样一来,竞争者会更加迅速打进这一市场,反而使他们的利润降低,因此要辩证地来考虑这一问题。

2) 细分市场的结构吸引力

一个细分市场,哪怕其规模和增长程度可能是恰到好处的,但从赢利性的观点看,还不一定就具有吸引力。有 5 种威胁有可能使有关的细分市场失去吸引力,即:

（1）同行业竞争者

也就是细分市场内激烈竞争的威胁,如果某个细分市场已经有了为数众多的、强大的或者竞争意识强烈的竞争者,该细分市场就失去了吸引力。如果出现下列情况:该细分市场处于稳定或者萎缩的状态;生产能力不断大幅度扩大;固定成本过高;退出市场的壁垒过高;竞争者投资很大。想要坚守这个细分市场,那么情况就会更糟。这些情况进而导致价格战、广告争夺战,不宜推出新产品,因此企业要参与竞争就必须付出高昂的代价。

（2）新参加者的威胁

如果某个细分市场可能吸引新的竞争者,他们会增加新的生产能力和大量资源,并争夺市场占有率,这样就使这个市场失去吸引力。

（3）替代产品的威胁

如果某个细分市场现正存在替代产品或有潜在替代产品,该细分市场便失去了吸引力。替代产品会限制细分市场内价格和利润的增长,企业应密切注意替代产品的价格趋向。如果这些替代产品行业中技术有所发展,或者竞争日趋激烈,这个细分市场的价格和利润可能会下降。

（4）购买者议价能力加强的威胁

如果某个细分市场中购买者的议价能力很强或正在加强,该细分市场就没有吸引力。这时,购买者便会设法压低价格,对产品质量和服务提出更高的要求,并且使竞争者互相争斗。所有这些都会使销售商的利润受到损失。

（5）供应商议价能力加强的威胁

如果企业的供应商（原材料和设备供应商）、公用事业、银行、工会等,能够提价或者降低产品和服务质量,或减少供应数量,该企业所在的细分市场就没有吸引力。

3）企业的目标和资源

即使一个细分市场既具有适当的规模和增长速度,也具有结构上的吸引力,企业还必须与其目标和资源联系起来考虑。有些很有吸引力的市场,由于它们与企业的长远目标不吻合,也可能要被放弃。至于要考虑企业自身的技术和资源情况,那是很明显的,如果你没有足够的资源以及比竞争者更高一筹的技术,不能生产出更优质的产品,那么也不能选择这一细分市场。

5.2.2　目标市场范围策略

企业在市场细分后,就要选择目标市场,即选择最有吸引力的细分市场作为自己的服务对象。企业只有按照网络市场细分的原则与方法正确地进行网络市场细分,才能从中选择适合本企业为之服务的网络目标市场。一般我们认为一个好的网络目标市场,必须符合:第一,该网络市场有一定购买力,能取得一定的营业额和利润;第二,该网络市场有尚未满足的需求,有一定的发展潜力;第三,企业有能力满足该网络市场的需求;第四,企业有开拓该网络市场的能力,有一定的竞争优势。

目标市场范围是指企业准备为之服务的产品和客户细分群的组合。一般有 5 种策略可供选择。

1）密集单一市场

密集单一市场指企业在众多的细分市场中只选择其中一个细分市场集中营销的策略。它的条件是企业资金有限,只能在一个细分市场上经营,而且这个细分市场中可能没有竞争对手,这是促进细分市场发展的起点。此方式的论据是它能更了解细分市场的需要,树立企业的信誉,巩固市场地位,获得经济效益。但应用此策略风险较大,如果市场出现一蹶不振的情况,企业则会亏损严重。

2)有选择的专门化

有选择的专门化指企业选择若干个细分市场,其中每个细分市场在客观上都有吸引力,并且符合企业的目标和资源,但在各细分市场之间很少有或者根本没有任何联系,然而每个细分市场都有可能赢利。如企业选择青年胶鞋、中年皮鞋、老年布鞋来生产。此方法的前提是,这些市场都能使企业获取利润。

3)市场专门化

市场专门化指企业集中生产某一市场所需要的各种产品的策略。如制鞋企业只选择青年这一人群所需要的布鞋、胶鞋、皮鞋来生产,而不生产老年、中年的鞋类。企业提供一系列产品专门为这个顾客群体服务,可获得良好的声誉,容易打开产品的销路。但如果这个顾客群体的购买力下降,会减少购买产品数量,就会使企业产生滑坡的危险。

4)产品专门化

产品专门化指企业在几种产品中,专门生产一种适合各种顾客需要的产品策略。如一个制鞋厂,在皮鞋、布鞋、胶鞋、塑料鞋四种产品中,只选择了生产皮鞋,它包括了老年、中年、青年需要的所有品种。采用这种策略可使企业在某个产品方面树立起很高的声誉,扩大销量。但如果这种产品被全新技术产品所代替,则会发生滑坡的危险。

5)完全市场覆盖

完全市场覆盖指企业想用各种产品满足各种顾客群体的需要。只有大企业才能采用这种模式。

以上 5 种市场覆盖策略可归纳为如图 5.2 所示:

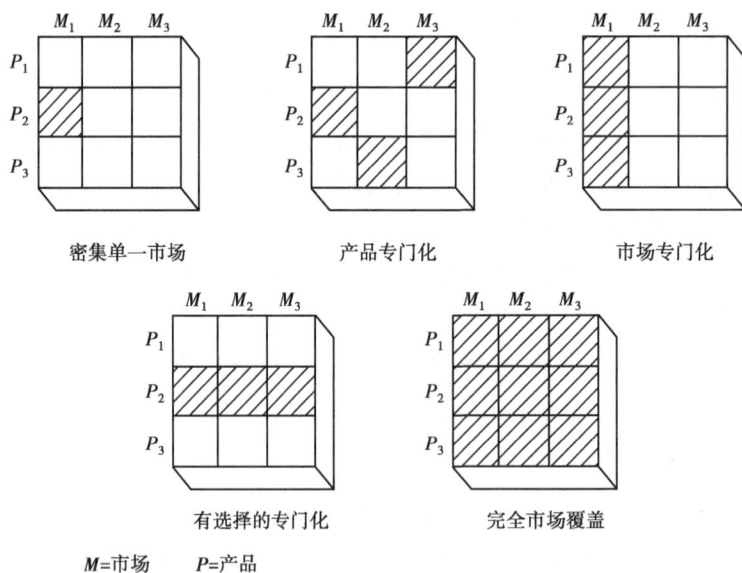

密集单一市场　　　　　　　产品专门化　　　　　　　市场专门化

有选择的专门化　　　　　　完全市场覆盖

M=市场　　　*P*=产品

图 5.2　市场覆盖的 5 种策略

5.2.3　网络目标市场进入策略

企业在确定了目标市场范围策略后,就要选择目标市场进入策略。它主要是指企业在所选择目标市场范围内采取以何种方式为目标客户服务。通常有 3 种目标市场进入策略可供选择:无差异营销策略、差异性营销策略、集中性营销策略。除第一种策略外,后两种策略都是建立在细分市场的基础上的。

1)无差异营销策略

无差异营销策略,是指企业将整个网络市场当作一个需求类似的网络目标市场,只推出一种产品并只使用一套营销组合方案。这种策略重视消费者需求的相同点,而忽视需求的差异性,将所有消费者需求看作是一样的,一般不进行网络市场细分(见图5.3A)。

这种营销策略的优点:由于经营品种少、批量大,可以节省细分费用,降低成本,提高利润率。但是,采用这种策略也有其缺点:一方面是引起激烈竞争,使企业可获利机会减少;另一方面企业容易忽视小的细分市场的潜在需求。

2)差异营销策略

就是企业根据各个细分市场的特点,相应扩大某些产品的花色、式样和品种,或制订不同的营销计划和办法,以充分适应不同顾客的不同需求,吸引各种不同的购买者,从而扩大各种产品的销售量。例如现有的男式衬衫,除藏蓝、浅蓝、银灰、浅黄、白色外,还有隐格、隐条、印花、彩条等,这就是针对各个细分市场的需求特点,相应发展各种不同的产品,以尽量符合各个不同的细分市场的需要(见图 5.3B)。另外,企业还可根据不同细分市场消费的社会经济情况,分别采用各种不同的营销计划,即针对各个不同小市场的特点,采用不同的产品设计、定价及广告宣传策略等(见图 5.3C)。同时也为了提高自己的市场竞争能力,各企业将越来越多地实行差异性市场策略。

这种策略,对于小批量、多品种生产企业适用,日用消费品中绝大部分商品均可采用这种策略选择网络目标市场。在消费需求变化迅速,竞争激烈的当代,大多数企业都积极推行这种策略,其优点主要表现在:有利于满足不同消费者的需求;有利于企业开拓网络市场,扩大销售,提高市场占有率和经济效益;有利于提高市场应变能力。差异性营销在创造较高销售额的同时,也增大了营销成本、生产成本、管理成本、库存成本、产品改良成本及促销成本,使产品价格升高,失去竞争优势。因此,企业在采用此策略时,要权衡利弊,即权衡销售额扩大带来的利益大,还是增加的营销成本大,进行科学决策。

3)集中营销策略

集中营销策略亦称密集营销策略,是指企业集中力量于某一细分市场上,实行专业化生产和经营,以获取较高的市场占有率的一种策略(见图 5.3D)。

实施这种策略的企业要考虑的是:与其在整个市场拥有较低的市场占有率,不如在部分细分市场上拥有很高的市场占有率。这种策略主要适用于资源有限的小企业。因为小企业无力顾及整体市场,无力承担细分市场的费用,而在大企业的小市场上易于取得营销成功。这种策略具有两个优点:一是企业可深入了解特定细分市场的需求,提供较佳服务,有利于提高企业的地位和信誉;二是实行专业化经营,有利于降低成本。只要网络目标市场选择恰

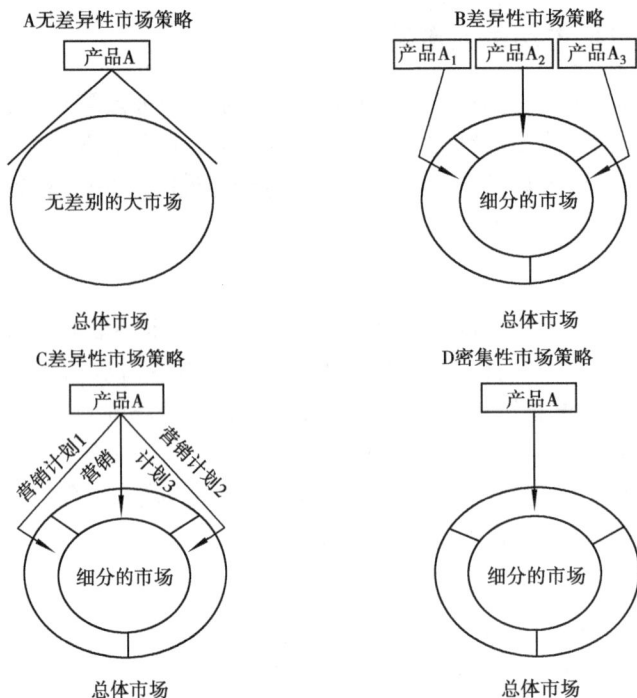

图5.3 市场细分策略图解

当,集中营销策略常为企业建立坚强的立足点,获得更多的经济效益。

但是,集中营销策略也存在不足之处,其缺点主要是企业将所有力量集中于某一细分市场,当市场消费者需求发生变化或者面临较强竞争对手时,企业的应变能力差,经营风险很大,使企业可能陷入经营困境,甚至倒闭。因此,使用这种策略时,选择网络目标市场要特别注意,以防全军覆没。

5.2.4 影响网络目标市场营销策略选择的因素

企业在选择网络目标市场时,应充分考虑以下几方面的因素。

1)宏观因素

宏观因素是企业不可控制的因素,也是企业选择网络目标市场所应考虑的重要因素之一。一般来说,可以从以下几方面来分析。

(1)人口因素

人口因素是企业选择网络目标市场的一个方面,因为它是由那些想从网上购物且具有购买力的人所构成的,网络市场的人数越多,网络市场的规模就越大。在该方面,企业应特别重视网络人口的增长状况以及网络人口在网上购物的欲望和结构。

(2)经济因素

在网络人数一定的情况下,人们在网上购买力的大小就成为决定和影响网络市场规模大小的主要因素,这种因素,就需要企业在选择网络目标市场时,充分分析网络市场上不同层次的人的购买力水平。这些主要包括网络市场上消费者的收入水平和支出结构以及他们的变化趋势。

（3）网络营销的基本环境及其发展趋势

企业在选择网络目标市场上，还应考虑网络营销的基本环境及其发展趋势，这些主要包括进行网络营销的基础设施、技术水平、支付手段及相关法律法规等。

①基础设施。网络营销的应用发展需要与之相应的基础设施的发展，反过来说，基础设施的状况和水平，直接决定和影响着网络营销的应用范围、规模和水平。如果基础设施不完善、水平不高，那么网络营销的应用也只能处在一个较低水平和发展阶段上。如果基础设施条件不能得以改善和发展，那么网络营销的应用阶段也不可能实现由初级阶段向高级阶段的转化。比如，网络线路的长短、覆盖面的大小、可靠性的高低、传递速度的快慢以及带宽的程度都对网络营销的应用有着重要的影响。

②技术水平。技术是支持和推动网络营销应用的一个重要基础，决定和影响着网络营销的规模及深度，技术反映网络营销应用发展阶段的水平。比如，在网络营销的应用发展过程中，如果网络营销技术不能有效地解决安全、保密等问题，不能为用户提供安全的保障空间，那么用户对网络营销的应用就可能停留在某一发展阶段和水平上。

③支付手段。电子支付是网络营销发展到一定阶段所必须具备的一个前提条件。如果电子支付未能形成一定的规模，或应用范围非常有限，不能有效地实现网上支付，那么网络营销就不能完全实现，网络营销的应用就不能走向成熟。从某种意义上来看，网上电子支付的实现和大范围、大规模的应用是网络营销走向成熟的一个重要标志。

④法律法规。网络营销作为一种崭新的商务活动方式，涉及传统商务活动所涉及不到的许多问题。比如电子合同的签订、数字签名的法律效力、经济纠纷的解决、对网上欺诈及犯罪的惩罚依据等，都需要一个完整健全的法律法规体系加以认定、规范和保证。否则，要实现网络营销健康规范的发展，提高网络营销的应用范围及发展水平，是很难达到的。

⑤市场前景。网络营销作为未来营销的一个主要方式，能否得以实现，在多长的时期内得以实现，达到一个什么样的水平，不仅取决于以上 4 个方面的因素，而且还取决于网络营销市场的发展状况，取决于网络营销市场交易主体和客体的范围、规模和水平。从网络营销的应用发展过程来分析，市场的容量是衡量网络营销应用发展阶段的主要标志，是反映网络营销应用发展水平的主要指标。

2）微观因素

网络营销的微观因素是指影响网上服务及其顾客的能力过程的各种因素，主要包括企业本身及网络营销渠道企业、网络市场、竞争者和各种公众。

（1）企业本身

企业本身包括许多部门。对市场营销部门来说，在选择目标市场时，不仅要考虑传统市场上的目标市场，而且要考虑企业的内部环境以及企业的任务、目标和策略。以使所选的网络目标市场更能适合企业的发展及开展各项工作。在该方面，企业还要考虑以下因素。

①企业资源。是指企业的资金、技术、设备、人才、管理等综合资源的状况。资源实力雄厚的大企业，可采用无差异或差异营销策略；资源有限的企业，不能覆盖整个市场，可采用集中营销策略。

②产品的同质性。指消费者感觉产品特征的相似程度。消费者对汽油、盐、糖等产品，

由于人的感觉及消费者无法测试,不会感觉到存在差异。对这类同质性高的产品,企业可采取无差异的营销策略。反之,像服装、家具、照相机、家用电器等产品,消费者感觉明显,即市场同质性低,则可采取差异或集中营销策略。

③产品市场寿命周期。产品在市场寿命的不同阶段,应采取不同的营销策略。新上市产品,由于竞争者少,产品比较单一,营销重点是刺激消费者需求,比较适宜于无差异或集中营销策略。当产品进入成熟期时,企业想维持或者扩大销售量,则可采用差异营销策略,以建立该产品在消费者心中的特殊地位。

(2)物流渠道

企业在选择目标市场时,应考虑传统市场上与自己相关联企业的状况,尽可能与这些企业密切配合。尤其是物流渠道的实力和效率关系到整个营销工作的成败。

(3)竞争者

企业要想在网络市场竞争中获得成功,取得竞争优势,就必须在网络市场上提供出能比竞争者更有效满足消费者需要和欲望的产品及服务。使得企业的产品和服务在顾客心目中形成明显的优势。在网络市场的竞争者分析中,企业可主要考虑愿望竞争者、一般竞争者的服务和品牌竞争者的状况。

一般来说,企业应采取同竞争对手有区别的营销策略。如果竞争对手是强有力的竞争者,实行的是无差异营销,则企业实行差异营销,往往能取得良好的效果;如竞争对手也采用差异营销策略时,若企业仍实行无差异营销,势必造成竞争失利,此时企业应在更为细分的市场上,采用差异或集中营销策略,提高市场占有率;同时,竞争者的多少也影响企业营销策略选择,竞争者很多时,消费者对产品品牌的印象很重要,为了建立本企业产品在不同消费者心中的良好形象,适宜采用差异或集中营销策略。相反,则应采用无差异营销策略。

(4)市场

在分析网络市场状况时,企业可根据自己所提供的产品或服务以及消费者及购买的目标,将网络目标市场从以下几个方面定位:消费者市场、生产者市场、中间商市场或产品市场、信息市场等。除此之外,还要考虑市场的同质性。

市场的同质性指消费者需求、偏好及各种特征的类似指数。市场同质性高,表示各细分市场相似程度高,适宜采用无差异营销策略。反之,则宜采用差异或集中营销策略。

5.3 网络市场定位

网络目标市场确定以后,企业必须进行市场定位,为本企业以及产品在市场上树立一定的特色,塑造预定的形象,并争取目标顾客的认同。它需要向目标市场说明,本企业与现有的及潜在的竞争者有什么区别。这种勾画企业形象和所提供的价值,以使目标顾客理解和正确认识本公司有别于其竞争者的象征的行为,就是市场定位。

在市场营销过程中,市场定位离不开产品和竞争,因此市场定位(Market Positioning)、产品定位(Product Positioning)与竞争性定位(Competitive Positioning)三个概念经常交替使用。市场定位强调的是企业在满足市场需要方面,与竞争者比较,应当处于什么位置,使顾客产生何种印象和认识;产品定位是指就产品属性而言,企业与竞争对手的现有产品,应在目标市场上各自处于什么位置;竞争性定位则突出在目标市场上,和竞争者的产品相比较,企业应当提供何种特色的产品。三个术语在实质上,是从不同角度认识同一事物。

目标市场决策决定了一个企业的顾客和一批竞争对手。市场定位则进一步限定了这个企业的顾客和竞争对手。市场定位还有利于建立企业及其产品的市场特色。在现代社会,同一市场上有许多同一品种的产品出现的情况大量存在,给这些产品的生产厂家和经营者造成了严重的威胁。企业为了使自己生产或经营的产品获得稳定的销路,防止被别家产品所替代,唯有从各方面为其产品培养一定的特色,树立一定的市场形象,以期在顾客心目中形成一种特殊的偏爱。也就是说,进行市场定位。

随着商品经济的发展,竞争日趋激烈,企业想让顾客在浩如烟海的产品中找到自己的产品、购买自己的产品,得有一定的特色,要与竞争者的产品有所差别,培养顾客的忠诚度。可以预测,随着电子商务的发展,网络营销的关键之一,也在于市场定位。

在营销策略中,营销组合策略是非常重要的内容。然而,定位是在它的前面的。只有当定位的问题解决了之后,企业才能决定营销组合是什么。营销组合的各个方面必须与定位策略相互配合。

5.3.1　市场定位的依据

企业进行市场定位,突出企业及产品的特色,在市场上树立鲜明形象,以求与竞争者产品的差异。这种差异我们可以从以下 4 个方面去寻找。

1) 产品差异化

产品差异化的关注重点是产品实际上的、看得见的、可感觉到的差别,这是顾客理解和认同定位诉求的基石,但出发点依然是顾客的心理需要。当我们突出产品实体的某种特色时,这种特色是从顾客的心理出发的,要切入顾客的心中,打动顾客的心。产品差异化的具体变量有:产品特征、性能、结构、耐用性、易修复性、质量、式样及产品设计。其中产品的特征是公司产品差异化极具竞争力的工具。

要注意的是产品差异化不是市场细分。市场细分化的着眼点是要针对不同顾客的需求特点开发出不同的产品;而产品差异化的着眼点则是已经存在的产品,使它的某种特征与竞争者的同类产品有明显的区别。

广州宝洁公司的洗发剂的定位是比较成功的,"海飞丝"突出其去头屑的特征,"飘柔"强调洗后,头发的飘逸柔顺,而"潘婷"则强调对头的护理和保养,它们分别抓住了有头屑的、长发少女、短发女性的心理。

2) 服务差异化

服务差异化是"附加产品"的差别化。除了对有形产品进行差别化外,企业还可以对服务进行差别。当产品实体难以进行差异化时,竞争成功的关键往往取决于服务的优劣。"小天鹅"洗衣机维修服务的"一、二、三、四、五"使"小天鹅"洗衣机在众多的品牌中脱颖而出,深入消费者心中。

服务是软性的,在这方面做好是不太容易的,好与坏的标准也较难确定,但企业可从送货服务、顾客培训服务、安装服务、咨询服务、修理服务等几个方面寻求与竞争者的差异,而这种差异又是消费者十分关注的。

3) 形象差异化

在市场上,当实体产品以及附加产品都相似时,企业可树立独特的形象,以显示与竞争者产品的不同。如都是纯净水,"娃哈哈"以情感动人,一句"我的眼里只有你",深深打动消费者的心,而"农夫山泉"则强调"有点甜"。这时由于公司或品牌的不同,消费者也会作出不同的反应。因为,品牌可以形成不同的"个性",以供消费者选择。

消费者之所以对某个品牌感兴趣,是由于每个人都有突显自己个性的心理需要。当某种品牌正好切合自己的个性特点时,顾客通常就会把这种品牌的商品买下来,并向别人显示,以表现其个性。

形象不可能一夜之间在公众心目中形成,也不可能凭借一种媒体就可以塑造。设计鲜明的产品形象,需要摸透消费者心理,并需要创造力和艰苦的工作。

4) 人员差异化

人员差异化对服务性企业尤为重要。企业可以通过雇用、培训出比竞争对手更优秀的员工,来赢得强大的竞争优势。例如,麦当劳的员工都十分礼貌,IBM 的员工技术水平很高,迪斯尼公司的员工态度都非常热情。正是依靠这些具有不同特点的优秀员工,这些公司在顾客的心中留下了深刻的印象。

人员差异化可从以下几个方面进行:员工的能力、言行举止、可信度、可靠性、敏捷性与可交流性等。但要注意的是员工的总体表现是员工个体表现的总和,特别是与顾客直接接触的员工,只要有个别表现不佳,就有可能使全体员工、乃至整个公司蒙受恶名。

5.3.2　市场定位策略

知己知彼,百战不殆。因此企业首先要了解市场上有哪些竞争对手,他们生产哪些产品,这些产品各具何种特色;然后,进一步分析竞争者产品的市场占有率、销售量排名、价格以及顾客对产品满意度的排名,除此之外,还要关注这些产品所利用技术的进展、替代品的发展状况、可能出现的新产品等。把企业的产品与主要竞争者进行比较。

产品定位中有一大误区,企业为了强调与竞争者产品的差异,而忘了产品是卖给消费者的,以至于为"定位"而定位。因为一种属性再怎样与众不同,如果是顾客非关心之处,亦是枉然。例如,消费者购买手机,可以突出手机的颜色、款式、型号、功能、服务等的不同,但不同目标顾客对手机的上述特征的重视程度是不同的,如是女式手机,女性顾客比较关注的是手机的颜色和款式,而对一位网迷来讲,他更关注的是手机是否有上网功能。这就需要企业深入调查,切忌闭门造车想当然,否则易得"竞争近视症"。

企业在具体探索定位策略时,大致有 6 种定位策略可供选择。

1) 比附定位

比附定位就是比拟名牌,攀附名牌来给自己的产品定位,以借名牌之光而使自己的品牌生辉。比附定位的主要办法有三种:一是甘居"第二",就是明确承认本门类中另有最负盛名的品牌,自己只不过是第二而已。这种策略会使人们对企业产生一种谦虚诚恳的印象,相信企业所说是真实可靠的,这样自然而然地能使消费者记住这个通常不易进入人们心中的品牌。二是攀龙附凤,其切入点亦如上述,首先是承认同一门类中已有卓有成就的名牌,本品牌虽自愧不如,但在某地区,或在某一方面还可与这些最受顾客欢迎和信赖的品牌并驾齐驱,平分秋色。如内蒙古的宁城老窖,以"宁城老窖——塞外茅台"的广告诉求来定位,就是一个较好的例子。三是奉行"高级俱乐部策略"。就是企业如果不能取得第一名,或攀附第二名,便退而采用此策略,借助群体的声望和模糊数学的手法,打出入会限制严格的俱乐部式的高级团体牌子,强调自己是这一高级群体的一员,从而提高自己的地位形象。如可宣称自己是某某行业的三大企业之一,50 家大企业之一,10 家驰名商标之一等。

2) 属性定位

属性定位,即根据特定的产品属性来定位。如广东客家酿酒总公司生产的"客家娘酒",把其定位为"女人自己的酒",突出这种属性,对女性消费者来说就很具吸引力。因为一般名酒酒精度都较高,女士们多数无口福享受,"客家娘酒"宣称为女人自己的酒,就塑造了一个相当于"XO 是男士之酒"的强烈形象,不仅可在女士们心目中留下深刻的印象,而且还会成为不能饮高度酒的男士指名选用的品牌。

3) 利益定位

利益定位,即根据产品所能满足的需求或所提供的利益、解决问题的程度来定位。如黑人、佳洁士牙膏定位为"健康口腔,洁白牙齿",舒适达牙膏定位为"专业抗敏感",云南白药牙膏定位为"疗效牙膏",宣称对牙周炎、牙龈出血等多种口腔疾患有显著疗效。这些定位都各能吸引一大批顾客,分别满足他们的特定要求。

4) 与竞争者划定界线的定位

与竞争者划定界线的定位就是与某些知名而又属司空见惯类型的产品作出明显的区分,给自己的产品定一个相反的位置。如美国的七喜汽水,之所以能成为美国第三大软性饮料,就是由于采用了这种策略,宣称自己是"非可乐"型饮料,是代替可口可乐和百事可乐的消凉解渴饮料,突出其与两"乐"的区别,因而吸引了相当部分的两"乐"品牌转移者。但其在广东等地区销售的产品,却注明是委托广州百事可乐汽水厂制造,对某些追求差异化意识较强的购买者来说,可能会产生与可乐饮料没有区分的感觉,从而会抵消这种策略的某些作用。

5) 市场空档定位

市场空档定位,即寻找为许多消费者所重视的、但尚未被开发的市场空间。任何企业的产品都不可能占领同类产品的全部市场,也不可能拥有同类产品的所有竞争优势。市场中机会无限,只看企业有没有善于发掘的机会。善于寻找和发现这样的市场空档,是品牌定位成功的一种重要选择。企业选择市场空档定位策略,因为该策略能够获得进入某一市场的先机,先入为主地建立对自己有利的市场地位,获得争夺消费者的主动权。

6) 质量/价格定位

质量/价格定位即结合对照质量和价格来定位。产品的这两种属性通常是购买者在作购买决策时最直观和最关注的要素,而且往往是相互结合起来综合考虑的。但这种综合考虑,不同的购买者在这两个因素方面会互有侧重。如某种选购品的目标市场是中等收入的理智型的购买者,则可定位为"物有所值"的产品,作为与"高质高价"或"物美价廉"相对立的定位。

7) 首席定位

首席定位即强调品牌在同行业或同类中的领导性、专业性地位,如宣称"销量第一"。这种策略可以产生聚焦作用和光环效应,形成追随性品牌所没有的竞争优势。在现今信息爆炸的社会里,消费者对大多数信息毫无记忆,但对领导性、专业性的品牌印象较为深刻。如蓝月亮强调"中国洗衣液市场领导品牌,洗衣液连续五年市场份额第一",双汇强调"开创中国肉类品牌",都是首席定位策略的运用。

8) 重新定位

重新定位是指企业通过努力发现最初选择的定位战略不科学、不合理,营销效果不明显,继续实施下去很难成功获得强势市场定位时,及时采取的更换品牌、更换包装、改变广告诉求策略等一系列重新定位方法的总称。企业重新定位的目的在于能够使企业获得新的、更大的市场活力。当然,企业的市场定位并不是一劳永逸的,而是随着目标市场竞争者状况和企业内部条件变化而变化的。当目标市场发生下列变化时,就需要考虑重新调整定位的方向:①当竞争者的销售额上升,使企业的市场占有率下降,企业出现困境时;②企业经营的商品意外地扩大了销售范围,在新的市场上可以获得更大的市场占有率和较高的商品销售额时;③新的消费趋势和消费者群的形成,使本企业销售的商品失去吸引力时;④本企业的经营战略和策略作出重大调整时,等等。总之,当企业和市场情况发生变化时,都需要对目标市场定位的方向进行调整,使企业的市场定位策略符合发挥企业优势的原则,从而取得良好的营销利润。

5.3.3 市场定位策略的选择和执行

从上述内容可看出,市场定位的核心是要使企业的产品与竞争者的产品有差异,因此市场定位策略的选择和执行包括下列三项工作。

1) 应推广多少差异化特点

即到底是推广一种差异特点还是多种差异特点。许多营销者主张向目标市场仅推广一种利益,即各个品牌应挑选出一个属性,并极力称誉它是该种属性的"第一"。因为购买者一般会记得"第一"的信息,尤其是在今天这个信息过度沟通的社会。因为人们的心智,由于动物心理学中的铭印作用,这种动物生命早期即起作用的学习机制,往往对于最早的、第一的事物最容易铭记在心。因此,第一个人、第一座山、第一家盘踞在你心目中的企业,都是难于被驱逐出去的。

"第一"定位可以宣传推广的主要有"质量最好"、"服务最佳"、"价格最低"、"价值最高"和"技术最先进"等。如果企业反复强调上述之一的定位,并且确确实实地向购买者提供了这种最好的属性,那么该定位就可能最为人所熟知,并令人们时常想起这个定位。当然,并不是所有的人都认为单一利益定位总是最好的方法,企业也可搞双重利益定位,甚至可搞三重利益定位。而随着企业对其品牌好处标榜的增多,企业也将冒失去信任和定位不够明确的危险。因此企业必须避免四种主要的定位失误,即:

①过度的定位。有些品牌言过其实地鼓吹自己的功效或提供的好处,购买者可能觉得很难相信该品牌在产品特点、功效或制作上所宣称的那么多好处。

②混乱的定位。有的企业对其品牌所作的诉求过多,变动过于频繁,致使购买者对其品牌只有一个混乱的印象,很难令人弄清该产品的主要特点何在。

③过宽的定位。有些产品定位过宽,不能突出产品的差异性,很难使该产品在顾客心目中树立明显、独特的形象。

④过窄的定位。有的产品本来可以适应范围更广的顾客需要,并成为他们钟爱的牌号。但由于定位过窄,只着重宣传适于其中某部分人的需要而忽视其他也对此钟爱的顾客,结果痛失良机,失掉了一大批可成为该品牌忠诚者的顾客。

2)应推广哪些差异化特点

虽然市场定位的核心是要使企业的产品与竞争者的产品有区别,但是并不是所有的品牌差异化都是有意义和值得推广的。因此,企业必须仔细选择令自己与竞争者有显著区别的差异化特点。

一般来说,值得塑造和推广的差异化应达到下列标准。

①重要性。这种差异化应向目标购买者提供价值较高的利益。

②独特性。这种差异化是竞争者没有提供的,或企业能以更独特的方式提供。

③优越性。这种差异化是优于顾客可从中得到相同利益的其他方法的。

④沟通性。这种差异化是易于向购买者通报,并能为购买者肉眼看得见的。

⑤优先性。这种差异化是竞争者不容易模仿的。

⑥承担性。这种差异化是购买者在支付能力上能承担得起的。

⑦赢利性。企业能有利可得地将这种差异化引入市场。

在实际工作中,有些企业推出的差异化往往与上述的某些要求不相符。如现在有些宾馆,常常喜欢在广告中大力吹嘘其是全世界或全地区最豪华或最大的宾馆,其实这种差异化对许多游客来说并不重要。恰恰相反,这一差异化往往还会赶跑一些游客。又如美国电话电报公司最先推出的可显图像的电话机之所以大遭失败,就是因为其价格过高,广大社会公众认为没有必要为看到通话对方而花那样大的成本。

总之,在推广哪些差异化特点问题上,首先要考虑所欲推出的差异化特点是否有实际意义,值不值得推广。至于在考虑应推广哪些具体的差异化特点时,则应考虑自己有哪些优于竞争者的差异化特点值得推广,值得树立其形象。其具体的做法是,企业必须将和竞争优势相关的四种属性与主要的竞争者作比较,即在技术、成本、质量和服务这四项中,挑选自己的名次与竞争者的名次,互作比较,然后通盘考虑,看有哪些值得推出的差异化特点。

3)如何宣传企业的定位

一旦企业选择了一个市场位置后,就必须采取有力的步骤来向目标顾客宣传这一预期的定位。企业的所有市场营销组合工作都应支持这一定位策略。如果企业决定将某种产品定位为最优质量和最优服务的产品,首先就必须将这种定位传达给目标市场,并制订相应的市场营销因素组合计划,拟出实现定位策略的战术性行动细节。因此,一个执行"高质量定位"的企业,知道自己必须制造出高质量的产品,制定较高的价格,通过高质量的经销商来分销产品,并在高质量的媒体上做广告。企业还必须招聘和培训更多的服务人员,选择在服务方面有良好声誉的零售商,并精心撰写能传播优越服务信息的推销和广告词句,这是树立持久的、令人相信的高质量、高服务形象的唯一途径。

这里应指出,企业提出一个好的定位策略远比执行这个策略要容易得多。因为要发展一种定位或改变一种定位是需要旷日持久的努力的。相反,花费多年时间发展起来的定位可能会很快毁于一旦。因此当企业建立起一种理想的定位后,就必须通过持久的业绩和不断的沟通来维持这一定位,必须密切监控并随时间的推移而修正这一定位,以适应市场需求和竞争者策略的变化。但企业也必须避免过急的转变,以免顾客困惑。正确的做法是,产品的定位必须随着经常变化的市场营销环境而逐渐加以改变。

[思考题]

1. 企业在选择网络目标市场时,应充分考虑哪几方面的因素?
2. 网络市场细分的标准有哪些?
3. 简述网络市场细分的作用。
4. 利用网络因素进行细分的变数有哪些?
5. 简述目标市场进入策略。
6. 如何进行网络市场的定位?

[案例分析]

顺丰嘿客被指"烧钱买教训":定位不清、模式不明

有着社区O2O"黑马"之称的顺丰嘿客,如今正面临"马失前蹄"的困境。近日,关于顺丰嘿客低调关闭的消息甚嚣尘上,有人将其视为是顺丰在社区O2O领域一次失败的试验,代价为10亿元。

而对于嘿客店关闭的外界传闻,顺丰方面日前虽予以否认,但承认将对部分嘿客门店进行优化,升级为"顺丰家",其功能与服务更贴近于社区。顺丰的转向,让业界开始重新审视社区O2O。一面是大体量、高增长的发展态势,一面是难以掩盖的亏损现状,电商在烧钱拼规模与盈利间应该如何权重,成为人们热议的焦点。

◆事件:顺丰嘿客被指"烧钱买教训"

2014年5月,全国518家顺丰嘿客亮相,作为顺丰社区O2O的重要一环,顺丰嘿客被定义为"网购服务社区店",提供快递收发、虚拟购物、冷链物流、团购预售等多项功能。

顺丰设想以"物流+电商"的模式,打造完整社区O2O闭环。每家顺丰嘿客营业面积几十平方米,商品以图片的形式贴在墙上或者展板上,消费者可以用手机读取相应的二维码,查看商品详情。购买过程类似于淘宝,在顺丰线上商城选中后在电脑上填写订单,由顺丰的物流体系将货物送至消费者家中,或者在嘿客自提。

然而,一年多过去,顺丰嘿客虽已在全国设有近3 000家门店,但并未达到其成立之初定下的一年内开设不少于4 000家"嘿客"店的目标。而与此同时,嘿客店的发展,也一直伴随

着烧钱扩张、店铺定位不清和商业模式不明等质疑。

就在近日,一篇题为《顺丰嘿客关闭,物流大佬王卫替 O2O 创业者交了 10 亿学费换来的四个教训》的文章在网络广泛流传,一时间,"10 亿投资打水漂""嘿客败走市场"之说不胫而走。

对于"嘿客低调关店,10 亿投资打水漂"一说,日前,顺丰公共事务部相关人士予以了否认,并向媒体表示:"顺丰将根据市场需求的反馈,近期有选择性地调整优化门店布局,将对部分嘿客门店向顺丰家升级优化,功能与服务更贴近于社区。"

◆ 症结:定位不清晰、模式不明朗

顺丰嘿客这匹社区 O2O "黑马",市场表现不尽如人意,在业内专家看来却并非"出乎意料",问题的关键被认为在于定位不清晰,模式不明朗。

"从嘿客成立初期,我就不太看好它的未来发展。"广东流通业商会执行会长黄文杰对南方日报记者表示:"嘿客的模式是消费者进入实体店铺了,仍然得触屏选购,这个模式是有问题的"。

黄文杰表示,相比较而言,互联网的优势是能随处获取信息和随时随地进行交易,而实体店铺的优势主要在于实体商品。"既然我已经来到店铺,还必须上网才能看货、下单,那跟在家或者随处拿手机网购有什么区别呢? 从某种程度上说,顺丰嘿客此前的做法实际上是将自身的短处呈现出来了,无异于'以己之短博彼之长'"。黄文杰分析称。

事实上,顺丰嘿客看似"方便快捷"的布局,一直饱受消费者诟病,其选购方式和网购无二,被认为"多此一举"。日前,南方日报记者走访了广州数家顺丰嘿客门店,发现大多数消费者进入嘿客店主要还是进行快递取件,真正进行商品购买的寥寥无几。

有业内人士指出,购买过程的复杂将不擅于使用网络的多数老年顾客挡在门外,丢掉了一个重要的客户群。从这个层面看,嘿客看似"重服务",实则"重业务轻服务",既没有做到贴近社区生活,也没有真正了解消费者的需求。开店一年多,提到"嘿客",很多消费者还是一头雾水,不知道其具体的功能到底是什么。

在中商产业研究院行业分析师陈立瑛看来,对于线下的嘿客而言,更重要是 O2O 的 offline 服务,也就是商品的咨询、实物对比、试穿试用和物流配送等。其曾向媒体表示,嘿客的运营模式还有待讨论,在盈利空间较小以及与同类平台相比无优势的情况下,顺丰嘿客明显缺乏主动吸引客户进入门店的方式和手段。

◆ 反思:社区 O2O 生存困境待解

社区 O2O 被看作是有望成为下一个过万亿级的线上市场,由于市场潜力巨大,各大巨头纷纷试水社区 O2O,除了顺丰嘿客,阿里同样设立了天猫服务站。京东到家则设立于 2015 上半年,提供的服务项目包括 3 千米范围内生鲜、超市产品、鲜花、外卖送餐等,实现 2 小时内快速送达。近日,京东还宣布 43 亿元入股永辉超市。

顺丰嘿客是社区 O2O 模式的典型代表之一,其今时今日之困境,让人们开始重新审视社区 O2O 的生存现状和发展前景。据顺丰总部公共事务负责人介绍,目前顺丰商业线下有 3 000 多家店。要维系这 3 000 多家店的正常运营,需要巨大的成本投入。目前看来,顺丰商业线下门店投入成本主要包括店铺租金、装修费用、人力成本以及日常运营成本,以单店一年 30 万元的投入计,一年的投入便已经达到 10 亿元。

　　社区O2O在烧钱之时,盈利前景却似乎很渺茫。值得一提的是,刚刚发布Q2财报的京东,在递交了一份单季交易额破千亿、连续五个季度交易额涨幅维持在80%以上高位的优异成绩单的同时,仍然难掩高达5亿元的亏损。而造成亏损的一个重要原因,正是由于在O2O等新业务领域的大手笔投入。

　　烧钱的社区O2O,有没有继续做下去的必要? 对此,中国食品商务研究院研究员朱丹蓬对南方日报记者表示,嘿客其实是顺丰进行产业延伸的一个重要战略,虽然说它花费了10亿元也没有获得太好的业绩,但它并不只是"烧钱",更是一个向多产业做的尝试。

　　朱丹蓬表示,对顺丰来说,嘿客店不能说是完全失败的。最起码它让顺丰知道了社区O2O整个市场的特点和模式运营的关键点,同时也看到了自己的整个产品线有哪些比较适合消费者的核心需求,摸清了今后的运作重点,这对顺丰今后的多元化以及社区O2O的突破来说,都具有积极意义。

　　而在黄文杰看来,虽然嘿客此前的经营模式存在一些短板和缺陷,但大可不必说撤就撤,可做相应的优化调整。从思路上说,可以向便利店做延伸,同时要附加更多适合社区消费者就近消费的服务内容。

　　"就社区O2O未来的方向,其实更合理、更有效的是他们增加跟一些便利店的结合,像目前711便利店也有很多顺丰的收发点。"在谈到如何解决社区O2O生存发展困境时,黄文杰表示,落地跟实体的、有优势也有客群基础的商家做有效的结合,甚至是股份融合,成为一家人,是未来的一个方向,这有利于发挥各自所长。

　　(资料来源:顺丰嘿客被指"烧钱买教训":定位不清、模式不明. http://www.100ec.cn/detail—6271085.html 中国电子商务研究中心,2015年08月15日)

[案例思考]

1. 顺丰嘿客应如何定位市场?
2. 定位与网络营销策略该如何配合?

第 6 章
网络营销战略规划

前面主要研究了企业的外部营销环境、竞争分析、购买者行为、市场调研及预测,这些是企业开展有效活动的出发点,是企业制定网络营销决策的基础。

6.1 网络营销战略

树立正确的市场营销观念,对市场营销活动进行有效的战略规划,如同鸟之双翼,是一个企业在变动和发展的动态环境中成功经营的两大基础。

6.1.1 营销战略的概念和特征

市场营销战略是企业在现代市场营销观念的指导下,为了实现企业的经营目标,对企业在较长时期内市场营销发展的总体设想和规划。

市场营销战略是企业总战略的重要组成部分,它受企业整体战略思想的制约。不同的经营思想会有不同的市场营销战略。因此,市场营销战略必须与总体经营战略相吻合。一般而言,市场营销战略具有以下特征。

1) 市场性

市场营销战略是在市场营销观念指导下制定的。在市场经济条件下,市场开发是产品开发的前提和基础,需采用"市场—产品"这一逆向思维方式。这是因为,首先,市场好似一个最公正的法官,对市场上所有的商品都会作出正确的"判决"。在市场经济条件下,市场的主要功能就是商品交换。企业是商品生产者和经营者,为了进行再生产,又要通过市场购进生产要素。这一卖一买依赖于市场。产品能否卖出去,事关企业的生死存亡,市场能给人带来发财致富的欢乐和鼓舞,也能给其造成倒闭破产的无情打击。的确,市场就是这样的冷酷无情,它既是人们顶礼膜拜的"老师",也是令人畏惧的"魔鬼"。

其次,市场需要是产品开发之母。需求者是产品开发的原动力。因为,企业推进产品开发的动机可能是多种多样的,但能否成功,在很大程度上取决于有无需求者。一些在学术上很有价值的课题,若无市场需求,也会被忽视淡漠,打入冷宫。经验证明,消费者对产品的构思以至设计最有发言权,从迄今为止的产品和技术开发来看,需求领先的课题很少是由现场技术人员最先提出的。

2) 长期性

市场营销战略决策是事关企业发展的全局性决策。它决定市场开发、占领和扩张的方向、速度和规模,同时也制约着企业的产品开发、设备更新改造等决策的进程。所以市场营销战略是其他各项决策的基础和前提。

市场营销战略是一项"打持久战"的运筹谋划。对某些市场,特别是国际市场的开拓,需要企业投入较多的资金和付出极大的耐心和韧性。但凡成功的企业大都着眼于长期市场战略的规划和营销之道。日本的丰田、本田、索尼等公司的市场开发工作,远在产品投入生产前就开始了,而且在产品销售额达到顶峰之后仍然持续相当长的时间。他们首先寻找富有吸引力的市场机会,然后开发符合用户口味的适当产品;为得到稳固的立足点,他们十分谨慎地选择进入市场的突破口,随后转入市场渗透阶段,以扩大顾客数量和增加市场占有率。当达到市场领先地位时,则转向采用维持战略以保住他们的市场地位。

3) 风险性

任何开发事业都面临着风险,市场营销战略也不例外。市场瞬息万变,纷繁错杂,无论经理人设计了多么有效的保证措施,也避免不了投资的风险。由于市场机会识别的偏差,容易造成产品投向的失误;由于社会、经济及政治等因素的变化,也会使原有的市场萎缩;企业在营销过程中储运、包装受自然灾害的侵袭而引致产品损坏,使消费者不满,从而失去市场等。企业要生存、发展,就必须敢于向风险挑战,做大胆而理智的冒险。莽撞、冒失、不顾主客观条件而盲目冒险,自然免不了失败;而理智的冒险,却往往与胜利相通。

6.1.2 市场竞争战略

市场竞争战略,就是把与竞争对手相对应的位置关系放在对本企业有利,为占有更多的市场份额,争夺竞争的优势地位而采取的各种整体对策,它是企业经营基本战略的核心,是企业立于不败之地的重要保证。

竞争战略是指成本领先战略、差异性战略、集中性战略的集合。这三种战略中每一种战略都涉及通向竞争优势的迥然不同的途径,以及为建立竞争优势所采用竞争类型的选择。企业选择何种战略为其基本目标,要根据企业的具体情况。

1) 成本领先战略

成本领先就是指企业的目标要成为其行业中的低成本生产厂商。如果企业能够创造和维持全面的成本领先地位,那它只要将产品价格控制在行业平均或接近平均的水平,就能获取优于平均水平的经营业绩。与竞争对手相比,在相对较低的价位上,成本领先者的低成本地位将转化为高收益,这对争取竞争优势是十分有利的。

(1)成本优势的来源

成本优势的来源各不相同,并取决于产业结构。它们可能包括追求规模经济、专有技术、低成本设计、自动装配线、较低的管理费用等。不同的行业,不同的企业,成本优势的来源并不相同。低成本生产企业必须发展和开发所有成本优势的资源。

争取成本优势可以利用经验曲线。经验曲线是在20世纪30年代由美国航空工业提出的,开始只限于工时定额的制定和成本的估计。其后随着一个企业生产某种产品或从事某种服务的数量的增加,经验不断积累,生产成本不断地下降,并呈现出某种下降的规律。经验曲线描绘的就是这种成本下降的规律。美国德州仪器公司从事半导体芯片的制造,随着产量的增加,每片芯片的成本下降,累计生产量每增加一倍,成本就会减少 20%。该公司决定按照制造过数百万芯片的原则来制定售价。也就是说将初期的销售价格定在经验曲线之下。由于定价低,销售量也就急速上升,因此用不了多少时间,每片芯片的制造成本降至原来预计的售价之下,许多竞争者因此被踢出半导体市场。

争取成本优势可以利用低成本的设计。美国的汽车业制造成本比日本高,一家底特律的公司拆解了一辆日本进口车,目的是要了解某项装配流程,分析为什么日本人能够以较低的成本做到超水准的精密度与可靠性。他们发现不同之处在于:日本车在引擎盖上的三处地方,使用相同的螺栓去接合不同的部分。而美国汽车同样的装配,却使用了三种不同的螺栓,使汽车的组装较慢和成本较高。为什么美国公司要使用三种不同的螺栓呢?因为在底特律的设计单位有三组工程师,每一组只对自己的零件负责。日本的公司则由一位设计师负责整个引擎或范围更广的装配。有讽刺意味的是这三组美国工程师,每一组都自认为他们的工作是成功的,因为他们的螺栓与装配在性能上都不错。

争取成本优势还可以采取资源共用的方式。即以较低的成本来执行同样的职能,从而在成本上就要比无法做这种安排的竞争者占优势。例如,实行关联型多角化经营的企业,可以共享营销资源,包括销售人力、销售渠道、广告宣传、维修服务网络的共用等。除了营销之外,研究发展也常常采用资源共享的方式:技术专利共用,共同从事产品开发,共用科研仪器和设备等,从而降低开发成本。

争取成本优势还必须在组织和管理上有所突破。中国大陆地区智能手机给人的印象是物美价廉。这些年来,智能手机的价格逐渐下降,大陆地区出售的智能手机更是质优价廉。例如,美国提出 300 美元的智能手机,大陆地区立即能回应,出售 150 美元的智能手机。低价格来源于低成本,低成本来源于组织和管理上的突破。今天的大陆地区,已非 20 世纪 90 年代初的中国大陆,在注重价格之余,在品质控制、元件工序的节省、生产规划等方面,都已建立了一套基础。再加上大陆劳动力成本较低,自主研发能力上升,质量控制严格化都令大陆地区在变化多端的智能手机产业中继续保持其优势。

成本优势的来源很多,我们列举以上几种来源,是想说明成本优势不仅仅来源于生产成本,尽管生产成本在总成本中占有较大的比重,但要获得成本优势,就要发现和开发所有能够降低成本的资源,并注重它们对相对成本地位的影响。遗憾的是,我国许多企业不重视成本管理,粗放式经营,尽管有人工便宜、资源便宜、地价便宜等优势,但成本仍然居高不下,经济效益差,甚至成为企业亏损、破产的主要原因。

(2)防止进入降低成本的误区

企业在降低成本的问题上,常常会出现一些矛盾,有时甚至会陷入误区。常见的误区包括:

①成本与效益效率。降低成本有时不仅不会增加效益效率,甚至会影响效益、降低效率。美国一家加工金枪鱼的工厂减少了工人,结果,好多金枪鱼的肉都还留在鱼骨架上就给扔了。因此,在降低成本时,要考虑效益是否增加,效率是否提高。

②成本与广告。减少广告费用,可以降低成本,但可能因此而影响产品销售,影响企业和品牌的知名度。增加广告费用,则有可能促进销售,形成规模经济,从而降低成本。但过多的广告费用显然是浪费。秦池酒厂以 3.2 亿元在中央电视台夺得广告"标王"的称号,但企业不堪重负,无法在成本中消化这笔巨额广告费用。因此,企业面临着是增加还是减少广告费用的两难选择。广告有其边际效应,即销售额随着广告费用的增加而增长,当到达一个临界点时,广告费用的增加,对销售额就没有多大影响。

③成本与差异性。降低成本可能使企业的产品无特色,而消费者对差异性的产品有偏好,对价格有时并不敏感,愿意购买有特色的高价产品。无特色的产品只得降价求售,这就可能抵消了它有利的成本地位所带来的好处。美国得克萨斯仪器公司就是陷于这种困境的低成本厂商,它因无法克服其在产品差异性方面的不利之处,而退出了手表制造业。

④成本与价格。低成本的生产企业常常希望以比同行低的产品价格占有更多的市场份额。同行业的竞争对手千方百计降低成本,也成为低成本生产企业,为争夺市场份额,纷纷降价竞销,由此引发价格大战,这对整个行业所产生的后果将是灾难性的。例如,2012 年京东与苏宁、国美价格战,造成了家电行业的混乱。

⑤成本与未来。降低成本太多,有忽视未来的危险,可能使未来的发展危机四伏。有些活动,以现在的情况来判断,很难证明合理,但未来可能效益甚丰。如果放弃了这种活动,那么暂时收支账目可能看上去更好些,但将来却没了后劲。例如,人员的培训需要有经费的投入,却不能立即见到效益,但对企业的发展是至关重要的。企业建立通信网络,需要大笔资金的投入,同样不能立即产生明显的效益。但对企业信息的收集和沟通,对提高工作效率将起很大的作用。企业新产品研制开发费用的减少,有可能延缓新产品开发的时间,增加研制开发失败的风险。一家多角化经营的企业为降低成本,取消某项目不赚钱的业务,而这项业务可能是具有发展和增长潜力的业务。

实际上,在降低成本方面存在着许多陷阱,企业要避免进入陷阱,就要发挥创造力,要处理好降低成本与其他职能之间的矛盾,既要立足当前,又要放眼长远;既要考虑近期收益,又要考虑长期发展,要想方设法以较低的成本实现同样的收益,并使成本优势转化为持久的竞争优势。

2) 差异性战略

差异性战略就是企业采用优于竞争者的方式在顾客广泛重视的某些方面力求独树一帜。一个能够取得和保持差异性形象的企业,如果其产品的溢价超过了为做到差异性而发生的额外成本,就会获得出色的业绩,取得在行业中的竞争优势。

(1)差异性的来源

差异性的手段因行业不同而异。它可以建立在产品本身的基础上,也可以以产品销售的交货系统、营销做法及其范围广泛的其他种种因素为基础。只要探讨各个职能:从采购、设计、工程,以至销售和服务,有哪些可以产生差异性,就可以构建以竞争者为基础的战略。这里的要点是,你与竞争者之间的差异一定要与价格、数量和成本这三项利润决定要素当中的某一项有关。

构建以竞争者为基础的差异战略,要系统地找出你与竞争者之间有差异的地方,特别是要找出自己的不足之处。很显然,不利于你的差异,会使你失去整个市场中的某一部分。但同时也要注意扬长避短,量力而行。例如,你因为产品没有系列化或款式陈旧而遗漏了某些顾客群,采取扩充产品的规格型号或更新设计的方式完全可以补救。但也许并不可行,因为这要看你的生产能力和工程技术力量,是否能够在不失去经济竞争力的原则下适应广泛的产品范围。有时在缺乏经济实力的情况下追求差异性,使有限的资源分散使用,不仅不会增强竞争力,反而会影响竞争能力。将资源集中使用于某一能发挥自身长处的方面,满足某一有特殊需要的一小群买方,则有可能取得良好的经济效益,在某一领域占有竞争对手难以动摇的部分优势。

(2)选择差异性的方法

选择差异性要以顾客为中心,不能以为顾客所认同的差异性是毫无意义的。当一个企业能够为顾客提供一些独特的,对顾客来说其价值不仅仅是价格低廉的东西时,这个企业就具有了区别于其竞争厂的差异性。企业为顾客提供商品时要考虑两点,一是提高顾客所获得的收益,二是降低顾客的购买成本。例如,柯达的艾克复印机在最后整理文件部位增加了再循环文件的进纸器和一个在线自动夹,为用户减少了编排和装订文件的时间,提高了设备的使用效率,用户当然愿意为这种复印机支付溢价。又如,海尔冰箱厂向用户提供耗电低的电冰箱,为用户降低了使用费用,用户也愿意为这种冰箱支付溢价。

为顾客提高所获收益的关键在于了解对顾客来说什么是最理想的效益。顾客购买标准可以分为两种类型,即使用标准和信号标准。

使用标准可以包括如产品质量、产品特性、交货时间和应用工程支持等因素。例如,实物产品的差异,可口可乐与其他饮料相比就具有独特的风味。使用标准不仅包括有形的产品,还包括无形的服务等对产品起辅助作用的系统,即使有形产品并不具有差异性,但诸如交货及时、服务周到、维修和退货保证等方面的差异也是很重要的,因为这些活动比起有形产品来有更多可以作为衡量使用标准的尺度。

信号标准即产生于价值信号的购买标准,可以包括如广告、信誉或形象、包装和外观等因素。信号标准常常是很微妙的。例如,尽管喷漆工作与医用仪器的性能关系不大或毫不相干,但它可能让顾客对仪器的看法有重要影响。信号标准产生于企业对加强顾客看法的需要,即使顾客已购买了企业的产品。例如,2016 年 3 月苹果公司发起"环境责任"的活动,宣称"创新,是利用现有的,来实现前所未有的。地球为我们提供了大量的资源,使我们得以制造产品包装,为企业设施提供电力。然而,树木、阳光和风不仅是宝贵的,更是可持续再生的。为确保子孙后代能享有比我们现在更多的森林资源,我们与 The Conservation Fund 携手合作,共同培育和保护可持续作业的森林种类,来为我们的纸张和包装提供原生纤维。我们开发了可再生微型水电项目,为我们位于美国俄勒冈州普莱恩维尔的数据中心供电。我们的责任不仅是确保打造出精美的产品,还有保护我们美丽的地球。"这一活动表明苹果公司承担起环境保护的责任,树立了良好的企业形象。广告可能只强调产品的特性,而企业的名声却可以向顾客暗示他们的使用标准将得到满足。企业如果不能成功有效地发出价值信号,就永远不可能实现产品实际价值应得的溢价,也就难以取得差异性的竞争优势。

一个常见的错误是只强调使用标准而不满足信号标准,即所谓好酒也怕巷子深,这将影响企业的知名度,影响顾客对企业的了解。另一方面,只知调动信号标准而不符合使用标准通常也不会成功,因为顾客最终必然会认识到他们主要的需要未被满足。

这里要重点强调形象的力量。海尔品牌的形象是由优异的质量、优良的服务、系列化的产品、先进的技术等综合要素所组成的,其产品如冰箱、空调器、洗衣机的定价均超过竞争者同型号同性能产品的 5% ~10% ,甚至更多。由于有品牌的支撑,海尔从不参加任何产品的价格大战,不以价廉取胜。当产品的性能和销售方式很难加以差异化时,"形象"可能就是唯一积极的差异性因素。

(3)差异性中的失误

正如在成本领先战略中存在着误区一样,差异性战略中也有一些易犯的错误。

①无价值的差异性。一个企业在某些方面具有独特性并不意味着就具有经营的差异性。一般的独特性如果不能提高顾客所认同的价值,这种独特性就不可能形成经营差异性。经营差异性要能够给企业带来竞争优势,增加企业的销售,扩大市场占有率,或给企业带来更大的经济效益,这种差异性才有价值。

②过分的差异性。追求差异性要掌握一定的尺度,过分的差异性可能会带来得不偿失的结果,不利于在竞争中取得优势地位。例如,在同一行业中,做广告与不做广告的企业会产生差异性,广告有促销的作用,但正如我们前面提到的秦池酒厂以 3.2 亿元的巨额资金在中央电视台做广告,并没有带来竞争优势一样,扩大销售带来的收益并不够弥补巨额广告费用的支出。

③溢价太高的差异性。企业采用差异性战略会增加投入,加大成本,溢价销售可以弥补差异性成本的支出,并获得更大的收益。但如果溢价太高,便会影响顾客购买的欲望。企业的溢价应放弃侵占或礼让顾客共同分享一些价值,只有价格合理,才能使差异性的优势得以持久保持。

④不了解经营差异性成本。不少企业通常不能将它们创造经营差异性的活动成本分离出来,而假定差异性具有经济意义。因此,它们难以把握溢价的尺度。适当的溢价不仅取决于企业经营差异性的程度,而且取决于企业总体相对成本位置。如果一个企业不能把其成本保持在与竞争对手大体相近的水平,即使企业能够维持经营差异性,溢价的成本也可能会增加致其难以维系。

3)集中性战略

集中性战略就是企业选择行业内一种或一组细分市场,并量体裁衣使其战略为它们服务,而不是为其他细分市场服务。通过为其目标市场进行战略优化,使企业集中资源致力于寻求其目标市场上的竞争优势,尽管它并不拥有在整个市场上的竞争优势。

(1)集中性战略的基础

集中性战略取决于细分市场间的差异。由于消费需求的多样化,使同时服务于多个细分市场的企业面临着不同档次之间协调成本的增加,且缺乏适应不同市场需求的灵活性。通过针对一个或少数几个细分市场的集中性经营,既可以获得成本上的优势,也可以获得差异性经营的收益。

日本有一家市场占有率极小的机械制造企业,所提供的产品选择几乎跟在市场上拥有45% 份额的领导性厂商一样繁多。这家小机械企业的产品没有一项赚钱。问题不在每一项产品的设计上,而是因为所分摊的开发和分销成本太高。该企业的经营者如果不在政策上做些基本改变,从"大小通吃"改为集中性战略,这种情势就会变成恶性循环。这家企业后来削减产品项目,把力量集中到其他企业的涵盖率并不大的细分市场中,情况立即得到改善。

美国有一家经营非常成功的企业,其产品占全世界一半的市场,税前盈利是资产的50%(美国平均11%)。他们的产品是一种油井泵使用的吸棒。在油井施工过程中,常常会因为一根所值无几的钢棒断了,而现场又没有备用品而损失数千美金。该企业在油井现场摆着存货,准备有时应客户召唤而起飞的直升机。他们记载客户耗用钢棒的情形以及各种这一类的事情,使得客户在任何情况下都不会缺少钢棒。而大型钢铁企业却不可能这样做,他们不会注意到某一细分市场的特殊需要,也不会把力量集中于这一细分市场。

如果一个企业能够在其细分市场上获得持久的成本领先或差异性地位,并且这一细分市场的产业结构很有吸引力,那么实施集中性战略的企业将会成为其产业中获取高中市场收益水平的佼佼者。

(2)集中性战略的持久性

集中性战略可以包括不止一个细分市场,可以包括具有强烈关联的数个细分市场。但是,企业对任何一个细分市场的优化能力通常都随着目标的拓宽而减弱。

企业可以集中生产某一产品满足不同的消费者,这是产品专业化;也可以集中为某一消费群体提供不同类型的产品,这是市场专业化;还可以生产某一产品为某一消费群体服务,这是产品、市场集中化。无论采取何种策略,都各有利弊。产品专业化的企业有低成本设计和生产的优势,有对产品的深入了解;但满足不同的消费者可能会增加营销费用,当某一消费群体有特殊要求时,企业就无法轻易地修改产品以适应不同需求。市场专业化的企业对某一消费群体有深入的了解,能提供系列产品为其服务而得到营销上的优势;但不同产品的设计、生产会增加成本。产品、市场集中化可以在某一狭小的细分市场赢得优势;但其灵活性就很差,当产品和市场发生变化时,受到的冲击最大。这里的问题是企业如何根据细分市场的情况,针对竞争对手的特点,结合自身的优势,采用集中性战略,并使所获得的竞争优势得以持久保持。

如果细分市场上无特殊要求,采用集中性战略的意义就不大。例如,美国皇冠企业集中经营可乐产品,而不像可口可乐和百事可乐那样,供应风味较广的软饮料系列。只供应可乐产品和供应系列产品相比并不产生优势。除了口味上的偏好外,消费者对可乐产品和其他风味饮料的需求和购买行为并没有很大差别。相反,提供宽系列产品可以从共享生产、分销和广告等活动中获得极大的利益。因此,皇冠公司的集中性战略没有带来任何竞争优势,相反造成其劣势。

细分市场上有特殊要求,而你相对于竞争对手,并不能生产出特色产品和提供特殊服务,以满足细分市场的需求,在这种情况下,采用集中性战略也同样不能获得竞争优势。

市场是动态的,随着时间的推移,如果某细分市场和其他细分市场间的差异减少或者技术进步出现了新的替代产品,就会使原先采用集中性战略的企业丧失优势。因此,在选择集中力量服务的细分市场时要考虑动态因素。

6.1.3 市场发展战略

市场发展战略可以概括为密集性发展、一体化发展、多角化发展三种类型。

1)密集性发展

如果企业现有产品或现有市场尚有潜力可挖,则可选择密集性发展。可以采用以下三种可能实行的产品—市场发展组合。

（1）市场渗透

就是进一步挖掘市场潜力,把现有产品进一步渗透到现有目标市场中去,以扩大销售量。一是设法促使老顾客多购买本企业的现有产品;二是争取现有市场上的潜在顾客购买本企业的产品;三是吸引竞争对手的顾客购买本企业的产品。

（2）市场开发

为现有产品开辟新市场,扩大目标市场范围。有两种方法:一是在现有销售区域内,寻找新的市场。比如一家原以企业事业为主要客户的电脑企业,开始向家庭、个人销售电脑。二是发展新的销售区域。如从城市市场转入农村市场,由国内市场转向国际市场。

（3）产品开发

向现有市场提供新产品或改进的产品,目的是满足现有市场上的不同需求。比如改变产品外观、造型,或赋予新的特色、内容;推出档次不同的产品;发展新的规格、式样等。

2)一体化发展

如果经营单位所在基本行业有发展前途,在供产、产销方面实行合并更有效益,便可考虑在其市场销售系统的框架中,增加新的业务,采用一体化发展战略。

（1）后向一体化

企业收购或兼并若干原材料供应企业,拥有或控制其供应系统,实行供产一体化。这样做的原因,一般是由于供应商盈利很高,或发展机会极好,通过一体化争取更多收益;还可避免原材料短缺,成本受制于供应商的危险。

（2）前向一体化

谋求对分销系统甚至用户的控制权。如收购、兼并批发商和零售商,以增强销售力量来求发展;或将自己的产品向前延伸,从事原由用户经营的业务,如木材企业生产家具、造纸厂经营印刷业务,批发商开办零售商店等。

（3）水平一体化

争取对同类型其他企业的所有权或控制权,或实行各种形式的联合经营。这样可以扩大生产规模和经营实力;或取长补短,共同利用某些机会。

3)多角化发展

多角化也称多样化、多元化,即向本行业以外发展,扩大业务范围,跨行业经营。当本行业缺乏进一步发展的机会或者其他行业更有吸引力时,可以采用跨行业的多角化经营,以实现新的发展。可主要采用以下三种形式。

（1）同心多角化

企业对新市场、新顾客,以原有技术、特长和经验为基础,有计划地增加新的业务。比如,拖拉机厂生产小货车,电视机厂生产各种家用电器。由于是从同一圆心逐渐向外扩展经营范围,没有脱离原来的经营主线,利用发展原有优势,风险较小,容易成功。

（2）水平多角化

针对现有市场和现有顾客,采用不同技术增加新的业务。这些技术与企业现有的技术能力没有多大关系。比如,一家原来农用拖拉机的企业,现在又准备生产农药、化肥,实际上,这是企业在技术、生产方面进入一个全新的领域,风险较大。

（3）综合多角化

企业以新的业务,进入新的市场。新业务与企业现有的技术、市场及业务毫无关系。比如,汽车厂同时从事金融、房地产、旅馆等业务。这种做法风险最大。

多角化增长并不意味着企业必须利用一切可乘之机,大力发展新的业务。相反,企业在规划新的发展方向时,必须十分慎重,并结合现有特长和优势加以考虑。

6.1.4　网络营销战略

网络营销作为一种竞争手段,具有很多竞争优势,要知道这些竞争优势是如何给企业带来战略优势以及如何选择竞争战略,就必须分析网络营销对企业的营销提供的策略机会和威胁。

1）企业网络营销战略的作用

网络营销作为一种竞争战略,可以在下述几个方面加强企业在对抗某一股力量时的竞争优势。

（1）巩固企业现有竞争优势

市场经济要求企业的发展必须是市场导向,企业制订的策略、计划都是为满足市场需求服务,这就要求企业对市场现在和未来的需求有较多的信息和数据作为决策的依据和基础,避免企业的营销决策过多依赖决策者的主观意愿,使企业丧失发展机会和处于竞争劣势。利用网络营销企业可以对现在顾客的要求和潜在需求有较深了解,对企业的潜在顾客的需求也有一定了解,制订的营销策略和营销计划具有一定的针对性和科学性,便于实施和控制,顺利完成营销目标。如美国计算机销售企业戴尔（Dell）公司,通过网上直销和与顾客进行交互,在为顾客提供产品和服务的同时,还建立自己的顾客和竞争对手的顾客的数据库,数据库中包含有顾客的购买能力、购买要求和购买习性等信息,根据这些信息戴尔公司将顾客分成四大类:摇摆型的大客户、转移型的大客户、交易型的中等客户以及忠诚型的小客户。公司通过对数据库的分析后针对不同类型企业制订销售策略。在数据库的帮助分析下,企业的营销策略具有很强针对性,在营销费用减少的同时还提高了销售收入。

（2）为入侵者设置障碍

虽然信息技术使用成本日渐下降,但设计和建立一个有效和完善的网络营销是一长期的系统性工程,需要投入大量人力、物力和财力。因此,一旦某个企业已经实行了有效的网络营销系统,竞争者就很难进入企业的目标市场,因为竞争者要用相当多的成本建立一类似的数据库,而这几乎是不可能的。从某种意义上说,网络营销系统成为企业难以模仿的核心竞争能力和可以获取收益的无形资产。这也正是为什么技术力量非常雄厚的 Compaq 公司没能建立起类似 Dell 公司的网上直销系统的原因。建立完善的网络营销系统还需要企业从组织、管理和生产上进行配合。

（3）稳定与供应商关系

供应商是向企业及其竞争者提供产品和服务的企业或个人。企业在选择供应商时,一方面要考虑生产的需要,另一方面要考虑时间上的需要,即计划供应量要能依据市场需求,将满足要求的供应品在恰当时机送到指定地点进行生产,以最大限度地节约成本和控制质量。企业如果实行网络营销,就可以对市场销售进行预测,确定合理的计划供应量,确保满足企业的目标市场需求;另一方面,企业可以了解竞争者的供应量,制订合理的采购计划,在供应紧缺时能预先订购,确保竞争优势。如美国的大型零售商 Wall-Mart 公司通过其网络营销系统根据零售店的销售情况,制订其商品补充和采购计划,通过网络将采购计划立即送给供应商,供应商必须适时送货到指定零售店;供应商既不能送货过早,因为企业实行零库存管理,没有仓库进行库存,也不能送货过晚,否则影响零售店的正常销售;在零售业竞争日益白热化的情况下,企业凭借其与供应商稳定协调的关系,使其库存成本降到最低;供应商也因企业的稳定增长获益匪浅,因此都愿意与 Wall-Mart 公司建立稳定的紧密合作关系。

（4）提高新产品开发和服务能力

企业开展网络营销,可以从与顾客的交互过程中了解顾客需求,甚至由顾客直接提出需求,因此很容易确定顾客要求的特征、功能、应用、特点和收益。在许多工业品市场中,最成功的新产品开发往往是由那些与企业相联系的潜在顾客提出的,因此通过网络数据库营销更容易直接与顾客进行交互式沟通,更容易产生新产品概念,克服了传统市场调研的滞后性、被动性和片面性,以及很难有效识别市场需求和成本的缺陷。对于现有产品,通过网络营销容易获取顾客对产品的评价和意见,决定产品的改进方面和换代产品的主要特征。目前,有很多大企业开始实行网络营销,数据库产品的开发研制和服务市场规模也越来越大。例如,上面提到的美国通用公司在 Internet 上允许用户通过公司提供的辅助 CAD 软件设计自己所需要的汽车,公司根据客户要求设计生产,一方面满足顾客不同层次的需求,另一方面获得了许多市场上对新产品需求的新概念。在服务方面,美国联邦捷运（FedEx.com）公司,通过互联网让用户查询了解其邮寄物品的运送情况,让用户不出门就可以获取企业提供的服务,企业因此省去了许多接待咨询的费用,一举两得。

（5）加强与顾客的沟通

著名的 2/8 定律指出,企业 80% 的利润来自于 20% 的老顾客,企业与新顾客交易费用是与老顾客交易的 5 倍,培养顾客的忠诚度是企业营销中的最大挑战。网络营销是以顾客为中心,其中网络数据库中存储了大量现在消费者和潜在消费者的相关数据资料,企业可以根据顾客需求提供特定的产品和服务,具有很强的针对性和时效性,可极大满足顾客需求。同时借助网络数据库可以对目前销售的产品满意度和购买情况做分析调查,及时发现问题、解决问题,确保顾客的满意度,建立顾客的忠诚度。企业在改善顾客关系的同时,可以通过合理配置销售资源来降低销售费用和增加企业收入,例如对高价值的顾客可以配置高成本销售渠道,对低价值顾客用低成本销售渠道。网络数据库营销是现在流行的关系营销的坚实基础,因为关系营销就是建立顾客忠诚和品牌忠诚,确保一对一营销,满足顾客特定的需求和高质量的服务要求。顾客的理性和知识性,要求参与对产品的设计和生产,从而最大限度地满足自己的需求,通过互联网络和大型数据库,可以使企业以低廉成本为顾客提供个性化服务。例如美国的通用汽车公司允许顾客在 Internet 上利用智能化的数据库和先进的

CAD 辅助设计软件,辅助顾客自行设计出自己需要的汽车,而且可以在短短几天内将顾客设计的汽车送到顾客的家。

2) 网络营销的战略观念

网络营销区别于传统营销的根本原因是网络本身的特性和网络顾客需要的个性化。因此,网络营销必须以新的营销观念为指导,在传统营销战略观念的基础上,从网络特征和消费者需求变化的角度实现战略观念的创新。当然,网络营销战略观念不是对传统营销战略观念的否定,而是在现代市场营销理论范畴内的进一步深化和发展。在网络营销环境下,企业必须树立网络整合营销观念和"软营销"观念。

(1)网络整合营销观念

当消费者个性化需求得到满足时,便会对企业产品、服务产生良好的印象和偏好,当其再次需要该种产品或服务时,会首先选择这个企业并提出新的要求和意见。随着企业与顾客的反复交互,一方面顾客的个性化需求不断地得到更好的满足,企业不仅会巩固顾客,而且会吸引更多的顾客;另一方面,企业对差异性很强的个性需求的满足,使其他企业的进入壁垒变得很高。从而与更多的顾客形成"一对一"的牢不可破的紧密关系。网络整合营销与传统营销相比,以顾客为出发点的观念更具体化,使市场细分更深入,企业满足顾客需求的目标更明确,营销手段更有针对性。可见,网络的功能使企业与顾客的交互沟通贯穿于企业营销活动的全过程。网络营销整合使企业的营销决策和营销过程形成一个双向的链。

(2)"软营销"观念

所谓"软营销"是指在网络环境下,企业向顾客传送的信息及采用的促销手段更具理性化,更易于被顾客接收,进而实现信息共享与营销整合。

网络时代的"软营销"观念是相对于工业化大规模生产时代的"硬营销"而言的。传统营销观念中普遍存在的强势营销手段:一是通过广告轰炸,强行地把产品信息传递给消费者;二是推销人员轮番地登门拜访。这种手段不考虑对方需不需要这类信息,更不征得对方的允许或请求。这种直接服务于商业目的的强行推销行为在网上会引起网民的极大反感。试想,在网络环境下假如没有良好的控制机制,造成信息泛滥,每当你打开 E-mail 信箱时就是一堆垃圾广告,就像你的储藏室进了老鼠,衣服上、面袋里全是鼠屎,你会有什么感觉?你还有兴趣上网吗?

网络发展的基础是信息共享、降低信息交流的成本以及网络访问者的主动参与,这就决定了在网上提供信息,必须遵循网络礼仪(Netiquette)。网络礼仪是网上一切行为的准则,以体现网络社区作为一个具有社会、文化、经济三重性质的团体是按照一定的行为规则组织起来的,网络营销也不例外。互联网上有专门的站点提供这种主题的网络礼仪知识,对营销人员来说,第一条网络礼仪就是"不请自到的信息不受欢迎"。同时,互联网上还有专门列举违反礼仪的广告商黑名单的地址,它会列出有关企业的名称及所犯错误,作为网络营销人员学习网络礼仪的反面教材。

可见,"软营销"观念的特征主要体现在遵循网络礼仪的同时,通过对网络礼仪的巧妙运用留住顾客,并建立其对企业及产品的忠诚意识,从而获得最佳的营销效果。

3) 网络营销战略的重点

互联网络的功能使网络营销可以扩大企业的视野,重新界定市场范围,缩短企业与消费者的距离,取代人力沟通与单向媒体的促销功能,改变市场竞争形态。因此,企业网络营销战略的重点也相应体现在以下几个方面。

(1)顾客关系再造

在网络环境下,企业规模的大小、资金实力从某种意义上已不再是企业成功的关键要素,企业都站在同一条起跑线上,通过网页走向世界展示自己的产品。消费者较之以往也有了更多的主动性,面对着数以十万计的网址有了更广泛的选择。为此,网络营销成功的关键是如何跨越地域、文化、时空差距,再造顾客关系,发掘网络顾客,吸引顾客,留住顾客,了解顾客的愿望,利用个人互动服务与顾客维持关系,以及企业如何建立自己的顾客网络,如何巩固自己的顾客网络。

①提供免费服务。提供免费服务是吸引顾客最直接与最有效的手段。例如,苹果公司官网上为多数软件和硬件产品提供3个月的免费支持服务,Apple Watch Edition 随附提供2年的免费支持服务。

②组建网络俱乐部。网络俱乐部是以专业爱好和专门兴趣为主题的网络用户中心,对某一问题感兴趣的网络用户可以随时交流信息。目前,网络世界里的用户俱乐部形形色色,如车迷俱乐部、生活百科园地、流行话题交流中心、流行精品世界、手表博物馆、美食大师等。网络用户俱乐部的每个分类项目都设有讨论区,可以吸引大批兴趣爱好相同的网友"聚集一起"交流信息和意见,这正便于企业一对一地交流与沟通,同时各分类项目的信息快报,也可免费向企业提供促销信息。为此,企业可以通过在网上开设或者赞助与之产品相关的网络俱乐部,把产品或企业形象渗透到对产品有兴趣的用户,并利用网络俱乐部把握市场动态、消费时尚变化趋势,及时调整产品及营销策略。

(2)定制营销

细分市场的极端是发现每一个买主都有自己特有的需求和欲望,所以每一位顾客都有可能成为一个细分市场。这种极端被称为定制营销。

实际上,一般情况下所做的市场细分是根据买主对产品的不同需求或对营销反应将他们分为若干的类型。以往企业偶尔走一走极端,将定制营销作为一种不错的公关活动。但现在由于经济全球化,竞争的加剧,并且互联网的高速发展,使这种定制营销成为必要且可能。

定制营销又称"个别化营销""自我营销"或"一对一"营销,定制营销并不是只适应于高度技术化和信息化的企业,也同企业的规模并无直接的联系,而有更大更广的适用范围。网络沟通的互动性使企业能更准确地掌握顾客的需求和反应,为顾客提供更个性化的产品,即网络数据库为企业实施定制营销提供了有利的支撑。以电子商场为例,商家通过数据库可以全面了解网络顾客的生日、对产品的偏好习惯等,便可在适当的时间,利用电子邮件向目标顾客推荐相关产品或服务。这在国外已不是个例,摩托罗拉的营销员能为客户定制设计寻呼系统,将设计传给工厂,在17分钟后工厂开始生产,2小时内发运,第二天即可将货物送到客户的办公桌上,交货的速度令人吃惊。

在我国,定制营销初显端倪。如设计生产出我国第一台定制冰箱的海尔集团,最近创造了一个市场奇迹——短短1个月时间,竟拿到100多万台定制冰箱订单。定制冰箱是新经济思维的产物。目前,个性化家电在国外已逐步趋向流行,一些发达国家从20世纪80年代末就开始逐步淘汰大批量的家电生产方式,一条生产线可以生产几十种型号的产品,以满足不同消费者的个性化需求。这种所谓的定制冰箱就是用户可以根据家具的颜色或是自己的品位,定制自己喜欢的外观色彩或内置设计。这种冰箱对厂来说,就是把"我生产你购买"转变成了"你设计我生产"。虽然两者都是做冰箱,后者却有了服务业的概念。定制冰箱对企业的要求非常之高。可以想象,几百万台各不相同的冰箱都要做得丝毫不差,将是一项怎样浩繁的工程。然而,海尔从宣布要向服务业转移到推出定制冰箱,仅仅用了三四个月的时间。目前,海尔已能做到只要用户提出定制需求,一周内就可以将产品投入生产。如今海尔冰箱生产线上的冰箱,有一半以上是按照全国各大商场的要求专门定制的。

(3)建立网上营销伙伴

由于网络的自由开放性,网络时代的市场竞争是透明的,谁都能较容易地掌握同业与竞争对手的产品信息与营销行为。因此,网络营销争取顾客的关键在于如何适时获取、分析、运用来自网上的信息,如何运用网络组成合作联盟,并以网络合作伙伴所形成的资源规模创造竞争优势,是网上营销的重要战略内容。

建立网络联盟或网上伙伴关系,就是将企业自己的网站与他人的网站互连起来,以吸引更多的网络顾客。其主要措施如下。

①结成内容共享的伙伴关系(content-share partnership)。内容共享的伙伴关系能增加企业网页的可见度,能向更多的访问者展示企业的网页内容。比如说,一个在网上销售自行车的企业应和在网上销售运动服装的企业结成伙伴,在他们卖出运动服装的同时,使顾客同时了解你的山地车并卖出山地车;同样,一个提供关于自行车书籍和杂志的网站也是建立内容共享伙伴关系的最好选择。

②交互链接和搜索引擎(link exchanges search engine)。交互链接和网络环(Web ring)是应用于相互网站间来推动交易的重要形式。在相关网站间的交互链接有助于吸引在网上浏览的顾客,便于他们一个接一个地按照链接浏览下去,以提高企业网站的可见性。

网络环只是一种更为结构化的交互链接形式。在环上一组相关的伙伴网站连在一起,并建立链接关系,访问者可以通过一条不间断的"链",看到一整套相关网站,从而给访问者提供更为充实的信息。把企业的网站登录在一个大的搜索引擎上,是网上营销寻求伙伴关系的重要选择。因为有经验的互联网用户在网上查找所需的信息时,总是首先利用搜索引擎。比如,当你进入 Yahoo! 搜索一本想要的书或其作者的情况,除了看到通常的相关搜索结果清单外,你还会看到一个小窗口显示在网站 Amazon.com 上的相关书目目录上。需要注意的是,当访问者进入某一个查询领域时,企业的网站应该在给出的一长串目录的顶部附近出现,否则,你的网站很可能会被访问者所忽视,导致在搜索引擎上企业网站可见性和有效性的下降。

4)网络营销战略规划

网络营销作为信息技术的产物,具有很强的竞争优势。但并不是每个企业都能进行网络营销,企业实施网络营销必须考虑到企业的业务需求和技术支持两个方面。业务方面如企业的目标、企业的规模、顾客的数量和购买频率、产品的类型、产品的周期以及竞争地位等;技术方面如企业是否支持技术投资、决策时技术发展状况和应用情况。由于互联网作为大众型的信息技术,它的发展非常迅猛,而网络营销技术作为专业性技术,依赖于企业的技术力量。

网络营销战略的规划要经历三个阶段:首先确定目标优势,网络营销是否可以促使市场增长,改进实施策略的效率来增加市场收入,同时分析是否能通过改进目前营销策略和措施,降低营销成本。其次是分析计算网络营销的成本和收益,需注意的是计算收益时要考虑战略性需要和未来收益。最后是综合评价网络营销战略,主要考虑的有三个方面:成本效益问题,成本应小于预期收益;能带来多少新的市场机会;企业的组织、文化和管理能否适应采取网络营销战略后的改变。

企业在确立采取网络营销战略后,要组织战略的规划和执行。网络营销不是一种简单的新营销方法,它是通过采取新技术来改造和改进目前的营销渠道和方法,它涉及企业的组织、文化和管理各个方面。如果不进行有效的规划和执行,该战略可能只是一种附加的营销方法,它不能体现出战略的竞争优势,相反只会增加企业的营销成本和管理复杂性。策略规划分为下面几个阶段。

①目标规划。在确定使用该战略同时,识别与之相联系的营销渠道和组织,提出改进目标和方法。

②技术规划。网络营销很重要的一点是要有强大的技术投入和支持,因此资金投入和系统购买安装以及人员培训都应统筹安排。

③组织规划。实行数据库营销后,企业的组织需进行调整以配合该策略实施,如增加技术支持部门,数据采集处理部门,同时调整原有的推销部门等。

④管理规划。组织变化后必然要求管理的变化,企业的管理必须适应网络营销需要,如销售人员在销售产品同时,还应记录顾客购买情况,个人推销应严格控制以减少费用等。

网络营销战略在规划执行后还应注意控制,以适应企业业务变化和技术发展变化。网络营销战略的实施是一系统工程,应加强对规划执行情况的评估,评估是否充分发挥该战略的竞争优势,评估是否有改进余地;其次是对执行规划时的问题应及时识别和加以改进;再次是对技术的评估和采用,目前的计算机技术发展迅速,成本不断降低同时功能显著增强,如果不跟上技术发展步伐,很容易丧失网络营销的时效性和竞争优势。采取新技术可能改变原有的组织和管理规划,因此对技术控制也是网络营销中的一显著特点。

网络营销是有别于传统的市场营销的新的营销手段,它可以在控制成本费用、市场开拓和与顾客保持关系等方面有很大竞争优势。但网络营销的实施不是简单的某一个技术方面的问题,某一个网站建设的问题,它还涉及从企业整个营销战略方面、营销部门管理和规划方面,以及营销策略制定和实施方面都应该进行调整。

网络营销竞争的优势在于能够以最快、最准确的方式获得顾客信息,并能将产品说明、促销、顾客意见调查、广告、公共关系、顾客服务等各种营销活动整合在一起,进行一对一的沟通,不受时间和地域的限制,达到营销组合所追求的综合效益。然而,也正是随着互联网的发展,从有形市场转向信息化市场,使企业的目标市场、顾客关系、企业组织、竞争形态及营销手段等发生了改变,企业既面临新的挑战,也存在着无限的市场机会,企业必须确立相应的网络营销战略,提供比竞争对手更有价值、更有效率的产品和服务,扩大市场营销规模,实现企业的经营目标。

6.2　网络营销组合策略

市场营销组合,是指企业为满足实施市场营销战略的需要,综合运用各种可控制的营销策略和手段,组合成一个系统化的整体策略,以达到企业市场营销战略目标,从而使企业获得最佳效益。

市场营销组合的概念出现于 1960 年,它的决策思想,大量吸收了系统论和管理学科的理论成果,促进了市场营销实践。几十年来,它的结构和内容逐渐完善,对企业市场营销活动起着重大的指导作用,在现代市场营销学理论体系中居核心地位。

企业在实施市场营销战略时,最重要的任务是开发或满足所选定的目标市场。虽然企业经过详尽的调查研究,对目标市场上的需求状况已有了大致的轮廓,然而,此时企业往往还不能立即组织起有效的市场营销活动。因为,影响企业营销活动的因素很多,或杂乱无章、或企业可望而不可即,或彼此矛盾甚至相互抵消。在此情形下,企业可借助于市场营销组合的原理与方法,从纷繁杂乱的策略和手段中,选择最佳市场营销组合策略,以取得最佳市场营销效果。

6.2.1　市场营销组合的内容

影响市场营销活动的因素可分为两大类:一类是企业不可控制的环境因素;另一类是企业可控制的营销因素。这类因素很多,美国学者尤金·麦卡锡把它概括为四大因素,即产品(Product)、价格(Price)、分销渠道(Place)、促销(Promotion),简称“4P”。

产品是指企业提供给目标市场的商品或劳务的集合体,它包括产品的效用、质量、外观、式样、品牌、包装、规格、服务和保证等。

价格是指企业出售商品和劳务的经济回报,包括价目表所列的价格(Piot Price)、折扣(Discount)、折让(Auowance)、支付方式、支付期限和信用条件等,通常又称为定价。

销售渠道是指企业使其产品可进入和达到目标市场所进行的各种活动,包括商品流通的途径、环节、场所、仓储和运输等,通常又称为分销。

促销是指企业利用各种信息载体与目标市场进行沟通的多元活动,它包括广告、人员推销、营业推广、公共关系与宣传报道等。

产品、分销、定价和促销是企业市场营销可以控制的四个因素,也是企业市场营销的四个手段。它们不是彼此分离的,而相互依存,相互影响、相互制约。营销组合具有以下特点。

1)可控性

营销组合的四大因素及其亚因素是企业可控制的。企业可根据目标市场的需要,决定生产经营什么产品,给产品选择什么分销渠道,决定产品的销售价格,选择广告宣传手段等。但是,营销组合不是企业可随意决定的,它受到市场环境的制约和影响,企业的营销组合只有与市场环境的变化发展相适应,才能收到预期效果。

2)动态性

市场营销组合,不是固定不变的静态组合,而是受到内部条件和外部环境的变化影响,经常处于变化状态,是动态组合,在营销组合中,任一因素的变化必然导致组合的变化,出现新的组合。在环境千变万化、需求瞬息万变的市场上,为适应市场环境和消费者需求的变化,企业必须随时调整营销组合因素,使营销组合与市场环境保持一种动态的适应关系。

3)复合性

营销组合的四大因素各自包括了多个次一级乃至更次一级的因素。以促销为例,促销包括人员推销、广告、公共关系和营业推广四个因素。这四个因素各自又包括了多个更次一级的因素,例如营业推广,又包括了对顾客促销、对中间商促销和对中间人员的推销,而且还可以进一步细分。企业的营销组合,不仅是四大因素的组合,而且包括各层次因素的亚组合。需要使企业各层次、各环节的营销因素都协调配合,共同为实现企业营销目标发展作用。

4)整体性

营销组合是企业根据营销目标制定的整体策略,它要求企业市场营销的各个因素协调配合,一致行动,发挥整体功能。若各因素各自发挥作用,难免缺乏整体的协调,有些功能就会相互抵消;而在组合条件下,各个因素相互补充,协调配合,目标统一,其整体功能必然大于局部功能之和。因此,在制定营销组合时,要追求整体最优,而不能要求各个因素最优;各个亚层次的营销组合也必须服从整体组合的目标和要求,维护营销组合的整体性。

6.2.2   网络营销组合

现代市场营销的主旨是用户导向。然而迄今为止,大多数企业的市场营销都是单向的,即依赖各种各样的媒体广告来促进顾客接受,再以各种各样的调查研究方式了解顾客的需求。这两种过程在大多数场合下是分离的。而互联网则提供了企业与顾客双向交流的通道,使企业得以发展规模化的交互式的市场营销方式。这种交互式的市场营销方式一方面让企业更直接、更迅速地了解顾客的需求;另一方面,使企业有更多的空间,为用户提供更具价值的售前服务和售后服务。互联网的商业应用改变了传统的买卖关系,带来了企业市场营销方式的变革,对市场营销提出了新的要求。随着互联网为特征的信息技术和市场营销相互结合,相互作用,形成了网络营销组合,即产品(customer's needs and wants)、促销(communication with customer)、价格与支付(cost and value to satisfied customer's needs and wants)、物流渠道(convenience to buy)和客户关系管理(customer relationship management)的组合,由于这 5 个要素的第一个字母都是 C,所以我们也可以把它们简称为 5C's。

1)产品策略

在基于互联网的网络营销中,企业的产品和服务要有针对性,其产品形态、产品定位、产品开发、产品品牌和产品包装等要体现互联网的特点。

(1)产品形态

在互联网上,信息产品和有形产品的销售是不一样的。信息产品直接在网上销售,而且一般可以试用,而有形产品只能通过网络展示,尽管多媒体技术可以充分生动地展示产品的特色,但无法直接尝试,而且要通过快递公司送货或传统商业渠道分销。因此,网络营销的产品和服务应尽量是信息产品和服务、标准化的产品、在购买决策前无须尝试的产品,才能有利于在网上销售。

(2)产品定位

在消费者定位上,网络营销的产品和服务的目标应与互联网用户一致,网络营销所销售产品和服务的消费者首先是互联网的用户,产品和服务要尽量符合互联网用户的特点。在产品特征定位上,互联网用户的收入水平和教育水平都较高,喜欢创新,对计算机产品和高技术产品情有独钟,因此,要考虑产品和服务是否与计算机有关,是否属于高技术。

(3)产品开发

由于互联网体现的信息对称性,企业和顾客可以随时随地进行信息交换。在产品开发中,企业可以迅速向顾客提供新产品的结构、性能等各方面的资料,并进行市场调查,顾客可以及时将意见反馈给企业,从而大大提高企业开发新产品的速度,也降低了开发新产品的成本。通过互联网,企业还可以迅速建立和更改产品项目,并应用互联网对产品项目进行虚拟推广,从而以高速度、低成本实现对产品项目及营销方案的调研和改进,并使企业的产品设计、生产、销售和服务等各个营销环节能共享信息、互相交流,促使产品开发从各方面满足顾客需要,以最大限度地实现顾客满意。

(4)产品品牌

品牌是给拥有者带来溢价、产生增值的一种无形的资产,它的载体是用以和其他竞争者的产品或服务相区分的名称、术语、象征、记号或者设计及其组合,其增值的源泉来自于消费者心智中形成的关于其载体的印象。互联网所具有的交互、快捷、全球性、媒体特性等优势,对于提高企业知名度、树立企业品牌形象、更好地为顾客服务等都提供了有利的条件。因此,企业应该根据自身的产品与服务特点,利用网络资源创建自己的产品品牌。

(5)产品包装

产品包装有两层含义,一是指用不同的容器或物件对产品进行捆扎、保护,二是指包装用的容器或一切物件。产品包装不仅具有保护产品使用价值、方便经营和购买识别的功能,包装的艺术性、创造性对消费需求和购买动机的刺激作用也越来越明显。包装的设计要注意安全,适于运输、保管,美观大方等原则。有几种常见产品包装策略:类似包装策略、等级包装策略、配套包装策略、附赠品包装策略、再使用包装策略等。

2) 价格策略

网络营销中产品和服务的定价要考虑以下因素。

(1)国际化

由于互联网营造的全球市场环境,企业在制定产品和服务的价格时,要考虑国际化因素,针对国际市场的需求状况和产品价格情况,以确定本企业的价格对策。

(2)趋低化

由于网络营销使企业的产品开发和促销等成本降低,企业可以进一步降低产品价格。同时由于互联网的开放性和互动性,市场是开放和透明的,消费者可以就产品及价格进行充分地比较、选择。因此,要求企业以尽可能低的价格向消费者提供产品和服务。

(3)弹性化

由于网络营销的互动性,顾客可以和企业就产品价格进行协商,也就是可以议价。另外,企业也可以根据每个顾客对产品和服务提出的不同要求,来制定相应的价格。

（4）价格解释体系

企业通过互联网，向顾客提供有关产品定价的资料，如产品的生产成本、销售成本等，建立价格解释体系，为产品定价提供理由，并答复消费者的询问，使消费者认同产品价格。

此外，网络营销中提供产品和服务的价格依然要根据产品和服务的需求弹性来确定，同时又要考虑网络营销的特点。企业在网上可以向顾客提供价格更低的产品和服务，但向顾客提供更多的方便和闲暇时间是不可忽视的重要因素。

3）促销策略

网络促销的目的是使促销更合理，消费者可以通过互联网主动搜索信息，企业可以把注意力更集中于目标顾客。

企业要为顾客提供满意的支持服务。随着市场的发展和竞争的加剧，消费者变得越来越挑剔，企业间的竞争也从产品延伸至服务。无论是售前还是售后的服务，都变得日益重要，能否为顾客提供满意的支持服务往往成为企业胜负的关键。网络营销在提供支持方面具有优越性。通过互联网，全球的消费者也能与企业联系和交流，顾客可直接向企业咨询有关产品和服务的问题，同时企业应用文字、图片和图像等技术向顾客展示产品和服务的内容，解释、答复顾客的咨询，使整个售前和售后服务及时清晰。

企业要为每个消费者提供不同的产品和服务。通过网络营销，企业可以较低的成本，让消费者提出自己的要求，然后根据不同的要求提供不同的产品和服务。虽然每个消费者的需求都存在差异，但企业能分别予以满足，必然能提高顾客的满意程度，从而增加了产品和服务的销售。

企业要与顾客和上下游企业建立伙伴关系。合作是相互的，企业要想从顾客那里获得信息，也应该为顾客提供帮助，不仅为顾客提供产品和服务，还要帮助顾客实现这些产品和服务的价值。同上下游企业建立伙伴关系，其目的也是促进企业间的合作，开展更大规模的市场营销活动，进而为顾客提供更完善、更便利的服务，也给合作的企业带来竞争优势。

网络促销的方式有拉销、推销和链销。

（1）拉销

网络营销中，拉销就是企业吸引消费者访问自己的 Web 站点，让消费者浏览产品网页，作出购买决策，进而实现产品销售。网络拉销中，最重要的是企业要推广自己的 Web 站点，吸引大量的访问者，才有可能把潜在的顾客变为真正的顾客。因而企业的 Web 站点除了要提供顾客所需要的产品和服务，还要生动、形象和个性化，要体现企业文化和品牌特色。

（2）推销

网络营销中，推销就是企业主动向消费者提供产品信息，让消费者了解、认识企业的产品，促进消费者购买产品。网络推销有别于传统营销中的推销，有两种方法：一种方法是利用互联网服务商或广告商提供的经过选择的互联网用户名单，向用户发送电子邮件，在邮件中介绍产品信息；另一种方法是应用推送技术，直接将企业的网页推送到互联网用户的终端上，让互联网用户了解企业的 Web 站点或产品信息。

（3）链销

网络营销中，互动的信息交流强化了企业与顾客的关系，使顾客的满意程度增大是企业开展网络链销的前提。企业使满意的顾客成为企业的种子顾客，以自己的消费经历为企业作宣传,向其他顾客推荐企业的产品;使潜在顾客成为企业的现实顾客,从而形成口碑效益,最终形成顾客链,实现链销。企业以种子顾客带动潜在顾客,扩大企业的销售。

4) 物流渠道策略

网络营销有别于传统营销的一个重要方面,就是产品的分销渠道更具变化。可供选择的物流主要网络如下。

(1) 会员网络

网络营销中一个最重要的渠道就是会员网络。会员网络是在企业建立虚拟组织的基础上形成的网络团体,通过会员制,促进顾客相互间的联系和交流,以及顾客与企业的联系和交流,培养顾客对企业的忠诚,并把顾客融入企业的整个营销过程中,使会员网络的每一个成员都能互惠互利,共同发展。

(2) 分销网络

根据企业提供产品和服务的不同,分销渠道也不一样。如果企业提供的是信息产品,企业就可以直接在网上进行销售,需要较少的分销商,甚至不需要分销商。如果企业提供的是有形产品,企业就需要分销商。企业要想达到较大规模的营销,就要有较大规模的分销渠道,建立大范围的分销网络。

(3) 快递网络

对于提供有形产品的企业,要把产品及时送到顾客手中,就需要通过快递公司的送货网络来实现。规模大、效率高的快递企业建立的全国甚至全球范围的快递网络,是企业开展网络营销的重要条件。

(4) 服务网络

如果企业提供的是无形服务,企业可以直接通过互联网实现服务功能。如果企业提供的是有形服务,需要对顾客进行现场服务,企业就需要建立服务网络,为不同区域的顾客提供及时的服务。企业可以自己建立服务网络,也可以通过专业性服务企业的网络实现顾客服务目的。

(5) 生产网络

为了实现及时供货以及降低生产、运输等成本,企业要在一些目标市场区域建立生产中心或配送中心,形成企业的生产网络,并同供应商的供货网络及快递企业的送货网络相结合。企业在进行网络营销中,根据顾客的订货情况,通过互联网和企业内部网对生产网络、供货网络和送货网络进行最优组合调度,可以把低成本、高速度的网络营销方式发挥到极限。

5) 服务策略

当前,服务经济正在和已经成为现代经济生活的主导,新型的服务业如金融、通信、交通等产业如日中天,发展迅速。在服务经济背景下,企业的发展必须以顾客为中心,为顾客提供适时、适地、适情的服务,最大限度地满足顾客需求。互联网作为跨越时空的"超导体"媒体,可以为顾客提供方便、及时、高效的服务。实施网络整合服务营销,具体策略如下。

(1) 产品和服务以顾客为中心

由于互联网具有很好的互动性和引导性,一方面用户可以在企业的引导下对产品或服务进行选择或提出具体要求,企业可以根据顾客的选择和要求及时组织生产或提供相应的服务,使顾客跨越时空得到所要求的产品和服务。另一方面,企业还可以及时了解顾客的需求,进行正确的市场定位,提高企业的生产效益和营销效率。

(2)以顾客能接受的成本定价。在以市场为导向的营销实践中,产品或服务定价应该采用顾客导向定价法,即以顾客能接受的成本来定价。企业以顾客为中心定价,必须测定市场中顾客的需求以及对价格的认同情况。企业在互联网上可以很容易实现以顾客能接受的成本定价。企业可以通过互联网调查顾客能够接受的价格,然后根据顾客的接受程度提供柔性的产品设计和生产方案供用户选择,直到顾客认同后再组织生产和销售。所有这一切都是顾客在企业的服务器程序的导引下完成的,不需要专门的服务人员,因此成本也比较低廉。

(3)产品的分销以方便顾客为主。网络营销是一对一的分销渠道,是跨越时空进行销售的,顾客可以随时随地利用互联网订货和购买产品。

(4)推式促销转向加强与顾客沟通和联系。传统的促销方式以企业为主体,通过一定的媒体或工具与顾客进行推式沟通,以便增强顾客对企业产品的接受度和忠诚度,其间顾客处于被动接受的地位,缺乏主动参与及联系,同时企业的促销成本很高。互联网络营销是一对一和交互式的,顾客可以参与到企业的营销活动中来,因此,互联网营销更能加强与顾客的沟通和联系,更能了解顾客的需求,更易得到顾客的认同。

6.3　网络营销组织创新战略

传统营销组织是建立在亚当·斯密分工理论基础之上的,其部门之间分工明确,形成了金字塔型组织结构。这种建立在专业化分工基础上的金字塔型组织结构在工业革命时期的专业化、标准化生产或重复性工作中发挥了巨大的作用。但这一结构的弊端也是显而易见的,如各职能部门之间缺乏快速统一的沟通协调机制;森严的等级制度极大地压抑了员工的主创精神;信息沟通渠道过长,容易造成信息失真以及由不相容目标所导致的代理成本的增加,决策者也无法对顾客的需求和市场的变化作出快速反应。科层式营销组织导致了严重的官僚主义,企业服务的顾客却被抛在一边,这些都严重制约了企业进一步发展。而电子商务环境下,企业的经营管理具有全球性、平等性、共享性、知识性、虚拟性、创造性、自主性等特征,企业间的竞争已进入"无边界的竞争时代"。在这种环境下,企业的竞争焦点集中于创新能力、反应速度、定制化产品、客户化服务,营销组织的管理"速度"成为决定胜负的一个关键砝码。

显然,传统的刚性营销组织模式与电子商务环境下的企业发展间的矛盾不可调和,传统的科层式营销组织是在稳定的、可预测的环境下以及在收益递减法则作用下建立起来的。面对电子商务环境,传统科层式营销组织结构已不能够适应急剧变化的环境、激烈的市场竞争和多变的顾客要求,因此,面临巨大的挑战。而信息技术的发展为新模式的诞生提供了极为有利的软硬环境,新的营销组织模式将在这种背景下孕育而生。信息技术促进着营销组织创新的进行,而营销组织又不断进行着自身的改造与创新,去适应电子商务的经营环境,在这种良性的双向互动中企业的发展被推向新的高度。

本节主要讨论的是基于网络经济环境下的企业营销组织模式的创新,在这一模式创新下的营销组织功能的转变,以及围绕企业营销组织模式的创新而导致的企业面向客户的整体组织创新。

6.3.1 网络营销组织创新的目标、方式与特点

创建面向市场的营销组织,使营销组织创造市场价值最大化是网络时代的营销组织创新的最终目标。网络经济中企业竞争的中心已向服务竞争转移,优质的、个性化的服务成为企业的竞争优势。因此,现代企业应树立"企业营销"观念,创建面向市场的营销组织。彼得·杜拉克曾指出:"市场营销是企业的基础,不能把它看作是单独的职能。从营销的最终成果,也从顾客的观点看,市场营销就是整个企业。"信息技术为创建面向市场的营销组织提供了条件,把连接企业内外活动作为主要功能之一的企业电子商务系统使企业的各子系统活动都紧紧围绕市场,以市场的需求与企业的目标来协调与规范营销组织的各项活动。

同时,信息技术和网络技术的应用为企业的营销组织创新提供了广阔的空间和灵活的方式。组织创新可以是职能部门间的重新分工,也可以是企业流程再造;可以是部分调整,也可以是全面改革;可以是企业内部的调整,也可以是企业整个供应链和经营方式的重塑。但不管是哪种形式,都具备一些共同的特点。

1) 组织扁平化

扁平化的网络组织能对市场环境变化作出快速反应。信息技术的高度发展将极大地改变企业内部信息的沟通方式和中间管理层的作用,不管是企业内部的各部门之间还是企业对外通过社会化协作和契约关系而结成动态联盟或者说虚拟企业,都要使得企业的管理组织扁平化、信息化,削减中间层次,使决策层贴近执行层。企业组织的构成单位就从职能部门转化成以任务为导向、充分发挥个人能动性和多方面才能的过程小组,使企业的所有目标都直接或间接地通过团队来完成。组织的边界不断被扩大,在建立起组织要素与外部环境要素互动关系的基础上,向顾客提供优质的产品或服务。企业能随时把握企业战略调整和产品方向转移、组织内部和外部团队的重新构成,以战略为中心建立网络组织,通盘考虑顾客满意和自身竞争力的需要,不断进行动态演化,以对环境变化作出快速响应。

2) 学习型组织

同样,不管是企业内部的各部门之间还是企业对外形成的虚拟企业,企业竞争的核心是学习型组织。学习型组织提倡"无为而治"的有机管理,突破了传统的层次组织。企业在其经营过程中,往往处在十分复杂的动态变化中。经营者必须不断地根据环境的变化而做适应性的调整,所以企业的经营过程是企业管理者和员工互动式教育过程。因此人力资源不仅要从学校里产生,而且要从企业中产生,企业要建立一种适应动态变化的学习能力。企业的学习过程不仅仅局限在避免组织犯错误或者是避免组织脱离既定的目标和规范,而是鼓励打破常规的探索性的试验,是一种允许出现错误的、复杂的组织学习过程。它在很大程度上依赖反馈机制,是一个循环的学习过程。

3) 合作型竞争

企业组织的外部再造所形成的虚拟企业是建立在共同目标上的合作型竞争,在数字化

信息时代,合作比竞争更加重要。虚拟企业一般由一个核心企业和几个成员企业组成,在推出新产品时能以信息网络为依托,选用不同企业的资源,把具有不同优势的企业组合成单一的靠信息技术联系起来的动态联盟,共同对付市场的挑战,联合参与国际竞争。虚拟企业以网络技术为依托,跨越空间的界限,在全球范围内的许多备选组织中精选出合作伙伴,可以保证合作各方实现资源共享、优势互补和有效合作。虚拟企业是建立在共同目标上的联盟,它随着市场和产品的变化而进行调整,一般情况下在项目完成后联盟便可以解散。

4)动态性

在 Internet 和 Intranet 的支持下,企业能动态地集合和利用资源,从而保持技术领先。它快速有效地利用信息技术和网络技术,各成员企业以及各个环节的员工都能参与技术创新的研究和实施工作,从而维持技术领先地位。虚拟企业不仅向顾客提供产品和服务,更重视向顾客提供产品和服务背后的实际问题的"解决方案"。传统的组织常常为大量顾客提供同一产品,而忽视了同一产品对不同顾客在价值上的差异;虚拟企业则能从顾客的这种差异入手,综合所有参与者给顾客提供一个完整的解决方案。因此虚拟企业能够按照产品新观念和灵敏性的要求,有针对性地选择和利用经济上可承受、已有或已开发的技术与方法,同时十分重视高技术的研究与开发,保证了技术的领先性。

6.3.2　网络营销组织的创新

网络营销组织是沟通企业与市场的桥梁。在电子商务时代,企业将面向国际化的大市场进行营销管理。由于互联网的存在,中间商将逐步向物流机构转变,对于大多数的企业来说,营销系统的职能已由大力构建营销网络,转变为重点加强网络营销。通过建立网络营销机构,利用电子商务系统,企业可以在 Intranet 上迅速进行市场信息交换、跟踪订单。市场营销人员在世界的任何地方可以访问公司负责维护的最新客户资料库;同时对完整的销售周期提供支持——包括销售支持资源、销售工具、参考信息的链接定制及销售周期的每一个步骤。另外通过与客户在网络上的直接交流,企业能够对客户需求作出快速响应,并可以为客户提供高质量的个性化服务。顾客在与企业双向互动的沟通中获得最大满足,而企业也可根据市场信息随时调整自己的营销战略规划。总之,在电子商务下企业营销组织的主要功能是实现信息的整合与管理市场开发以及提供高质量的客户服务。

彼得·道盖尔(Peter Doyle)等人曾将新世纪的营销环境变化归纳为十大趋势,即流行化(Fashionisation)、市场微型化(Micro Markets)、预期上升(Rising Expectation)、竞争加剧(Competition)、商品大众化(Commoditisation)以及技术变化(Technological change)、全球化(Globalization),以服务获得差异性优势的软性化(Software)、因制造商品牌作用的降低而出现的品牌"风化"(Erosion of Brands)、政治经济和社会变化带来新的制约(New Constraints)等。这些趋势也决定了网络营销的发展要求。除时装外,越来越多的产品也呈现出流行化趋势,如手表、摩托车、啤酒、小轿车、药品、影视、音乐、电子产品,甚至服务等。消费者的口味变化极快,忠诚的品牌使用者越来越少,消费者大多追求产品的新颖性。一些新颖性的产品借助某些抽象化的题材迎合人们的心理,可能成为时尚而风行一时,但它们犹如昙花一般,旋即淹没在变化的海洋之中。变化如此迅速,致使预测变得十分困难,企业只有以快制胜,用最快的速度推出新产品、新款式和新服务。唯有对环境变化有着快速反应能力的企业才能永立潮头,按照传统的组织结构,按部就班地进行营销管理将会失去赢利机会,而这也决定了网络营销的快速性要求,即不仅仅要依靠网络营销体系获得顾客,还要利用网络营销赶在顾客需求变化之前推陈出新,以保持顾客的忠诚度。同样,为了回应消费个性化的挑战,网络营销也要求更加细化。因为个性化不仅使得统一的、单一需求的大市场不复存在,无差异化目标市场战略彻底失效,而且市场已细化到单个消费者,使得一般程度的市场细分战略收效甚微。市场微型化要求企业采用极限市场细分战略,将营销触角直接延伸到每一个具体的消费者,为其提供满足其特殊需要的产品和服务。这一点在传统的营销体系中根本不可能做到。即使是网络营销,如果停留在网上开架出售这个层面,也不可能满足这种要求。只有利用网络营销体系,了解每一个顾客的要求。这不仅仅是个性化的要求,也是竞争的加剧和商品模仿速度的加快对企业提出的要求。由于盈利性产品很快被模仿,今日的特殊产品明日就成了大众产品,今日的特殊服务明日就成了标准化服务。模仿能力强、模仿速度快使得原本想通过新产品开拓市场吸引新顾客的企业感到难度变大,他们会意识到感到满意的老顾客才是企业丰厚利润的稳定来源。企业将把顾客置于组织结构的中心,通过向顾客提升服务价值,与顾客建立中长期的伙伴关系。在这个意义上讲,CRM 已经不再是少数大客户的专利,普通消费者也将会享受到。同时,产品的大众化还使得企业的产品创新侧重于产品微小的变化和延伸,而不倾向于投巨资追求技术上的突破,企业尽量使有新鲜感的产品尽快推向市场。这样产品构思主要依赖于顾客或销售、服务等营销人员,而极少来自于实验室。因此,在产品构思阶段,营销部门和研究开发、采购、生产等部门的沟通协调将十分重要。

1)网络营销组织相对于传统营销组织的本质变化

在上述基础上,企业的网络营销组织将与传统的营销组织有着本质性的变化,其主要表现如下。

(1)真正以市场为导向

在变化纷呈和日趋微型的市场里,营销组织只有密切接触市场,真正以市场为导向,才能产生对市场极为敏锐的嗅觉,捕捉稍纵即逝的机会。而现行不少企业的组织结构是按照经营顺序设置相应的职能部门,以研究开发为起点,顾客为终点,中间依次设置采购、生产、营销部门,这种模式从企业经营的角度来看是合理的,但缺点也是明显的。其一是各职能部门只是被视为企业运行链条中的一个个单向联系的环节,缺乏相互间的有效协作。更为不足的是顾客仅被视为企业运行过程的终点而不是起点,以这种导向构建的营销组织充其量只能视为企业的产品推销部门。而缺少以对市场的关注为起点的研究开发只会使新产品成为实验室里的欣赏品而缺乏市场价值。因此再造后的营销组织必须是真正的市场导向组织。

(2)以顾客为营销组织的核心

以标准化产品为代表的"大量生产、大量消费"已经结束,顾客需求日益个性化和多样化的时代已经来临,企业必须彻底改变传统的组织结构,借助信息技术的发展为顾客提供及时、有效的服务。变革后的营销组织要能通过对所有的客户进行对口管理和终生服务,与顾客建立中长期的伙伴关系,使顾客真正成为营销组织的核心。

（3）有利于企业营销协调和信息沟通

营销不只是一个部门的名称，也是企业的营业宗旨。营销不仅是营销部门的事，它还依赖于企业各部门的共同配合，在顾客、竞争等微观环境发生深刻变化的情况下更应如此。要通过企业营销组织再造，让营销真正融入到每一业务部门的日常工作中，使各部门都认识到它们自己就是企业营销的一个环节，在企业内实现真正的营销协调，才能提高企业整体竞争力。

（4）具有弹性和快速反应能力

传统的严格定位、纵向管理和逐级负责的营销组织模式在行业发展平衡、市场变动不大的环境中常常是有效的，但这种等级分明、层次较多、官僚主义明显的组织已无法适应新的信息革命和社会市场环境的变化。因此营销组织的再造应突破传统组织的僵化性，必须做到因事设人而非因人设事，使营销组织富有弹性和灵活性，并能针对顾客需求和市场竞争的变化作出快速反应，使企业掌握竞争的主动权。

（5）有利于扩大企业竞争优势

在激烈的竞争中，越来越多的企业放弃多元化战略而转向在其主领域（市场技术）中建立真正的竞争优势。在其具有一定优势的核心领域，谋求将供产、产销等环节纳入企业竞争战略规划，与上下游企业建立灵活、协调的生产销售网络，降低投资成本和交易费用，提高经营效益。营销组织的再造应能充分发挥营销组织和外界联系密切的特长，为企业与上下游业者建立起中长期伙伴关系，以扩大企业竞争优势。

2）网络营销组织的再造

可以说，随着市场的发展，整个企业的一切活动将围绕其网络营销系统而展开，营销系统将成为企业 MIS 的一条主线。在这些原则下，企业的网络营销组织将进行如下的改造。

（1）重建以营销协调为特征的市场导向型企业组织

弱化和功能残缺的营销组织是不能适应 21 世纪的营销环境的。通过重建以营销协调为特征的市场型企业组织，正确设定营销组织的功能。即：第一，通过满足消费者需求而非通过促使消费者接受产品为企业创造利润；第二，在企业内部协调各种市场营销工作，让所有的部门树立顾客导向观念，最终实现企业整体目标。要打破传统的按企业经营设置相应功能的业务部门、彼此单向联系的组织模式，设立以消费者既为起点又为终点、营销部门能参与、协调整个企业营销管理过程的循环式企业组织。

（2）营销沟通创新

即使在市场导向型的企业中，营销部门也不拥有比别的职能部门更大的权力，它只能依靠说服和沟通来达到协调整个企业营销活动的目的。在部门间的沟通中，要重视信息的横向流动，创新信息交流方式，建立信息沟通的有效管道，比如：

①定期召开部门联席会议。如英特尔公司定期召开"GYAT"（get your act together）会议，参加者包括营销、研究开发、采购、制造与财务部门。联席会议分为"任务型"和"程序型"两大类。前者主要是集思广益，借脑力激荡产生产品创新以及解决管理难题。后者主要是信息的横向传递，相互交换看法，了解对方的观点，加强对彼此的目标、工作作风和问题的理解和尊重。营销部门可利用部门联席会议消除由认识分歧导致的营销不协调。

②经常召开部门间联合研讨会。营销部门和其他部门一起探讨实现企业最佳利益的方

法。通过具体的案例分析和理论研讨使其他部门意识到在市场经济中各部门均树立营销观念对于共同实现企业目标的重要性,使他们了解每个部门通过自己的活动与决策都可影响顾客需要的满足,所有部门都要为顾客着想,共同为满足顾客需要和期望而工作。

③建立营销部门和其他部门间的联合机构。如通过营销—研究开发联合机构,在产品实际开发之前,共同确定开发重点、目标和进度,在产品开发过程的各阶段互相配合、合作一直延续到产品商品化后期的评估效益及进一步改善新产品之时。这样可有效避免研究开发部门过于侧重对产品技术性能的研究而忽视开发产品的销售特色。可通过生产—营销联合机构,共同研究不同营销策略下的生产策略,改变生产部门不愿增添有助于推销却难于制造的产品特色的行为,使生产能更好地为营销服务。若能借助于柔性制造系统,生产—营销联合机构还可以有效开展大批量定制营销,满足消费者个性化的需要。

(3)建立客户关系管理系统

①客户态度管理。通过健全顾客投诉和建设制度以及定期组织顾客调查,将顾客的书面、口头投诉和建议进行记录、整理,对调查结果进行统计、分析,可及早发现顾客态度变化的倾向,为企业较早采取行动消除顾客不满,巩固市场占有率,提供早期预警。

②客户数据库管理。运用电子计算技术,将所有客户的有关信息储存起来,建立详细的客户档案,并经常对信息进行整理、分析,既可加深对客户的了解,便于彼此沟通,又能为未来营销决策提供依据;若再辅之营销模型和决策支持系统(DSS),还可为企业决策者提供多种营销方案,供其进行模拟操作和选择决策,将大大增强企业应变能力。

③客户关系管理。每一个客户都是企业市场的一分子,企业的市场就是由这一个个客户所组成,要设立相应的客户经理为其提供专门服务。集中企业内部的各种优势,为其所管理的客户提供对口服务,通过提升服务价值来培养忠诚。须注意的是,设立客户经理进行顾客关系管理时,既要重视有重要影响力的大客户,更要注重向有特定需求的普通客户和小客户提供长期、周到的服务,这在市场微型化时代更为重要。

(4)组织营销管理团队

任何营销组织都有一定的固定性和对市场反应的滞后性,组织临时性的、以某一任务为导向的营销管理团队能较好地解决这一问题。近年来,团队组织也成为风靡西方的企业组织变革的内容之一。所谓营销管理团队,就是让职工打破原有的部门界限,直接面对顾客和向企业整体目标负责,以群体和协作优势解决营销问题,赢得竞争主导地位。营销管理团队大多是临时性的"专案团队",在问题解决后,小组即告解散。营销管理团队由于目标明确、直接授权和角色分工,在解决顾客具体问题、处理各种市场突发事件方面有极大的优势。如霍尼韦尔公司为满足用户的监测气象装置的需求,成立了由营销、设计和工程制造部门人员组成的"老虎队",打破常规,结果把产品开发时间从 4 年缩短到 1 年,成功地留住了客户。又如,IBM 公司为了向顾客提供最佳服务,由当地市场主管助理、客户经理和公司维修中心技师组成"顾客问题解决小组"。顾客遇到设备故障,客户经理与公司维修中心联系,维修技师立即与一个中心数据库接通,寻找其他地方同类型的设备是否出现类似或相同的故障,并作出诊断和排除方法,及时解决问题。主管助理全权处置顾客问题,确保任何问题在 24 小时内解决。

（5）建立核心营销系统

在企业主领域内,建立稳固的上下游企业联盟,和供应商、分销商一起构成核心营销系统,既降低市场的协调成本和交易费用,又能强化与同行企业的竞争能力。建立核心营销系统,关键是着眼于培养与供应商、分销商的互惠伙伴关系。在上游方面,企业以长期采购关系作为激励手段开展与供应商的合作。具体而言,企业可以先向多个上游进货,对那些供应质量高、供货时间有保障的供应商,在续签合同时增加订货量,而对那些表现差的供应商则减少或取消订货。通过动态营销管理能与质量和效率都信得过的供应商紧密结合起来。若能借助于网络技术和柔性制造系统,还能和上游企业配合连接成即时供应和生产体系,大大减少流通费用和库存成本。在下游方面,企业也应设法和分销商建立长期的伙伴关系。西方企业最新的做法是制订分销规划,即生产企业建立一套有计划的、实行专业化管理的、垂直的市场营销系统。把生产企业和分销商二者的需要结合起来。生产企业在市场营销部门内设立分销商关系规则处,其任务是了解分销商的需要并制订营销计划,以帮助每一个分销商尽可能采用最佳方式经营。如杜邦公司就建立了一个分销商营销指导委员会,与分销商定期讨论有关经营问题和销售建议,以图将分销商转变为自己的工作伙伴。

下面我们以 Dell 电脑为例来看一看企业的一切活动围绕其网络营销系统而展开,营销系统成为企业 MIS 的一条主线时企业动作情况。

戴尔计算机公司创立时,根本无力支付生产配件所需的费用。但其创始人戴尔认为,可以将别人的投资为自己所用,而把注意力放在客户的供货方式和市场开拓上。因为随着计算机行业的发展,越来越多从事具体部件生产的专业公司应运而生,这样就为建立更为专一、高效的公司提供了机会。为此,他以"戴尔"品牌计算机为核心,以能在 1 小时内供货为要求,从外部选择可靠的供应商并与之建立伙伴关系,使之成为自己的一部分。在客户投诉某一零部件时,由供应商的技术人员到现场处理,回到戴尔研究改进质量的方法。戴尔和供应伙伴共享设计数据库、技术、信息和资源,大大加快了新技术推向市场的速度,当客户提出订单后,戴尔公司能在 36 小时内按客户需求装配好电脑,5 天内把货送到客户手中。正是这种新型的企业组织形式使戴尔公司迅速成长为一家知名的计算机公司,供应商也在和戴尔公司的合作中融为一体,分享了企业高速成长的优厚回报。戴尔公司所在地的奥斯汀市市长说:"奥斯汀正从一个小城市变成一个大城市,戴尔扮演着靠山的角色。"戴尔公司在奥斯汀雇佣 9 000 人,每周还要另请 100 人工作,此外更多的人在为戴尔公司的迅速扩张而效力。

3）网络营销组织再造中应注意的问题

网络营销组织再造是一个复杂的系统工程,这一过程绝不可能一帆风顺,一蹴而就。因此,企业还应该注意这样一些问题。

（1）企业领导者的创新精神至关重要

营销组织再造不是对现有营销流程的一种简单改进,而是实行变革性的创造,只有企业领导者有决心才足以发动一场巨大的变革行动。离开领导倡导和发动,企业再造不可能成功,这需要领导者有创新精神,有战略头脑,勇于冒险,追求卓越,具有企业家的素养和能力。而当组织再造成型时,还要求领导在判断力和能力上有绝对的自信,善于创建组织的共同未来远景,并能清楚地向下属阐明目标与要求,鼓励下属为达到目标而努力;中层管理人员在虚拟企业中由考评、监督者的角色转变为教练的角色,为其所领导的小组顺利开展工作提供建议、协助、鼓舞和激励;企业的所有员工应具有更多的知识和更强的适应能力。在虚拟企业管理过程中,对员工的激励必须建立在团队产出的基础上,这就要求激励框架要有对团队内部协调性的刺激,以使员工更加努力工作。

(2)重视计算机和信息网络的运用

在营销组织再造过程中,要大量运用计算机和信息网络作为设计和操作平台。成功的组织再造是以管理信息化和计算机应用为前提的。20世纪90年代,不少西方大企业推进CALS的发展来支持组织再造。CALS是以数据库、高速网络、多媒体技术等为基础,按照统一的标准与格式,将企业商务信息分级分层次保存和调用的集成化企业信息环境。企业要重视技术人才的培养和引进,加大资金投入,加强企业信息基础设施建设,加快管理信息化和网络化进程。

(3)充分发挥员工的积极性和能动性

员工不是单纯的被管理者,而是企业内部最重要的资源,也是营销组织再造的主体,要向员工进行广泛宣传,通过有效的内部沟通,使员工认识到营销组织再造的意义,产生认同感。相同的认识才会导致一致的行动。同时,要激发起员工在营销组织再造中的热情,充分发挥其主观能动性。可通过内部公关、授权和利润分享等措施,调动员工积极性。只要员工能积极投入到这种变革性的潮流中,那么再造后的营销组织就会充满生机和活力,企业营销管理就会产生飞跃性的效果。

6.3.3 适应营销组织变化的企业内部组织创新

传统的科层式组织的优点是分工明确、可以发挥专业化优势,其缺点是企业的各职能部门尤其是营销、生产、研发、财务、后勤等管理部门往往各自为政、协调困难,信息流程长且传递效率低。在电子商务的环境下,信息技术的广泛应用首先使内部组织的有效市场化成为可能,它打破了官僚主义的官本位,破除了科层组织信息沟通不畅的弊端,使结构更加精简、扁平,但这种组织结构不是一般意义上的“扁平化”,而是根据企业再造(BPR)的思想将企业内部业务流程和企业间业务流程的重新设计与整合。在进行企业再造的过程中,企业各子系统的功能将重新调整,它们之间的关系也将因此而改变。

传统组织基本上是按照管理职能的专业分工而进行部门化设计和职能部门设置。进入信息时代,在互联网、Intranet、ERP等基础上的企业电子商务系统能智能化地实现大部分的组织管理职能——计划、组织、指挥、协调、控制(领导、激励除外),因此组织内部的分工方式将发生革命性的变化,由职能分工型的组织结构向任务分工型的组织结构转变。企业组织将是由价值链上的若干“任务系统”集成的组织系统,即每一任务系统功能是实现市场价值的一部分。企业的主要任务系统包括:营销系统、开发系统、生产系统、物流系统等。

按企业活动的任务流程重构组织模式,如图6.1所示(以制造企业的组织结构框架为例)。

从图中的组织结构看,组织按业务流程进行设计,打破了传统的多层次、官本位式的等级组织模式,大部分中层管理机构将被分解到各业务系统,彻底地改变了组织的活动流程。通过建立起包括从市场研究、开发与设计、供应、生产、销售等业务流程的面向用户的快速反应组织系统,满足了激烈竞争下的市场需求多元化的需要。这种直接面向产品与服务的组

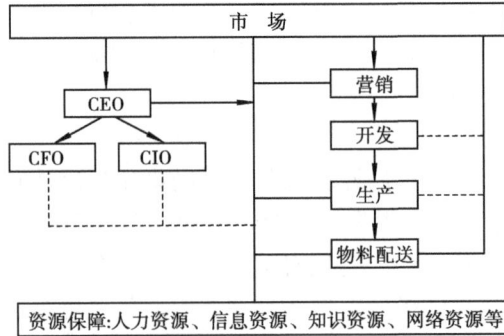

注：CEO——首席执行官；CIO——首席信息主管；CFO——首席财办主管

图 6.1　制造企业按企业活动的任务流程重构组织

织结构创新主要包括以下几个方面。

1) 研发(R&D)系统

企业的研发系统是企业持续发展的根本动力,企业电子商务系统不仅为研发系统提供了市场信息、需求信息,而且提供国内外科技方面与新产品方面的资讯,进而为确定研发方向、科研规划、新产品上市计划提供帮助。研发系统的组织可建立以核心能力与科研人员为基础的网络化科研队伍,实施国际化的研发战略和技术开发战略联盟。企业的研发系统通过内部网络与营销系统、生产系统紧密关联,使营销、开发、生产成为一体化的流程组织,避免了传统组织难以协调与资源浪费的现象。如生产中暴露出来的结构设计问题、工艺设计问题能及时准确地反馈给研发系统,使这些问题立即得以处理与解决。

不仅如此,不同企业的 MIS 经过模块化的组合将可以解决原来各个单独企业的 R&D 部门都无法解决的难题。这种系统整合将使企业间形成一种新的企业联盟模式——知识联盟体。这种知识联盟体可以由国家出面建立,也可以由各企业自己按照客观需要自主建立。前者容易获得规模效应,而后者则更灵活快速。特别是企业按照营销系统构建这种知识联盟,将使目前企业面临的科技成果难以转化为利润,而有利润的商品又难以克服技术难关这两个问题得到较好的解决。

在对外建立知识联盟的同时,企业对内的知识管理甚至更为重要。知识管理是指通过改变人的思维模式和行为方式,建立起知识共享与创新的企业内部环境,运用集体的智慧提高应变能力和创新能力,最终实现企业的目标。知识管理强调对人力资源和知识的开发与利用,通过全员参与的以知识的积累、生产、获取、共享和利用为核心的企业战略,促进人力资源、信息、知识和经营过程的紧密结合。虚拟企业的知识管理对协调提出了更高的要求。因为知识管理就是要促进企业内部、企业与企业之间、企业与顾客之间、企业与外部环境之间的联系,它要求把信息与信息、信息与活动、信息与人联结起来,在人际交流的互动过程中达到知识的共享,运用群体的智慧进行 R&D,以赢得竞争优势。

2) 生产系统

在生产系统方面,企业的生产运作方式将由原来的"存货生产方式"转变为"订货生产方式",通过因特网使消费者可以直接参与自己所需产品的设计,厂家也可以利用三维动画的方式向用户展示自己现有的商品种类、款式、型号等,使"身临其境"的用户真正实现足不出户的网上购物。Dell 公司"按需定做"的直销模式就是因为最大限度地满足了消费者需求而获得巨大的成功。因此,生产组织要打破原先的条块分割的工艺专业化组织形式和单一的流水线生产组织形式,建立面向市场的柔性快速制造系统,按"混流"方式组织,广泛采用成组技术和应用先进生产管理技术,如并行工程(CE)、精良生产(LP)、准时生产(JIT)、敏捷制造(AM)、计算机集成制造系统(CIM)等,满足多品种小批量生产的需要。一般意义的电子商务与 ERP 等的紧密结合构成企业电子商务系统,它的内端使生产计划、控制等生产管理活动全都在企业内部网(Intranet)上实现,管理人员可通过采集各环节的数据对生产能力及生产状态(如设备运行负荷、生产进度等)进行实时分析,对生产过程进行实时管理。在这一方面,海尔集团的柔性生产系统是很好的范例。如果用户想要一款冰箱,可以在海尔的网站上选择海尔各种冰箱中最符合自己要求的部分,然后组合成自己想要的冰箱。在网上数据库的支持下,用户可以很快知道自己的要求是否可行以及是否会出现一些自己没有想到的问题,并在此基础上作进一步的修改。当全部确定的时候,就可以由海尔提交生产线,生产线在柔性控制系统(FCS)的指挥下就可以制造出这台冰箱。最后冰箱将通过物流系统送到顾客手中。

当企业发展到了一定程度,生产的专业化与合作化也将溢出企业边界,生产能力将在企业间进行优化配置。在信息时代,产品从设计到装配已不一定局限在一个企业完成,企业根据自己的所长,可能只完成产品某部分的设计或某个零部件的生产,最终在某个企业完成装配工作。这是现代企业生产经营的一个新视角,对我国企业未来的发展无疑有一个很好的提示作用。

著名的波音公司在设计制造"波音 777"时,就采用了这种生产方式。"波音 777"的设计没用一张纸,完全实现了在电脑系统中的虚拟设计,其零部件也由分布在世界各地的几百家零部件供应商分别生产,最终由波音公司完成飞机的装配工作。可见,即使是大如波音这样的公司,也不可能承担产品设计、生产的全部工作,更何况众多的中小企业。

更进一步,企业的生产系统甚至可以完全不在企业内部。只要企业建立了完善的营销系统,特别是当营销系统和企业的其他各个方面较好地融合起来时,企业完全可以用各种形式把实际生产流程转移出去,交给更有比较优势的企业生产。而自己则专心做好营销和其他一些具有核心竞争力的工作。这也就是人们常说起的"借鸡下蛋"模式。有人形象地把这种生产方式称为"虚拟生产"。如日本的 MISUMI 公司,被日本的产业界、学术界认为是 21世纪企业模式的代表。这家企业适时地根据企业外部环境的变化从一家销售代理商转变为消费者购买代理商。MISUMI 是被世界认可的知名品牌,具有良好的信誉,它将近 3 万家企业从 280 余家商品生产企业购买商品和服务,形成了以它为核心的利益联盟。MISUMI 作为一家流通企业,对客户的需求十分清楚、敏感。公司所做的就是按客户的需求来要求生产企业保证优良品质,快速交货以及价格合理。MISUMI 的优势就在于它从为消费者提供方便,及时购买到价廉物美的所需商品出发,委托关系企业,这在客观上也帮助了生产企业,大大减少联盟内企业的销售费用。MISUMI 就是利用其品牌信誉成为供需双方信赖的伙伴,因此,该公司巧妙地打破常规,在为众多客户带来相对丰厚利益和带动了其他生产企业发展的同时,也为自身带来巨大利益。其企业理念中有一条是"让 280 家生产企业靠 MISUMI 才能更好地成长",这正是这一利益联盟得以长期存在和发展的根本所在,这种协助、配合是相当紧密、持久的,围绕 MISUMI 形成了一个典型的"虚拟规模",从而使整个利益联盟具有较强的竞争优势。

更为典型的例子是耐克。耐克公司是一家没有厂房的美国公司。经理们只是集中公司的资源,专攻附加值最高的设计和行销,然后坐着飞机来往于世界各地,把设计好的样品和图纸交给劳动力成本较低的国家的企业,最后验收产品,贴上"耐克"的商标,销售到每个喜爱"耐克"的人手中。随着各地区生产成本的变化,耐克公司的合作对象从日本、西欧转移到了韩国、中国台湾,进而转移到中国内地、印度等劳动力价格更为低廉的发展中国家或地区,到 20 世纪 90 年代,耐克更为看好越南等东南亚国家。由于耐克公司在生产上采取了"借鸡下蛋"法,从而本部人员相当精简而具有活力,避免了很多生产问题的拖累,使公司能集中精力关注产品设计和市场营销等方面的问题,及时收集市场信息并将它反映在产品设计上,然后快速由世界各地的签约厂商生产出来。

3)物流系统

由于企业采购、供货的频繁,许多企业面向电子商务纷纷成立物料配送中心,在国外这一概念又被称作 CALS(Computer Aided Logistic Support)——计算机辅助后勤支持。成立物料配送中心后,它使各个子系统,如生产、运输、分配等都能协调一致,同时高效发挥各子系统独立运行时自身的最大效率。该中心的成立使企业大规模采购、供货成为可能,并降低了成本。它在指定的时间专业化地将原材料配送到生产部门并将产成品送出工厂,减少了产品生产周期,提高了整个企业的运作效率。目前美国三大汽车企业已经建立了联合采购网,具体效果还有待进一步观察。

此外,在电子商务环境下,传统的财务部门和新兴的信息中心将从企业的一般职能部门晋升到企业的战略决策层。信息技术的发展使传统的财务核算功能逐步由电子会计取代,而财务管理的负责人(CFO)将更多地在决策层从事企业投资、融资等分析与资本运作活动。信息管理负责人(CIO)则扮演越来越重要的角色,不但对外界信息进行收集、处理、分析、整合,尔后提供给 CEO 作决策参考,而且使决策信息畅通无阻地传达到各环节员工——包括CTO(技术管理负责人)、CFO、CMO(市场营销负责人)等各部门主管的手中。并保证各具体部门的行为与 CEO、董事会的战略决策之间达到双向沟通,使信息这一战略资源发挥其应有的作用。

6.3.4　适应营销组织变化的企业外部组织创新

随着经济全球化的发展,企业间的竞争日趋激烈,任何一个企业依靠自身的力量都很难垄断市场。为了避免恶性竞争,保存自身实力,有效地整合企业外部资源,抓住有限的市场机会,企业新的经营方式和组织方式不断涌现。如虚拟企业(Virtual Firm)、战略联盟(Strategic Alignmen)和网络化组织(Networked Organization)等组织形式和概念相继出现。这些都超越了传统企业的边界,使企业在利用品牌、网络和资本优势的基础上,充分整合社会资源。在降低交易费用的同时,取得超常规的发展。

1)虚拟企业

虚拟企业是一种"动态联盟",它以核心企业为龙头,是为实现某种市场机会所需资源的若干企业集结而成的一种网络化的动态组织。当市场机会不再存在时,虚拟企业则自行解体。这是因为一个企业的能力毕竟是有限的。随着技术更新的加快,产品结构越来越复杂。因此,单凭一个企业要想以最快的速度推出用户满意的产品是很困难的。利用不同地区、不同企业的各自优势进行合作生产则是解决该问题的最好办法,即以敏捷型企业为基础,通过企业间全球化合作形成虚拟公司。这种企业形式充分整合了面向 Intranet 的全球资源,达到了及时满足顾客需求的目的但又未改变原成员企业的产权结构。虚拟公司的主要特征如下。

(1)信息高速公路网络连接

要生产出令顾客满意的个性化产品,必须建立覆盖整个联盟中所有供应商、制造商、分销商及顾客的信息网络,这一网络的触角可能会延伸到世界的每一个角落,随时采集市场数据,跟踪市场需求,将以最快速度收集到的信息及时同最新的设计方法和计算机集成生产技术相结合,同时也可将设计、生产时的问题或建议及时反馈给顾客。

(2)成员间的相互信任与合作

建立了稳定、可靠的关系网,相互信赖,协同工作成为企业的精神支柱。对虚拟企业来说,与供应商、经销商、顾客建立紧密而又和谐的关系是和先进的技术同等重要的因素。可以说,虚拟企业比传统企业更稳定就是因为这种密切联系已经把企业与顾客各自的命运紧紧拴在了一起。也就是说,他们是共命运的共同体。

(3)成员企业具有核心能力

核心资源是选择联盟伙伴的依据,只有拥有所需核心资源的企业才有可能成为组成动态联盟的伙伴。因此,在建立动态联盟过程中,需要对企业自身的核心资源进行分析。

(4)随市场机遇而存在

虚拟企业的建立是为了解决某种机遇所带来的任务,并进而获得利润。因此当任务完成时就可能解散。但市场的机遇并不少,在一个任务解决过程中同时还会形成或出现大量其他机会。因此虚拟企业实际上处于一个不断建构与解构的动态过程中。这种围绕市场机遇而不断演化的组织形态也正是虚拟企业生命力之源。

(5)无严格的公司边界

虚拟公司实际上是企业以自己拥有的优势产品或品牌为中心,由若干规模各异、拥有专长的企业或企业内部的部门、车间,通过信息网络和快速运输系统连接起来而组成的开放式组织形式。再加上它围绕市场机遇而不断地处于建构与解构之中,因此和传统公司相比,它已经不再有非常严格的公司界限了。

2)战略联盟

除了上述的虚拟企业外,战略联盟也是一种最近兴起的企业组织。它是指多个具有对等经营实力的企业,为达到共同拥有市场、共同利用资源等战略目标,通过各种协议、契约而形成的优势互补、风险共控的网络组织。与虚拟企业相比,它更强调一种行为的战略性,着眼于长期的合作与发展,并非某个短期的市场机会;它们可以避免两败俱伤的对抗性竞争,达到动态博弈的协同合作的双赢(Two-win)结果。这样使得每个联盟企业专注于自己的核心能力(Core Competence)的发展,共享各自的资源,巩固自己的市场地位。例如,2016 年 3 月 16 日,爱奇艺与寰亚电影宣布达成战略联盟,双方宣布未来将在电影投资、宣传发行与版权合作等领域展开全方位合作,优势互补,共谋发展。

战略联盟的特征概括如下。

(1)组织关系松散

由于战略联盟各成员所建立的并非一定是独立的公司实体,因此联盟内部存在着松散的协作关系。面对共同的市场机会,战略联盟将迅速组成,联盟中各成员鼎力合作;随着市场环境的变化以及基于竞争需要,战略联盟可能会立即解散,联盟中各成员为了各自的目标各奔前程,或与其他企业组成新的战略联盟。因此,战略联盟本身是一个动态的、开放的体系,是一种松散的组织形式。

(2)合作关系平等

战略联盟中的各方具备对等的经营实力,且合作是基于资源共享、优势相长、相互信任和相互独立的基础之上,因此各联盟方形成的是一种平等的合作关系。联盟内各成员遵循自愿、平等、互利、互惠的原则进行独立决策,不存在合资企业间基于股权多少或其他控制能力的强弱来制定决策的不平等关系。

(3)行动灵活高效

战略联盟组建过程十分简单,无需大量附加投资。而且合作者之间关系十分松散,解散方便,所以战略联盟能够适应环境的变化迅速作出调整,具有战略灵活性。同时,各联盟企业将自己的核心资源和独特优势加入到联盟中来,使各自的优势结合,形成互补,从而实现单独任何一个企业都无法实现的收益。战略联盟要求共同承担责任,相互协调,精心谋求各类活动的相互合作,因而模糊了公司的界限,使得各个公司为了实现联盟的共同目标而采取一致或协同的行动。

3)网络化组织

网络化组织是按工作流程构成的一个具有固定连接的业务关系为基础的小单元联合体。它既可以是企业内部的工作单位的联合,也可以扩充到外部联盟企业。近年来,网络化组织与虚拟企业、战略联盟之间的界限有日渐模糊的趋势,有学者甚至在一个理论框架下定义它们。

与传统的企业组织结构相比,网络化组织具有以下一些特点。

(1)以知识创新为基础,以信息共享为目标

这种新型的组织结构不再把"信息垄断"作为权力的象征,而是以知识的生产、传播、开发和利用作为企业生存、发展的基础;与此同时,信息作为整个组织的共同资源,为各组织成员所分享,组织成员依据来自同事的、客户的和上级的大量信息自主决策、自我管理。

(2)开放、灵活,动态调适

网络化组织打破了传统组织中各职能部门之间封闭运作、各自为政的格局,形成了一个开放、灵活的系统,允许组织成员在网络中自由活动,寻找理想的节点位置。当外界环境发生变化,网络化组织能作出迅速反应,利用自身的调控机制进行动态调适。

(3)消除等级

在网络化组织结构中,消除等级表现在两个方面:一是上下级之间的界限变得模糊,雇员不再是只按照命令行事和重复相同工作的机器,也不再是上级领导的"手脚",而是依据自己的选择参与企业的经营管理,并对自己的决策和行为负责;二是企业员工的薪金差别也不

再由职位的高低来决定,而是根据员工的贡献大小来衡量。

(4)注重沟通

网络化组织通过网络技术的应用把不同的个人、部门和企业"整合"到网上,他们之间的交流沟通既十分便捷,也极为重要。通过有效的沟通,可使不同成员共享知识经验和信息资源,也可加强成员之间的默契配合,消除误解,更好地完成组织确定的目标。网络组织的负责人应鼓励网络成员交叉参与不同的小组,以增加相互间的接触、共同学习和非正式信息共享;有意识地打破原有的等级关系,消除交流沟通的各种障碍;通过组织有效的交流沟通,不断更新和提高组织的目标。

总而言之,为了适应科学技术和经营环境的急剧变化,企业经营战略与组织必须走向求变和创新,以灵活性、敏捷性为特征,以顾客满意为导向,一切要面向全球一体化的市场。因此,柔性化组织结构模式将引导 21 世纪企业组织潮流。柔性化组织模式则是一个超越组织边界的概念,它是围绕核心企业,融合虚拟企业、战略联盟、网络化组织的基本组织方式;它通过对信息流、物流、资金流的控制,将供应商、制造商、分销商、零售商,直到最终用户连成一个整体的、动态的功能网络结构模式,以适应复杂性、动态性、交叉性的经营环境,更好地满足用户需求。

6.4　网络营销系统的构架战略

君思电子商务的资深专家梁春晓认为,网络营销系统建设是企业应用网络营销的第一步,是一个包括商务、技术、支付、物流等许多角色与要素的系统工程。在开始建设网络营销系统之前,必须充分研究涉及网络营销系统的所有因素,全面分析、统筹规划,形成尽可能完善的网络营销系统设计方案,在此基础上有条不紊地进行网络营销系统建设。

6.4.1　网络营销系统建设的战略原则

对于企业网络营销系统,要重视强调系统规划设计。如果不重视网络营销系统的统筹规划,或者不按照事先的统筹规划进行网络营销系统建设,建成后的网络营销系统很可能出现协同困难,难以实现系统的预期功能,从长远看还会造成资源浪费,使得将来必须为之付出更大的系统改进与整合成本。要规划好企业的网络营销系统,专家们认为企业应遵循以下的战略原则。

1)营销为本原则

网络营销,归根结底是计算机网络技术在营销中的应用。在进行网络营销系统设计时,应该以营销为主、技术为辅,将技术作为满足营销需求、实现营销目标的手段。就企业而言,要立足企业的业务需求,着眼企业的未来发展,紧密配合企业发展战略,最终要落实到企业效益的增长上面。

2)需求引导原则

不要被各种各样的网络营销模式、应用软件、解决方案和网络平台牵着鼻子走。好好研究企业对网络营销的需求,让需求告诉你应该怎样应用网络营销。需求是指导你进入网络营销领域的最好的"专家"。比如网络营销模式,是需求和成功创造了模式,而不是相反。从需求出发而不是从现成的营销模式出发,成功才会离你更近些。一个成功的新营销模式,也许正期待你在需求的引导下去创造。

3) 系统观念原则

企业网络营销系统的建设,是一项包括营销和技术的许多环节、许多要素在内的系统工程,与企业本身的各个部分、各个环节有着密不可分的关联。在网络营销系统的规划设计过程中,必须充分考虑可能与拟建企业网络营销系统相关联的所有方面,制订尽可能周全完善的企业网络营销系统规划设计方案。必要的时候,应该设立专门机构,统一负责企业网络营销系统的建设工作,以及建成以后的系统运作管理。

4) 资源重组原则

任何一个企业都是由各种各样的资源组合而成的。资源包括资金、人才、品牌、技术和产品等一切能够为企业带来或创造价值的有形或无形的资产。企业经营的本质就是通过不断的资源配置、组合、调整与交易,实现企业资源总价值的不断提升。网络营销以其快速、广域、丰富、互动和廉价的巨大优势,正在成为对企业资源进行重新组合的有力手段。要通过网络营销系统重组企业资源,实现企业组织、管理和业务模式的创新发展,以增强企业竞争力和未来发展潜力。

5) 流程改造原则

网络营销绝不是对传统营销流程的简单的"电子化""网络化",网络营销流程也不是传统营销流程的简单"复制"。网络营销条件下的信息交流工具和营销运作方式,为设计和实现更加先进、更加合理、更加有效的营销流程创造了条件。

6) 复合优势原则

系统设计不仅仅是技术人员的事情,而是营销人员与技术人员共同的事,需要这两方面人才的通力合作。事实上,在系统设计的某些阶段,营销人员的作用甚至比技术人员的作用还要大,比如营销分析。最好有兼具营销和技术两方面知识才能的复合型网络营销人才;如果没有,则应当加紧物色或者培养,因为不但在网络营销系统设计的过程中需要这种复合型网络营销人才,网络营销系统建设和运行同样需要他们。

6.4.2　网络营销系统建设的步骤

网络营销系统是营销与技术结合的产物,所以在网络营销应用的全过程中,都必须充分兼顾营销和技术两个方面的因素,以科学、合理的程序展开系统设计、建设和应用工作。如果按阶段划分,网络营销系统建设大致需要经过下列 5 个步骤。

1) 营销分析阶段

这是实现网络营销应用计划的第一步。这一阶段的工作主要是进行充分的营销分析,包括需求分析(包括企业自身需求、市场需求以及客户需求等)和市场分析(包括市场环境分析、客户分析、供求分析和竞争分析等)。

在网络经济条件下,市场范围扩大,创新速度加快,竞争的压力越来越大,竞争的频率越来越高,因此必须对拟建的网络营销系统在未来可能面临的竞争尽可能作出分析,最大限度地避免竞争失利。此外,还要对企业自身状况进行分析,包括对企业组织、管理、业务流程、资源、未来发展的分析等。要结合网络营销的特点,从供应链的角度重新审视企业组织、管理与业务流程,寻找与网络营销的最佳结合部。

2)规划设计阶段

在完成上述营销分析的基础上,在掌握网络营销最新技术进展的情况下,充分结合营销和技术两方面因素,提出网络营销系统的总体规划、系统角色和总体格局,亦即确定网络营销系统的营销模式,以及与营销模式密切相关的网上品牌、网上商品、服务支持和营销策略 4 个要素。

网络营销系统设计工作可以由此展开,也即从子系统、前台、后台、技术支持、系统流程、人员设置等各个方面全面构架网络营销系统。此阶段工作完成的好坏,将直接关系到后续网络营销系统建设和将来网络营销系统运行和应用的成功与否。

3)建设变革阶段

这个阶段的工作分为两条线:一条线是按照网络营销系统设计,全面调整、变革传统的组织、管理和业务流程,以适应网络营销运作方式的要求;另一条线是按照网络营销系统设计,全面进行计算机软硬件配置、网络平台建设和网络营销系统集成,完成网络营销系统技术支持体系的建设,从技术上保障网络营销系统的正常运作。

4)整合运行阶段

上述建设变革阶段完成后,就可以将经过变革的组织、管理和业务流程,与已经建好的网络营销技术平台整合起来,进行网络营销系统的试运行。再经过必要的调整、改进以后,实现网络营销应用的工作就可以进入整合运行阶段,开始实现网络营销应用。

企业网络营销系统建设绝不是一旦建成就可以一劳永逸的事情,必须在系统应用的过程中,根据企业营销和网络技术等各个方面的变化,不断创新、改进、完善,确保和提高企业网络营销系统的竞争能力。

6.4.3 网络营销系统的设计

网络营销系统,是指由人、设备(如计算机网络、制造设备等)、程序和活动规则的相互作用形成的能够完成一定功能的平台。完整的网络营销活动需要 5 种基本的平台:信息平台、制造平台、交易平台、物流平台和服务平台。这 5 种平台分别执行不同的职能,但彼此之间又相互依存,相互支持。因此,在设计和使用这些平台的过程中,必须充分考虑它们之间的区别和联系,以促进网络营销整体效益的最大化。

1)信息平台的设计

信息平台是企业的网络营销系统中最重要、最复杂的平台。它不仅有自己相对独立的功能,而且广泛、深入地渗透到其他 4 个平台之中,是其他 4 个平台运作的基础。信息平台的基本功能是搜集、处理和发送与企业网络营销有关的各种信息。从服务对象和服务内容上看,信息平台要面向内部用户和外部用户、宏观环境和微观环境开展信息工作,并建立和完善相应的数据库,见表6.1。

表 6.1　信息平台的服务对象和数据库内容

信息平台的服务对象	信息平台的数据库内容
内部员工和管理者	营销制度和文化、营销策略、内部报告信息、宏观环境信息、顾客信息、竞争信息
合作伙伴	为完成合作所必需的共享信息
顾客和一般公众	企业信息、商品信息、服务信息、相关公益信息

为了提高信息平台的效率和准确性,网络营销企业还必须把各种信息沟通管道整合为一个有机的整体。如计算机网络、网络站点、电话系统、语音系统、电子邮件系统等管道应彼此连接,及时互通信息,为所有相关的信息服务对象提供使用权限内的最大限度的方便。

2) 制造平台的设计

网络营销的制造平台,是一个借助网络把顾客信息、竞争信息和内部报告信息与产品的设计制造技术紧密结合起来,创造具有高度的顾客价值和良好的经济效益的产品的系统。其核心任务是在网络环境下成功地开发新产品,包括独创新产品、换代新产品、改进新产品和仿制新产品。新产品构思—新产品概念—新产品原型—新产品试销—新产品正式上市的过程,是一个不断探索和调试的过程。在这个过程中,制造平台必须解决 3 个关键问题,即:

(1) 新产品开发方向与顾客需求之间的适应性

网络的迅速和便利,以及信息平台的完善,为新产品构思开辟了更广阔的信息来源,也为新产品概念的反复和精确的测试提供了现实条件,还为网上顾客参与产品的设计和制造奠定了基础。产品开发部门要找准新产品开发方向,使新产品更适合顾客需求,就应当充分利用网络的便捷性和互动性,更多地接触和了解顾客,鼓励顾客的参与;借助企业内外的脑力,深入地分析和研究顾客的心理和需求;利用文化、科技和消费发展趋势,诱导市场需求,培育新产品的目标市场。

(2) 新产品在设计和制造上的技术可行性

能否把符合顾客需求的新产品概念成功地转化为理想的新产品原型,关键看企业是否具备相应的设计制造技术和生产工艺。这些技术和工艺可以自主开发,可以以适当的代价从外部获得,也可以通过把自主开发与外部引进相结合而形成。

(3) 新产品在经济效益上的可接受性

这个问题包含相互联系的两个方面:一方面,一定要使顾客乐意购买新产品;另一方面,企业必须从新产品中获得满意的利润。顾客最终是否乐意购买新产品,关键看新产品可察觉到的顾客让渡价值。网络营销的顾客价值导向帮助企业解决顾客对新产品的满意度问题。但是,为满足顾客的个性化需求,企业在网络营销中使用市场细分、超市场细分乃至一对一营销,这无疑加大了产品的制造成本和营销成本。因此,要提高经济效益,就必须解决个性化制造与规模之间的矛盾。

2015 年 11 月 2 日海尔推出海尔众创意平台,海尔众创意平台采用了开放式社区模式,打破了传统的市场、研发、消费群之间互不干涉的壁垒,让用户、设计师、供应商直接面对面交流,无论是谁,都可以在社区里发起话题,将产品需求和设想、产品改进意见发布出去,吸引大家参与讨论,只要话题足够热门,设计师就将其变成产品方案进行公示,是否能够通过投票众筹,同样取决于用户需求,从而充分发挥"人人参与"的平台优势。海尔在制造模式上的创新,较好地解决了个性与规模的商业矛盾,值得国内其他企业借鉴。

3)交易平台的设计

交易平台的设计要考虑满足下列活动的需要:商品展示和浏览(网上和网下)、商务谈判(网上和网下)、商品订购和订单处理(网上和网下)、货款结算和支付(网上和网下)。真正盈利的网络营销是一种把网上和网下的资源加以整合和综合利用的商业模式,指望把市场营销的一切活动统统放在网上进行的做法是不明智的。把交易平台设计成网上和网下既可并行又可相互结合和贯通的模式,能为顾客带来更多的选择、更大的方便,并增强企业的快速反应能力和市场声誉。

顾客购买企业的产品或服务,实质上是购买解决问题的方案和手段。因此,交易平台的设计应当从顾客需求和利益出发,使顾客认识到企业提供的产品和服务是他们解决问题的最佳方案和手段。换言之,交易平台应当达到的目标,是使顾客相信并切实体验到,购买企业产品,只需花费最小的顾客总成本(=货币成本+时间成本+精神成本+体力成本),而获得最大的顾客总价值(=产品价值+人员价值+服务价值+形象价值)。当然,这样做的前提条件是,企业能因此获得目标利润。就网上交易平台来说,是采取 B2B 模式、B2C 模式或自动撮合的网上交易所,则要视其带来的顾客让渡价值(=顾客总价值−顾客总成本)和企业利润而定。此外,网络营销的交易平台不仅仅具有交易的功能,而且具有明显的信息沟通功能和顾客服务功能,因此,要注意做好交易平台与信息平台、服务平台的整合工作。

4)物流平台的设计

物流,是指为了克服生产和消费之间的空间隔离和时间距离,对物资(商品)进行物理性移动,以完成商品交易的活动。物流过程完成的标志是实现下列贸易对流:卖方交付单证、货物和收取货款,而买方接受单证、支付货款和收取货物。网络营销企业,在设计物流平台时,要注意把握以下重点。

(1)完善物流平台的功能

物流平台的功能主要有三项:一是仓储功能,调剂货物供求;二是流转功能,将货物及时分拣和配送至用户;三是信息功能和交易功能,及时传递供需信息,协助完成交易。为了实现这些功能,需要配备和集成一系列相关的信息技术,如连续补货系统、电脑辅助订货系统、商品分类管理系统、配送需求计划管理系统、以销售资料建立的预测与计划系统等。此外,网络与通信技术(基于 Internet 或 EDI)、条形码技术也是对物流过程进行控制和管理不可缺少的重要工具。

(2)物流管理要以服务客户、管理好客户关系为核心

物流是一种服务。对电子商务企业而言,货物送达可能是客户在购物过程中唯一一次与商家面对面的机会。这种机会对于发展客户关系,建立顾客忠诚是非常重要的。物流服务的质量,将直接影响企业在客户心中的形象,并在很大程度上决定了是否还有下一次交易的可能。为了提高物流服务的质量,企业不仅要配备或开发客户关系管理软件,更要重视与顾客接触的每一个细节。

（3）提高物流一线工作人员的素质

专家指出,物流服务取得竞争优势的关键是:现场第一线人员的优质服务;高效率的运转速度;准确性和低廉的价格;高度的专业性。因此,人的作用是排在第一位的。物流一线工作人员是企业形象和信誉的代表,是沟通供需信息的桥梁,是企业经营目标的实际执行人,是最佳的效率改革的提供者。电子商务时代的物流人员不仅要爱企业、爱顾客、爱本职工作,而且应当胜任以下工作:物流配送、生产企业的市场调查、新产品开发的信息、计算机信息输入。随着物流一线人员素质和贡献的提高,其待遇也应得到相应的提高。

5）服务平台的设计

网络营销的成功离不开优质服务的支撑。优质服务不仅能吸引新顾客,更能留住老顾客。研究表明,企业发展一个新顾客所花费的成本,是留住一个老顾客所需成本的 2～4 倍。因此,服务平台的设计,旨在使全体员工在学习和实践中不断强化服务理念,提高素质和服务质量,从而提高顾客的满意度和忠诚度,增加企业利润。

（1）制定服务标准,推广服务理念

服务具有无形性的特点,在购买之前,是很难被顾客所感知的,顾客往往无法预知结果。通过制定明确、具体的服务标准,可以消除顾客的"模糊预期",使服务具有可衡量性。如果服务达不到既定标准,企业可以迅速从中发现服务缺陷,并采取相应的措施予以修正,或在一定程度上在顾客投诉之前对服务缺陷进行弥补。例如,美国有一家名叫西尔特的饭店规定,当顾客等候的时间比他预定的时间晚 10 分钟,但不超过 20 分钟时,饭店为顾客提供免费饮料;如果等候时间超过 20 分钟,顾客的餐费由饭店支付。实际上,服务标准最常见的形式是各种服务承诺。

为了贯彻服务标准,兑现服务承诺,企业的服务管理部门应当在员工中广泛进行服务理念的宣传推广和教育工作,使员工理解优质服务对提高顾客满意度、增进企业效益的重要意义,注意倾听顾客意见,发现并积极帮助顾客解决问题。

（2）实施员工满意战略,对员工进行培训和授权

员工满意是顾客满意的前提。如果员工的满意度只有 60%,那么顾客的满意度绝对不可能达到 90%。相反,凡是顾客满意度高的企业,其员工满意度必定很高。因此,企业的服务管理部门应当创造出一种能够得到员工支持并对优良服务绩效给予奖励的环境,并经常检查员工对工作是否满意的情况。

员工(尤其是一线员工)服务水平的高低直接影响服务的效果,所以要对员工进行系统的培训,使他们掌握处理顾客关系的知识和技能,提高解决顾客问题的能力。除了员工培训,企业还应当对员工进行必要的授权,使员工有一定程度的自主解决顾客问题的权限。通过授权,可增强员工的责任感,提高工作的主动性和积极性,并且可以迅速、及时地解决顾客的问题。

（3）提供良好的资讯和个性化服务

企业与顾客之间的互动主要是在资讯服务的界面上进行的,因此网络营销企业首先要充分利用信息平台为顾客提供良好的资讯服务。网络主页的设计不仅要宣传企业和介绍产品,而且要能与客户一起,就产品的设计、质量、包装、交付条件、售后服务等进行一对一的交流,帮助顾客拟订可行的解决方案。同传统营销一样,网络营销服务对顾客的吸引力在于服

务的特色,即减少服务的同质性,增加服务的差异性。向网上顾客提供个性化的服务,是提高网络营销吸引力和竞争力的重要途径。个性化服务是建立在客户资料化的基础上的。企业必须把每个顾客视作独立的、单一的个体,与每位顾客发展温馨的、个人化的关系,让顾客自愿提供个人资料并随时修正,为顾客查询库存、订单处理和配送情况以及过去的交易记录,使顾客感受到尊重、方便、安全和愉快。企业通过对客户资料的收集、统计、分析和追踪,发现客户个性化需求的统计特征,并借助专业化的经营,使顾客获得高度个性化的服务和满意。

(4)建立服务质量信息系统,改进服务流程

若想不断提高网络营销服务质量,就必须对服务质量经常进行跟踪与评价。欢迎和妥善处理顾客投诉,能为企业提供非常有价值的市场信息、产品和服务质量的信息。但是,不满意的顾客中只有少数人选择投诉方式,因此,企业为了获得全面的服务质量信息,有必要建立服务质量信息系统,通过各种途径和方法收集、分类、整理和传递服务质量信息。这些方法包括顾客、员工和竞争者调查,佯装购买,顾客或员工意见交流会,服务绩效测评等。当然,信息的沟通既可以面对面的形式进行,也可以借助现代信息技术进行,如网络会议、电话会议、传真、E-mail 等。对服务质量的跟踪和评价,最终要通过制订和实施改进服务流程的计划转化为服务效益。

(5)及时修复服务缺陷,拯救服务危机

由于产品缺陷、服务员工的素质缺陷或服务体制不完善等因素,有时不可避免地产生服务缺陷。企业的服务缺陷会导致顾客的不满,严重时甚至会演化为服务危机——对企业的绝望、愤怒乃至憎恨。具有高品质服务的公司,绝不对服务缺陷或服务危机反应迟钝或一筹莫展,而是及时采取有效的措施进行补救,以减轻或消除顾客的不满或愤怒。一个令人满意的补救措施,可以将愤怒的、受挫的顾客转化成忠诚的顾客。像这样的补救有时可能比"第一次就把事情做好"更能增进友谊。为了确保服务补救卓有成效,企业应把具有使顾客满意的特殊才能的人放在服务主管、客户关系经理或服务骨干的位置,并对他们的才干和贡献给予足够的赏识。

6)网络营销系统的功能

网络营销系统作为电子营销系统的有机组成部分,它包括这样几大功能:信息发布与沟通、电子单据的传输、网上支付与结算、货物配送以及完善网上售后服务。

(1)信息发布与沟通

实现信息发布与顾客进行沟通功能,是大多数企业网络营销系统的初步形式,如网上产品目录与展示。由于信息是公开的,不涉及本质的交易,因此安全性和可靠性要求也不高。

(2)电子单据的传输

为保证交易的合法性,电子单据的传输一般要求保密、安全、可靠,而且可以作为法律凭证。该功能属于实现市场交易中的功能。

(3)网上支付与结算、货物配送

它属于市场交易完成阶段功能。企业一般都开设有银行账户,而且具有较好的信用,因此只要银行之间能实现网上清算,企业间电子商务活动的支付就非常容易,但这依赖于网上银行的发展。货物配送是另外一个完成交易的关键,如何实时将货物送到指定的目的地,这

是完成交易的最后环节。

（4）网上售后服务

由于产品使用过程中可能出现很多问题，如果不能解决好网上售后服务问题，就可能影响到网络营销活动的正常开展，因为这可能导致客户转而寻求更可靠的传统方式。一般网上售后服务，主要提供技术资料、网上咨询等服务。

6.4.4　网络营销系统开发模式

网络营销系统的开发和建设要涉及企业很多部门和环节，因此系统的开发和建设必须借鉴成功的开发模式。

1）购买通用商用系统

购买通用商用系统是实施的捷径。采用这种方式有以下优点：见效快、费用相对较低、系统质量较高、安全保密性较好、维护有保障。但是，商用系统也有其自身的局限性，如不能一步到位地满足企业管理的需求，企业在购买后，往往要针对自身的特点进行某些设定或是增补开发，企业适应学习难度较大，而且系统维护具有较强的依赖性。对于小型企业或特殊要求不多的大中型企业来说，通过购买商用系统的途径比较合适。

2）自行开发

如果企业本身具有一定的技术能力，有一批开发网络营销系统所需要的复合型人才，往往希望自行开发系统。这种模式在具有针对性强、能够更好地满足企业经营管理需要的优点的同时，还便于维护，设计的系统易于使用。但采用这种方式也有其自身的缺陷：对单位的技术力量要求较高；系统的应变能力较弱。这种方式适于有比较稳定开发维护队伍的企业。

3）委托开发

大多数企业不具备自行开发网络营销系统的能力，这时可以考虑委托外单位开发系统。这种方式的优点是：和自行开发系统一样，采用委托开发方式是针对本企业的营销特点和管理需求建立的系统；可以弥补本单位技术力量不足的缺陷；由于是专用软件，比较容易为使用者接受。这种方式存在的缺陷是：开发费用较高；软件应变能力不强；维护费用高。这种方式比较适用于本单位开发力量不足而又希望使用专用系统的单位。

4）合作开发

与外单位合作开发系统，同时具备自行开发、委托开发的优点。这种方式也存在开发费用高、软件应变能力较弱等缺陷，但从成本/效益的角度考虑，不失为一种较好的开发方式，在实际工作中得到普遍运用。

6.4.5　企业网络营销站点的功能

一个结构完善、设计合理的网络营销站点可以方便客户获取信息、订购产品和寻求售后服务。在规划企业网络营销站点结构时，除应具备一般站点应具有的站点结构位图（MAP）、站点导航、联系方式等基本功能外，还应该结合企业的网络营销目标进行综合设计。

1）企业信息发布

这部分属于站点的最基础内容,主要包括企业新闻、企业经营活动、重大事件信息发布,以及企业的概况和企业产品信息等。如金山网站中的栏目:产品介绍、公司简介、文摘报道、新闻、搜索等。

2）信息交流沟通

互联网最大的特点是可以进行双向沟通,一个友好的人性化网站一般都要提供顾客直接与企业进行沟通的渠道。如金山网站中的栏目:新闻组、论坛、注册和反馈,都是金山公司的用户或者业务伙伴与金山公司进行交流和沟通的有效渠道,同时也是金山公司软件用户之间交流的虚拟社区。

3）网上销售

利用互联网进行网上销售既可以减少交易费用,又可以直接与消费者进行沟通,有利于完善软件和产品功能。提供网上销售功能时,还要考虑提供功能类型,如果只是有网上订货功能网下交易则实现起来比较简单,如果是具有网上交易功能的,则网站还要提供网上支付功能。

4）售后服务

售后服务是企业网站上经常提供的功能,设计时可以根据企业实际情况有选择性提供网上售后服务。如金山公司的网站提供了很强的网上售后服务,如栏目:技术支持和授权培训,提供了消费者需要的有关技术资料信息和操作培训信息。

5）个性化服务

为方便和吸引更多网民访问公司网站,更好地为企业的顾客服务,还可以建立一些子站点为顾客提供更差异化的网站。如华为公司为加强顾客对于产品的了解,促进沟通交流,发布产品和服务资讯,拓展新的业务,建立了提供官方交流互动平台的花粉俱乐部(http://cn. club. vmall. com/)。

6）品牌形象

网站的形象代表着企业的网上品牌形象,人们在网上了解一个企业的主要方式就是访问该公司的网站,网站建设的专业化与否直接影响企业的网络品牌形象,同时也对网站的功能产生直接影响。尤其对于以网上经营为主要方式的企业,网站的形象是访问者对企业的第一印象,这种印象对于建立品牌形象、产生用户信任具有至关重要的作用,因此,具备条件的企业应力求在自己的网站建设上体现出自己的形象,但实际上很多企业对此缺乏充分的认识,网站形象并没有充分体现出企业的品牌价值,相反,一些新兴的企业利用这一原理做到了"小企业大品牌",并且获得了与传统大型企业平等竞争的机会,网站也成了企业在网上的名片。

7）网上调查

市场调研是营销工作不可或缺的内容,企业网站为网上调查提供了方便而又廉价的途径,通过网站上的在线调查表或者通过电子邮件、论坛、实时信息等方式征求顾客意见等,可以获得有价值的用户反馈信息。无论作为产品调查、消费者行为调查,还是品牌形象等方面的调查,企业网站都可以在获得第一手市场资料方面发挥积极的作用。图 6.2 是天能集团的网上调查页面。

图 6.2

8) 资源合作

资源合作是独具特色的网络营销手段,每个企业网站均拥有自己的资源,这种资源可以表现为一定的访问量、注册用户信息、有价值的内容和功能、网络广告空间等,利用网站的资源与合作伙伴开展合作,实现资源共享,共同扩大收益。网站之间的资源合作是互相推广的一种重要方法,其中常见的形式有互换链接、互换广告、内容共享、用户资源共享、合作伙伴注册等,无论哪种形式的合作,其基本思想都是一样的,即通过共享各自的营销资源达到共同发展的目的。

上述功能设置主要是针对生产类型企业,对于商贸型、服务型等其他类型企业的网络营销网站结构还需要根据实际情况进行调整。

6.4.6　企业网络营销站点规划

企业建设网络营销系统是一项系统性工程,它涉及企业管理各个层面,包括企业高层的战略决策、中层的业务管理和低层的业务执行。在进行企业网络营销站点规划时,要考虑结合企业的管理和执行层面,将它们整合在一起运行。

1)确定企业网站的目标

首先要考虑的问题是企业打算利用网站进行哪些活动,常见的网站目标有:
①为用户提供良好的服务渠道;
②销售更多的产品和提供更多的服务;
③向有兴趣的来访者展示一些信息。

2)确定访问者

在确定站点的目标后,在规划初始阶段就应该尝试划定你的访问者范围,分析时要考虑访问者:
①预期网站的主要目标受众在哪些地区,何种人口结构;
②访问者接入互联网的带宽有多大,能否快速访问到网站内容;
③谁会使用你的网络页面。

3)确定网站提供信息和服务

在考虑站点的目标和服务对象后,根据访问者的需求规划站点的结构和设计信息内容,规划设计时应考虑:
①按照访问者习惯规划站点的结构;
②结合企业经营目标和访问者兴趣,规划网站信息内容和服务;
③整合企业的形象规划设计站点主页风格。

4)组织建设网站

在分析站点的战略影响和规划好站点的经营目标和服务对象后,就要规划如何组织建设网站了。规划建设网站时,应该考虑这样四方面问题:
①是建立自己的网站或网页空间,还是采取其他方式(如委托建设);
②为网上营销方案预计投入多少资金;
③如何组织人员和有关部门参与网站建设;
④如何维护管理企业网络营销网站。

企业网络营销站点建设的目的有很大不同,并非所有的企业都是直接靠网络营销站点去赢利,绝大多数传统行业企业只是把网络营销站点当作一种宣传、广告、公关和销售补充工具。但也有一部分企业依靠建立网络营销站点,发展特殊网络营销赢利业务。

合理规划网络营销站点的内容对企业至关重要,精心规划,及时更新的网络营销站点能让访问者忠诚地不断回访,提高站点知名度,使企业 Web 在整个营销体系中真正发挥作用。

6.4.7　企业网络营销站点的建设

企业做好了网络营销站点的规划后,就要着手进行网络营销站点的建设,包括站点域名的申请、站点建设的准备、站点的设计与开发、站点的推广与维护等方面。

1)站点域名的申请

站点域名的申请主要要考虑四个方面：

①首先选择是自己注册还是委托注册。对于注册国际域名(注册.com,.net,.org)一般需要委托注册。对于国内域名注册,可以直接到 CNNIC(http://www.cnnic.net.cn)进行注册,也可以委托其他专业公司注册(如国内第一代理注册公司创联 http://www.net.cn)。

②选择域名,最好是选择多个。检索确认您要注册的域名是否被人注册。如果选择的域名已经注册,但企业又特别需要,可以了解域名注册后公司的业务情况,如果属于域名抢注,一方面可以协商转让,另一方面对于恶意抢注可以进行起诉。

③登记注册。一般最好使用在线注册方式,即直接通过互联网进行注册。注册时将选择好的域名,以及企业有关资料发送给注册机构或者代理机构。注册国内域名的企业,必须提供营业执照(副本)复印件或事业法人证书、或您单位依法登记文件的复印件(全部一式两份)。

④域名变更。如果企业情况发生变化,可以申请对域名进行变更。可以通过互联网直接要求域名管理机构或者代理机构对域名进行转移、修改,或者办理域名过户手续将域名转交给他人。国际域名允许转让,有的域名如:http://www.business.com 的转让价格高达 750 万美元,国内域名一般不允许有价转让。

2)站点建设的准备

企业网络营销站点建设的准备工作可以从三方面入手。

(1)Web 服务器建设

企业建设自己的 Web 服务器时需要投入很大资金,包括架设网络、安装服务器,运转时还需要投入很大资金租用通信网络。因此,一般企业建设 Web 服务器时,都是采取服务器托管、虚拟主机、租用网页空间、委托网络服务公司代理等方式进行。对于一些目前没有条件或暂时没有建立网站的企业也可以马上开展网络营销。对于企业建设自己的 Web 服务器的方法见前面介绍,这里主要介绍目前常用的费用低廉的几种形式:

①服务器托管。这种方式是企业建设自己的网站,拥有自己独立的网络服务器和 Web 服务器,只不过服务器托放在 ISP 公司,由 ISP 代为日常运转管理。企业维护服务器时,可以通过远程管理软件进行远程服务。服务器可以租用 ISP 公司提供的服务器,也可以自行购买服务器。采取这种方式建设好的服务器,企业可以拥有自己独立的域名,可以节省企业架设网络和租用昂贵的网络通信费用。

②虚拟主机。一般来说,企业要在网上用自己的独立域名建立网站,必须投资一台价格不菲的服务器,而且要架设专线、专人维护,对于一些中小企业来说,往往难以一步到位。

③租用网页空间。和虚拟主机类似而更为简单的方法是租用网页空间,甚至不需要申请正式域名,向网络服务商申请一个虚拟域名,将自己的网页存放在 ISP 的主机上,用户可自行上载、维护网页内容,自行发布网页信息。一般来说,租用网页空间的费用较虚拟主机更为低廉。如金企(http://www.goldenter.com.cn)提供的企业名片服务。

④委托网络服务商代理。如果企业缺乏网络营销的专门人才,最简单的方法就是把产

品或服务的网上推广委托专业公司代理。在选择代理人的时候要进行慎重选择,类似的网络服务公司有很多,服务内容和收费方法也有很大差别。如中国商品交易市场(http://www.moftec.gov)提供虚拟市场服务。

(2)准备站点资料

当 Web 服务器选择好后,网络营销站点建设的重点是根据站点规划设计 Web 主页(用 HTML 语言设计的包含多媒体信息的页面)。如果建设一个能提供在线销售、产品或服务的网上推广、发布企业最新信息、提供客户技术支持等功能的网络营销站点,需要准备以下一些资料:首先,要策划网站的整体形象,统筹安排网页的风格和内容;其次,公司简介,产品的资料、图片、价格等需要反映在网上的信息;第三,准备一些公司提供增值服务的信息资料,如相关产品技术资料、市场行情信息等。准备资料时,要注意到网站上的网页是多媒体,它可以包含文字、图像、动画、声音、影视等信息。

(3)选择站点开发工具

自行开发设计网站时,必须准备相关工具软件进行开发设计。一般说来,需要这样几种工具软件:主页设计工具软件,如微软的 FrontPage;图像处理软件,如 Adobe 公司的 PhotoShop;声音、影视处理软件;交互式页面程序设计软件,如微软的 ASP 开发系统、支持 CGI 的 Perl 开发系统等。对于一些具有交互功能(动态主页,即具有能接收数据和读写数据库等数据处理功能)的主页设计,最好是请专业计算机人员开发设计;而对于一些简单的提供静态信息的 Web 页,在有规定好的模式的情况下,可以由企业内部员工通过培训来设计。

3)站点的设计与开发

这部分包括网络营销站点的设计与开发内容、网站模式设计、网站内容设计、网站管理系统开发等。

(1)网络营销站点的设计与开发内容

网站的设计和开发包括三个层次的内容:模式设计、内容设计、网站管理系统。交互设计主要是结合网站规划统一设计风格和模式,主要内容包括导航支持、主页规划、模板设计和搜索引擎设置等。内容设计是网站设计的关键,它包括与模式设计不同的挂在网页上的实实在在的信息和资料,还有其他用来交流的多媒体形式的内容。网站管理系统主要是针对网站的目标开发出一些辅助管理系统,如数据库管理、网站内容维护与更新管理等。

(2)网站模式设计

网站模式设计是一个站点开发设计的基础,它必须在网页制作前完成。制作网页时必须遵循网站设计好的模式,以便网站能给访问者留下统一的形象,方便访问者访问网站内容。一般说来,一个网站模式设计应注意下面几个方面的问题。

①站点导航模式设计。站点导航是方便访问者在访问网站某一个页面同时,可以方便通过站点导航链接直接访问和了解网站其他相关的页面。为方便访问者访问使用,最好每个页面使用格式相同的导航方式。

②主页规划。主页规划主要安排主页的版面布局、页面格式等内容。进行主页规划时,要注意下面几个问题:尽量保持页面静态性,不要使用那些不断运动的页面元素;使用简单的 URL,一个 URL 字符串应该包含具有可读性的目录和文件名,并且能够正确地反映该信息空间的内涵,也应该尽量减少字符使用方面带来的麻烦;统一规划,避免出现独立的网页,

每一个页面都应该具有一个通向你的主页的链接,以及一些关于该页面在你的站点信息体系中的逻辑位置的指示;适当控制滚动的长页面;提供网站导航支持;使用标准的链接颜色;控制页面的下载时间。

(3)网站内容设计

网站内容设计是根据网站规划和在设计好的网站模式基础上,将有关信息内容制作成网页。网页制作分为静态网页和动态交互功能的网页,对于前者一般人员经过培训就可以,但对于动态交互网页可能还需要编程,这时可以请专业公司进行制作。在进行网页设计制作时,首先要注意的是,一是使用视框问题(Frame),视框破坏了网络页面的基本用户接口模型;二是不要使用最新技术,因为最新的技术一般都不是很成熟,访问者在访问时容易被意外情况中断。

Web 网站是由众多的 Web 页面组成的,这些页面设计的好坏,直接影响到这个站点能否受到用户的欢迎。下面是 Web 主页设计时应考虑到的问题:

①提供联系地址。联系地址包括 E-mail 地址、电话号码、传真号码和通信地址等。

②加强页面内容针对性。一个站点上的每一个页面都应该完成某一项工作。

③注意页面色彩协调。在设计页面时页面内容的色彩应该与背景颜色协调一致,应尽量避免选择使页面难以阅读的背景颜色。在编写一个主页后,要事先将其放到各种操作系统、各种浏览器环境中去试用。

④注意页面的通用性。由于 Internet 是开放式的,许多不同类型的计算机和软件都可以在 Internet 上使用,因此设计主页时应充分考虑到不同型号计算机和不同软件都可以访问到网站。为保证通用性,最好是不要采用非标准技术。

⑤按 Web 格式设计网页。许多站点由于直接使用了其他格式的数据,因此有些数据无法用浏览器查看。要浏览这种格式的文件,用户就不得不先将它们下载过来,然后再使用专门的处理程序进行浏览,这无法令用户满意。

⑥注意页面图片使用。一是避免使用雷同的图形,二是放到 Web 主页上的图形应该尽量小一些,这样可以节省用户的下载时间。

⑦注意页面质量。页面设计中经常出现拼写和语法错误。因此,避免这类错误的发生,将有利于保持网站良好的形象。

⑧注意网络礼仪。

(4)网站管理系统开发

网站管理系统一般是运行在 Web 服务器的网站管理软件,现在有许多支持网站管理的软件。由于不同的网站模式不一样,页面内容也不一样,因此针对不同的网站需要开发出不同的管理系统。

为了解网站运转情况,还需要对网站访问情况进行跟踪和审计。这将对将来制定营销策略起到决定性的作用。网站跟踪主要包括以下几方面内容。

①谁在访问您的 WWW 网站(如域名或 IP 是什么等)?

②每天、每周及每月的访问人数及页次(Hits),哪一页被访问的次数最多?

③每天的哪一段时间网站的访问量最大?

④从哪些链接来的访问者最多?

⑤哪些是您的平均数最多的访问者(如男性、女性或其他)？

许多 ISP 都提供 WWW 网站跟踪报告,但企业也可以根据实际需要开发专门的跟踪系统软件,市场上也有许多成熟商业软件。

4) 站点的推广与维护

站点开发成功后,最重要的事情是负责站点推广和日常运转的维护。站点推广有许多方法,常用的有:搜索引擎、付费广告、新闻邮件、免费广告、免费咨询服务、友情链接等。这里只详细介绍有关站点维护的内容。

①国内许多站点的一个通病就是站点内容不及时更新。站点管理员应该定期对站点进行必要的更新和维护,并且注明最后一次修改或更新的时间,这样访问者就可以知道站点内容的及时性和可靠性。

②另一个需要经常维护的是消除失效的链接。即,在将每个链接放到主页上之前,应该对其有效性进行验证,还必须定期对其进行检查,以确定它们目前还有效。

[思考题]

1. 简述企业网络营销战略的作用。

2. 如何理解网络营销的战略观念。

3. 网络营销战略的重点是什么？

4. 网络营销战略的规划需要经历哪几个阶段？

5. 网络营销组合与一般市场营销组合有何区别？

6. 简述企业网络营销系统建设的战略原则。

7. 企业网络营销系统建设包括哪几个步骤？

8. 网络营销系统包括哪些功能？

9. 如何进行网络营销站点的建设？

10. 简述网络营销组织的创新。

[案例分析]

"三只松鼠"的秘笈

安徽三只松鼠电子商务有限公司成立于 2012 年,是一家以坚果、干果、茶叶等森林食品的研发、分装及网络自有 B2C 品牌销售的现代化新型企业。

"三只松鼠"主要是以互联网技术为依托,利用 B2C 平台实行线上销售。凭借这种销售模式,"三只松鼠"迅速开创了一个食品产品的快速、新鲜的新型食品零售模式。这种特有的商业模式缩短了商家与客户的距离,确保让客户享受到新鲜、完美的食品。开创了中国食品利用互联网进行线上销售的先河。以其独特的销售模式,在 2012 年双十一当天销售额在淘宝天猫坚果行业跃居第一名,日销售近 800 万元。2013 年销量突破 3 亿元,2015 年的整体交易额达 25 亿元。其发展速度之快创造了中国电子商务历史上的一个奇迹。

"三只松鼠"战略规划

核心思想：使企业离消费者更近。

四个基本点：

品牌，让消费者认知三只松鼠品牌。

速度，让产品到达消费者手中的速度更快。

服务，让客户得到最具个性化的服务。

品质，让产品品质更稳定、更安全。

四个现代化：

品牌动漫化，让新媒体时代与客户进行更具互动化的沟通。

数据信息平台化，自助研发建立完善的数据信息系统平台。

物流仓储智能化，设置物流可控制节点，完善全国物流仓储规划。

产品信息可追溯化，让产品信息可以追溯到源头，建立产品信息的系统化机制。

品牌与定位

"三只松鼠"是2012年强力推出的第一个互联网森林食品品牌，代表着天然、新鲜以及非过度加工。它率先提出森林食品的概念，定位于"森林系"，引发网售新鲜低价安全食品的革命。需要强调的是："三只松鼠"在走多品牌的纯互联网森林食品路线，目前的核心是坚果类，相继推出花茶、蜜饯等多类产品的上线，且每个品类都会推出一个对应的品牌，所有的产品都归类为"森林系"，倡导"慢食快活"的生活方式。同时，"三只松鼠"将品牌目标人群锁定在喜爱网购的"80、90后"身上，他们个性张扬，追求时尚，享受生活，善待自己，对细节挑剔，注重全方位体验。"三只松鼠"着力塑造传达属于自己的松鼠文化，无论是产品描述页的第一屏，还是服务卡上的文字、包裹箱、果壳袋、附赠的手机挂件、插卡套、员工工作环境等各个细节和场合，无一不流露着松鼠文化——快乐可爱，绿色天然，关爱环境。

定价策略

"三只松鼠"的产品始终保持贴心低价。与线下商场超市相比，"三只松鼠"的产品便宜20%左右，贴心低价的优质产品是"三只松鼠"吸引顾客的核心。因在原产地采取订单式合作，省去了传统企业线下中间分销渠道的盘剥，所以成本更低，价格也更实惠。而且，因为直接面对消费者，利用数据挖掘技术，"三只松鼠"可以快速捕捉消费者消费趋势变化并快速反应调整，基本可实现按订单生产供应产品，不会出现库存大量积压等传统常见问题，这其中节省的费用可以支撑它采取更灵活的定价吸引更多的消费者。

销售模式

①"三只松鼠"利用B2C平台实行线上销售：目前，"三只松鼠"入驻的B2C平台有天猫、拍拍、当当、1号店、京东、苏宁易购，覆盖了大部分的国内B2C平台，渠道非常完善。

②坚持不做分销：因为产品的统一仓储在低温仓，一般分销商不具备这样的条件，和分销商合作会增加发货环节，还有一些不可控的因素，比如服务、产品质量，等等。

③全国物流仓储的建立，大大缩短了产品到达消费者手中的时间，目前已竣工的成都仓是"三只松鼠"作为楷模的智能化物流仓储，其智能化电子拣货系统，大大优化了拣货程序，提高了工作效率，减少了人力。

沟通策略

"三只松鼠"创始人章燎原是"三只松鼠"的第一个客服,他积累了客服经验之后,亲自总结写下一本上万字的《松鼠服务秘籍》,推出客服服务十二招,目的就是要教会客服"做一只讨人喜欢的松鼠",让所有人都熟悉客户的需求和保证将客户的需求实现到位。"三只松鼠"经常会拿出一部分优质产品进行成本销售,以低价进入市场或回馈新老顾客。并且它还运用大数据方法,通过对后台数据的分析精确地识别出几个关键指数以筛选出目标客户。根据这些信息,松鼠客服在与顾客在线沟通中会更有针对性,而且顾客每次购买三只松鼠产品后所收到的包裹或体验品都会不一样。这样的服务不可能规模化,也不好被模仿。

产品策略

①坚持原产地、原生态、未经深加工的产品:"三只松鼠"在全国范围内寻找产品的原产地,统一采取订单式合作。目前,"三只松鼠"在全国有百余家原产地供应商。

②坚持产品的质量和新鲜度:为保证食品的新鲜度和质量,"三只松鼠"尽量缩短供应链。一方面缩短商品到达消费者手中的时间,另一方面增强产品质量的可控性。"三只松鼠"的供应链管理采取的是核心环节自主,非核心外包合作的方式。首要的核心环节当然就是产品源头。"三只松鼠"在原产地收购原材料之后,委托当地企业生产加工成半成品,每一家厂商不生产超过两样产品。在这里,还增加了一个检验环节。然后,生产出的半成品被送回"三只松鼠"位于芜湖高新区的10 000平方米的封装工厂中,或存于0~5 ℃的冷库中,或保存在20 ℃恒温的全封闭车间中。这时,消费者要购买时,再从冷库中拿出来。也能保证商品从生产出来到卖给消费者之间不超过一个月。相当于传统产品,这样大大减少了货架期。这一点,对于食品,尤其是像坚果类产品的质量和新鲜度非常重要。

③给产品增加故事,给客户情感体验:"三只松鼠"的每一款产品,都配有精心设计的故事和相关配图。

④包装的创新:专利创新坚果包装。

⑤产品信息可追溯化:让产品信息可以追溯到源头,建立产品信息的系统化机制。

服务策略

①线上的主人文化:"三只松鼠"客服化身松鼠,向消费者卖萌,称呼客户为主人,服务中语言诙谐幽默,不时地对顾客卖个萌,"主人,买一个吧?"

②"真好剥"理念和超过顾客期望的小赠品:"三只松鼠"不仅把产品加工得易剥,双层包装,突出松鼠形象,而且在它的包裹里还会提供纸袋夹子,以便吃到一半好进行袋子的密封,还有垃圾袋、纸巾、微杂志等。

③一对一服务:通过软件识别筛选目标用户,顾客购买的客单价、二次购买频率、购买产品是什么、购买产品种打折商品的比例、是几次购买等,识别出了这些,顾客每次购买"三只松鼠"产品所收到的包裹都会不一样。

④微博微信的互动:"三只松鼠"在新浪微博上拥有着自己的家族体系,以松鼠老爹、松鼠小贱、松鼠小美、松鼠小酷、松鼠服务中心为首的松鼠互动系统,经常和消费者进行沟通和卖萌,增加了"三只松鼠"消费者(粉丝)的活跃度。其微信官方订阅号以及公众号,主要是以推送消息为主,大部分是把流量引到微博以及官方旗舰店上,微信松鼠表情包的推出,极具特色。

（资料来源："三只松鼠"的秘笈：如何一年就成为坚果第一，http://www.ebrun.com/20141222/119049.shtml，2014-12-22。）

[**案例思考**]

1."三只松鼠"的商业策略为什么能够成功？

2."三只松鼠"用了哪些独特的网络营销组合策略？

3."三只松鼠"与传统食品商相比有哪些优势？

第 7 章
网络营销产品策略

　　企业的市场营销活动以满足市场需求为中心,而市场需求的满足又是通过企业向社会所提供的产品和服务来实现的。今天电子网络的发展和普及使网络的应用越来越广泛,作为网络营销的产品和服务就显得尤为重要。

7.1　网络营销中的产品

7.1.1　网络营销产品

　　在市场经济中,产品是企业生存的核心,故传统的市场营销均把产品策略作为企业营销策略的一个重要组成部分。在现代市场营销学中,产品概念具有极其宽广的外延和深刻而丰富的内涵,它是指通过交换而满足人们需要和欲望的因素和手段,它包括提供给市场能够满足顾客某一需求和欲望的任何有形物品和无形物品。但是,随着社会生产力以及网络和信息化的发展,企业的跨区域经营、跨国界经营,使传统的营销受到冲击,网络营销愈显重要,而产品也已不再是传统的实物产品,而是有形产品和无形产品的有机结合。

　　在网络营销中,产品的整体概念可分为 5 个层次(见图 7.1):

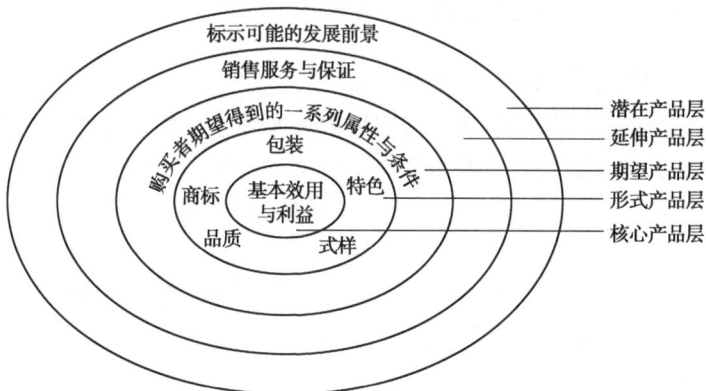

图 7.1　整体产品概念

1)核心产品层次

核心产品是指产品能够提供给消费者的基本效用或益处,是顾客真正想要购买的基本效用或益处。电子商务营销与传统营销一样,是一种以顾客为中心的营销策略。所以,企业在设计和开发产品核心利益时要从顾客的角度出发,根据前次营销效果来制订本次产品设计开发计划。需要注意的是网络营销具有全球性,企业在提供核心利益和服务时要针对全球市场提供。

2)形式产品层次

形式产品是指核心产品借以实现的形式,即产品的物质形态。在市场上的形式产品(无论是有形产品还是无形产品)必须具备5个要件,即品质、式样、品牌、包装和特征。

3)期望产品层次

期望产品是指顾客在购买产品时期望得到的与产品密切相关的一整套属性和条件。在电子商务营销中,消费呈现出个性化的特征,不同的消费者可能对产品的要求不一样,对同一核心产品而言,消费者更侧重产品的质量、使用的方便程度、特点等方面的期望。因此产品的设计和开发必须满足顾客这种个性化的消费需求。

4)延伸产品层次

延伸产品是指由产品的生产者或经营者提供的购买者有需求的产品,主要是帮助用户更好地使用核心利益的服务。在网络营销中,对于物质产品来说,延伸产品层次要注意提供满意的售后服务、送货、质量保证等。

5)潜在产品层次

潜在产品是在延伸产品层次之外,由企业提供能满足顾客潜在需求的产品层次,它主要是产品的一种增值服务,它与延伸产品的主要区别是顾客在没有潜在产品层次时,仍然可以很好地使用顾客产品的核心利益或服务。在高新技术发展日益迅猛的时代,有许多潜在需求和利益还没有被顾客认识到,这就需要企业通过引导和支持来更好地满足顾客的潜在需求。

7.1.2 网络产品市场生命周期分析

1)网络产品市场生命周期的理论基础

产品的市场生命周期是指产品从上市到被市场淘汰为止的全过程。产品生命周期的长短主要取决于市场的需求和新产品的更新换代程度。网络产品的市场生命周期同市场营销基本理论中的一般产品一样,也分为4个阶段:介绍期、成长期、成熟期和衰退期。可用抛物曲线来表示(见图7.2)。

网络产品市场生命周期的4个阶段,实际上表明了消费者对一件新产品推出市场后的接受过程。这一过程可以通过创新扩散理论来解释。

(1)消费者接受创新的模式

消费者在接受新产品的过程中往往需要经过认识、兴趣、评价、试用、常用5个阶段。

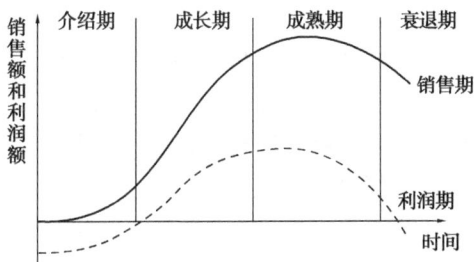

图 7.2　产品生命周期示意图

（2）消费者接受新产品的差异性

不同的消费者对新产品的态度存在着很大的差别，因而接受新产品的时间先后也有很大的不同。根据消费者接受新产品的时间顺序可将其分为 5 种类型。

①创新者。也称为消费先驱，他们富有个性，勇于革新冒险，敢于接受新事物，是新产品的最早接受者。但这一类型的人为数很少，约占 2.5%。

②早期接受者。这一类型人的重要特征是年轻，富于探索，受自尊所支配，富有自豪感，经济状况良好。他们在社会中被同一阶层所尊重，并容易成为意见领袖。与创新者相比其态度较为谨慎。

③早期大众（早期多数接受者）。这部分消费者一般保守思想较少，有较好的工作环境和固定的收入，他们有较强的模仿心理，不甘落后于潮流。但由于特定的经济地位所限，他们在购买高档产品时持非常谨慎的态度。研究早期大众的心理状态、消费习惯对提高市场份额有很大帮助。

④晚期大众（晚期多数接受者）。这部分人的特点是既谨慎又固执，同时他们的收入、教育水平比早期大众略差。往往在大部分人接受后，他们才加入购买。

⑤落后者。这部分人传统思想严重，非常保守，对新事物多持反对态度，固守传统消费行为。他们往往在创新变成传统后才开始接受。

2）网络产品市场生命周期各阶段的特点与营销策略

（1）介绍期的市场特点和营销策略

处于介绍期的产品，由于消费者对其不了解，大部分顾客不愿放弃或改变自己以往的消费行为，故需求有限；加之产品技术、性能还不够完善，生产成本高；销售渠道的不畅导致销售费用较高，但是市场上竞争者较少。

企业在营销策略方面的重点应是加强促销宣传，鼓励消费者试用，吸引中间商，同时还可采用传统营销中的相应策略如快速掠取、缓慢掠取、快速渗透、缓慢渗透等。

（2）成长期的市场特点和营销策略

产品已经定型，技术工艺已经成熟；营销渠道也有所增加，市场占有率得到增加；消费者对产品已经熟悉，销售量增长很快；生产的批量化使成本降低，但是市场上开始涌入大量的竞争者。

企业在营销策略方面可以采用产品差异化策略；在加强促销环节的同时，树立产品形象，建立品牌偏好；调整价格，拓展新市场。

（3）成熟期的市场特点和营销策略

在成熟期初期各销售渠道基本处于饱和状态,销售增长率缓慢上升,并进入一个相对稳定时期,后期销量和利润开始下滑。市场上产品出现过剩,竞争加剧,消费需求也开始转移。

企业在营销策略方面有三种策略可供选择:改进产品;开拓市场;调整营销组合。

（4）衰退期的市场特点和营销策略

市场衰退期产品销售量开始迅速下滑,消费者兴趣已完全转移;多数企业无利可图,被迫退出市场;促销已无明显作用。

企业在营销策略方面可以考虑采用的策略有:①集中策略,即把资源集中使用在最易销售的品种上;②维持策略,即把销售维持在一个低水平上,直至退出市场;③榨取策略,即大幅度降低销售费用,增加眼前利润。

每一个产品都要经过这个周期阶段,企业要生存和发展就必须不断地推出新产品。在电子商务营销中,由于厂家与消费者建立了更加直接的联系,企业可以通过网络迅速、及时地了解和掌握消费者的需求状况,使新产品从一上市就能知道改进和提高的方向,在成长期时就开始下一代系列产品的研制和开发,以系列产品的推出取代原有的成熟期和衰退期。

7.2 网络产品组合策略

7.2.1 产品组合的概念

产品组合是指企业生产经营各种不同类型产品之间质的组合和量的比例。产品组合由全部产品线和产品项目构成。产品线是指产品在技术上和结构上密切相关,具有相同使用功能,规格不同而满足同类需求的一组产品。如雅芳化妆品公司的产品线有化妆品、珠宝首饰和家常用品三条。产品项目是指产品线内不同品种、规格、质量和价格的特定产品。很多企业都拥有众多的产品项目,如雅芳化妆品公司有1 300个以上的产品项目,而通用电器公司则有25万个产品项目。

产品组合的宽度、长度、深度和关联性产品组合的宽度指企业拥有的不同产品线的数目;产品组合长度指每条产品线内不同规格的产品项目的数量;产品组合的深度是指产品线上平均具有的产品项目数;产品组合的关联性则是指企业各条产品线在最终用途、生产条件、分配渠道或其他方面的密切相关程度。

产品组合的宽度越大,说明企业的产品线越多;反之,宽度越窄,则产品线越少。同样,产品组合的深度越大,企业产品的规格、品种就越多;反之,深度越浅,则产品就越少。产品组合的深度越浅,宽度越窄,则产品组合的关联性越大;反之,则关联性小。

产品组合的宽度、长度、深度和关联性对企业的营销活动会产生重大影响。一般而言,增加产品组合的宽度,即增加产品线和扩大经营范围,可以使企业获得新的发展机会,更充分地利用企业的各种资源,也可以分散企业的投资风险;增加产品组合的长度和深度,会使各产品线具有更多规格、型号和花色的产品,更好地满足消费者的不同需要与爱好,增强行业竞争力;增加产品组合的关联性,则可发挥企业在其擅长领域的资源优势,避免进入不熟悉行业可能带来的经营风险。因此,产品组合决策就是企业根据市场需求、竞争形势和企业自身能力对产品组合的宽度、长度、深度和关联性方面作出的决策。

7.2.2 产品组合的评价

无论企业采用何种类型的产品组合策略,都不可能一成不变。企业的外部环境随时都可能发生变化,因而顺应外部环境的变化就需要对企业现有的产品组合进行评估。通过对企业现有产品的评估,及时了解企业各产品线的运营状况,并进行相应的调整。下面简要介绍两种企业评估产品组合的方法。

1) 波士顿矩阵

波士顿矩阵(BCG Matrix)又称市场增长率—相对市场份额矩阵、波士顿咨询集团法、四象限分析法、产品系列结构管理法等。波士顿矩阵是由美国大型商业咨询公司——波士顿咨询集团(Boston Consulting Group)首创的一种规划企业产品组合的方法(见图7.3)。

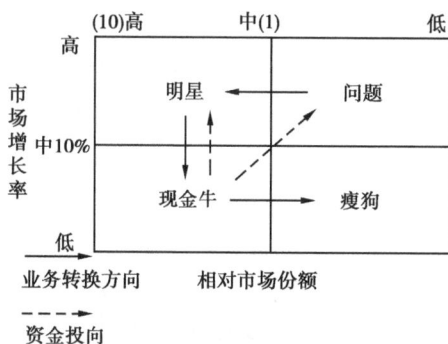

图7.3 波士顿矩阵示意图

如图7.3,波士顿矩阵是依据企业产品的市场增长率和相对市场份额这两个因素对产品组合进行分析。产品的市场增长率可以以10%为界分为高低两个档次;对于市场份额,可以假设产品的整个市场总量为10,以企业产品相对的市场份额1.0为界划分高低两个档次。这样,就可以将企业的全部产品所处的市场地位分为四种类型:

①明星产品(stars)。它是指处于高增长率、高市场占有率象限内的产品群,这类产品可能成为企业的现金牛产品,需要加大投资以支持其迅速发展。采用的发展战略是:积极扩大经济规模和市场机会,以长远利益为目标,提高市场占有率,加强竞争地位。

②现金牛产品(cash cow),又称厚利产品。它是指处于低增长率、高市场占有率象限内的产品群,已进入成熟期。其财务特点是销售量大,产品利润率高、负债比率低,可以为企业提供资金,而且由于增长率低,也无需增大投资。因而成为企业回收资金,支持其他产品,尤其是明星产品投资的后盾。①把设备投资和其他投资尽量压缩;②采用榨油式方法,争取在短时间内获取更多利润,为其他产品提供资金。对于这一象限内的销售增长率仍有所增长的产品,应进一步进行市场细分,维持现存市场增长率或延缓其下降速度。

③问题产品(question marks),它是处于高增长率、低市场占有率象限内的产品群。前者说明市场机会大,前景好,而后者则说明在市场营销上存在问题。其财务特点是利润率较低,所需资金不足,负债比率高。例如在产品生命周期中处于引进期、因种种原因未能开拓市场局面的新产品即属此类问题的产品。对问题产品应采取选择性投资战略。因此,对问

题产品的改进与扶持方案一般均列入企业长期计划中。

④瘦狗产品(dogs),也称衰退类产品。它是处在低增长率、低市场占有率象限内的产品群。其财务特点是利润率低、处于保本或亏损状态,负债比率高,无法为企业带来收益。对这类产品应采用撤退战略:首先应减少批量,逐渐撤退,对那些销售增长率和市场占有率均极低的产品应立即淘汰。其次是将剩余资源向其他产品转移。第三是整顿产品系列,最好将瘦狗产品与其他事业部合并,统一管理。

2) GE 矩阵

GE 矩阵又称通用电器公司法、麦肯锡矩阵、九盒矩阵法、行业吸引力矩阵,是美国通用电气公司(GE)于 20 世纪 70 年代开发的新的投资组合分析方法。对企业进行业务选择和定位具有重要的价值和意义。GE 矩阵可以用来根据事业单位在市场上的实力和所在市场的吸引力对这些事业单位进行评估,也可以表述一个公司的事业单位组合判断其强项和弱点。在需要对产业吸引力和业务实力作广义而灵活的定义时,可以以 GE 矩阵为基础进行战略规划。按市场吸引力和业务自身实力两个维度评估现有业务(或事业单位),每个维度分三级,分成九个格以表示两个维度上不同级别的组合。两个维度上可以根据不同情况确定评价指标(见图 7.4)。

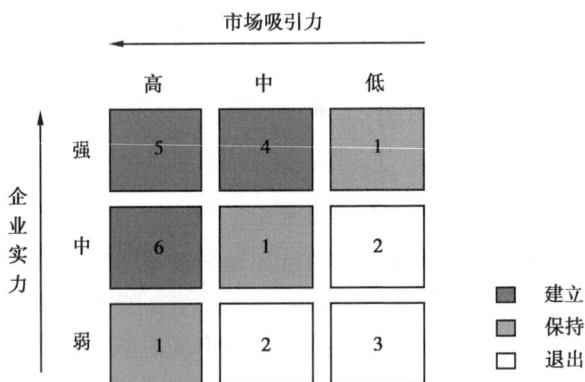

图 7.4　GE 矩阵示意图

绘制 GE 矩阵,需要找出外部(行业吸引力)和内部(企业竞争力)因素,然后对各因素加权,得出衡量内部因素和市场吸引力外部因素的标准。

图 7.4 中 9 个象限可以分为三个类型。象限 4、5、6 为深色区,表示进入这些象限的产品具有较高的吸引力和实力,可采取保持优势、选择发展和投资发展的策略。象限 1、1、1 为浅色区,属于中间状态产品,这些产品随着时间的推移,可能进入深色区或空白区,可采用固守调整和有限发展策略。象限 2、2、3 为空白区,是处于低迷状态的产品,可考虑采用减少投资、逐步缩减和及时淘汰的策略。

7.2.3　产品组合决策

1) 扩展策略

扩展策略包括扩展产品组合的宽度和长度。前者是在原产品组合中增加一条或几条产品线,扩大企业的经营范围;后者是在原有产品线内增加新的产品项目,发展系列产品。

一般当企业预测现有产品线的销售额和盈利率在未来几年要下降时,往往就会考虑这一策略。这一策略可以充分利用企业的人力等各项资源,深挖潜力,分散风险,增强竞争能力。当然,扩展策略也往往会分散经营者的精力,增加管理困难,有时会使边际成本加大,甚至由于新产品的质量、功能等问题,而影响企业原有产品的信誉。

2)缩减策略

缩减策略是企业从产品组合中剔除那些获利小的产品线或产品项目,集中经营那些获利较多的产品线和产品项目。

缩减策略可使企业集中精力对少数产品改进品质,降低成本,剔除得不偿失的产品,提高经济效益。当然,缩减策略使企业失去了部分市场,也会增加企业的风险。

3)产品延伸策略

每一个企业的产品都有其特定的市场定位,如轿车市场,"奔驰""宝马"等定位于高档汽车市场,"别克""奥迪"定位于中档市场,"捷达""富康"等则定位于中偏低档市场。产品延伸策略是指全部或部分地改变公司原有产品的市场定位。具体做法有向下延伸、向上延伸、双向延伸。

向下延伸是企业原来生产高档产品,以后增加低档产品。采取向下延伸的策略主要是因为高档产品在市场上受到竞争者的威胁,本企业产品在该市场的销售增长速度趋于缓慢,企业向下延伸寻找新的经济增长点。同时,某些企业也出于填补产品线的空缺,防止新的竞争者加入的考虑,也实施这一策略。

向下延伸策略的优势是显而易见的,既可以节约新品牌的推广费用,又可使新产品搭乘原品牌的声誉便车,很快得到消费者承认。同时,使企业有限的资源得到充分利用。

向上延伸指企业原来生产低档产品,后来决定增加高档产品。企业采取这一策略的原因是:市场对高档产品需求增加,高档产品销路广、利润丰;欲使自己生产经营产品的档次更全、占领更大的市场;抬高产品的市场形象。

向上延伸也有可能带来风险:一是可能引起原来生产高档产品的竞争者采取向下延伸策略,从而增加自己的竞争压力;二是市场可能对该企业生产高档产品的能力缺乏信任;三是原来的生产、销售等环节没有这方面足够的技能和经验。

双向延伸是指企业原来生产经营中档产品,现在同时向高档和低档产品延伸,一方面增加高档产品,另一方面增加低档产品,扩大市场阵地。

4)产品线现代化决策

现代社会科技发展突飞猛进,产品开发也是日新月异,产品的现代化成为一种不可改变的大趋势,产品线也必然需要进行现代化改造。产品大类现代化策略首先面临这样的问题:是逐步实现技术改造,还是以更快的速度用全新设备更换原有产品大类。逐步现代化可以节省资金耗费,但缺点是竞争者很快就会察觉,并有充足的时间重新设计它们的产品大类;而快速现代化策略虽然在短时期内耗费资金较多,却可以出其不意,击败竞争对手。

5)产品线号召决策

有的企业在产品线中选择一个或少数几个产品项目加以精心打造,使之成为颇具特色的号召性产品去吸引顾客。有时候,企业以产品线上低档产品型号进行特别号召,使之充当开拓销路的廉价品。比如某空调器生产企业宣布一种只卖999元的经济型号,而它的高档产品要卖2 000多元,从而在吸引顾客来看经济型空调时,尽力设法影响他们购买更高档的空调。有些企业以高档产品项目进行号召,以提高产品线的等级。有时候,企业发现产品线上有一端销售情况良好,而另一端却有问题,企业可以对销售较慢的那一端大力号召,以努力促进对销售较慢产品的需要。

7.3 网络时代的新产品开发

7.3.1 网络新产品开发概述

营销学中使用的新产品概念不是从技术角度理解的,产品只要在功能或形态上得到改进,与原有的产品产生差异,并为顾客带来新的利益,就视为新产品。

新产品开发是许多企业市场取胜的法宝,但是产品开发费用较高及产品生命周期缩短,特别是市场的不断分裂及互联网的发展而使得新产品开发愈加困难,这对企业来说既是机遇也是挑战。企业开发的新产品如果能适应市场需要,可以在很短时间内占领市场,打败其他竞争对手。

与传统新产品开发一样,网络营销新产品开发策略也有下面几种类型,但策略制定的环境和操作方法不一样。下面分别予以介绍:

①全新产品。即运用新一代科学技术革命创造的整体更新产品。

②新产品线。即市场上已经有的产品,而企业首次介入生产的产品。

③现有产品线的增补产品。即在公司现有产品线上增加新的产品。

④现有产品的改进或更新。即替换现有产品的新产品,新产品改善了原有产品的某些功能或加大了原有产品的感知价值。

⑤降低成本的产品。即以较低成本推出同样性能的新产品。

⑥重新定位产品。即进入新的目标市场或改变原有产品市场定位推出的新产品。

企业新产品开发的实质是推出上述不同内涵与外延的新产品。企业在网络营销产品策略中采用哪一种具体的新产品开发方式,可以根据企业的实际情况决定。但结合网络营销市场特点和互联网特点,开发新市场的新产品是企业竞争的核心。对于相对成熟的企业采用后面几种新产品策略也是一种短期较稳妥的策略,但不能作为企业长期的新产品开发策略。

7.3.2 网络营销新产品开发的程序

网络营销新产品开发有一定的程序(见图7.5)。

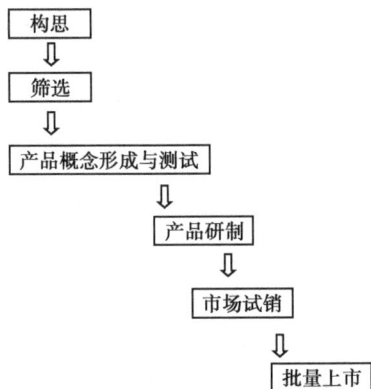

构思 → 筛选 → 产品概念形成与测试 → 产品研制 → 市场试销 → 批量上市

图7.5 网络营销新产品开发的程序

1) 网络营销新产品构思

网络营销新产品开发的首要前提是新产品构思。构思是对潜在新产品的基本轮廓结构的设想,这是发展新产品的基础与起点,没有构思就不可能生产出新产品实体。在社会发展的每一个阶段,都有一些伟大发明推动技术革命和产业革命,这个时期的新产品构思的形成主要是依靠科研人员的创造性推动的。

新产品的构思可以有多种来源,可以是顾客、科学家、竞争者、公司销售人员、中间商和高层管理者,但最主要来源还是依靠顾客来引导产品的构思。电子商务营销的一个最重要特性是与顾客的交互性,它通过信息技术和网络技术来记录、评价和控制营销活动,来掌握市场需求情况。网络营销通过其网络数据库系统处理营销活动中的数据,并用来指导企业营销策略的制定和营销活动的开展。

由于网络数据库系统的特点使得企业在网络营销中可以建立详细的顾客档案,进而据此掌握市场活动信息,发现市场总体特征,而不需要向传统营销那样通过专门的市场调研来测试顾客对所进行的营销活动的响应程度。总之企业利用网络营销数据库,可以很快发现顾客的现实需求和潜在需求,从而形成产品构思。通过对数据库的分析,可以对产品构思进行筛选,并形成产品的概念。

新产品构思的方法很多,但常用的方法有:

(1)垂直思维法

垂直思维法主要是根据本行业产品设计的传统思路来进行产品的构思,比较侧重继承和运用以前的经验,尊重客观规律,但构思突破较难。

(2)水平思维法

水平思维法主要是指用打破传统思维的方式进行构思和创意。该方法比较注重借鉴不同行业、不同学科的知识,善于打破常规,增加构思的新颖性,但风险和操作难度较大。

(3)联想思维法

联想思维法主要是指受到某些客观因素的启发而形成的创意和构思。它要求创新者对于周围事物要有敏锐的观察能力和理解能力。

(4)头脑风暴法

头脑风暴法主要是指一种进行群体创意的思维方法。参与者可以涉及各个领域,而且会场上与会者可以毫无顾忌地畅所欲言,对他人的意见任何人不得反驳,不得讥笑。

2) 网络营销新产品构思的筛选

好的构思对于发展新产品十分重要,但有了构思并不一定能付诸实施,必须根据企业的目标和能力进行选择。筛选的主要目的是选出符合本企业发展的目标和长远利益,并与企业资源相协调的产品构思,在尽可能早的时间内发现和排除不合理的构思。所谓"不合理"的构思一方面是指缺乏科学依据和可操作性的构思,另一方面是指与企业的基本目标不相吻合或企业一时无能力进行开发的构思。

构思的筛选是先由企业自己初选,再由专家利用构思评分表法进行评选(见表7.1)。

表7.1 新产品构思评分表

产品成功的必要条件	权重A	企业实际能力水平(B)											评分(AB)
		0.0	0.1	0.2	0.3	0.4	0.5	0.6	0.7	0.8	0.9	1.0	
企业信誉	0.20							√					0.120
营销能力	0.20									√			0.160
技术水平	0.20								√				0.140
人　员	0.15					√							0.060
财　力	0.10								√				0.070
生产能力	0.05										√		0.045
采购供应	0.05						√						0.025
销售地点	0.05		√										0.005
总　计	1.00												0.625

一般的分等标准是:0.00~0.40分为差,0.41~0.75分为较好,0.79~1.00分为最佳。根据经验总分在0.70以下应予以筛除。表中新产品构思只有0.625分,所以应该筛选掉。

应该注意的是产品成功的因素并不局限于表中的8项内容,企业可根据实际情况确定。

3) 网络营销新产品概念的形成与测试

产品概念是对于产品功能、形态、结构以及基本特征的详细描述,使之在顾客心目中形成一种潜在的产品形象。产品概念是可以照其进行生产的具体设计方案,是产品构思的具体化。

一个产品构思可以转化成多个产品概念。企业要尽可能地把各种产品概念的设计方案列出来,然后对产品概念进行定位。产品概念形成后,还必须从市场竞争和市场需求两个角度对其进行评价和测试,以确定最终的产品发展方向。

4) 网络营销新产品的商业分析

商业分析是从经济效益角度对产品的绝对价值和相对价值进行分析,进而确定新产品概念是否符合企业目标,确定新产品的开发价值。商业分析方法有多种,常用的分析方法有:盈亏平衡分析法、投资回收期法、投资报酬率法、净现值法、内部收益率法等。

5) 网络营销新产品研制

网络营销中由于许多产品并不能直接提供给顾客使用,它需要许多企业共同配合才有可能满足顾客的最终需要,这就需要在新产品开发的同时加强与以产品为纽带的协作企业的合作。而与企业关联的供应商和经销商也可以直接参与新产品的研制与开发,因为网络时代企业之间的关系主流是合作,只有通过合作才可能增强企业竞争能力,才能在激烈的市场竞争中站稳脚跟。通过互联网,企业可以与供应商、经销商和顾客进行双向沟通和交流,可以最大限度地提高新产品研制与开发速度。

7.3.3　网络营销新产品试销与上市

网络市场作为新兴市场,消费群体一般具有很强的好奇性和消费领导性,比较愿意尝试新的产品。因此,通过网络营销来推动新产品试销与上市,是比较好的策略和方式。但需注意的是,网上市场群体还有一定的局限性,目前的消费意向比较单一,所以并不是任何一种新产品都适合在网上试销和推广的。一般对于与技术相关的新产品,在网上试销和推广效果比较理想,这种方式一方面可以比较有效地覆盖目标市场,另一方面可以利用网络与顾客直接进行沟通和交互,有利于顾客了解新产品的性能,还可以帮助企业对新产品进行改进。

利用互联网作为新产品营销渠道时,要注意新产品能满足顾客的个性化需求的特性,即同一产品能针对网上市场不同顾客需求生产出功能相同但又能满足个性需求的产品,这要求新产品在开发和设计时就要考虑到产品式样同顾客需求的差异性。

7.4　网络营销品牌与包装策略

7.4.1　产品品牌内涵

1）品牌

品牌是用以识别不同生产者或经营者所提供的产品或服务的一种标志,通常由文字、标记、符号、图案和颜色等要素组成。品牌是一个集合概念,它包括品牌名称和品牌标志两个部分,品牌名称是指品牌中可以用语言称呼的部分;品牌标志是指品牌中可以被认出、易于记忆但不能用语言称呼的部分,通常由图案、符号或颜色等构成。

在产品推广过程中品牌既能区别不同生产厂家或经营者所提供的产品,还有提升产品价值的功能。它代表着经营者对交付给顾客的产品特征、利益和服务的一贯性的承诺,久负盛名的品牌就是优等质量的保证,所以企业在生产经营中均重视品牌的发展。

2）品牌与商标

品牌与商标都是用以识别不同生产经营者的不同种类、不同品质产品的商业名称及其标志。不同的是品牌是经济概念,商标是法律概念。法律中规定商标有注册商标和未注册商标之分,而各国法律所保护的是注册商标,这就要求企业在经营中要考虑品牌的注册,以寻求法律保护,进而借助品牌提升竞争力。

3）网上品牌与传统品牌

由于网络营销是新兴的流通方式,网上品牌与传统品牌有着很大不同,传统品牌多是产品品牌,网上品牌多是域名品牌与产品品牌的结合,所以传统优势品牌不一定是网上优势品牌。传统知名品牌的深入人心,使得人们不太关注其网站的建设,正如美国著名咨询公司Forrester Research 公司在 1999 年 11 月份发表的题为《Branding For A Net Generation》的调查报告中指出:"知名品牌与网站访问量之间没有必然的联系。"在调查报告中还指出:"通过对年龄 16 至 22 岁的青年人的品牌选择倾向和他们的上网行为进行比较,研究人员发现了一个似是而非的现象。尽管可口可乐、耐克等品牌仍然受到广大青少年的青睐,但是这些公司网站的访问量却并不高。既然知名品牌与网站访问量之间没有必然的联系,那么公司到底要不要建设网站就是一个值得考虑的问题。从另一角度看,这个结果也意味着公司要在网上取得成功,绝不能指望依赖传统的品牌优势。"

但是消费者的购买行为是由认知、信任进而产生行动的过程。传统品牌之所以把大量的预算花在品牌形象的塑造上,就是因为这种形象能够缩短认知、信任和购买的时间。而网络营销的最终目的还是产品销售,所以网上购买行为也需要品牌形象的支持,品牌带来的信誉和保证在某种程度上可以抵消虚拟环境的不安全感。

7.4.2 网络营销品牌策略

1) 网络产品品牌命名和设计策略

网络产品在品牌命名和设计时应注意以下几点:

①品牌命名和设计要符合市场所在地的法律规范,不得违反法律中所规定的禁用条款,不得和他人的注册商标相同或相似;

②品牌命名和设计要力求简洁明快,易读易记;

③品牌命名和设计要体现产品的优点和特性,暗示产品的优良属性;

④品牌命名和设计要显示企业与产品与众不同的特色,避免大众化的名称和标志;

⑤品牌名称应与产品专用名称统一,或与产品品牌标志统一;

⑥品牌命名和设计要符合当地的文化、习俗,使之富蕴内涵,情谊浓重,唤起消费者和社会公众美好的联想。

2) 网络营销产品品牌统分策略

企业在生产经营中不可能只生产一种类型、一种规格的产品,那么企业同时生产不同类别、规格和质量的产品时,就必须根据市场和自己的具体情况作出选择,是全部产品使用一个品牌,还是分别使用不同的品牌。一般情况下有4种选择策略。

(1)个别品牌

即每一个产品使用不同的品牌,企业有多少个产品就有多少个品牌。其特点是产品之间相互没有影响,既不会出现一荣俱荣,一损俱损的现象,也不会出现因一个品牌的成败而影响企业声誉的现象,但推销费用较高,企业创名牌难度较大。

(2)统一品牌

即企业生产经营的所有产品共同使用一个品牌,也就是企业只有一个品牌。其特点是企业所有产品使用同一品牌,在市场上极易出现一荣俱荣,一损俱损的现象,但推销费用较低,在创名牌上重点是通过产品质量和售后服务塑造品牌形象。

(3)分类品牌

即企业将产品按类划分,一类产品一个品牌,企业有多少类产品就有多少个品牌。这是对前两种做法的折中。

(4)企业名称加个别品牌

即一类产品用一个品牌,同时在每个牌子前冠以企业名称。其特点是有利于企业声誉的培养,并利用企业声誉推出新产品,节约推销费用,还可以保持每一种产品的相对独立性。

（5）多品牌策略

由于市场上存在着两种产品替代形式，一种是新旧产品或不同产品之间的替代；一种是相同产品不同厂家或不同品牌之间的替代。替代的结果是企业的销售量下降。为了提高市场竞争力、提高市场占有份额，多品牌策略应运而生。

多品牌策略是指同一企业在同一产品上使用两个或两个以上的品牌，根据替代原理，单一品牌的产品销售量会下降，但企业总销售量会上升。多品牌策略在使用中一种方法是不同品牌的名称不同，但品牌标志相同，如宝洁公司的品牌。一种方法是主副品牌，即品牌是由两部分构成，前面是主品牌，后面是副品牌，所有产品的主品牌相同，而副品牌不同，如海尔集团的品牌。再一种方法是产品所使用的品牌完全不同，没有任何关联性。

3）网络产品品牌推广策略

（1）多方位宣传

企业应善用传统的平面与电子媒体，并舍得耗费资金大打品牌广告。企业还应利用网站、网页的特点在做广告的同时，进行品牌内涵解释，让人们了解品牌的特定含义及品牌文化。

（2）质量支持

品牌的声誉是建立在产品质量和服务质量上的，所以企业始终要注重产品和服务质量，同时在网页的设计上更要考虑满足顾客的需求，使顾客在网站上积累整体浏览感受和购买经验。

（3）公共关系

抓住一切可利用的事件和机会，广行善举，开放门户，利用公关造势，塑造品牌形象。

（4）品牌延伸

将企业已经成功的品牌运用到其他产品上，特别是运用到新产品的推广上。品牌延伸可以使新产品借助成功品牌的市场信誉在节省促销费用的情况下顺利进入市场，需要注意的是，如果借已成功的品牌开发并投放市场的新产品不尽如人意，消费者不认可，则会影响该品牌的市场信誉。

（5）法律保护

品牌在市场上唯有注册才受法律保护，而国际上多数国家采用注册在先原则，即谁先注册，谁就拥有专用权，我国也不例外。所以企业在品牌推广中，要想获得合法权利就必须先注册。

7.4.3 互联网域名商标策略

域名作为互联网的单位名称和在 Internet 网络上使用的网页所有者的身份标识，由于域名的所有权属于注册者，所以域名具有商标属性。在网络时代的今天，由于域名系统（DNS）是国际共有资源，可较好地实现信息传播，这就决定了它有巨大的商业价值，随着互联网的广泛普及和大量应用，注册域名的企业越来越多，许多企业还把知名商标注册成域名，一般人们所知道的驰名商标几乎都成了互联网上的域名。

域名注册采用注册在先的原则。注册域名有两种做法：一是在国内注册二级域名，二是在国际注册一级域名。同时还要遵守《中国互联网域名注册暂行管理办法》的规定。

7.4.4 包装策略

包装是指对某一品牌商品设计并制作容器或包扎物的一系列活动。

1) 包装的组合要素

①商标或品牌。这是包装中最主要的构成要素,应在包装整体上占据突出的位置。

②颜色。这是包装中最具刺激销售作用的构成要素,突出产品特色的色调组合,既能加强品牌特征,又有很强的感召力。

③形状。适宜的包装形状有利于储运和陈列,也有利于产品销售。

④材料。材料既影响成本,又影响市场竞争力。

⑤图案以及标签等内容。

2) 包装策略

网络产品在最终到达消费者手中时不可能是裸露的,这就需要包装,而良好的包装只有同科学的包装决策结合起来才能发挥其应有的作用。可供企业选择的主要包装策略如下。

①类似包装策略。企业所有的产品在包装上共同特征明显。易于消费者识记,可以节约成本,利于企业整体形象的塑造,利于新产品的销售。

②等级包装策略。企业产品包装因质量等级而有所区别,即精品精包,低档简包。以适应不同需求层次的消费者的购买心理,有利于全面扩大销售。

③分类包装策略。根据消费者购买目的和用途的不同,对同一产品进行不同的包装。适应了消费者的购买心理,但增加了成本费用。

④配套包装策略。企业将几种有关的产品组合在同一包装物内。该策略能节约交易时间,便于消费者购买,有利于扩大产品销售。

⑤再包装策略。包装物还可以再次使用或在一定时间内持续使用。包装物在使用过程中有延伸宣传的作用。

7.5 产品支持服务策略

7.5.1 产品支持服务策略概述

1) 服务的概念和网络服务的优势

菲利普科特勒认为:"服务是一方能够向另一方提供的基本上是无形的任何活动或利益,并且不导致任何所有权的产生。它的生产可能与某种有形产品联系在一起,也可能无关联。"弗雷德里克等人认为:"服务是为满足购买者某些需要而暂时提供的产品或从事的活动。"

由此可知服务包含以下要点:服务提供的基本上是无形的活动,有时也与有形产品联系在一起;服务提供的是产品的使用权,不涉及所有权的转移;服务对购买者的重要性足以与物质产品相提并论,但有些服务不需要直接付款。

网络营销服务也是同样内涵,只是网络营销服务是通过互联网来实现服务。其优势主要体现在以下几个方面:无限的空间;不限的时间;较低的费用;劳动力的节约;双向的交互;浏览、购物的随意。

2) 营销服务的特点

服务作为无形产品,其主要特点有不可触摸性、不可分离性、可变性、同步性、易逝性等。网络服务也具有上述特点,但其内涵却发生了很大变化,具体体现在下面几个方面。

①增加顾客的感性认识。服务的最大局限在于服务的无形性和不可触摸性,因此在进行服务营销时,经常需要对服务进行有形化,通过一些有形方式表现出来,以增强顾客的体验和感受。

②突破时空不可分离性。服务的最大特点是生产和消费的同时进行,因此服务受到时间和空间的限制。顾客为寻求服务,往往需要花费大量时间去等待和奔波。而互联网的远程服务则可以突破服务的时空限制。如现在的远程医疗、远程教育、远程培训、远程订票等,这些服务通过互联网都可以实现消费方和供给方的空间分离。

③提供更高层次的服务。顾客的消费需求是有层次的,当一个层次的需求得到满足后,高一层次的需求就产生了。传统服务的不可分离性使得顾客寻求服务受到限制,互联网的出现突破传统服务的限制。顾客可以通过互联网得到更高层次的服务,顾客不仅可以了解信息,还可以直接参与整个过程,最大限度地满足顾客的个人需求。

④顾客寻求服务的主动性增强。顾客通过互联网可以直接向企业提出要求,企业必须针对顾客的要求提供特定的一对一服务。而且企业也可以借助互联网低成本来满足顾客的一对一服务的需求,当然企业必须改变业务流程和管理方式,实现柔性化服务。

⑤服务成本效益提高。一方面,企业通过互联网实现远程服务,扩大服务市场范围,创造了新的市场机会;另一方面,企业通过互联网提供服务,可以增强企业与顾客之间的关系,培养顾客忠诚度,减少企业的营销成本费用。

3) 网络营销服务分类

根据服务在业务中的比例,企业提供的传统服务可以分为四类:纯有形产品的较少服务、伴随服务的有形产品、主要服务伴随小物品和小服务、纯服务。

对于网络营销服务,则可以简单划分为网上产品服务营销和服务产品营销。网上产品服务营销主要是指前面两类服务,服务是产品营销的一个有机组成部分;网上服务产品营销是指无形产品,可以直接通过互联网直接进行传输和消费的服务产品的营销活动。对于服务产品营销除了关注服务销售过程的服务外,还要针对服务产品的特点开展营销活动。根据网络营销交易的时间间隔,可以将服务划分为销售前的服务、销售中的服务和销售后的服务。

(1)网上售前服务

从交易双方的需求可以看出,企业网络营销售前服务主要是提供信息服务。企业提供售前服务的方式主要有两种:一种是通过自己网站宣传和介绍产品信息,这种方式要求企业的网站必须有一定的知名度,否则很难吸引顾客注意;另一种方式通过网上虚拟市场提供商品信息。企业可以免费在上面发布产品信息广告,提供产品样品。除了提供产品信息外,还应该提供产品相关信息,包括产品性能介绍和同类产品的比较信息。为方便顾客购买,还应该介绍产品如何购买的信息,产品包含哪些服务,产品使用说明等。总之,提供的信息要让准备购买的顾客"胸有成竹",顾客在购买后可以放心使用。

(2)网上售中服务

网上售中服务主要是指销售过程中的服务。这类服务是指产品的买卖关系已经确定,等待产品送到指定地点的过程中的服务,如了解订单执行情况、产品运输情况等。在传统营销部门中,有30% ~40%的资源是用于应对顾客对销售执行情况的查询和询问,这些服务不但浪费时间,而且非常琐碎难以给用户满意的回答。特别是一些跨地区的销售,顾客要求服务的比例更高。而网上销售的一个特点是突破传统市场对地理位置的依赖和分割,因此网上销售的售中服务非常重要。因此,在设计网上销售网站时,在提供网上订货功能的同时,还要提供订单执行查询功能,方便顾客及时了解订单执行情况。

(3)网上售后服务

网上售后服务就是借助互联网直接沟通的优势,以便捷方式满足顾客对产品安装、技术支持和使用指导以及使用维护需求的客户服务方式。网上售后服务有两类:一类是基本的网上产品支持和技术服务;另一类是企业为满足顾客的附加需求提供的增值服务。

无论是产品服务营销,还是顾客服务营销,服务营销的核心理念都是顾客满意和顾客忠诚,通过取得顾客的满意和忠诚来促进相互有利的交换,最终实现营销绩效的改进和企业的长期成长。

7.5.2 产品支持服务需求分析

1)网络顾客的特征

(1)顾客具有越来越多的主动权

网络营销与传统营销相比较,信息的丰富是其一特色,在网络环境中顾客不仅可以随时了解到有关企业的全部信息,还可以随时知道某种产品的相关企业和技术信息以及成本信息、异地购买者对产品的使用感受等。信息的传递没有时间限制,使沟通更加方便。

(2)顾客拥有更广泛的选择权

由于电子商务的无店铺经营,而使其拥有丰富多样的产品,进而给消费者提供了更大的选择空间。

(3)发展顾客的难度增加

由于产品相互替代可能性的增大、顾客的忠诚度下降以及无店铺经营和人员接触的减少,使得企业在品牌建设上费用更高、难度更大。

网络营销服务的本质是让顾客满意,顾客是否满意是网络营销服务质量的唯一标准。要让顾客满意就必须满足顾客的需求,顾客的需求一般是有层次性的。

2)网络顾客需求层次

(1)了解产品信息的需求

网络时代,顾客需求呈现出个性化和差异化特征,顾客为满足自己个性化的需求,需要全面、详细地了解产品和服务信息,寻求出最能满足自己个性化需求的产品和服务,传统营销很难满足顾客对产品和服务的这类需求。

（2）解决问题的需求

顾客在购买产品或服务后，可能面临许多问题，需要企业提供服务解决这些问题。顾客面临的问题主要是产品安装、调试、试用和故障排除以及有关产品的系统知识等。在企业网络营销站点上，许多企业的站点提供技术支持和产品服务以及常见的问题释疑（FAQ）。有的还建有顾客虚拟社区，顾客可以通过互联网向其他顾客寻求帮助，或由顾客通过自己学习，自己解决。

（3）接触公司人员的需求

对于有些比较难以解决的问题，或者顾客难以通过网络营销站点获得解决方法的问题，顾客也希望公司能提供直接支援和服务。这时，顾客需要与公司人员进行直接接触，向公司人员寻求意见，得到直接答复或者反馈顾客的意见。与顾客进行接触的公司人员，在解决顾客问题时，可以通过互联网获取公司对技术和产品服务的支持。

（4）了解全过程的需求

顾客为满足个性化需求，不仅仅是通过掌握信息来进行选择产品和服务，还要求直接参与产品的设计、制造、运送整个过程。个性化服务是一种双向互动的企业与顾客之间的密切关系。企业要实现个性化服务，就需要改造企业的业务流程，将企业业务流程改造成按照顾客需求来进行产品的设计、制造、改进、销售、配送和服务。顾客了解和参与整个过程意味着企业与顾客需要建立一种"一对一"的关系。互联网可以帮助企业更好地改造业务流程以适应对顾客的"一对一"营销服务。

上述四个层次的需求之间有一种相互促进的作用。只有低层次需求满足后才可能促进更高层次的需求，顾客的需求越得到满足，企业与顾客的关系也越密切。整个过程是一种螺旋式的上升，这既促进了企业对顾客需求的充分了解，也会引起顾客对企业期望的膨胀。

7.5.3　产品支持服务策略

1）网上产品服务网站设计

在企业的网络营销站点中，网上产品服务是网站的重要组成部分。有的企业建设网站的主要目的是提供网上产品服务，提升企业的服务水平。为满足网络营销中顾客不同层次的需求，一个功能比较完善的网站应具有下面一些功能：

①提供产品分类信息和技术资料，方便客户获取所需的产品、技术资料；

②提供产品相关知识和链接，方便客户深入了解产品，从其他网站获取帮助；

③FAQ，即常见问题解答，帮助客户直接从网上寻找问题的答案；

④网上虚拟社区（BBS 和 Chat），提供给客户发表评论和相互交流学习的平台；

⑤客户邮件列表，客户可以自由登记和了解网站最新动态，企业及时发布消息。

上述功能是一些基本功能，一方面企业可以向客户发布信息，另一方面企业也可以从客户那里接受到反馈信息，同时企业与客户还可以直接进行沟通。为了满足顾客的一些特定需求，网站还可以提供一些特定服务。

2) 网上个性化服务

(1) 网上个性化服务的含义

个性化服务(Customized Service),也叫定制服务,就是按照顾客特别是一般消费者的要求提供特定服务。

个性化服务包括3个方面:①服务时空的个性化,服务能够在人们希望的时间和希望的地点得到满足;②服务方式的个性化,能够根据顾客的爱好或特色来提供服务;③服务内容个性化,服务不再是千篇一律,千人一面,而是各取所需,各得其所。互联网可以在上述3个方面给用户提供个性化的服务。

伴随个性化服务会出现相应的问题。首先是隐私问题,个人提交的需求、信息提供者掌握的个人偏好和倾向,都是一笔巨大的财富。大多数人不愿公开自己的“绝对隐私”。因此,企业在提供个性化服务时,必须注意保护用户的一些隐私信息,更不能将这些隐私信息进行公开或者出卖。侵犯用户的隐私信息,不但招致用户的反对,而且可能导致用户的起诉甚至报复。其次,提供的个性化服务必须是用户真正需要的。另外,个性化服务还涉及许多技术问题,用户需要做到不论何时、何地都可以接收信息,而且接受的信息又是用户所需要的和能够选择的。

(2) 网上个性化的信息服务

在个性化服务中最典型的是信息服务。网站是一种影响面广、受众数量巨大的营销传播工具,但是,受众在语言、文化背景、消费水平、经济环境和意识形态,直至每个消费者具体的需求水平等方面存在着的差异就变成一个非常突出的问题了。所以,如何充分发挥互联网在动态交互方面的优势,尽量满足不同消费者的不同需求,就成为个性化服务产生的市场动因。

目前网上提供的定制服务,一般是网站经营者根据受众在需求上存在的差异,将信息或服务化整为零或提供定时定量服务,让受众根据自己的喜好去选择和组配,从而使网站在为大多数受众服务的同时,变成能够一对一地满足受众特殊需求的市场营销工具。个性化服务,改变了信息服务“我提供什么,用户接受什么”的传统方式,变成了“用户需要什么,我提供什么”的个性化方式。信息的个性化服务,主要有下面一些方案。

①页面定制。Web 定制使预订者获得自己选择的多媒体信息,只需标准的 Web 浏览器。许多网站都推出了个性化页面服务,如“雅虎”推出了“我的雅虎(中文网址是 http://cn. my. yahoo. com)”,可让用户定制个性化主页。用户根据自己的喜好定制显示结构和显示内容,定制的内容包括新闻、政治、财经、体育等多个栏目,还提供了搜索引擎、股市行情、天气预报、常去的网址导航等。用户定制以后,个人信息被服务器保存下来,以后访问“我的雅虎”,用户看到的就是自己定制的内容。现在,国内“网易”已推出了类似的服务(http://my. 163. com)。

②电子邮件定制方案。目前中报联与上海热线正在合作推出产业新闻邮件定制服务;专用客户机软件,如股票软件、天气软件等可以传送广泛的待售品、多媒体信息,客户机不需要保持与 INTERNET 的永久链接。但目前电子邮件定制信息只能定制文本方式的信息。随着越来越多的用户安装了支持 MIME 的软件包,多媒体电子邮件将越来越普遍。

③需要客户端软件支持的定制服务。如网上股票交易,它通过特制的软件包来接受股

市行情,完成股票交易。这种软件以类似屏幕保护的形式出现在计算机上,而接收哪些信息是需要读者事先选择和定制的。这种方式的最大特点是信息并不是驻留在服务器端的,而是通过网络实时推送到客户端,传输速度更快,让您察觉不出下载的时间。但客户端软件方式对计算机配置有较高的要求,在信息流动过程中可以借用客户端计算机的空间和系统资源,但是让客户下载是一件麻烦事。

(3)网上个性化服务应注意的问题

虽然网上个性化服务是一种非常有效的网络营销策略,但它又是一项系统工作,需要从方式上、内容上、技术上和资金上进行系统规划和配合。所以,企业在提供网上个性化服务时首先要考虑其针对性和适用性;其次要考虑市场细分,细分的目的是把握目标市场的需求特点,从而使按需提供的产品和服务能为客户广泛接受。因此,细分的程度越高,就越能够准确地掌握客户的需求。

3)E-mail 的运用

E-mail 是用户与用户之间通过国际互联网收发信息的服务,是一种网络用户之间快捷、渐变、可靠且成本低廉的现代化通信手段,也是国际互联网上使用最多的服务之一。

①电子邮件系统具有方便、快捷、廉价、广泛性的特点以及无时间限制的优势,在网络营销服务中的运用也将越来越广泛。

②利用电子邮件与顾客建立主动的服务关系。一方面主动向顾客提供企业的最新信息;一方面获得顾客需求的反馈,将其整合到企业的设计、生产、销售等营销组合系统中。

③利用电子邮件传递商务单证。为了规范电子商贸的过程和信息服务方式,企业在商务网站中设置了许多表格,通过表格在网络上的互相传递达到商务单证交换的目的。

④利用电子邮件进行营销。顾客需要个性化消费和个性化服务的比例越来越大,传统媒体广告很难满足这种个性化需求,而 E-mail 却可以满足这种个性化需求。企业利用交互式表格技术收集网上顾客的电子邮件地址,根据顾客在线填写的所需服务信息,用 E-mail 形式逐一回复,为进一步的营销奠定基础。还可利用电子邮件进行查询、阅读、访问等信息服务。

4)其他沟通渠道的应用

信息通信技术和互联网的发展给人们的生活交流方式带来了巨大的改变,企业与客户发生交互的界面也随之发生了变化,多样化的客户沟通渠道不断涌现。再者互联网技术发展过程中和用户诉求的渠道不断演变,客户从实体渠道、电话热线等传统的客户服务渠道越来越多的转向基于互联网的新型服务渠道。本文根据沟通渠道所依托的信息传递载体属性的不同,将沟通渠道概括为三类。

(1)实体沟通渠道

实体沟通渠道,指依托实体营业网点等实体渠道与客服坐席人员或私人客户经理实现面对面交流的服务渠道。它主要表现为实体营业网点,其特点是进行面对面的语言交流,可以当面解决客户要求,有助于树立有形的企业形象。但实体营业网点建设和运营成本较高,且由于营业网点和营业时间的限制,客户寻求企业客户服务需付出较高的交通成本和时间成本。

（2）电信服务渠道

电信沟通渠道是指依托电信网络,表现为电话热线服务、手机短信客户服务,实现远距离语音文本信息交流的服务渠道。它基于通信网络传递信息,不需要实体门店,可以节省物理建设成本,消除客户的交通成本;电子沟通渠道采用电子方式自动回应,可以突破营业时间的限制,提供7×24小时客户服务,及时解决客户问题;电子沟通渠道所依靠的是远距离非面对面交流,因而可以突破营业网点地域的限制,建立地域集中的统一客户服务系统管理机制,更加高效;但是电话热线仅依靠语音来传递信息,信息获取比例较低。

（3）互联网沟通渠道

互联网沟通渠道以互联网和移动互联网为传播媒介来为企业向客户传递信息,表现为企业独立门户网站、自助服务终端和移动客户端,以及依托其他互联网企业建立的业务和服务平台,如新浪、腾讯、百度等社会化平台,建立微博客服、微信客服、互助问答平台等,可实现文本、语音、图片、视频等多媒体交流的新型客户服务渠道。

互联网沟通渠道基于没有时间和地域限制的互联网媒介传递信息,可以更加方便快捷的为用户提供文本、语音、图片、视频等多媒体信息交流,根据梅拉宾法则,依托多媒体传递信息,其信息获取比例远大于第一代实体服务渠道和第二代电子服务渠道;其次,互联网沟通渠道是远程非面对面交流,不需要实体门店,节省企业物理建设成本的同时消除客户的交通成本;再次,可以借助互联网建立更加集中、统一的客户服务系统,降低企业的客户服务成本;最后,互联网是开放平台,也可以应用其他互联网企业的业务平台提供辅助服务,从而可以提供灵活多样的服务方式,同时充分发挥客户的积极性和主动性,开展客户的自助服务和互助服务。

三类沟通渠道具体的分类可参考表7.2。

表7.2　沟通渠道分类表

类　别	服务渠道
实体沟通渠道	实体营业网点客服坐席
	客户经理
	客户俱乐部
电信沟通渠道	电话热线
	短信服务
互联网沟通渠道	门户网站
	在线客服
	移动客户端
	自助服务终端
	电子邮件服务
	微博服务
	微信服务
	互助问答平台

7.5.4　网络服务成功的要素

网络营销与传统营销有着许多的不同,网络营销要获得成功,就必须具备以下要素:

①要有自己的网站,各类信息齐全并富有个性化;

②要有与之相配的物流配送系统;

③要有交互式技术及管理,及时回复顾客,解答问题;

④要有与企业形象、企业品牌相适应的产品或服务。

［本章小结］

随着互联网的快速崛起,网络在营销中得以广泛应用,而使得企业跨区域、跨国界经营,削弱了销售的时空性,增强了顾客选择的主动性,传统的营销体系受到冲击。尽管产品仍是企业的生命所在,产品策略也是市场营销中的首要策略,但由于网络的发展而使其有了改变,产品已不再是传统概念上的产品。它除了对原有实体产品整体概念层次进行了拓展以外,还涉足虚体产品,包含了软件和服务。

由于竞争的加剧、个性化需求的增加,在网络营销中产品的推广不论从哪个方面都有着与传统营销既同又不同的内容。在网络营销的产品策略中既要延续传统营销理论的内容和策略,又要顾及网络自身的特点,突出网络营销优势,体现产品的个性化。网络营销在产品研制、包装等方面更多地保留了传统营销的理论和内容;而在品牌方面除了产品品牌外,还涉及互联网的域名,产品品牌的注册是企业应注意的问题,域名的设计和注册也应是企业注意的问题。

知识经济促使服务业成为主导产业。网络营销中的产品包含了实体产品和虚体产品,借助产品支持服务需求分析,寻找产品支持服务策略;利用网络提供更多的服务,支持产品,满足顾客需求。

［思考题］

1.选择网络营销产品时应考虑哪些问题?

2.简述品牌策划的内容。

3.通过访问网站,认知和了解网络产品的现状。

4.网络产品品牌注册和域名注册的程序及注意事项有哪些?

5.如何针对顾客的不同需求层次进行网络营销?

6.简述网络产品服务策略。

［案例分析］

案例一:乔布斯简化苹果生产线

1997 年前的苹果公司处于濒危状态:电脑销售量和市场份额急剧下降,费用猛增且失控,公司内各部门争吵不休,有能力的员工纷纷离去。

1997年年底,苹果通过收购乔布斯创办的NeXT公司,使乔布斯在5年后重返苹果董事会,挽救危机。当时,外界普遍不看好乔布斯。Western Digital公司的CEO哈格蒂说,"苹果公司仍然有机会改写历史。但是它需要雇用上帝来完成这项工作。"然而在史蒂夫·乔布斯重新掌管苹果公司后,又一次创造了神话,使这家公司再度崛起,而且创造了前所未有的辉煌。

在乔布斯把苹果公司从死亡线上拉回来的措施中,精简产品线是重要的一步。

乔布斯的一个过人之处是知道如何做到专注。"决定不做什么跟决定做什么同样重要,"他说,"对公司来说是这样,对产品来说也是这样。"一回到苹果,乔布斯就开始在工作中应用他的专注原则。他任命一个年轻的沃顿商学院毕业生在乔布斯跟苹果的几十个产品团队开会时作记录,让各个团队介绍正在进行的工作,促使他们证明产品或项目有理由继续进行下去。

产品评估显示出苹果的产品线十分不集中。公司在官僚作风的驱动下对每个产品炮制出若干版本,去满足零售商的奇思怪想。光是麦金塔就有很多个版本,每个版本都有不同的、让人困惑的编号,从1 400到9 600。"我让他们给我解释了三个星期,"乔布斯说,"我还是搞不明白。"最后他干脆开始问一些简单的问题,比如:"我应该让我的朋友们买哪些?"

当无法得到简单的回答时,他就开始大刀阔斧地砍掉不同的型号和产品。很快他就砍掉了70%。"你们是聪明人,"他对一个小组说,"不应该把时间浪费在这样的垃圾产品上。"很多工程师被他这种粗暴、严苛的手段激怒了,因为这样会导致大规模的裁员。但是乔布斯后来宣称,优秀的员工,包括有些项目被毙掉的员工,都赞成这种做法。"工程团队无比兴奋,"他在1997年9月的一次员工会议上说,"开完会,有一些产品刚被砍掉的人激动得一跳三尺高,因为他们终于明白了我们在朝哪个方向前进。"

几个星期过去了,乔布斯终于受够了。"停!"他在一次大型产品战略会议上喊道,"这真是疯了。"他抓起记号笔,走向白板,在上面画了一根横线一根竖线,做成一个方形四格表。"这是我们需要的,"他继续说。在两列的顶端,他写上"消费级"和"专业级"。在两行的标题处,他写上"台式"和"便携"。他说,他们的工作就是做四个伟大的产品,每格一个。

结果,苹果的工程师和管理人员突然高度集中在四个领域。专业级台式电脑,他们开发出了Power Macintosh G3;专业级便携电脑,开发出了PowerBook G3;消费级台式电脑,后来发展成了iMac;消费级便携电脑,就是后来的iBook。这意味着公司要退出其他业务领域,例如打印机和服务器。1997年,苹果在销售Style Writer彩色打印机,基本上就是惠普Deskjet的另一个版本。惠普通过卖墨盒赚走了大部分钱。"我不明白,"乔布斯在这个产品的评估会上说,"你们准备卖100万台却赚不到钱吗? 真是疯了!"他站起来,离开会议室,给惠普的总裁打电话。"咱们解除合约吧,我们会退出打印机业务,让你们自己做。"然后他回到会议室宣布他们退出打印机业务。

乔布斯作的最高调的决定,就是彻底地扼杀牛顿项目,就是那个带有不错的手写识别系统的个人数字助理。乔布斯后来这样描述这个决定:

如果苹果当时的处境没有那么危险,我可能会钻进去研究怎么改进它。停掉它,我就解放了一些优秀的工程师,他们可以去开发新的移动设备。最终我们走对了路,做出了iPhone

和 iPad。

这种专注的能力拯救了苹果。在他回归的第一年,乔布斯裁掉了 3 000 多人,扭转了公司的财务状况。"我们离破产不到 90 天。"他回忆说。到 1998 年 1 月旧金山的 Macworld 大会上,乔布斯留着络腮胡子,穿着皮夹克,讲述着新的产品战略。在结束演讲时,他第一次使用了后来变成他标志性结束语的那句话:"噢,还有一件事……"这一次,"还有一件事"就是"我们开始盈利了"。当他说出这句话时,观众席爆发出了热烈的掌声。在经历了两年的巨额亏损后,苹果终于在该季度盈利,获得了 4 500 万美元利润。1998 年整个财年,苹果实现了 3.09 亿美元的盈利。

乔布斯归来,苹果归来。

(资料来源:本文摘编自《史蒂夫·乔布斯传》,中信出版社出版。网络来源:网易财经 http://money.163.com/11/1226/07/7M6DFT1M00253B0H.html)

案例二:被乔布斯砍掉的复杂臃肿的苹果产品线又回来了

2016 年 3 月 21 日,周一,苹果举办了春季新品发布会,新发布一款四寸手机和 9.7 英寸的平板电脑。和过去一样,苹果缺乏技术创新能力,只能在设备的尺寸上不断"推陈出新"。据外媒报道,发布会结束之后,许多网友通过社交网络推特(Twitter),对苹果和库克的机海战术予以批评,认为苹果又回到了 20 年前产品线庞杂的状态。

据美国科技媒体报道,在对旧版四英寸手机进行全新升级之后,苹果智能手机的屏幕数量已经增加到了三款,加上不同的颜色、存储容量等属性,产品型号大为增加。而在平板电脑领域,苹果的产品线更是十分杂乱。在 9.7 英寸领域,苹果将存在 Air 和 Pro 两种产品,目前苹果同时销售的平板电脑数量,已经增加到了六种,而众所周知的是,苹果平板的销量,已经连续多个季度以两成的幅度暴跌。

外媒报道指出,苹果创始人乔布斯获得称赞的一个原因,是在重返苹果之后对庞杂的产品线实施了精兵简政,另外苹果优秀设计师艾维,也曾经称赞产品线简单的价值。

显然,在周一发布会结束之后,苹果的机海战术进一步加剧,这导致了许多网友在推特上对苹果进行吐槽。

一位名叫 Owen Williams 的网友表示,库克掌管下的苹果已经毁灭了乔布斯"简单"的产品线,让购买一款苹果产品复杂到了极点。

另外一位网友 Haje 表示,当年乔布斯重新执掌苹果之时,他关闭了苹果许多复杂臃肿的产品,现在,这些错综复杂的产品线又回来了。

网友 Anil Dash 则表示,一些年轻人可能不知道,20 多年前,苹果以拥有各种奇形怪状的产品线而臭名昭著,令人吃惊的是,今天的苹果再一次复制了这些复杂性。

之前,美国已经有许多科技媒体对于苹果首席执行官库克带来的机海战术进行了批评,认为这不仅违背了苹果创始人乔布斯简单主义的产品路线,而且让消费者选择购买苹果产品越来越困难。

一些媒体指出,苹果今天的机海战术,并未构建在产品重大创新上,苹果正在像过去的诺基亚公司,硬件产品的配置略微做出改变就推出新型号,以便迎合市场、扩大销量。苹果已经失去了乔布斯时代独有的"简单之美"。

(资料来源:中金在线,The Verge:苹果产品线正变得越来越复杂 http://news.cnfol.

com/it/20160322/22447294. shtml)

[**案例思考**]

1. 案例一中乔布斯采用了哪种产品组合决策来拯救苹果公司?

2. 在评估产品组合时,常用的评估方法有哪些? 请列举一种进行具体说明。

3. 你个人觉得案例二中苹果公司的产品组合决策是否正确? 请说明理由。

第8章
网络营销渠道策略

营销渠道主要研究解决产品生产出来以后,如何能够高效、低成本地转移到消费者手中。本章主要分析在网络营销环境下,企业的网络营销渠道策略,包括:渠道结构,网络直接销售渠道、中间商及物流与实体分配等。

8.1 网络营销渠道概述

网络营销模式的实施,从一定意义上讲,是营销管理领域的一次革命,因此必须对整个市场传统的商品供应链系统进行彻底的变革。包括从营销的文化理念、战略思维、组织构架、企业业务流程及渠道策略等方面开展工作。这无疑是一项庞大的系统工程,需要在分析具体环境条件的基础上,确定目标思路,并有针对性地提出策略。

8.1.1 网络营销渠道及其功能

分销渠道是企业营销战略组合的关键环节,是物流的重要职能,也是最直接满足顾客需求的环节。传统的分销渠道与以网络为基础的营销渠道既有联系,又有差异。

所谓网络营销渠道是指借助于互联网,将产品从生产者转移到消费者的所有中间环节。互联网作为一个中间商,一方面向消费者传递产品与服务信息,帮助消费者进行购买决策;另一方面通过互联网进行交易、货款支付,并承担产品的实体流通。所以,网络营销渠道在实现产品转移过程中,具有以下三大功能:

1)订货功能

一个有效的网络营销渠道能够为客户提供网上订货的服务功能,可以最大限度地降低库存,减少营销成本。如联想集团公司(http://www.Legend.com.cn)网上订货系统开通第一天,订货额就高达8 500万元人民币。

2)结算功能

网络营销渠道实现交易后,要有一个能够实现货款结算的服务功能的结算系统。国外网上结算的方式主要有:信用卡、电子货币、网上划款等。我国结算方式主要有邮局汇款、货到付款、信用卡等。随着网络银行的发展,我国银行也将为网上营销提供高效、优质的结算服务,如招商银行的"一卡通"、中国银行的"电子钱包"等。

3) 配送功能

无论有形产品还是无形产品,都需要借助网络营销渠道实现产品和服务从生产者(经营者)向消费者的转移。无形产品(服务、咨询、软件、音乐等)可在网上完成直接配送,如软件产品可在网上免费下载或购买;MP3 格式音乐可在网上直接下载使用。有形产品的配送需要借助专业的物流配送体系(第三方物流公司)来完成。在我国专业性物流配送中心发展滞后,其根本原因在于:一是基础设施建设滞后;二是物流公司的服务理念落后;三是整个社会的配套服务较差。在发达国家,货物的配送主要通过专业的物流配送公司完成,如美国联邦快递公司(http://www.fedex.com),业务覆盖全球。我国邮政部门开展的"特快专递"也是物流配送成功的个案。

8.1.2　网络营销渠道的类型

在传统营销渠道中,营销中间商是营销渠道中的重要组成部分。中间商之所以在营销渠道中占有重要地位,是因为利用中间商能够在广泛提供产品和进入目标市场方面发挥最高效率。营销中间商凭借其业务往来关系、经验、专业化和规模经营,提供给公司的利润通常高于设立自营商店所能获取的利润。但互联网的发展和商业应用,使得传统营销中间商凭借地缘原因获取的优势被互联网的虚拟性所取代,同时互联网的高效率的信息交换,改变了过去传统营销渠道诸多环节,将错综复杂的关系简化为单一关系。互联网的发展改变了营销渠道的结构。

网络营销渠道可以分为两大类。一类是通过互联网实现的从生产者到消费者的网络直接营销渠道(简称网上直销)。这时传统中间商的职能发生了改变,由过去环节的中间力量变成为直销渠道提供服务的中介机构,如提供货物运输配送服务的专业配送公司,提供货款网上结算服务的网上银行,以及提供产品信息发布和网站建设的 ISP 和电子商务服务商。网上直销渠道的建立,使得生产者和最终消费者直接连接和沟通。另一类是通过融入互联网技术后的中间商提供网络间接营销渠道。传统中间商由于融合了互联网技术,大大提高了中间商的交易效率、专门化程度和更大的规模经济,从而比某些企业通过网上直销更有效率。例如,网上商店利用互联网的虚拟性,可以低成本地扩大目标市场范围,美国的 Amazon 网上商店的发展吸引了许多出版商在其网上销售产品。当然,新兴的中间商也对传统中间商产生了冲击,如美国零售业巨头 Wal-Mart 为抵抗互联网对其零售市场的侵蚀,在 2000 年 1 月份开始在互联网上开设网上商店。

8.1.3　网络营销渠道建设

由于网上销售对象不同,因此,网上销售渠道是有很大区别的。一般来说,网上销售主要有两种方式。一种是 B2B,即企业对企业的模式,这种模式每次交易量很大,交易次数较少,并且购买方比较集中,因此网上销售渠道的建设关键是建设好订货系统,方便购买企业进行选择;由于企业一般信用较好,通过网上结算比较简单;另一方面,由于量大次数少,因此配送时可以进行专门运送,既可以保证速度也可以保证质量,减少中间环节造成的损耗。第二种方式是 B2C,即企业对消费者模式,这种模式的每次交易量小,交易次数多,而且购买者非常分散,因此网上渠道建设的关键是结算系统和配送系统,这也是目前网上购物必须面对的门槛。由于国内的消费者信用机制还没有建立起来,加之缺少专业配送系统,因此开展网上购物活动时,特别是面对大众购物时必须解决好这两个环节才有可能获得成功。

在选择网络销售渠道时还要注意产品的特性,有些产品易于数字化,可以直接通过互联网传输,如大多数的无形产品和服务都可以通过互联网实现远程传输,可以脱离对传统配送渠道的依赖。但大多数有形产品,还必须依靠传统配送渠道来实现货物的空间移动,对于部分产品所依赖的渠道,可以通过互联网进行改造,最大限度地提高渠道的效率,减少渠道运营中的人为失误和时间耽误造成的损失。

在网络营销渠道模式中,企业把整个营销渠道运作过程看作一个系统,以消费者或用户需求为出发点,从增强营销过程的整体性和系统性,减少环节之间的障碍、矛盾与风险的角度出发,达到降低营运成本,提高营销效率和顾客满意度的目的。

基于以上的考虑,我们认为,在网络经济条件下,网络营销渠道模式的构建,将主要通过整个营销渠道过程的观念创新、运行机制创新和技术创新来实现营销渠道过程的整体决策优化。

1) 观念创新

与以生产者或产品为起点的传统营销渠道模式不同,网络营销模式以用户为整个渠道系统过程起点,以市场用户需求为拉动力。在这种渠道模式下,渠道系统的各方从实现有效率的需求出发,努力减少或降低对实现顾客总价值作用不大甚或不必要的流转成本,从而使用户和营销渠道系统各成员共同受益。

2) 运行组织与机制创新

与渠道系统中企业各自为政、多环节分散管理的传统营销渠道模式不同,网络营销模式强调超越各个企业的界限,实现供货商与中间商(包括批发商、零售商)的合作,承认供货商和中间商都是营销渠道系统的一部分,以合作、联盟或分销规划的形式达到营销组织的系统化、一体化,从而保证营销渠道的通畅和快捷。

3) 技术手段的创新

主要表现在网络以现代信息网络技术和计算机软件技术为支撑。在网络营销模式下,以建立计算机网络系统为基础,通过中央计算机处理系统组成的内部局域网,随时了解各销售点信息,通过 Internet 全球网及时向供应商提出订货要求,并通过供应商配送系统或中心完成补货,形成整个供应链系统的运作,从而大量减少分销系统的库存,降低成本。显而易见,由于有了 POS(销售点管理)、EOS(电子订货系统)、EDI(电子数据交换)、EFT(电子转账)、BC(商品条形码)等现代信息技术,使信息传递更加准确,使提高营销渠道效率有了可能。

在具体建设网络营销渠道时,还要考虑到下面几个方面。

首先,从消费者的角度设计渠道。只有采用消费者比较放心、容易接受的方式才有可能吸引消费者网上购物,以克服网上购物的"虚"的感觉。如在中国,目前采用货到付款方式比较让人认可。

其次,设计订货系统时,要简单明了,不要让消费者填写太多信息,应该采用现在流行的

"购物车"方式模拟超市,让消费者一边看物品比较选择,一边让消费者选购。在购物结束后,一次性进行结算。另外,订货系统还应该提供商品搜索和分类查找功能,以便于消费者在最短时间内找到需要的商品,同时还应对消费者提供其想了解的有关产品信息,如性能、外形、品牌等重要信息。

再次,在选择结算方式时,应考虑到目前实际发展状况,应尽量提供多种方式方便消费者选择,同时还要考虑网上结算的安全性。对于不安全的直接结算方式,应换成间接的安全方式。

最后,关键是建立完善的配送系统。消费者只有看到购买的商品到家后,才真正感到踏实,因此建设快速有效的配送服务系统是非常重要的。在现阶段我国配送体系还不成熟的时候,在进行网上销售时要考虑到该产品是否适合于目前的配送体系。

8.1.4 确定适应网络时代网络营销模式要求的营销渠道战略思路

许多成功公司的经验表明,他们取得竞争优势的一个重要来源即渠道差别。但即使是在网络经济突飞猛进的时代,企业要想在市场上取得竞争优势,必须实现营销渠道模式与客户购买行为的相互匹配,否则,任何先进的技术、产品和销售手段都可能是徒劳的。因此,选择并确定适应网络经济时代企业的营销渠道战略,无疑是非常重要的。在网络经济时代,适应网络营销模式的渠道战略思想是:以用户为中心,立足于通过渠道网络或其他途径的适时顾客反馈,实现成本最低、销售最好、客户忠诚度和利润更高的营销渠道整合,从而确立以渠道为中心的竞争优势。

要真正实现上述战略思想,构架网络经济时代的网络营销模式,企业应从以下方面开展工作。

①树立渠道优势就是竞争力的思想,加大对渠道系统投入和建设的力度。

②以网络尤其是国际互联网为基础,建立顾客适时反馈机制。如企业负责人或有关主管(不仅仅是营销部门或公共关系部门)定期上网倾听顾客意见或与顾客交流;定期与有关客户或消费者座谈,获取有关的信息。

③积极构建网络营销模式所需要的信息网络,开发实施整合渠道优势的网络营销模式,达到渠道系统与顾客购买行为、产品特点与企业效益的有机结合。

④积极推进新型商流和物流渠道形式的探索与发展,尤其应积极探索连锁经营、网上营销、数据库营销等形式。同时,在建立一定的物流配送中心的基础上,大力发展提供社会化、契约化配送服务的"第三方物流"渠道。

8.2 网络营销渠道的体系与结构

从传统营销管理的角度分析,销售渠道的层次设计、相互匹配及全面管理是一件很繁杂的工作。对于网络营销渠道而言,营销渠道已经变为网络这种单一的层次,其作用、结构和费用与传统营销渠道有很大的变革和进步。网络营销渠道主要有网络直销和网络间接销售等。传统营销渠道与网络营销渠道在作用、结构和费用等方面都有些不同。

8.2.1　作用的比较

传统的营销渠道是指某种商品或劳务从生产者向消费者转移时所经过的途径。对于传统的营销渠道,除了生产者和消费者外,很多情况下还有许多独立的中间商和代理中间商存在。在这种情况下,商品或服务通过营销渠道完成了商品所有权的转移,也完成了商品实体或服务的转移。

对于传统营销渠道,其作用是单一的,它只是把商品从生产者向消费者转移的一个通道。从广告或其他媒体获得商品信息的消费者,通过直接或间接的分销买到自己所需要的商品,除此以外,消费者没有从渠道中得到任何其他的东西。这种营销渠道的畅通,一方面靠的是产品自身的品质;另一方面则主要依赖于广告宣传和资金流转的情况。

对于网络营销渠道而言,其作用是多方面的。

①网络营销的渠道是信息发布的渠道。企业的概况和产品的种类、规格、型号、质量、价格、使用条件等,都可以通过这一渠道告诉用户。

②网络营销渠道是销售产品、提供服务的快捷途径。客户可以从网上直接挑选和购买自己所需要的商品,并通过网络方便地支付款项。

③网络营销渠道既是企业间洽谈业务、开展商务活动的场所,也是对客户进行技术培训和售后服务的地方。所以,企业是否开展网络营销,不仅仅是标志着一个企业的信息化水平和现代化程度的问题,更重要的是网络营销能够给企业带来实实在在的好处。比如,网络营销的市场规模大,信息传递快,商品品种多,可靠性能强,流通环节少,交易成本低,因此,能使企业在迅速变化的环境中,灵活敏捷地抓住机遇,迅速地作出有效反应。一方面,最有效地把产品及时提供给消费者,满足用户的需要;另一方面,有利于扩大销售,加速物资和资金的流转速度,降低营销费用。

8.2.2　结构的比较

传统营销渠道,按照有无中间商可以分为直接分销渠道和间接分销渠道。直接分销渠道是指由生产者直接把商品卖给用户的营销渠道;至少包括一个或一个以上中间商的营销渠道则称作间接分销渠道。根据中间商数量的多少,可以把营销渠道分为若干级别。直接分销渠道没有中间商,又叫零级分销渠道。间接分销渠道则包括一级、二级、三级,甚至更多级的渠道。传统营销渠道的结构见图8.1。

网络营销渠道也可以分为直接营销渠道和间接营销渠道。但与传统营销渠道相比较,网络营销渠道的结构要简单得多,见图8.2。

网络的直接分销渠道和传统的直接分销渠道都是零级分销渠道,这方面没有多大的区别;而对于间接分销渠道而言,网络营销中只有一级分销渠道,即只有一个信息中介商(商务中心)来沟通买卖双方的信息,不存在多个批发商和零售商的情况,所以也就不存在多级分销渠道。

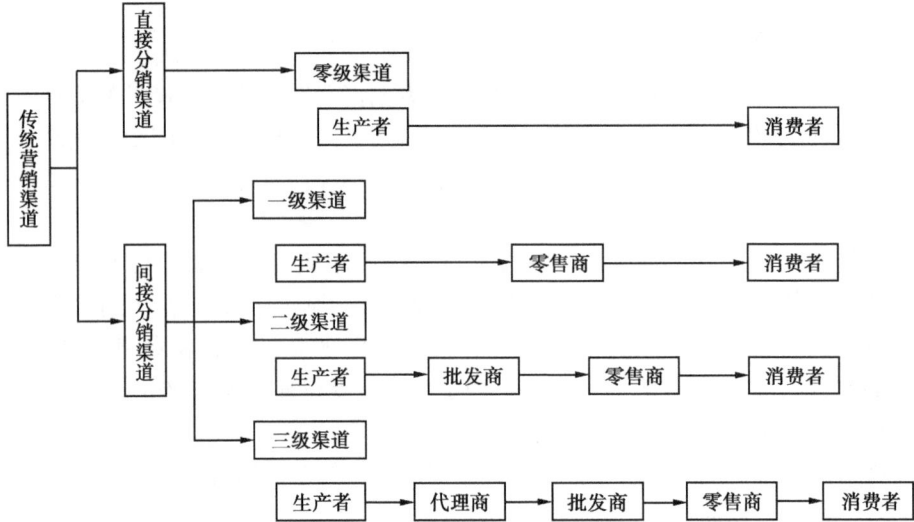

图 8.1　传统营销渠道的结构

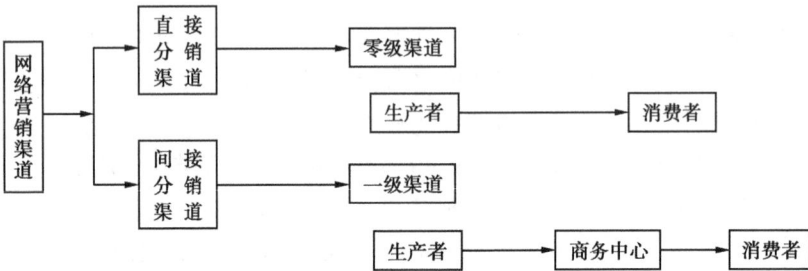

图 8.2　网络营销渠道的结构

8.2.3　费用的比较

无论是哪种分销渠道,网络营销渠道的结构比传统营销渠道的结构大大减少了流通环节,有效地降低了流通成本。

企业通过传统的直接分销渠道销售商品,通常采用两种具体方法:一种是直接出售,没有仓库。例如,企业在某地派出推销员,但并不在那里设置仓库。推销员在那里卖了货物后,把订单寄回企业,企业把货物直接寄给购物者。采用这种方法,企业只需要支付推销员的工资和日常的推销费用。另一种方法是直接出售,并设有仓库。采用这种方法,企业一方面要支付推销员的工资和推销费用,另一方面还要支付仓库的租赁费。

通过网络的直接分销渠道销售产品,网络管理员可以从因特网上直接受理世界各地传来的订货单,然后直接把货物寄给购物者。这种方法所需的费用仅仅是网络管理员的工资和极为便宜的上网费用,人员的出差费用和仓库的租赁费用都不需要了。

通过传统的间接分销渠道销售产品,必须要有中间商,而且中间商往往不是一个。这样就会造成中间商越多,流通费用就越高,产品的竞争力也就在其流转过程中逐渐弱化或消失。

网络的间接分销渠道完全克服了传统的间接分销渠道的缺点。网络商品交易中心通过因特网强大的信息传递功能,完全承担着信息中介机构的作用。网络商品交易中心把中介机构的数目减少到一个,从而使商品流通的费用降到最低限度。这种现代化的交易模式是对几千年来传统交易模式的一个根本性变革。

8.3 网络直接销售渠道

8.3.1 网络直接营销

1)直接营销内涵

直接营销,英文为"Direct Marketing",是近 20 年来在美国逐渐形成并迅速发展的一种营销方式。由于日益增多的企业和机构将这种方式作为与消费者沟通的渠道和向消费者销售产品或服务的途径,直接营销作为一个行业已成长为极具发展前景的新兴行业。

作为一种营销方式的直接营销,美国营销学者们从不同的角度予以解释。美国前直接营销协会主席、著名学者鲍勃·斯通在其被专家誉为直接营销"圣经"的《成功的直接营销方法》一书中,认为直接营销具有 4 个方面的关键性质:

① "互动性"(interactive)。

② "一种或多种广告媒体"。

③ "可测量的反应"(measurable response)。

④ "不受地域限制的交易"。

2)直接营销特点

(1)以市场营销观念为指导思想

市场营销观念是随着整个市场由卖方市场向买方市场转变而形成的。这种观念的基本要旨,便是企业的全部经营行为以消费者需要为导向。作为 20 世纪 70 年代形成并发展的直接营销便是这一大背景下的产物,它强调的仍然是以比竞争对手更及时、更有效的方式传递目标市场上所期待的满足。这一点,无疑是直接营销这一理论的核心所在。

(2)以整体营销为行为基础

无论是作为零售方式的直接营销抑或作为促销手段的直接营销,均以消费者需要识别、需求评价、市场细分、目标市场选择为基础,形成整体营销或一体化营销(Integrated Marketing),而传统的直接销售(Direct Sale)既非以消费者需要为导向亦不存在上述一体化的行为特征。

(3)以付费媒体作为促销信息的传递手段

与广告一样,直接营销也通过付费媒体传播广告或服务信息,但与广告不同的是,广告采用的是大众传媒而且缺乏对受众的基本了解和认识;直接营销则是根据消费者特征,比如姓名、地址、电话号码、电子邮件密码等,采用相宜的媒体进行有针对性的信息传递。正是由于直接营销的这种信息传递功能,因而使直接营销具有促销的属性。

(4)以交互回应为行为机制

不管采用直邮、电话、电子邮件、商品目录书或是数据库营销等一种直销工具或几种直销工具,直接营销都致力于让消费者产生直接的回复反应。这种反应既可以是消费者的直接订购,也可以是询问或参观直销商的产品陈列室,并且,直销商或制造商根据接受信息的受众与产生反应的消费者之比,可测算反应率的高低,进而据此采用 R—F—M 模式(即,R:最近何时购买;F:购买频率;M:购买金额)建立消费者数据库和与消费者之间交互回应的机制。

(5)促销与销售的合一

从传统的促销组合角度看,广告起着传播产品、服务的信息沟通作用,销售促进或营业推广起着进一步刺激消费者欲求的作用,人员销售则最终完成产品的销售;而直接营销不管采用何种直销工具,这些工具均具针对性地传递产品、服务信息,实施销售促进及实现销售的功能。这样,广告、销售促进、人员销售三大促销工具虽然相关但却是相互分离的功能,在直接营销上得到了完整的统一。

8.3.2　网络直接营销渠道

网络直销是指生产商通过网络直接销售渠道直接销售产品。目前通常做法有两种:一种做法是企业在因特网上建立自己的站点,申请域名,制作主页和销售网页,由网络管理员专门处理有关产品的销售事务;另一种做法是企业委托信息服务商在其网点发布信息,企业利用有关信息与客户联系,直接销售产品。

互联网的建设和实施,大幅度降低了信息交换和沟通成本,降低了为达成交易花费的信息搜索和处理成本,消费者和生产者都可以很容易在网络上搜索和获取交易对象的信息。生产者和消费者的直接交易成本非常低廉,而且可以随时随地进行。在直接交易中,消费者可以直接要求生产者提供定制的产品和服务;生产者也可以直接了解消费者购买行为和相关市场信息,便于直接掌握市场,及时制定经营管理策略。由于经济发展和生活水平提高,消费者开始追求个性化需求和产品服务,要求生产者进行小批量定制生产并及时掌握消费者需求和动态,因此市场需求也要求生产者和消费者进行直接沟通,直接交易正好适应市场发展需求。

网络直销有许多优点:

能够促成产需直接见面。企业可以直接从市场上收集到真实的第一手材料,合理安排生产。网络直销对买卖双方都会产生直接的经济利益。由于网络直销使企业的营销成本大大降低,从而使企业能够以较低的价格销售自己的产品,同时,消费者也能够买到大大低于现货市场价格的产品。营销人员可以利用网络工具,如电子邮件、公告牌等,随时根据用户的愿望和需要,开展各种形式的促销活动,迅速扩大产品的市场份额。网络直销使企业能够及时了解用户对产品的意见、要求和建议,从而使企业针对这些意见、要求和建议向顾客提供技术服务,解决疑难问题,提高产品质量,改善企业经营管理。

当然,网络直销也有其自身的缺点。由于越来越多的企业和商家在因特网上建站,使用户处于无所适从的尴尬境地。面对大量分散的域名,网络访问者很难有耐心一个个去访问一般企业的主页。特别是对于一些不知名的中小企业,大部分网络漫游者不愿意在此浪费时间,或者只是在"路过"时走马观花地看一眼。据有关资料介绍,我国目前建立大众企业网站,除个别行业和部分特殊企业外,大部分网站访问者寥寥,营销数额不大。为解决这个问题,必须从两方面入手:一方面需要尽快组建具有高水平的专门服务于商务活动的网络信息服务点;另一方面需要从直接分销渠道去寻找解决办法。

从近几年国外发展情况看,虽然几乎每个企业在网络上都有自己的站点,但绝大多数企业仍然委托知名度较高的信息服务商,如美国的邓白氏、日本的帝国数据库等发布信息。由于这些信息服务商知名度高、信誉好、信息量大,用户一旦要查找企业信息或商品信息便会自然想到利用它们,因此检索访问的人数非常多。我国在这方面刚刚起步,比较出色的是外经贸部的中国商品交易市场(http://www.chinamarket.com.cn)网站。这个网站于 1998 年 3 月正式开通,同年 6 月迅速跃居因特网上中国经贸信息发布之首,每天访问人数稳定在 15 万人次以上。

8.4　网络营销环境下的中间商

8.4.1　网络营销中间商的选择

在现代化大生产和市场经济条件下,企业在网络营销活动中除了自己建立网站外,大部分都是积极利用网络间接渠道销售自己的产品,通过中间商的信息服务、广告服务和撮合服务,扩大企业的影响,开拓企业产品的销售空间,降低销售成本。因此,对于从事网络营销活动的企业来说,必须熟悉、研究国内外网络营销中间商的类型、业务性质、功能、特点及其他有关情况,必须能够正确地选择网络营销中间商,顺利地完成商品从生产到消费的整个转移过程。

在筛选网络营销中间商时,必须考虑成本、信用、覆盖、特色、连续性 5 个方面的因素。这 5 个方面的因素可以称之为网络间接营销的五大关键因素,也称为 5C 因素。

1) 成本(Cost)

这里的成本是使用中间商信息服务的支出。这种支出可分为两类:一类是在中间商网络服务站建立主页的费用;另一类是维持正常运行时的费用。在两类费用中,维持费用是经常的,不同的中间商之间有较大的差别。

2) 费用(Credit)

这里的信用是指网络信息服务商所具有信用程度的大小。相对于其他基本建设投资来说,建立一个网络服务站所需的投资较少,因此,信息服务商就犹如雨后春笋般地出现。目前,我国还没有权威性的认证机构对这些服务商进行认证,因此在选择中间商时应注意他们的信用程度。

3) 覆盖(Coverage)

覆盖是指网络宣传所能够波及的地区和人数,即网络站点所能影响的市场区域。对于企业来讲,站点覆盖并非越广越好。而是要看市场覆盖面是否合理、有效、是否能够最终给企业带来经济效益。在这一点上,非常类似于在电视上做广告。例如,"短腿"产品(如啤酒)在地区性电台做广告的效果较好;而"长腿"产品(如药品)则非常适合于在全国性电视台做广告。

4)特色(Character)

每一个网络站点都要受到中间商总体规模、财力、文化素质、服务态度、工作精神的影响,在设计、更新过程中表现出各自不同的特色,因而具有不同的访问群。因此,企业应当研究这些顾客群的特点、购买渠道和购买频率,为选择不同的电子中间商打下一个良好的基础。

5)连续性(Continuity)

网络发展的实践证明,网络站点的寿命有长有短。如果一个企业想使网络营销持续稳定地运行,那么就必须选择具有连续性的网络站点,这样才能在用户或消费者中建立品牌信誉、服务信誉。为此,企业应采取措施密切与中间商的联系,防止中间商把别的企业的产品放在经营的主要位置。

8.4.2 网络间接销售

为了克服网络直销的缺点,网络商品交易中介机构应运而生。中介机构(中间商)成为连接买卖双方的枢纽,使网络间接销售成为可能,中国商品交易中心、商务商品交易中心、中国国际商务中心等都属于此类中介机构。此类中介机构,在发展过程中仍然有很多问题需要解决,但其在未来虚拟网络市场的作用是其他机构所不能代替的。

从经济学的角度分析,网络商品交易中介机构的存在之所以成为必然,有以下4个基本原因。

1)网络商品交易中介机构简化了市场交易过程

如果在生产者和消费者之间增加一个中介机构,发挥商品交易机构集中、平衡和扩散三大功能,则每个生产者只需通过一个途径(中介机构)与消费者发生交易关系,每个消费者也只需通过同一个途径与生产者发生交易关系。由此可见,网络商品交易中介机构的存在,大大简化了交易过程,使生产者和消费者都会感到满意和方便,效果十分明显。

2)网络商品交易中介机构有利于平均订货量的规模化

对生产企业而言,大工业的规模化生产性质决定了生产企业必须追求平均订货规模的扩大。而我国现有的商品分销渠道很难适应生产企业的这种要求。这就造成了参与流通的商品的流通成本加大,有的情况下还造成了工业生产能力的极大浪费,严重影响了我国工业企业的竞争能力,特别是在国际市场上的竞争能力。为避免这种情况继续发展,工业企业不遗余力地寻找自己的商业合作伙伴,从而导致主体商业在国民经济中的衰落,生产电视机的长虹集团和郑州百货文化站的合作就是一个典型的例证。作为连接生产者和消费者的一种新型纽带,网络商品交易中介机构一方面以最短的渠道销售产品,满足消费者对商品价格的要求;另一方面能够通过计算机自动撮合的功能,组织商品的批量订货,满足生产者对规模经济的要求。这种具有功能集约的商品流转程式的出现,为从根本上解决工业发展中批量组货与订货的难题创造了先决条件。

3)网络商品交易中介机构交易活动常规化

传统交易活动中,影响交易的因素多得不可胜数。价格、数量、运输方式、交货时间和地点、支付方式等,每一个条件、每一个环节都可能使交易失败。如果这些变量能够在一定条件下常规化,交易成本就会显著降低,从而有效提高交易的成功率。

网络商品交易中介机构在这方面作了许多有益的尝试。由于是虚拟市场,网络商品交易中介机构可以全天候地运转,避免了时间上和时差上的限制;买卖双方的意愿通过固定的表格统一和规范的表达,避免了相互争执;中介机构所属的配送中心分散在全国各地,可以最大限度地减少运输费运;网络交易严密的支付程序,使买卖双方彼此增加了信任感。显然,由于网络商品交易中介机构的规范化运作,减少了交易过程中大量的不确定因素,降低了交易成本,提高了交易成功率。

4)网络商品交易中介机构便利了买卖双方的信息收集过程

传统的交易中,买卖双方都被卷入一个双向的信息收集过程。这种信息搜寻既要付出成本,也要承担一定的风险。信息来源的局限性使得生产者不能确定消费者的需要,消费者则无法找到他们所需要的东西。网络商品交易中介机构的出现为信息的收集过程提供了便利。网络商品交易中介机构本身是一个巨大的数据库,其中聚集了全国乃至全世界的众多厂商,也汇集了成千上万种商品。这些厂商和商品实行多种分类,可以从各个不同的角度进行检索。买卖双方可以在不同地区和不同时间在同一个网址上查询不同的信息,方便地交流不同的意见,在中介机构的协调下,匹配供应需求意愿。

在现代化大生产和市场经济条件下,企业在网络营销活动中除了建立自己的网站外,大部分都是积极利用专业网络间接销售渠道销售自己的产品,通过中介上的信息服务、广告服务和撮合服务,扩大企业的影响,开拓企业产品的销售空间,降低销售成本。因此,对于从事企业营销活动的企业来说,必须熟悉和研究国内外电子商务交易中间商的类型、业务性质、功能、特点及其他有关情况,必须能够正确地选择中间商,顺利地完成商品从生产到消费的整个转移过程。

双道法——企业网络营销的最佳选择。在西方众多企业的网络营销活动中,双道法是最常见的方法。所谓双道法,是指企业同时使用网络直接营销渠道和网络间接营销渠道,以达到销售量最大的目的。在买方市场的现实情况下,通过两条渠道推销产品比通过单一渠道更容易实现"市场渗透"。

有人撰文,认为目前企业不应急于在互联网上建立自己的网站,这种看法是值得商榷的。作者考虑问题的出发点可能有两个:一是效果不明显,二是投资不合算。但仔细分析起来,这两条理由都是不成立的。

不可否认,除了少数大企业和部分计算机软硬件经销商外,目前许多企业的网站访问者不多,"对提高企业竞争力的贡献十分有限"。但据此就断言企业在网上建站时机还不成熟是欠考虑的。企业在互联网上建站,一方面为自己打开了一扇对外开放的窗口,同时也建立了自己的网络直销渠道。事实也充分证明了这一点,国外 Amazon、国内青岛海尔集团、东方网景网上书店的实践,都说明企业上网建站大有可为,建站越早,受益越早。不仅如此,一旦企业的网页和信息服务商链接,例如与外经贸部政府网站链接,其宣传作用更不可估量,不仅可以覆盖全国,而且可以传播到全世界,这种优势是任何传统的广告宣传都不能比的。对于中小企业而言,设立网站更具有优势,因为,在网络上所有企业都是平等的,只要网页制作精美,信息经常更换,一定会有越来越多的顾客光顾。

8.4.3　网络间接销售的承载主体

网络间接销售的的承载主体是各种类型的中间商,网络间接销售方式的差异主要也来自选择不同的网络中间商。根据不同类型的中间商的各自特点,选择适合的中间商来进行产品或服务的推广,往往可以取得更好的业绩。下面介绍几种可服务于销售的网络中间商。

（1）目录服务商

利用 Internet 上的目录化的 Web 站点提供菜单驱动进行搜索,现在这种服务是免费的,将来可能收取一定的费用。现在有三种目录服务,一种是通用目录（如如百度、Google）,可以对各种不同站点进行检索,所包含的站点分类按层次组织在一起;另一种是商业目录（如 Internet 商店目录）,提供各种商业 Web 站点的索引,类似于印刷出版的工业指南手册;最后一种是专业目录,针对某个领域或主题建立 Web 站点。目录服务的收入主要来源于为客户提供 Internet 广告服务。

（2）虚拟市场

虚拟市场提供一虚拟场所,任何只要符合条件的产品可以在虚拟市场站点内进行展示和销售,消费者可以在站点中任意选择和购买,站点主持者可以收取一定的管理费用。当前虚拟市场如淘宝、京东这些大型的综合购物网站,每天都有巨大的成交量,已经成为了重要的网络间接销售平台。

（3）虚拟零售店（网上商店）

虚拟零售店不同于虚拟市场,虚拟零售店拥有自己的货物清单并直接销售产品给消费者。通常这些虚拟零售店是专业性的,定位于某类产品,它们直接从生产者进货,然后折扣销售给消费者（如 Amazon 网上书店）。目前网上商店主要有三种类型:第一种是电子零售型（e-Tailers）,这种网上商店它直接在网上设立网站,网站中提供一类或几类产品的信息供选择购买;第二种是电子拍卖型（e-Auction）,这种网上商店提供商品信息,但不确定商品的价格,商品价格通过拍卖形式由会员在网上相互叫价确定,价高者就可以购买该商品;第三种,电子直销型（e-Sale）,这类站点是由生产型企业开通的网上直销站点,它饶过传统的中间商环节,直接让最终消费者从网上选择购买。

（4）点评网站

点评网站给消费者提供了一个发表自己消费体验的平台,点评的对象有线上和线下的产品和服务,同时这些点评也对其他的消费者有着引导的作用。国内的豆瓣,大众点评等都属于此类。这些点评网站由原本的点评平台逐渐转变为消费中介平台,消费者可以通过这些点评网站,购买产品享受服务。

（5）互联网内容提供商

互联网内容提供商是指在互联网上提供大量丰富且实用信息的服务提供商,目前互联网上大部分的网站都属于此类。这些网络内容提供商提供的信息服务对浏览者大多是免费的,其收益主要来自通过自身网站吸引到足够的流量后,提供广告空间,从而收取广告费。

8.5 网络营销中的物流

8.5.1 网络营销条件下的物流体系的建立模式

网络营销的具体实施有多种模式可以选择。由于从事的专业不同,ISP、ICP 及其他信息服务提供商更多地从如何建立网络营销信息服务网络、如何提供更多的信息内容、如何保证网络的安全性、如何方便消费者接入、如何提高信息传输速度等方面考虑问题,至于网络营销在线服务背后的物流体系的建立问题则因为涉及另一个完全不同的领域,信息产业界对此疑问较多。实际上,完整的网络营销应该完成商流、物流、信息流和资金流四方面,在商流、信息流、资金流都可以在网上进行的情况下,物流体系的建立应该被看作是网络营销的核心业务之一。我国的网络营销物流体系可以有以下几种组建模式。

1) 网络营销与普通商务活动共用一套物流体系

对于已经开展普通商务的公司,可以建立基于因特网的网络营销销售系统,同时可以利用原有的物流资源,承担网络营销的物流业务。拥有完善流通渠道的制造商或经销商开展网络营销业务比 ISP、ICP 或因特网站经营者更加方便。国内从事普通销售业务的公司主要包括:制造商、批发商、零售商等。制造商进行销售的倾向在 20 世纪 90 年代表现得比较明显,从专业分工的角度看,制造商的核心业务是商品开发、设计和制造,但越来越多的制造商不仅有庞大的销售网络,而且还有覆盖整个销售区域的物流、配送网,国内大型制造商的生产人员可能只有 3 000~4 000 人,但营销人员却有 1 万多人,制造企业的物流设施普遍要比专业流通企业的物流设施先进,这些制造企业完全可能利用原有的物流网络和设施支持网络营销业务,开展网络营销不需新增物流、配送投资,对这些企业来讲,比投资更为重要的是物流系统的设计、物流资源的合理规划。而批发商和零售商应该比制造商更具有组织物流的优势,因为它们的主业就是流通。在美国,如 Wal-Mart(http://www. wal-mart. com)、Kmart(http://www. kmart. com)、Sears(http://www. Sears. com)等,在国内像北京的翠微大厦、西单商场等都开展了网络营销业务,其物流业务都与其一般销售的物流业务一起安排。

2) ISP、ICP 自己建立物流系统或利用社会化的物流、配送服务

自从中美达成就中国加入 WTO 的双边贸易协定以来,中美两国都有许多互联网提供商(Internet Service Provider,简称 ISP)、互联网内容提供商(Internet Content Provider,简称 ICP)想进入中国网络营销市场,国内一些企业与国外的信息企业合资组建网络营销公司时解决物流和配送系统问题的办法主要有以下两种。

(1)自己组建物流公司

因为国内的物流公司大多是由传统的储运公司转变过来的,还不能真正满足网络营销的物流需求,因此,国外企业借助于他们在国外开展网络营销的先进经验在中国也开展物流业务。笔者认为,今后将会有一批为网络营销服务的物流公司以这种方式出现。对于国内的企业来说,如果采取这种方式投资应十分慎重,因为网络营销的信息业务与物流业务是截然不同的两种业务,企业必须对跨行业经营产生的风险进行严格的评估,新组建的物流公司必须按照物流的要求来运作才有可能成功。在网络营销发展的初期和物流、配送体系还不完善的情况下,不要把网络营销的物流服务水平定得太高。另外,可以多花一些精力来寻找、培养和扶持物流服务供应商,让专业物流服务商为网络营销提供物流服务。

(2)外包给专业物流公司

将物流外包给第三方物流公司是跨国公司管理物流的通行做法。按照供应链的理论,将不是自己核心业务的业务外包给从事该业务的专业公司去做,这样从原材料供应到生产,再到产品的销售等各个环节的各种职能,都是由在某一领域具有专长或核心竞争力的专业公司互相协调和配合来完成,这样所形成的供应链具有最大的竞争力。因此,Compaq(http://www.compaq.com)和 Dell 分别将物流外包给 Exel(http://www.exel.com)和 FedEx(http://www.fedex.com)。Amazon 在美国国内的网络营销物流业务由自己承担,但对于美国市场以外的业务则外包给 UPS(http://www.ups.com)等专业物流公司。中国境内的跨国公司在从事网络营销业务时,物流业务一般都外包给中国当地的第三方物流服务商。可以认为,将物流、配送业务外包给第三方是网络营销经营者组织物流的可行方案。但中国的第三方物流经营者要适应网络营销的需求变化还需要大量的努力,因为这一行业比较落后,中国加入 WTO 后,发达国家的物流公司能够进入中国为网络营销提供物流服务,这一方面会加剧国内物流行业的竞争,但同时对促进网络营销的发展会大有好处。

3)第三方物流企业建立网络营销系统

区域性或全球性的第三方物流企业具有物流网络上的优势,正如上面讨论的问题一样,它们大到一定规模后,也想将其业务沿着主管业务向供应链的上游或下游延伸,向上延伸到制造业,向下延伸到销售业。比如,1999 年美国联邦快递公司(FedEx)这家世界最大的快递公司决定与一家专门提供 BtoB(Business-to-Business)和 BtoC(Business-to-Consumer)解决方案的 Intershop(http://www.intershop.com)通信公司合作开展网络营销业务。FedEx 一直认为该公司从事的不是快递业而是信息业,公司进军网络营销领域的理由有两个:第一,该公司已经有覆盖全球 211 个国家的物流网络;第二,公司内部已经成功地应用了信息网络,这一网络可以使消费者在全球通过因特网浏览服务器跟踪其发运包裹的状况。该公司认为,这样的信息网络和物流网络的结合完全可以为消费者提供完整的网络营销服务。像 FedEx 这样的第三方物流公司开展网络营销业务,它完全有可能利用现有的物流和信息网络资源,使两个领域的业务经营都做到专业化,实现公司资源的最大利用。但物流服务与信息服务领域不同,需要专门的经营管理技术,第三方物流公司涉足网络营销和信息服务领域要慎重。

第三方物流企业的运作系统内容包括:

(1)信息化

电子商务时代,物流信息化是电子商务的必然要求。物流信息化表现为物流信息的商品化、物流信息收集的数据库化和代码化、物流信息处理的电子化和计算机化、物流信息传递的标准化和实时化、物流信息存储的数字化等。因此,条码技术(BarCode)、数据库技术(Database)、电子订货系统 EOS:Electronic Ordering System)、电子数据交换(Electronic Data Interchange,EDI)、快速反应(Quick Response,QR)及有效的客户反映(Effective Customer Response,ECR)、企业资源计划(Enterprise Resource Planning,ERP)等技术与观念在我国的物流中将会得到普遍的应用。信息化是一切的基础,没有物流的信息化,任何先进的技术设备都不可能应用于物流领域,信息技术及计算机技术在物流中的应用将会彻底改变世界物流的面貌。

（2）网络化

物流领域网络化的基础也是信息化,这里指的网络化有两层含义:一是物流配送系统的计算机通信网络,包括物流配送中心与供应商或制造商的联系要通过计算机网络,另外与下游顾客之间的联系也要通过计算机网络通信,比如物流配送中心向供应商提出订单这个过程,就可以使用计算机通信方式,借助于增殖网（Value Added Network,VAN）上的电子订货系统（EOS）和电子数据交换技术（EDI）来自动实现,物流配送中心通过计算机网络收集下游客户的订货的过程也可以自动完成;二是组织的网络化,即所谓的企业内部网 Intranet。比如,台湾的电脑业在 20 世纪 90 年代创造出了"全球运筹式产销模式",这种模式的基本点是按照客户订单组织生产,生产采取分散形式,即将全世界的电脑资源都利用起来,采取外包的形式将一台电脑的所有零部件、元器件、芯片外包给世界各地的制造商去生产,然后通过全球的物流网络将这些零部件、元器件和芯片发往同一个物流配送中心进行组装,由该物流配送中心将组装的电脑迅速发给订户。这一过程需要有高效的物流网络支持,当然物流网络的基础是信息、电脑网络。

（3）合同制

在经营形式上,采取合同型物流。物流企业的配送中心与公用配送中心不同,它是通过签订合同,为一家或数家企业（客户）提供长期服务,而不是为所有客户服务。这种配送中心有由公共配送中心来进行管理的,也有自行管理的,但主要是提供服务;也有可能所有权属于生产厂家,交专门的物流公司进行管理。

（4）自动化

自动的核心是机电一体化,表现为无人化、自动化的效果,另外还可以扩大物流作业的能力、提高劳动生产率、减少物流作业的差错等。其自动化设备有条码自动识别系统、自动分拣系统、自动存取系统、自动导向车、货物自动跟踪系统等。

（5）智能化

智能化是物流自动化、信息化的一个高层次的运用。

（6）人性化

人性化即实现"以客户为中心"。在中国要将一个传统的物流公司改造成一个专业的第三方物流公司,要使这些公司完全具有以上第三方物流公司的特点,除了有效地使我国现有的物流资源得到有效配置,使原属于分散在各部各国有工厂的资源社会化外,引进国外先进的管理模式是其中最重要的一环。因为对一家第三方物流公司来说,可以在一天之内将北京市所有闲置库房、闲置车辆收规在自己的旗下,但对这些资源如何管理、如何适应网络营销的发展、如何满足客户的各种要求,是现阶段第三方物流公司互相竞争的法宝。

4）我国物流业发展现状及物流解决方案

我国现有的物流企业大致可以分为 3 类:第 1 类是中央直属的专业性物流企业,专营生产资料的物资储运总公司和外运总公司,仓储主要针对本系统,因此商流物流分离,受行政控制;第 2 类是地方专业性物流企业,地方商业系统的储运公司及粮食仓储系统,完全受当地行政控制;第3类是兼营性物流企业,集物流与商流为一体的物流企业,比重大,数量正不断增多。

长期以来,由于受计划经济的影响,我国物流社会化程度低,物流管理体制混乱,机构多元化。商务部、交通部以及中央各部均各自为政,没有统一的领导。这种分散的多元化物流格局,导致社会化大生产、专业化流通的集约化经营优势难以发挥,规模经营、规模效益难以实现,设施利用率低,布局不合理,重复建设,资金浪费严重。由于利益冲突及信息不通畅等原因,致使余缺物资不能及时调配,大量物资滞留在流通领域,造成资金沉淀,发生大量库存费用等问题。另外,我国物流企业与物流组织的总体水平低,设备陈旧,损失率大、效率低,运输能力严重不足,形成"瓶颈"制约物流的发展。

针对我国经济发展及物流业改革现状,借鉴发达国家走过的道路和经验,我国从1992年开始了物流配送中心的试点工作,原国内贸易部印发了《关于商品物流(配送)中心发展建设的意见》。《意见》提出,大中型储运企业要发挥设施和服务优势,改造、完善设施,增加服务项目,完善服务功能,向社会化的现代物流中心转变;小型储运企业和有一定储运设施规模的批发企业向配送中心转变。

近年来,随着连锁商业的发展,配送中心的建设受到重视,特别是连锁企业自建配送中心的积极性提高。但一些小型的连锁企业店铺数量少,规模不大,也在筹建配送中心,以期实现100%的商品由自己的配送中心配送。而一个功能完善的社会化的配送中心的投资相当巨大,配送量过小,必然造成负债过多,回收期长,反过来又影响连锁企业的发展;同时,社会上又有相当数量的仓库设施在闲置,形成了投资上的浪费。

为了使物流配送中心的建设不走或少走弯路,引导配送中心的发展建设,原国内贸易部于1996年发出了《关于加强商业物流配送中心发展建设工作的通知》,指出了发展建设物流配送中心的重要意义,提出发展建设的指导思想和原则等。同时,还印发了《商业储运企业进一步深化改革与发展的意见》,提出了"转换机制,集约经营,完善功能,发展物流,增强实力"的改革与发展方针,确定了以向现代化物流配送中心转变,建设社会化的物流配送中心,发展现代物流网络为主要发展方向。

进入20世纪90年代以来,随着社会主义市场经济的确立,出现了物流配送。原商业部在1992年曾发文部署全国物流配送中心建设试点,标志着中国的物流配送中心建设正式起步。由于种种原因,力度不够,没有深入发展下去。这些固然与当时的体制和认识有关,更重要的原因是当时市场经济正处于启动阶段,因而制约了物流配送的发展建设。

近年来,随着市场经济的快速增长,特别是连锁商业的发展,各种形式的配送中心如雨后春笋般发展起来。根据所掌握的资料,我们对目前国内外的各种物流配送中心的情况进行了分析,结论是:它们大都跨越了简单送货上门的阶段,基本上属于真正意义上的物流配送,但在层次上仍是传统意义上的物流配送,即处于物流配送初级阶段,尚不具备或基本不具备信息化、现代化、社会化的新型物流配送的特征。因此,在经营中存在着传统物流配送所无法克服的种种弊端和问题。可喜的是,国家有关部门已认识到这些问题,正从宏观调控上努力引导我国物流配送业朝着信息化、现代化、社会化的新型物流配送方向上发展,一些有识的政府官员、企业界、理论界人士也在共同进行着这方面的探讨,并已开始实施。

我们提出的解决方案是:建立集物流、商流、信息流、资金流于一体的新型物流配送中心。1996 年 10 月 11 日,原国内贸易部颁发了《关于进一步深化国有商业改革和发展的意见》。《意见》特别强调要"发展建设以商品代理和配送为主要特征,物流、商流、信息流有机结合的社会化物流配送中心"。我国加速物流配送中心的建设符合世界目前物流信息化、社会化、现代化、国际化的发展方向,它使流通过程里的物流、商流、信息流三者有机地结合起来。原来,物流、商流和信息流是"三流分立"的,而信息化、社会化和现代化的物流配送中心把三者有机地结合在一起。从事配送业务离不开"三流",其中信息流更为重要。实际上,商流和物流都是在信息流的指令下运作的。畅通、准确、及时的信息从根本上保证了商流和物流的高质量和高效率。

我国目前的商品经济比较发达,但物流配送明显滞后。长期以来,商流和物流分割,严重影响了商品经营和规模效益。实践证明,市场经济需要更高程度的组织化、规模化和系统化,迫切需要尽快加速建设具有信息功能的物流配送中心。发展信息化、现代化、社会化的新型物流配送中心是建立和健全社会主义市场经济条件下新型流通体系的重要内容。我国是发展中国家,要借鉴发达国家的经验和利用现代化的设施,但目前还不可能达到发达国家物流配送中心的现代化程度,只能从国情、地区情、企业情出发,发展有中国特色的新型物流配送中心。随着网络营销的日益普及,中国的物流配送业一定会按照新型物流配送中心的方向发展。

8.5.2　物流配送

配送是按用户的订货要求,在物流据点进行分货、配货工作,并将配好的货送交收货人的活动。它是流通加工、整理、拣选、分类、配货配装、运送等一系列活动的集合。

1) 网络营销时代物流配送的特征

根据国内外物流配送业发展情况,在网络营销时代,信息化、现代化、社会化的新型物流配送可以归纳出以下几个特征。

(1) 物流配送反应速度快

在网络营销下,新型物流配送服务提供者对上游、下游的物流配送需求的反应速度越来越快,前置时间越来越短,物流配送速度越来越快,商品周转次数越来越多。

(2) 物流配送功能集成化

新型物流配送着重于将物流与供应链的其他环节进行集成,包括物流渠道与商流渠道的集成、物流渠道之间的集成、物流功能的集成、物流环节与制造环节的集成等。

(3) 物流配送服务系列化

在网络营销下,新型物流配送除强调物流配送服务功能的恰当定位与完善化、系列化,除了传统的储存、运输、包装、流通加工等服务外,还在外延上扩展至市场调查与预测、采购及订单处理,向下延伸至物流配送咨询、物流配送方案的选择与规划、库存控制策略建议、货款回收与结算、教育培训等增值服务,在内涵上提高了以上服务对决策的支持作用。

(4) 物流配送作业规范化

网络营销下的新型物流配送强调功能作业流程、作业、运作的标准化和程序化,使复杂的作业变成简单的、易于推广与考核的运作。

（5）物流配送目标系统化

新型物流配送从系统角度统筹规划一个公司整体的各种物流配送活动,处理好物流配送活动与商流活动及公司目标之间、物流配送活动与物流配送活动之间的关系,不求单个活动的最优化,但求整体活动的最优化。

（6）物流配送手段现代化

网络营销下的新型物流配送使用先进的技术、设备与管理为销售提供服务,生产、流通和销售规模越大、范围越广,物流配送技术、设备及管理越现代化。

（7）物流配送组织网络化

为了保证对产品促销提供快速、全方位的物流支持,新型物流配送要有完善、健全的物流配送网络体系,网络上点与点之间的物流配送活动要保持系统性和一致性,这样可以保证整个物流配送网络有最优的库存总水平及库存分布,运输与配送快捷、机动,既能铺开又能收拢。分散的物流配送单体只有形成网络才能满足现代生产与流通的需要。

（8）物流配送经营市场化

新型物流配送的具体经营采用市场机制,无论是企业自己组织物流配送,还是委托社会化物流配送企业承担物流配送任务,都以"服务成本"的最佳配合为目标。

（9）物流配送流程自动化

物流配送流程自动化是指运送规格标准、仓储货、货箱排列装卸、搬运等按照自动化标准作业、商品按照最佳配送路线等。

（10）物流配送管理法制化

在宏观上国家要有健全的法规、制度和规则来规范其经营活动;在微观上,新型物流配送企业要依法办事,按章行事。

2）配送中心重要功能

配送中心的功能与流程配送中心与传统的仓库、运输是不一样的,一般的仓库只重视商品的储存保管,一般传统的运输只是提供商品运输配送而已,而配送中心是重视商品流通的全方位功能,同时具有商品储存保管、流通行销、分拣配送、流通加工及信息提供的功能。

（1）流通行销的功能

流通行销是配送中心的一个重要功能,尤其是现代化的工业时代,各项信息媒体的发达,再加上商品品质的稳定及信用,因此有许多的直销业者利用配送中心,通过有线电视或互联网等配合进行商品行销。此种的商品行销方式可以大大降低购买成本,因此广受消费者喜爱。例如在国外有许多物流公司的名称就是以行销公司命名的。而批发商型的配送中心、制造商型的配送中心与进口商型的配送中心也都拥有行销(商流)的功能。

（2）仓储保管功能

商品的交易买卖达成之后,除了采行直配直送的批发商之外,均将商品经实际入库、保管、流通加工包装而后出库,因此配送中心具有储存保管的功能。在配送中心一般都有库存保管的储放区,因为任何的商品为了防止缺货,或多或少都有一定的安全库存商品的特性及生产前置时间的不同,则安全库存的数量也不同。一般国内制造的商品库存较少,而国外制造的商品因船期的原因库存较多,约为 2~3 个月;另外生鲜产品的保存期限较短,因此保管的库存量较少;冷冻食品因其保存期限较长,因此保管的库存量比较多。

（3）分拣配送功能

在配送中心里另一个重点就是分拣配送的功能,因为配送中心就是为了满足多品种小批量的客户需求而发展起来的,因此配送中心必须根据客户的要求进行分拣配货作业,并以最快的速度送达客户手中或者是指定时间内配送到客户。配送中心的分拣配送效率是物流质量的集中体现,是配送中心最重要的功能。

（4）流通加工功能

配送中心的流通加工作业包含分类、磅秤、大包装拆箱改包装、产品组合包装、商标、标签粘贴作业等。这些作业是提升配送中心服务品质的重要手段。

（5）信息提供功能

配送中心除了具有行销、配送、流通加工、储存保管等功能外,更能为配送中心本身及上下游企业提供各式各样的信息情报,以供配送中心营运管理政策制定、商品路线开发、商品销售推广政策制定的参考。例如,哪一个客户订多少商品及哪一种商品畅销,从电脑的 EIQ 分析资料中非常清楚,甚至可以将这些宝贵资料提供给上游的制造商及下游的零售商当作经营管理的参考。

3）物流配送中心运作类型

物流配送中心按运营主体的不同,大致有 4 种类型。

①以制造商为主体的配送中心。这种配送中心里的商品 100% 是由自己生产制造的,用以降低流通费用、提高售后服务质量和及时地将预先配齐的成组元器件送到规定的加工和装配工位。从商品制造到生产出来后条码和包装的配合等多方面都较易控制,所以按照现代化、自动化的配送中心设计比较容易,但具备社会化的要求。

②以批发商为主体的配送中心。商品从制造者到消费者手中之间的传统流通有一个环节叫批发。一般是按部门或商品类别的不同,把每个制造厂的商品集中起来,然后以单一品种或搭配向消费地的零售商进行配送。这种配送中心的商品来自各个制造商,它所进行的一项重要的活动是对商品进行汇总和再销售,而它的全部进货和出货都是社会配送的,社会化程度高。

③以零售商为主体的配送中心。零售商发展到一定规模后,就可以考虑建立自己的配送中心,为专业商品零售店、超级市场、百货商店、建材市场、粮油食品商店、宾馆饭店等服务。其社会化程度介于前两者之间。

④以仓储运输业者为主体的配送中心。这种配送中心最强的是运输配送能力,地理位置优越,如港湾、铁路和公路枢纽,可迅速将到达的货物配送给用户。它提供仓储储位给制造商或供应商,而配送中心的货物仍属于制造商或供应商所有,配送中心只是提供仓储管理和运输配送服务。这种配送中心的现代化程度往往较高。

从物流配送采用的模式上来看有 3 种主要类型。

①集货型配送模式。该种模式主要针对上家的采购物流过程进行创新而形成。其上家生产具有相互关联性,下家互相独立,上家对配送中心的储存度明显大于下家,上家相对集中,而下家分散具有相当的需求。同时,这类配送中心也强调其加工功能。此类配送模式适于产品或半成品物资的推销,如汽车配送中心。

②散货型配送模式。这种模式主要是对下家的供货物流进行优化而形成。上家对配送

中心的依存度小于下家,而且配送中心的下家相对集中或有利益共享(如连锁业)。采用此类配送模式的流通企业,其上家竞争激烈,下家需求以多种品种、小批量为主要特征,适于原材料或半成品物资配送,如机电产品配送中心。

③混合型配送模式。这种模式综合了上述两种配送模式的优点,并对商品的流通全过程进行有效控制,有效克服了传统物流的弊端。采用这种配送模式的流通企业,规模较大,具有相当的设备投资,如区域性物流配送中心。在实际流通中,多采取多样化经营,降低了经营风险。这种运作模式比较符合新型物流配送的要求。

4)网络营销下的物流配送流程

物流配送一般包括备货、储存、分拣及配货、配装、配送运输、送达服务和配送加工。

(1)备货

备货是配送的准备工作或基础工作,备货工作包括筹集货源、订货或购货、集货、进货及有关的质量检查、结算、交接等。配送的优势之一,就是可以集中用户的需求进行一定规模的备货。备货是决定配送成败的初期工作,如果备货成本太高,会大大降低配送的效益。

(2)储存

配送中的储存有储备及暂存两种状态。配送储备是按一定时期的配送经营要求,形成的对配送的资源保证。这种类型的储备数量较大,储备结构也较完善,视货源及到货情况,可以有计划地确定周转储备及保险储备结构及数量。配送的储备保证有时在配送中心附近单独设库解决。

另一种储存形态是暂存,是具体执行配送时,按分拣配货要求,在理货场地所做的少量储存准备。由于总体储存效益取决于储存总量,所以,这部分暂存数量只会对工作方便与否产生影响,而不会对储存的总效益产生影响,因而在数量上控制并不严格。

还有另一种形式的暂存,即分拣、配货之后形成的发送货载的暂存,这个暂存主要是调节配货与送货的节奏,暂存时间不长。

(3)分拣及配货

它是配送不同于其他物流形式的有特点的功能要素,也是配送成败的一项重要的支持性工作。分拣及配货是完善送货、支持送货的准备性工作,是不同配送企业在送货时进行竞争和提高自身经济效益的必然延伸,所以,也可以说是送货向高级形式发展的必然要求。有了分拣及配货就会大大提高送货服务水平,因此分拣及配货是决定整个配送系统水平的关键要素。

(4)配装

在单个用户配送数量不能达到车辆的有效载运负荷时,就存在如何集中不同用户的配送货物,进行搭配装载以充分利用运能、运力的问题,这就需要配装。和一般送货的不同之处在于,通过配装送货可以大大提高送货水平及降低送货成本,所以,配装也是配送系统中有现代特点的功能要素,也是现代配送不同于以往送货的重要区别之处。

(5)配送运输

配送运输属于运输中的末端运输、支线运输,它和一般运输形态的主要区别在于配送运输是较短距离、较小规模、额度较高的运输形式,一般使用汽车做运输工具。干线运输的干线是唯一的运输线,而配送运输由于配送用户多,一般城市交通路线又较复杂,如何组合成最佳路线,如何使配装和路线有效搭配等,是配送运输的特点,也是难度较大的工作。

(6)送达服务

配好的货运输到用户还不算配送工作的完结,这是因为送达货和用户接货往往还会出现不协调,使配送前功尽弃。因此,要圆满地实现运到之货的移交,并有效地、方便地处理相关手续并完成结算,还应讲究卸货地点、卸货方式等。送达服务也是配送独具的特殊性。

(7)配送加工

在配送中,配送加工这一功能要素不具有普遍性,但往往是有重要作用的功能要素。主要原因是通过配送加工,可以大大提高用户的满意程度。配送加工是流通加工的一种,但配送加工有它不同于一般流通加工的特点,即配送加工一般只取决于用户要求。其加工的目的较为单一。

[思考题]

1. 理解网络营销模式的渠道战略思想。
2. 比较网络营销渠道和传统渠道的异同。
3. 简述直接营销及其特点。
4. 简述网络直销及其特点。
5. 分析网络营销中介机构存在的合理性。
6. 分析第三方物流企业的运作模式。

[案例分析]

特步线上线下平衡与共享

传统运动企业做电商,如何平衡线上与线下的利益总是个绕不开的话题。

特步在做电商时一直十分小心地制定线上的价格体系,防止线上沦为低价清理库存的渠道。肖利华接受采访时反复强调,特步所认可的是"价值战"而不是"价格战"。而倡导"价值战"的背后,就是担心混乱的价格体系会引起线下代理商的强烈反弹。

与其让线上与线下产生对立,不如帮助线下也参与到公司的电商战略中来,大家一起把饼做大,而这正是特步正在推行的。

2012 年 8 月,特步开始允许各地的分公司独立运营线上渠道。为了便于管理,总部对分公司会提出一些限制,比如在价格上,新品的线上价格不能低于 8.5 折。此外,总部会对分公司的电商业务进行培训。目前特步已有包括北京、重庆、安徽、浙江、江苏、山东、广西、湖北在内的 8 家分公司开始展开线上业务。

"背后的本质就是利益的整合。"肖利华说,"线下最大的优势就是它的商品资源,它的问题在于不太懂互联网营销,抓不到订单;而对于品牌方面来说,老板最不愿意看到的就是好不容易把货压下去,现在你把总代的货调回来,又变成了自己的库存。"

针对这些问题,特步的解决方案是打通后台的信息系统并且拟定好合理的利益分成比例,最终实现线上与线下的全网整合。"通过信息来换库存,把线下代理商的库存共享到公用的平台这边来,这就是所谓的资源库。然后是订单的匹配,就近发货。"肖利华解释说。

在特步公司看来,未来几年,线上与线下的融合将会加速,大趋势一定会是线上与线下价格的统一,因此一定要尽快完成线上与线下渠道的整合,而实现这一切的关键就在于"让利益链条上的伙伴都有钱赚,而且赚更多的钱,把这个问题解决了,其他都是小问题。"

升级版的线上专供

防止线上与线下利益冲突的另一种方式是确保两者在货品结构上的不同,许多传统品牌目前也都在如此操作,特步也不例外。但不同的是,特步在过去的一年多时间里还摸索出了一条适合自己的新玩法。

2011年11月,特步在淘鞋网上独家发售了为明星韩庚专门打造的"步步庚心"潮流运动鞋。这款鞋先由淘鞋网根据网站的销售数据来判断市场的需求,包括颜色和款式等,之后交由特步的设计部门进行设计,产品的定价则由淘鞋网主导,后期的市场推广再由双方共同完成。

"步步庚心"近300元的售价远高于特步的同类产品,淘鞋网CEO涂荣标向媒体透露,"步步庚心"的毛利率约在70%~80%,远高于普通的产品40%的平均水平。2012年7月,在之前与淘鞋网合作的基础之上,特步又拉上当当网,率先在当当网平台发布了"步步庚心"的第2代产品。当当网的数据显示,在当当网上购买过与韩庚相关影音图书制品的用户超过10万,如此庞大的粉丝群可能带来大量的关联销售,而这正是特步所看重的。

"步步庚心"系列的网上专供只是特步的一次小规模试水,在2012年10月举行的特步网络分销商大会上,特步店还宣布了未来在电商领域的一系列新的规划,其中最引人注目的莫过于特步的DIY系统。所谓的DIY系统能够让消费者在线上自行选择产品的配色组合,自主完成产品的部分设计工作,这也是特步对马云所倡导的C2B模式的一次全新实践。

2012年,特步网上销售规模比2011年翻了一番,达到2亿,但对于特步一年近60亿元的销售额来说还并不算太大,但是特步希望在未来3~5年将电商的销售提升至10亿以上的规模。在当前体育用品市场整体低迷的环境下,想要实现这一目标并不轻松,不过机遇总是与挑战并存,特步能否凭借在电商上的突然发力实现对本土第一阵营的弯道超车,值得拭目以待。

(资料来源:商业价值,网络链接:特步线上线下平衡与共享 http://www.chinasych.com/html/2013/103_0112/17504.html)

[案例思考]

1.请说明案例中特步是如何平衡线上和线下的销售的。

2.比较传统线下渠道和网络渠道,说明其各自优缺点。

3.通过网络调查,分析目前特步网络销售的方式有哪些;是属于网络直接销售还是通过网络中间商销售。

第 9 章
网络营销促销策略

促销策略是企业营销组合的主要工具之一,在网络营销环境下,研究网络营销的促销策略,有利于提高企业促销的效率。本章主要介绍网络营销的几种主要工具,如网络广告、公共关系等。

9.1　网络营销促销概述

9.1.1　网络营销促销及促销组合

网络营销中,促销策略及促销组合,是进行信息沟通、扩大销售的重要途径。因此,正确理解促销的内涵,正确运用促销组合策略,是网络营销中的主要内容之一。

1) 网络营销促销及特点

促销(Promotion)是指卖方向消费者或者用户传递产品及服务信息的一系列宣传说服活动。企业通过这一系列活动,帮助目标顾客认识、了解产品及服务的特点和功能,引起顾客的注意和兴趣,激发顾客的购买欲望和购买行为,从而实现促进扩大销售的目标。促销的实质是一种信息的沟通活动,信息由信息源发出,经过一定的传递渠道,传递给信息接收者,以影响接收者的态度和行为。

网络技术出现后,就成为一种新的信息沟通渠道。企业应用这一新技术开展促销活动,就成为一个理想的选择。所谓网络促销是指企业利用现代网络技术向网上虚拟市场的目标客户(消费者)传递有关产品和信息,以激发客户需求,促使客户产生购买欲望并发生购买行为的各种活动。

网络营销促销有 3 个主要特点。

(1)新的传递信息的方式

网络营销促销中信息传递是通过现代网络技术进行的,其前提条件是现代计算机网络技术和通信技术的发展。因此,在网络营销时代,促销人员必须能够熟练地应用计算机和网络技术,才能有利于利用这种工具,从事促销活动。

（2）促销是在虚拟市场中进行

虚拟市场的载体是互联网,虚拟市场的人群不受时间、空间限制,具有广泛性,促销人员一定要转变观念,突破传统思维,能够客观地与虚拟市场的目标客户进行信息的沟通。

（3）网络促销的全球性

企业的促销人员,一定要能够在全球竞争的市场上,运用网络技术,熟悉各国的社会文化环境,有针对性地从事促销活动。

2）网络营销促销组合

传统市场的促销组合是指企业将4种主要的促销工具广告、人员推销、销售促进和公共关系有效地整合,形成一种整体的促销策略的过程。促销组合最优化是指企业促销决策的追求目标。

所谓网络促销组合指将网络促销的各种工具,如电子广告促销、站点促销、网络销售促销和网络公共关系有效地整合,以实现整体促销效果的企业营销活动过程。企业开展网络营销促销组合时,应充分考虑的主要因素如下。

（1）产品类型

企业应根据不同的产品类型,选择不同的促销组合方式。从西方发达国家营销发展史来分析,广告是消费品的主要促销工具,人员促销是工业品的主要促销工具。

（2）促销的目标

企业促销目标的不同,其促销工具的组合方式也不同。如:企业促销的目标是扩大销售量,提高市场占有率,则促销的重点是利用网络广告和销售促进策略;如果是追求树立企业良好形象,则应重点突出公共关系策略,以加强和顾客的沟通,为实现长期效益目标奠定基础。

（3）市场特点

企业应根据不同的市场特点,选择不同的促销组合方式。主要应考虑:目标市场的范围大小、不同顾客群的特征、市场规模大小等。

（4）顾客不同的购买阶段

顾客在购买的不同阶段需要接收不同的信息,如:知晓、了解、信任、购买等阶段,企业应根据顾客的信息需要,确定促销组合策略中的重点促销工具。

（5）产品市场寿命周期

在产品市场寿命周期的投入期、成长期、成熟期、衰退期,由于促销的重点不同,企业的促销组合策略也存在重大差异。

9.1.2　网络促销中的竞争对手分析

在开展网络促销的过程中,不可避免地要遇到业务与自己相同或相近的竞争对手。深入研究竞争对手的网站建设情况及其促销方法,做到取长补短,是在网上促销竞争中保持优势的重要环节。

1）寻找网上的竞争对手

寻找网上竞争对手的比较方便的方法是在全球最好的十几个大导航台中查找,如Google、Netscape、Yahoo!、Altavista、Infoseek、Excite、Hotbot、Webcrawler、Ycos、Planet search等。

查找前,首要的任务是确定查询用的关键词,一般要确定 5 个关键词或关键词组。然后在上述重要导航台上分别检索。只要关键词确定正确,很容易得到大量的检索结果。由于时间和精力的限制,绝对不可能将所有检索出来的站点全部进行详细访问,所以只有审查每条检索结果的描述。一般来说,从检索结果的描述中可以看出某个站点是从事什么业务的。下一步的工作就是对从事与你相同或相近业务的站点进行访问,筛选出与自己企业规模、产品或服务相近的企业,这些就是你的竞争对手。这些站点在导航台上的排位就是将来你与他们竞争的地方。

2)竞争对手的平台研究

在网络促销中,需要关注竞争对手的平台主要涉及两类,促销活动平台和信息发布平台。

(1)促销活动平台

竞争对手的促销活动平台指的是促销活动实际进行的网络平台,一般情况下也就是竞争对手企业的网络销售平台,如淘宝、京东或自己的网络站点等。具体了解竞争对手的促销活动平台后,可以为自己的促销方案提供依据。如在企业决定大力进行促销活动推广时,可以在时间上避开与竞争对手同时促销而造成分流;也可以选择避开竞争对手所处的平台,选择在其他平台开展促销活动。

(2)信息发布平台

竞争对手的促销信息往往会在促销活动前,提前发布到各信息平台上。通过对这些信息平台上信息的收集,可以较为容易地获得其促销活动的情况,方便企业制订相应的策略。常见的信息发布平台包括了以下几种。

①公司主页

竞争对手主页上的信息资源产生于企业的生产运作,是最有价值的第一手情报源。一般来说,竞争对手会将自己的服务、业务和方法等方面的信息展示在主页中。没有什么网页能比公司主页提供更有效和更有价值的竞争对手情报。从竞争的角度出发,主要应考察如下 5 个方面。

整体印象

研究者应当站在消费者的位置浏览竞争对手的主页,细心地体会,看一看对方主页整体创意是否能够一下子抓住浏览者,使之对其有一个比较深的印象。在网上漫游的人对于时间是非常珍惜的,如果你的首页不能让浏览者有比较强烈的好感和突出的印象,会在一定程度上影响他们对你的站点的兴趣。

设计水平

主要考察 3 个方面的内容:一是图形构思,研究竞争对手主页的标志是否突出,色彩搭配是否协调,体会其是怎样充分利用屏幕的有限空间很好地展示出公司的形象和业务信息;二是栏目设置,研究竞争对手的主页主要包括哪些业务栏目,是否能够涵盖企业的主要业务活动,网民浏览后是否对服务内容有一个比较清楚的感觉和认识;三是文字表达,研究竞争对手主页的文字表达是否准确、简练,文章的内容是否清晰易读,是否有语法错误,文字强调是否过多地使用黑体、斜体、下画线等。

链接情况

页间的链接是否方便浏览,有没有死链接,是否有调不出来的图形。应有目的地记录其传输速度,特别是图形的下载时间。速度是影响浏览者耐心的关键因素。面对网上如此众多的站点,节省浏览者的时间是在给自己创造机会来抓住来访者。

宣传力度

主要从两个方面考察:一是竞争对手在网络的导航台、新闻组中宣传网址的力度,研究其选择的类别,使用的介绍文字等,特别是旗帜广告的投放量等;二是查看在竞争对手的站点上是否有别人的旗帜广告,在这些旗帜广告链接的主页上有没有其他竞争对手的旗帜广告,是否形成松散的旗帜广告宣传联合体。

业务情况

主要研究竞争对手目前在干什么,有什么新产品,开发哪些新的服务,价格水平如何等,在哪个方面是刻意追求和突出的,他们的特点是什么。

②微博

微博作为目前最为重要的网络社交平台之一,也成为了企业发布最新动态信息、与客户互动的重要渠道。通过关注竞争对手的企业微博或企业高管的微博,可以轻易获取竞争对手的相关的产品或活动信息。

③网络社区

这里的网络社区主要是指贴吧和企业的论坛,这些网络社区是企业用户的聚焦区,也是企业忠实用户的培育区。在这些平台,往往会有企业内部人员进行引导和互动,同时与企业相关的产品发布和促销活动的信息也会及时的发布。同时由于在这类平台会有较好的交流,往往可以获得更加丰富的信息内容。

④网络广告

竞争对手的促销活动经常也会通过网络广告的形式进行推广。通过分析获得竞争对手这些广告的网络途径,可以为本企业的促销策略的制定提供依据。

9.1.3 提高网络站点访问率的策略

建设一个好的网络站点,根本目的是要实现较高的网络浏览率和点击率。只有大量的网民访问,才有可能实现网络销售上的根本性突破。但仅仅有网络内容还是不够的,还必须有相应的促销策略的配合。

1)举办网络促销活动,激励顾客的参与意识

网络购物是一种崭新的买卖方式,消费者往往对此存有戒心。市场扩散理论告诉我们,当一种新产品或一种新的销售方法刚刚进入市场时,敢于尝试的人的概率只有 2.5%,这对于新事物的成长是不利的。为了能够在自己的网站上把网络营销这一先进的营销方式推开,网上商店需要开展各种形式的促销活动,引发顾客的参与意识,吸引老客户重复上网访问,吸引潜在客户尝试性上网访问。一旦顾客亲身体验到网络交易活动的益处后,他们就会接受这种新事物,并且通过口头、书面等方式传播自己的体会,带动更多的消费者访问你的站点。

相对于传统的促销方式,因特网不仅可以吸引广大的消费者参与到促销活动中来,而且

可以更进一步吸引消费者参与到整个销售过程中来,这一点是其他销售方式所无法做到的。顾客可以通过因特网了解活动的信息、内容、参加方式,可以通过电子邮件进行远程参与,还可以通过讨论组从世界各地的同一时间聚集到活动中,发表自己的意见和看法。

典型的顾客参与活动可以是举办网上比赛、问题征答、抽奖活动,畅销产品排名,申请优惠卡、贵宾卡,成立网上俱乐部等。更深入的活动可以让顾客了解公司和产品的情况,包括公司的历史、发展和延续,征求顾客对整个企业管理和对产品改进的意见。在进行上述活动中,及时答复,相互沟通是至关重要的。网络的交流绝大部分必须通过文字,这对网络促销人员提出了相当高的要求。一是对文字的表述要求较高,必须文笔流畅、用词准确;二是对电子邮件的回复要求较高,一般应当在 24 小时内给予答复,至多不应超过 72 小时。对于目前尚不能解决的问题,应当诚恳地作出解释。只有把顾客当作"上帝",才能够真正与顾客实现深层次的交流,你的站点的访问率才能够在长时间内保持较高的水平。

消费者最大的购物乐趣在于买到既便宜且质量又好的商品。百货公司周年庆祝活动一星期的营业额可能比一个季度的营业额还要高。网络站点也可以定期推出每周一物、每月一物的活动,以优惠价格,营造购物气氛,刺激消费者的购买欲望。

利用因特网方便的通信条件,广泛开展产品使用跟踪服务,及时解决顾客的各种问题,是提高网络站点访问率的一项重要措施。这项工作应当贯穿于消费者购买的全过程。顾客订单确认后,应当有一套允许顾客查询订单处理过程的软件系统,让顾客可以跟踪监督订单的执行情况。包括产品的检验、包装、发运等几个主要的步骤。对于某些仓促作出决定的顾客,应当允许他们在一段时间内修改订单。当产品发运之后,要经常与顾客保持联系,直到客户收到产品并且安装调试完成。

2)"免费"与折扣策略的应用

(1)"免费"策略

在因特网中,"免费(Free)"一词被使用的频率是最高的。但"免费(Free)"在不同的地方有着不同的含义。在旗帜广告中,"免费(Free)"并不意味着要免费赠予物品或所有的服务,而是蕴涵着另一层意思,即浏览者可以自由点击旗帜广告,免费浏览我的网页内容,不必支付任何费用。在站点促销中,"免费(Free)"则意味着提供免费的产品、服务和应用的工具软件等。

由于因特网的主干部分是由国家投资和支持的,所以使得站点的使用成本大大减少,甚至降到极低的程度。对于普通的网络"冲浪者"而言,获取免费的产品和服务也是最大限度地减少开支的方法之一。所以,在网络促销过程中,为了吸引访问者,应当尽可能地提供一些免费的产品、服务和软件。

例如,软件生产商可以在自己的站点上提供将要发行的新软件试用版或有限试用时间和试用范围的正式版,供大家免费试用。书刊发行者可以网上提供书刊的封面、目录以及精彩片段以吸引网民的注意。而娱乐业主可以把产品的精华剪辑到网站上,让访问者感受艺术的魅力,并通过访问者在他们的社会圈子里宣传你的产品。

免费向消费者赠送商品的样品,是促使消费者认识商品,了解商品特点的常用手段之一。在网络促销中,实体样品赠送的方式主要是通过邮局寄送。某些软件产品除邮寄外,还可以通过网络允许消费者直接下载。对实体产品来说,样品赠送是向消费者介绍新产品的最佳方式,但这种方式的代价比较昂贵,赠送的数量太少难以取得明显的成效,赠送的数量太大,可能会加大企业的经营成本。

目前,各个网络营销站点已经广泛应用了这种方法。网民获得《互联网世界》杂志、《网上出版》等杂志,都是在网络上发现了杂志的主页,填写简单的索取单后,由杂志社免费邮寄赠送的。所采用的长途电话软件则是从站点 http://www.vocaltec.com 上免费下载的。

各类企业实施免费手段的目的不尽相同。大型的工业品供应商和跨国公司往往把因特网看作是一个新的宣传领域,把通过因特网免费推销作为整个企业促销宣传的一个部分,以保证企业在各个宣传领域中都处于领先地位。对于软件制造商来说,主要是通过免费策略吸引消费者下载和试用,但由于试用软件的时间和范围都有一定的限制,进一步的使用就需要向软件制造商支付费用了。有的软件制造商更是醉翁之意不在酒,他们以极低的注册费用在网上推销客户端软件,又以相当高的价格向硬件供应商、系统集成商或网站建立者销售他们的服务端软件,从而达到获取利润的目的。Net Scape 公司的 Navigator 软件就是这方面的一个极为成功的例子。

对于网上的信息服务商来说,免费是为了换取访问人数的增加,扩大自己网站的宣传效果。当他们的网站成为网上的重要媒体时,他们就可以寻找广告商和资助人,从而迅速发展壮大。Yahoo! 公司能够在 4 年里迅速成长为世界著名信息服务公司,就是沿着这样一条道路成长的。

(2)"折扣"策略

折扣,即让价,是指企业对标价或成交价款实行降低部分价格或减少部分收款的促销方法。在传统的促销活动中,折扣是历史最为悠久但如今仍颇为风行的一项极为重要的促销手段。在网络促销中,折扣手段也得到广泛应用。

美国亚马逊网上书店对于许多种图书都实行了折扣销售,折扣率从5%~40%不等。该书店将网络信息传递所节省的费用,通过折扣的形式转移到顾客身上,使顾客充分领略到现代交易方法的优越性,也使自己的书店成为世界上图书销售量最大的无国界书店。

优惠卡也是网络促销中常用的折扣方式。传统的促销方式中,常常使用优惠券。但是,优惠券往往是一次性的。在全球范围的网络促销中,很难多次给某些顾客邮寄优惠券,因此,网上商店大多采用优惠卡的办法。优惠卡是一种可以以低于商品或服务价格进行消费的凭证,也称为折扣卡。消费者可以凭此卡获得购买商品或享受服务的价格优惠。

优惠卡的折扣率从5%到60%不等。优惠卡的作用范围可以只规定一个特定的商品或服务,也可以是同一品牌的系列商品,甚至可以是商店或企业的所有商品。有效期可以从几个月到一年或更长时间。

国家信息中心的北方国信网络技术发展有限公司经营的"中国酒店预订网"就是采用了优惠卡的促销方法。消费者可以通过网络参加这一酒店预订系统,登记注册后,在系统内的所有酒店住宿都可以享受 4~6 折的优惠。

也有的网上商店为了培养"忠实的浏览者",对每一位有意消费的消费者发放一张优惠卡,该优惠卡按消费者在网上消费金额的多少打分,再按分数的多少赠送礼品。这样做不仅可以把浏览者牢牢地吸引到自己的网站上,而且还可以加深在线商店与网民之间的感情。

3）友情链接的充分利用

网站的建立也需要通过交换链接的方法来增加站点的访问量。问题是网站需要什么样的链接和怎样建立交换链接，也就是说分析交换链接的对方与本站在线生意的关系。

一个日访问量在万人以上的热闹的大型站点与本站建立交换链接实际上是没有什么意义的；相反，一个访问量很小但与我们在线生意相关的站点，我们要尽量与其建立相互链接。网站一方面看重访问量，但更关心有意义的访问。

这里涉及交换链接双方的相关性问题。在现实生意场上存在无形的生意链，有时简单，有时错综复杂。这种链状关系也适用于互联网上的在线生意，网络中的产品或服务的链式传递同样存在。在线生意链中上下关系的站点建立彼此交换链接，虽然生意的相关性存在，但形式上不对等，实际结果是一方明显占优，这种交换链接难以实现。此外，跳跃你生意链中的某些节点，与无关站点建立交换链接，因缺乏相关性而变得毫无意义，对你的在线生意没有任何帮助。

那么，在相关性分析后，如何进行实际有效的友情链接呢？

（1）出邀请函

礼貌地开头，尽可能地找到对方网站的管理员的名字，用网站管理员的名字与其联系。称赞他的网站并提出某个观点，这样你可以抓住对方的注意力。千万不要直接写明"请访问我的网站"这类的字样，接到这样的信很多人是不会去访问的，所以没有什么效果。也可以自己先给对方做好链接，然后通知对方你已为它做好友情链接，并告知 URL，这种诚恳的态度也是很有必要的。

（2）网站的选择

建立友情链接不仅是网站促销的重要方法，更重要的是对自己网站的一种补充，能更好地为自己的顾客群体创造服务。所以一定要链接一些高水平的网站，真正实现互惠。

（3）信守承诺

互惠链接的一个基本原则就是诚实。事实上，网站管理员很少有时间来查看已建立互惠链接的网站到底有没有他们的链接，因为他们信任其他的网站管理员。所以，不要把别人的链接随意删除，在维护别人利益的同时，也能保护自己的利益。

（4）利用广告付费

这里不是简单的一般网络广告宣传，实际上至今除了专门售卖广告的网站外，很少有网络营销网站涉及这一方面，这要求网站要有很大的经济实力。例如"网易"提供广告给个人网站用户，他们一般的承诺是浏览他们的广告付钱和点击他们的广告付钱。不要小看了这一群体，自从 163 网开辟了个人网站后，个人网站的用户成倍增长，他们中的很大一部分是上网的常客。这种方法对于网络促销来说，也是行之有效的。

随着网络的发展和普及，网站促销的方法随着用户群的增多会越来越多，充分合理利用各种网站促销方法是网站成长壮大的有力工具。

4）搜索引擎优化

搜索引擎优化（Search Engine Optimization，简称 SEO）是通过了解各类搜索引擎如何抓取互联网页面、如何进行索引以及如何确定其对某一特定关键词的搜索结果排名等技术，来对网页内容进行相关的优化,使其符合用户浏览习惯和搜索引擎的检索原则,在不损害用户体验的情况下使搜索引擎收录尽可能多的网页,并在搜索引擎自然检索结果中排名靠前,从而提高网站访问量,最终提升网站的销售能力或宣传能力的技术。搜索引擎优化策略具体有以下几种。

(1)搜索引擎优化策略:网站内容优化

网站的实际内容是网络优化策略的一个极其重要的因素。如果想网站能在搜索结果中排在靠前的位置,网站中必须有实际的相关内容。搜索引擎的蜘蛛基本上是一个瞎子。它们只能通过网页内容判断网站的质量,而不能从图片、Flash 动画上进行判断。在所有的页面中有充足的内容给搜索引擎进行索引是一个成功搜索引擎优化策略的基本需要。没什么内容的网站很难排名靠前。人们在查找信息的时候,总是希望找到一个包括很多重要信息的网站。自然,网页内容丰富的网站要比那些网页内容不那么丰富的网站排名好得多。

(2)搜索引擎优化策略:关键字

所谓关键字,就是希望访问者了解的产品、服务或者公司等内容名称的用语,比如"鲜花"。用户在查找产品或服务信息时,通常会以产品服务的特有名称、行业名称,甚至是公司名称等为条件进行搜索,而这些搜索条件正是关键词所起的作用。

网站要确定什么关键字,不是凭空想象的,而应该把这个决定权交给搜索引擎的关键字分析。但是有些网站可以确定的关键字非常多。比如,一个减肥的网站可以确定的关键字有:减肥方法、如何减肥、快速减肥、冬季减肥、减肥产品、健康减肥、减肥网、瘦身、瘦身方法等。那么到底如何来优化关键词呢?其主要涉及以下两点。

①关键词的密度和相关性。网页上通常会有数以百计的词语,那么搜索引擎怎样去分辨哪些是描述网站的重要的词语呢?搜索引擎会统计一个页面的字数,那些重复出现的词或短语被认为比较重要。搜索引擎利用自身的算法来统计页面中每个字的重要程度。关键字字数与该页面字数的比例被称为关键字密度,这是搜索引擎优化策略最重要的一个因素。为了得到更好的排名,关键字必须在网页中多次出现,并且次数要在搜索引擎允许的范围内。

确定关键字还要考虑与网站的相关性,只有与网站主题高度相关的关键字才有意义。

②突出关键字。当统计完页面需要多少个关键字之后,接下来就要考虑把关键字放在网页的什么地方。搜索引擎会专注于网页中某一部分的内容,处于这一关注部分的词语显得比其他部分的词语要重要得多,所以突出关键字是吸引搜索引擎注意的一个最重要的因素。

(3)搜索引擎优化策略:点击流行度

搜索结果中的网站被用户点击的次数会被搜索引擎统计,经常被点击的页面的点击流行度就较高。因为搜索引擎认为被点击越多的网站越受欢迎。要注意的是,同一 IP 地址的点击只被统计一次,要想通过不断点击自己的网站来获得好的排名是行不通的。

(4)搜索引擎优化策略:链接流行度

搜索引擎认为外部链接较多的网站,其重要性也相对较高。不是所有的链接都是公平的,从高质量网站链出会使网站获得更多的分数。链接文字必须包含优化的关键字,这样也会提高网站的排名。可以按照以下做法来提高链接流行度。

①做一个高质量的网站,如果人们发现它有有价值的内容,他们会主动地与你进行链接。

②使交换链接变得更简易。在交换链接页面放置交换链接代码,把交换链接的联系方式放在显眼的地方,方便伙伴与你交换。

③在搜索引擎中找出竞争对手的链接伙伴,邀请他们与你进行交换链接。互利的交换链接对双方都是有利的。

④在重要的网站中做广告或者在收费分类目录中提交你的网站。

当然,还可以向很多免费分类目录、黄页等提交,可以在你的网站作品中加上你的链接(如 Blog、发表的文章等)。

(5)搜索引擎优化策略:付费到搜索引擎

目前,许多主流搜索引擎都可以通过付费的方式获得较好的搜索排名,如百度的"竞价报名"。但近年来,这种"竞价排名"的做法也遭到了网民的口诛笔伐,百度也因涉嫌滥用市场地位被河北一家企业申请反垄断调查,这家企业还申请对百度处以 1.7 亿元罚款。2008年 11 月 15、16 日两天,央视连续对百度竞价排名进行报道,对排名的积弊进行讨伐,百度因此被推到了舆论的风口浪尖。报道指出,百度已经覆盖 95% 的中国网民,竞价排名收入占百度总收入的 80% 以上。竞价排名以出资的多少决定排名的先后,严重影响搜索引擎的公正性。

但是,搜索引擎优化、竞价排名等做法并没有因此而止步,"优化"和"排名"犹如媒体里的有偿新闻,不断地被媒体和商家利用着。作为企业的管理者,用还是不用,全看是不是需要了。

5)及时更新网站的信息内容

要提高网站的访问率,就必须在信息内容上多下功夫。信息内容不仅要新、精、专,要有特色,更重要的是在于要及时更新网站的信息内容。在网站建设初期,很多人错误地认为,要想让网站吸引住浏览者,就一定要把主页的设计尽可能做得漂亮。但随着网站建设的发展,人们越来越清楚地认识到,这种看法存在着极大的片面性。主页设计得好,自然可以吸引到人,但只会一两次而已,要想长期吸引住浏览者,最终还是要靠内容的不断更新。

网页内容是动态的,应该随时更新和维护,以紧紧抓住用户。时常更新网站的内容,保持网站内容的新鲜感,消费者才会再次光临。

以下三点是网页更新时必须注意的地方。

(1)剔除过时的网页

把过时的信息留在网站上会使之失去吸引力,特别是网站上时效性很强的栏目,如天气预报。

(2)保持 URL 的一致性到站

尽可能保持 URL 的一致性,特别是被加入到搜索引擎的那些。一个网页被加入到站点后,它的 URL 不会改变,除非它将要从站点中删除。

(3)更新的内容应尽量在主页中给予提示

由于网站内容的组织一般都采用树型结构,所有文章都包含在各级板块或栏目中。虽然经常更新网页,但每次更新的网页内容全部都被放进了不同的板块和栏目,浏览者根本就不知道更新了哪些内容。因此,为了让浏览者及时地知道网页内容的修改,应尽量在主页中给予浏览者提示。

6)推广手段多元化

通过一些付费手段来推广网站,提高网站知名度也是可取方法。如发布网络广告和使用传统的促销媒介。

①利用网络广告推销站点是一种比较有效的方式。比较廉价的做法是加入广告交换组织,广告交换组织通过不同站点的加盟后,在不同站点交换显示广告,起到相互促进的作用。另外一种方式是在适当的站点上购买广告栏发布网络广告。

②使用传统的促销媒介来吸引访问站点也是一种常用方法,如一些著名的网络公司纷纷在传统媒介发布广告。这些媒介包括直接信函、分类展示广告等。对小型工业企业来说,这种方法更为有效。应当确保各种卡片、文化用品、小册子和文艺作品上包含公司的 URL。

9.2　网络营销广告

网络营销广告也称网络广告,是 Internet 技术问世以来广告业务在计算机领域的新拓展,也是 Internet 作为营销媒体最早被开发的营销技术。

9.2.1　网络广告的概念和特点

广告是确定的广告主以付费方式运用大众媒体劝说公众的一种营销传播活动。网络广告是广告的一种,是确定的广告主以付费方式运用网络(Internet、Web)媒体劝说公众的一种信息传播活动。简而言之,网络广告就是在 Internet 或 Web 上发布、传播的广告。网络营销广告 1994 年产生于美国,由美国著名的 Wired 杂志在 1994 年 10 月 14 日推出的网络版 Hotwired(www. hotwired. com)主页上的 14 个企业的旗帜广告组成。

传统的广告媒体,包括电视、广播、报纸、杂志四大大众媒体,都只能单向交流,强制性地在某一区域发布广告信息,受众只能被动地接受,不能作出及时、准确的反应。网络广告则由于具有更多技术成分,因此也具有与传统广告不同的特点。

1)网络广告时空无限

传统的广告空间非常有限而且昂贵,传播的信息也少得可怜,还可能受到目标受众的阅读习惯、收听、收看习惯等影响而收效甚微。而网络广告的空间几乎是无限的,成本也很低廉。一个站点的信息承载量都在几十兆至几百兆,广告主花费很少的钱就可提供关于企业和产品的丰富多彩的信息,并可根据消费者对信息的不同需求灵活剪裁信息内容,以适应不同消费者的需求。网络广告的传播范围远远大于传统广告,通过因特网可将广告传播到世界上大多数国家和地区,从而避开当地政府、广告代理商和当地媒介等中间程序。

传统广告传播时间受购买时段和期刊的限制,容易错过目标受众,并且难以保留广告信息。在网络广告中,时间的概念对广告主是没有太大意义的。广告信息储存在广告的储存器中,用户可在一年的任何时间内提取阅读。

2)网络广告实现广告主与受众的即时互动

传统的广告是单向的信息传播,广告主将一成不变的广告信息硬性地灌进受众的脑海,劝诱目标受众成为购买者。即使受众受广告影响要采取行动,也不能与广告主及时交流,这种交流中的时差与延误不可避免地降低了受众的购买热情。网络广告是一种互动式的信息传播方式。广告主将广告信息有组织、有分类地呈现在网上,消费者根据自己的需求和爱好主动寻找相关信息、浏览公司广告,遇到满意的产品可进一步详细了解,决定购买后还可在网上直接填制订单,广告主收到信息后及时作出反馈。网络广告的即时互动特性,使其成为"一对一"的个体沟通模式(Individualized Communication),提高了目标顾客的选择性。

3) 网络广告的内容具有直观性

传统广告由于受媒体时段和版面限制,多用画面、声音等在受众的脑中创建某种印象,吸引受众,难以展开详尽内容,所以受众不能全面了解产品。网络广告一般含有大量的图片和文字资料,可以提供更加全面、具体的详细信息,利用页面之间的超链接可以在相应的页面上查到所需信息。随着多媒体技术和网络编程技术的提高,网络广告可以集文字、图像、声音于一体,创造出身临其境的感觉,既满足了浏览者搜集信息的需要,做到"轻轻一点,一目了然",又提供了视觉、听觉的享受,增加了广告的吸引力。

4) 网络广告效果具有可测评性

传统广告的营销效果难以测试和评估,有多少人接收到广告发布的信息,有多少人受广告影响而作出购买决策,这些都是无法准确测度的。网络广告虽然也不能完全准确地测度营销效果,但至少可以通过受众发回的 E-mail,直接了解受众的反应,还可获得本网址访问人数、访问过程、浏览的主要信息等记录,以随时监测广告投放的有效程度,并及时调整营销策略。

网络广告具有传统媒体无法比拟的优势,它吸引着无数商家加入到网络广告的行列,并进一步激发网络广告的发展与成熟。网络广告正凭它本身具有的优势,形成与传统媒体相互依存、优势互补的关系。1996 年第 46 届戛纳国际广告节将网络广告列为继平面广告、影视广告之后的第三类评奖形式,成为三大赛项之一,这充分显示了网络广告在世界广告人心目中已经形成的重要地位。

9.2.2 网络广告的促销工具

1) 电子邮件广告

电子邮件广告具有针对性强、费用低廉的特点,且广告内容不受限制。特别是针对性强的特点,它可以针对具体某一个人发送特定的广告,为其他网上广告方式所不及。因此电子邮件广告是精准营销的主要手段之一(见图 9.1)。

但需要注意的还是在当前的网络环境下,在提到电子邮件广告的时候,人们往往容易联想到垃圾邮件。垃圾邮件就是相同的信息,在互联网中被复制了无数遍,并且一直试图着强加给那些不愿意接受它们的人群。大部分垃圾邮件是商业广告,关乎一些可疑的产品,"迅速发财"诀窍,或准合法性质的服务。发送垃圾邮件会引起收件者的不满,是一种极其危险的市场策略。

2) 品牌图形广告

品牌图形广告是网络硬广告最常见的表现形式之一,并且也是占市场份额最大的网络硬广告形式。它主要投放在综合门户网站、垂直类专业网站上,其作用是增强品牌广告的曝

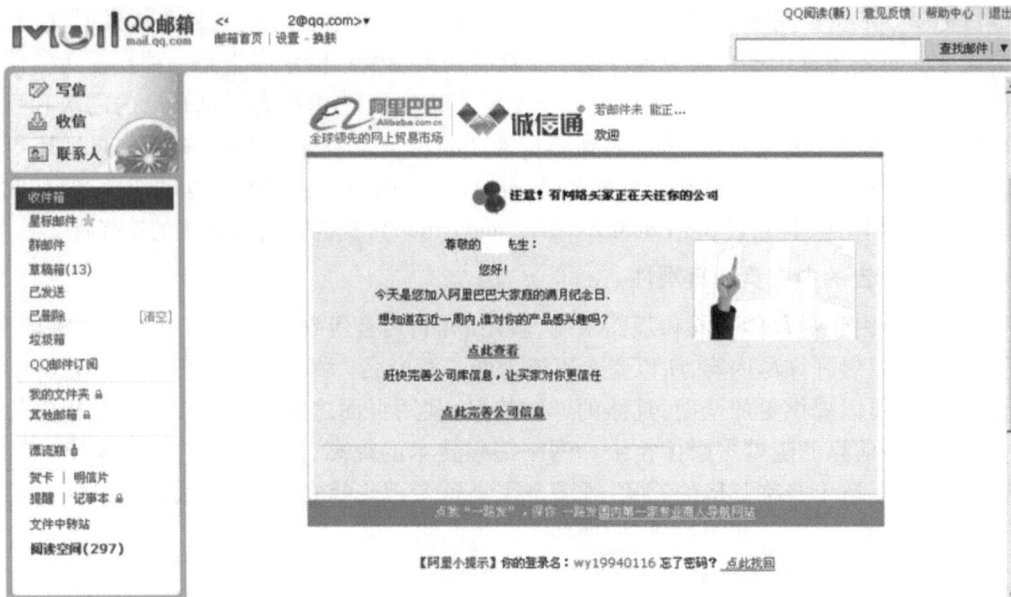

图9.1 电子邮件广告示意图

光率,与传统媒体时代的"广告标王"延续着同样的思路。品牌图形广告主要包括按钮广告、鼠标感应弹出框、浮动标识/流媒体广告、画中画、摩天柱广告、通栏广告、全屏广告、对联广告、视窗广告、导航条广告、焦点图广告、弹出窗口和背投广告等形式。

其中,横幅广告(Banner)称呼较多,如横幅广告、全幅广告、条幅广告、旗帜广告、网幅广告等,是以 GIF、JPG 等格式建立的图像文件,定位在网页中,大多用来表现广告内容,同时还可使用 Java 等语言使其产生交互性,用 Shockwave 等插件工具增强表现力。横幅广告是最早的网络广告形式。最常用的是 486×60 像素的标准标志广告。

3)视频广告

视频广告是以在线视频为载体的网络广告形式,具有丰富的表现形式,包括视频贴片 loading 广告、视频直播插播类广告、视频组合创意广告、视频浮层广告、海绵广告、画中画广告、暂停广告、扩展走马灯等。视频网站作为广告主的重要营销工具,营销方式趋于多元化。在广告形式上,各家视频网站已经推出多种多样的广告形式,如区别于大家所熟知的前插片、中插片、后插片等广告,视频网站还推出了视频播放器上的广告。视频暂停时出现的广告、视频中内置的广告,甚至是可以与视频广告互动的广告。网络视频相比传统的互联网媒体具有视频的"声、光、电"特性,相比传统媒体,如电视,具有互联网所具有的互动优势,因此网络互动视频营销是网络视频营销的特色,也是优势所在。

4)富媒体广告

富媒体广告主要包括捅播式富媒体广告、扩展式富媒体广告和视频类富媒体广告等形式。

富媒体是由英文 Rich Media 翻译而来,是一个技术名词,富媒体是一个压缩、传输、把表现形式标准化的技术。Rich Media 并不是一种具体的互联网媒体形式,而是指具有动画、声音、视频和交互性的信息传播方法,包含下列常见的形式之一或者几种的组合:流媒体、声音、Flash,以及 Java、JavaScript、DHTML 等程序设计语言。富媒体除了提供在线视频的即时播放之外,内容本身还可以包括网页、图片、超链接等其他资源,与影音作同步的播出。这样,就大大丰富了网络媒体播放的内容与呈现的效果。

常见的富媒体广告形式有浮层类、下推类、扩展类、视窗类、覆盖类、潜水游、摩天楼等多种灵活多变的产品形式,以适应各种产品、创意、网站的投放需求。

5) 独立分类广告

独立分类广告如果严格来说不能称为网络广告的一种新类型,早在传统媒体中,独立分类广告就已经出现了。只不过在今天它也搭上了网络这班快车而已。独立分类广告就是广告商按照不同的内容划分标准,把广告以详细目录的形式进行分类以供那些有明确目标和方向的浏览者进行查询和阅读。由于独立分类广告带有明确的目的性,所以在许多行业非常受欢迎。

6) 固定文字链广告

固定文字链广告是以一排文字作为一个广告,点击进入相应的广告页面,主要的投放文件格式为纯文字广告形式。

固定文字链广告是一种对浏览者干扰最少,但却最有效果的网络广告形式。整个网络广告界都在寻找新的宽带广告形式,而有时候,需要最小带宽、最简单的广告形式效果却最好。例如在图 9.2 中搜狐网首页的文字链广告,我们可以看到,固定文字链广告位的安排非常灵活,可以出现在页面的任何位置,可以竖排也可以横排,每一行就是一个广告,点击每一行都可以进入相应的广告页面。

图 9.2　固定文字链广告示意图

7）搜索引擎广告

搜索引擎广告是指广告主根据自己的产品或服务的内容、特点等,确定相关的关键词,撰写广告内容并自主定价投放的广告。当用户搜索到广告主投放的关键词时,相应的广告就会展示(关键词有多个用户购买时,根据竞价排名原则展示),并在用户点击后按照广告主对该关键词的出价收费,无点击不收费。

图9.3显示的是百度"稳压器"关键字竞价排名和搜索引擎优化的结果。

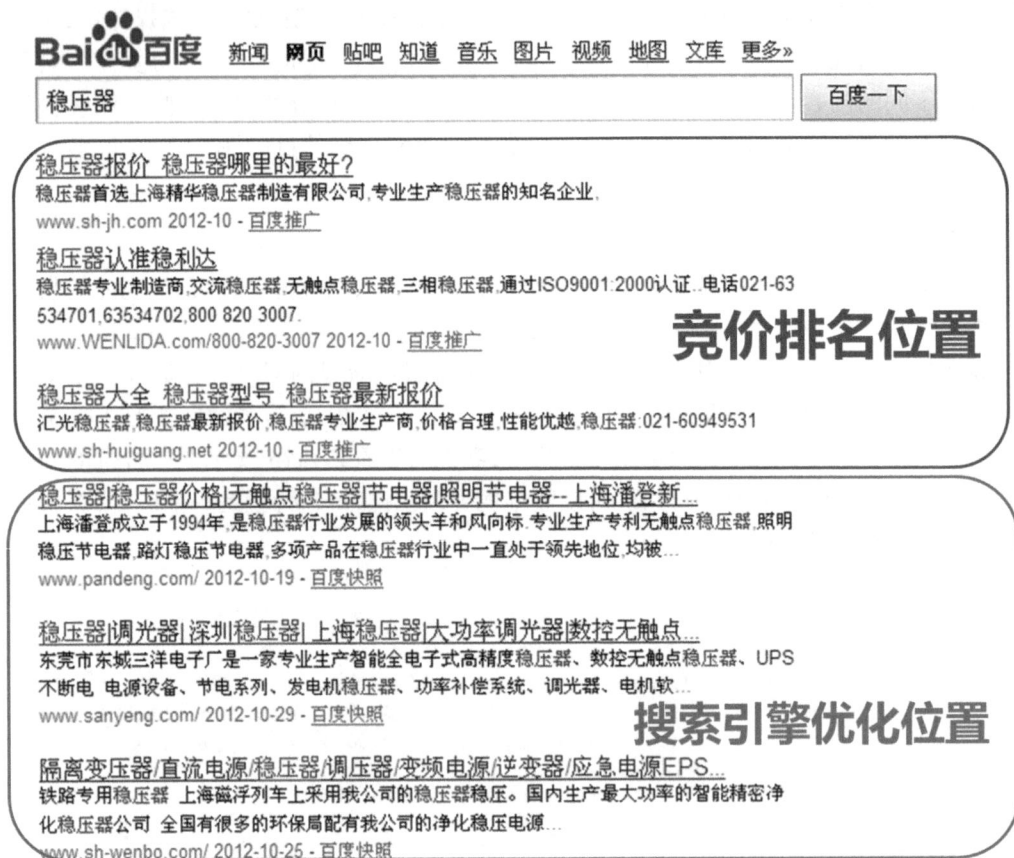

图9.3　搜索引擎广告示意图

8）其他形式广告

除了前面列出的主要网络广告形式外,其实还有许多其他新的广告形式,它们是网络广告主要形式的有效补充,如数字杂志类广告、P2P软件类广告、游戏嵌入广告、IM即时通信广告、微博营销广告、社区口碑营销广告等形式的广告也得到越来越多人的关注。

9.2.3　网络广告效果测评

网络广告投放到网站后,还要对广告的效果进行检测,以衡量其是否达到预期效果,确定改进措施和方向。Internet的互动性使网上广告促销效果的测试更为即时、方便。广告主可以通过以下几种形式检测网络广告效果情况。

1) 访问统计软件

广告主可以使用一些专门的软件（如目前有一种专门用于广告分析的软件 open adstream）对广告进行分析，生成详细的列表。通过这些列表，广告主可以随时了解在什么时间、有多少人访问过载有广告的页面，有多少人通过广告直接进入到广告主自己的网址等。不同的程序有大量不同的显示数据的选项，包括图表。

2) 客户反馈量情况

就是通过统计 HTML 表单的提高量以及 E-mail 的数量在广告投放后是否大量增加来判断广告投放的效果。虽然这种方式得到的结果比较粗浅，但也能说明一些问题。对于直销型电子商务站点，最终的效果评价无疑是在线销售额的增长，因为 Web 服务器端的跟踪程序能判断任何一笔销售的买主是从哪个站点链接过来的。

3) 广告管理软件

这种方式是从市场研究监测公司购买或委托软件公司专门设计适合需要的广告管理软件，从而用以对网络广告进行监测、管理与评估。

4) 社会效果测评

网络广告的社会效果主要指网络广告活动对社会文化、价值观、道德习俗等方面所产生的作用。对网络广告社会效果的测评，主要指标如下。

（1）法律规范指标

广告法律标准具有权威性、概括性、规范性、强制性的特点，适用于衡量广告中一般的共性问题。只有符合法律规定的广告，才能有正向的社会效果。

（2）伦理道德指标

在一定的时期，一定的社会意识形态下，每个民族都有特定的伦理道德标准。它是人们较为普遍的价值观，受到民族、宗教信仰、风俗习惯、教育水平等多种因素的影响。广告的社会效果好坏的评价就在于是否满足了广告受众群体普遍推崇的价值观体系，违反这一体系的广告是很难产生积极的影响效果的。

（3）文化艺术标准

网络广告的内容和表现手段必须符合各国、各民族独特的文化和风俗。以低级庸俗和不健康的内容，去迎合少数人的口味必然会受到舆论的谴责和大多数人的抵制，从而大大影响广告的传播效果。

5) 评估指标测评

关于网络广告效果评估指标，目前尚未建成完整的体系，2009 年 6 月中国互联网协会网络营销工作委员会发布了《中国网络营销（广告）效果评估准则（意见稿）》以下简称《评估准则》，提出了一些具体的具有可操作性的评估指标，如广告展示量、广告点击量、广告到达率、广告二跳率和广告转化率等。

结合《评估准则》和传统评估指标，这里仅提几点指标供参考，企业可结合自身要求、广告活动的目标及广告发布情况来选择评估指标加以计量。以下主要介绍几种评估指标。

①运用传统评估指标如 GRP、Reach、Frequency 等。

②可看显示次数、点击率、点进率等指标,并根据以上数据了解有多少人看到了广告、又有多少人对此广告感兴趣并点击了该广告,这种指标比较直接,而且容易获得。

③在商销型电子商务站点,最直观的评价指标是在线销售额的增长,因为 Web 服务器端的跟踪程序能判断任何一笔销售的买主是从哪个站点链接过来的,而且非常准确。

④广告期间及之后一段时间内的顾客表单提交量,公司电子邮件的增长率,收到询问产品情况或索要资料的电话、信件、传真等的增长情况,可作为辅助性指标,但必须确认这些增长情况信息是网络广告的结果。

⑤与网络广告发布同期或稍后进行的网络调查的回复率,也可作参考。

9.3　网络营销中网络站点的推广

9.3.1　出色网络站点建设的要求

企业要实行网络站点的推广,首先必须建立出色的网络站点。什么样的网络站点才是出色的站点呢?

1998 年初,新加坡南洋科技大学 Webmaster 协会的 VijaySethi 博士组织评估小组,对网址后缀为". Com. sg"的 5 000 个新加坡网络站点进行评估。评估小组从 7 个方面设定多样化的指标,对这些站点的每一项指标公平地评估,然后将每个方面评估的分数加和,得出网络站点评价总分。经过分阶段的比较与测试,评估小组评出了"1997 年新加坡商业网点 Top100",即新加坡 100 个出色的商业网络站点。评估小组考察网络站点的 7 个方面,可以借鉴为出色网络站点建设的基本要求。

①技术融合量 Pluf-in、Java、Javascript、Vbscript、VRMLD 的使用,以及加载各种页面的时间。②用户界面的质量。指站点的友好用户界面、页面布局、图片的质量和对它们的适当应用,以及文字的可读性。这一项是评估的重点。③方便灵活的导航。指栏目、检索引擎、导航按钮、所列链接的有效性和正确性。④产品和服务信息。根据公司的产品和服务来评定站点提供(动态或静态)信息的质量。⑤公司数据和质量。评定站点所提供的公司信息。考察它的背景、求职机会、合作消息、研究报告、数据和调研报告等。这一项也是评估的重点。⑥商业贸易。一个站点是否能实现在线订购业务处理,是否能实现在线服务请求。⑦信息交互。站点必须具有内部联网 Intranet 和与供销客联网 Extranet 功能。

9.3.2　网络营销中网络站点的推广

网站建设仅仅是网络营销的第一步,站点建成后,如何增加站点访问量,尤其是本行业的客户访问,是一个很值得探讨和研究的话题。怎样才能让客户知道企业的网址,并访问企业的网站呢? 如果对网站不作任何营销推广,让访问者浏览该网站就如同大海捞针,非常困难。提高站点访问率的主要方法是将网站通过自动注册技术在搜索引擎或目录服务站点上注册,以及在有影响的网站上作电子广告来实现。但是,高访问率并不意味着高购买率。还应该结合本行业的用户群在网上造成影响:一方面要通过技术手段在本行业的站点上进行网站营销;另一方面也要利用专业的信息检索手段主动搜寻潜在客户,并与传统的宣传方式相结合,才能达到比较满意的效果。因此,网站推广并不是可有可无的事情,它决定着网站生死命运和企业网络营销的成败。

网站的推广要结合各种媒体和方式,多方面地营销推广才是有效的方法。有数字表明,各网站的推广以口头推荐为主(44%),其次是依靠传统媒体(39%),靠搜索网站和网站间的交叉链接方式分别为 32% 和 10%。这表明,无论是传统媒介,还是网络技巧都是很重要的营销推广方式。只有将网站的宣传效果先做到知名的地步,再靠人们的口头推荐,才能达到最佳的推广效果。与此同时,尽量多地在网上建立链接方式,并通过各种搜索引擎来保证网站有较大的客流量。目前,网站的推广方式有两大类:一类是利用传统的媒体进行宣传;另一类是在互联网上进行宣传。

1)传统媒体上的网站推广

目前,传统媒体仍然是人们接触最多的信息传播媒介,在传统媒体上推广企业的营销网站,就是要设法在各种传统媒体上宣传企业网站及其特点,包括在电视、广播、报纸等公开出版物上介绍网站特点。介绍的内容一定要集中在客户的兴趣上,网站最重要的内容和对客户最有价值的内容一定要介绍清楚。

除了在媒体上炒作之外,还要让网站地址在尽可能多的地方出现,只要有公司地址和电话号码的地方都要有公司的网址。另外,商务名片、公司介绍、办公文具、公司媒体等都可以印上公司的网址,也许潜在的客户在与你联系之前会有意识地去访问公司的网站,获取有关公司的情况。这样,网站也会帮助你推销公司和产品。

2)互联网上的网站推广

在传统媒体上宣传网站的同时,企业还可以利用互联网本身的特点在网上推广网站。在网上推广网站也是非常重要的策略。在互联网上推广宣传企业网站的主要方法如下。

(1)搜索引擎登录

在各大搜索引擎登录自己的站点,让别人可以搜索到公司的网站,这是最基本的方法。国际互联网上的信息资源如同大海一样,网站就像是大海里的小岛。为了让大家在网上快速找到所关注的网站,获取所需要的信息,许多搜索引擎网站迅速崛起。

网上的搜索引擎允许用户按不同的方式来查找。一类搜索引擎网站是按关键字查找的,只要键入关键字,就可以找到一系列相关内容的网站地址。另一类搜索引擎网站是分类索引的,这类搜索引擎网站将不同网站按内容做成分类索引,访问者可以通过搜索网站的不同搜索方式找到感兴趣的网站。而网上企业还可以根据自己网站的商务活动特点加入到不同的搜索引擎中。

有些具有自动登录功能的搜索引擎自动登录网站,可免去你到处寻找的麻烦。只要输入网站的相关信息:公司名称、E-mail、站点名称、网址、简介、关键字、类别,就可以自动将网站登录到若干个搜索引擎中,并在较短的时间内注册完毕。需要注意的是,各个搜索引擎在登录时所需要的信息并不完全相同,因此应将各项信息填写完整,以免影响登录效果。

(2)利用网络论坛和新闻组推销网站

在各个论坛及 BBS 上发布自己网站的消息也是主页推销的好办法。利用中文论坛的自动登录功能,只要输入网站的相关信息就可以自动将它们发布到论坛上。需要注意的是,按照网络惯例,不要在与自己网站所从事的内容无关的论坛上贴帖子。

杂志一直是信息传播的重要媒体之一,新闻组作为一种电子杂志也不例外。如果能将自己网站的消息在新闻组上发布,将会大大提高自己网站的知名度。有的新闻组,它以主页的开通及更新消息为主要内容。只要把自己网站的更新消息利用投稿功能寄给新闻组,此新闻组的所有注册用户都将收到此信息。

(3)广告交换登录

广告交换也是目前普遍采用的一种推广站点的方法。在有影响的网页上购买广告是另外一种网站营销推广方法。最普通的就是所谓的"旗帜"广告。"旗帜"广告就是在网页上嵌入的画面广告。由于它占用的空间少,有的还是活动画面,犹如一面飘扬的"旗帜",所以被称为"旗帜"广告。在制作"旗帜"广告时,为了让访问者在任何情况下不要错过"旗帜"广告,在设计时要考虑关闭图像传输的情况。这就要求在"旗帜"广告旁边加上文本说明。

但是,由于"广告交换"服务利用程序自动将"交换"的广告随机投放于网站的主页上,所以,交换广告的网站并不能控制哪些广告会出现在你的主页上。甚至,有时你的竞争对手的广告会突然出现在你的主页上。

(4)友情链接登录

与其他的网站建立链接关系可以有效地推广公司网站。不妨试一试询问其他有关的网站是否愿意将他们的网址链接到你的网站,使你的网站与他们的网址产生链接。与此同时,他们的网站也可以链接你的网址。

(5)在网站排行榜上登记

如果每天访问企业站点的人数很多,有幸进入排行榜的前 100 位,那么网站的知名度会大大提高,访问的人数会更多。目前,较有影响的两大排行榜是网易的中文站点排行榜和中文热讯排行榜。

(6)利用电子邮件

电子邮件是一种公认的高效廉价的网络促销手段。但利用电子邮件来宣传站点时,一定要遵循网络礼仪,否则往往会事与愿违。没有网民希望他的电子邮箱里塞满了垃圾信息。因此,利用发送电子邮件促销时,要注意不要滥发邮件,避免邮件内容繁杂,发送频率不能过于频繁,需要有发送目标定位,还要及时回复邮件。

(7)鼓励其他站点复制内容

看到你的文章的人越多,你获得顾客的可能性就越大。不要老是盯在版权上,其实你应感谢其他站点对你的文章的引用,因为无形中它充当了宣传你的站点的工具。所以我们建议在站点的某些内容上添加必要的说明以鼓励其他站点的引用。

9.4　网络销售促进

9.4.1　网络销售促进概述

销售促进主要是用来进行短期性的刺激销售。网络销售促进就是在网络市场上利用销售促进工具来刺激顾客对产品的购买和消费使用。互联网作为交互的沟通渠道和媒体,它具有独特的优势,在刺激产品销售的同时,还可以与顾客建立互动关系,了解顾客的需求和对产品的评价。

9.4.2　网络销售促进的形式

在实践中,企业应该合理利用网络营销销售促进的优势,综合考虑市场环境的各种因素和企业及产品的特点,选择合适的方式进行网络销售促进。网络营销销售促进方式主要有:

1) 免费促销

由于互联网的开发和自由,使得一些易于通过互联网传输的产品非常适合在网上进行促销。如许多软件厂商为了吸引顾客购买软件产品,允许顾客通过互联网下载产品,在试用一段时间后决定是否购买。还有一种形式是免费资源促销,它的主要目的是推广网站,免费资源促销可以说是互联网上最有效的取胜法宝。

所谓免费资源促销就是通过为访问者无偿提供他们感兴趣的各类资源,站点通过免费资源吸引访问者访问,提高站点流量,并从中获取收益。目前利用提供免费资源获取收益比较成功的站点很多,有提供某一类的信息服务的,如提供搜索引擎服务的百度,提供网上实时新闻信息的新浪等,这类站点通过免费资源的吸引力,扩大站点的知名度和吸引力,使其站点具有传统媒体的作用,并通过发布网上广告来进行赢利。由于因特网的主干部分是由国家投资和支持的,因此站点的使用成本很小。对于普通的网络"冲浪者"而言,获取免费的产品和服务是最大限度地减少开支的方法之一。所以,在网络促销过程中,为了吸引访问者,应当尽可能地提供一些免费的产品、服务和软件。

2) 网络折扣促销

折价又称打折、折扣,是目前网上最常见的一种促销方式。由于网上销售商品不能给人全面直观的印象,也不能试用、触摸,再加上配送成本和付款方式的复杂性,使得网上商品价格都要比传统方式销售低,以吸引人们购买,而较大幅度的折扣可以促进消费者尝试网上购物。

折价券是直接价格打折的一种变化形式。有些商品在网上直接销售有一定困难,商家便结合传统营销方式,顾客可从网上下载、打印折价券,到指定地点购买商品时可享受一定优惠。

3) 网络赠品促销

在新产品推出试用、产品更新、对抗竞争品牌、开辟新市场的情况下利用赠品促销可以达到比较好的效果。

赠品促销的优点:提升品牌和网站的知名度;鼓励人们经常访问网站以获得更多的优惠信息;能根据消费者索取赠品的热情程度而总结分析营销效果和产品本身的反映情况,等等。

4) 网络抽奖促销

抽奖促销是网上应用较广泛的促销形式之一,是大部分网站乐意采用的促销方式。抽奖促销是以一个人或多数人获得超出参加活动成本的奖品为手段的商品或服务促销。网络抽奖活动主要附加于调查、产品销售、扩大用户群、推广某项活动等。消费者通过填写问卷、注册、购买产品或参加网上活动等方式获得抽奖机会。

5) 积分促销

积分促销在网络上的应用比起传统营销方式简单且更易操作。网上积分很容易通过编程和数据库等来实现,并且可信度很高,操作也简便。积分促销一般设置价值较高的奖品,消费者通过多次购买或参加某项活动来增加积分以获得奖品。

积分促销可以增加上网者访问网站和参加活动的次数,增加上网者对网站的忠诚度,提高活动的知名度等。

6) 网络联合促销

由不同商家联合进行的促销活动称为联合促销。联合促销的产品或服务可以起到一定的优势互补,相互提升自身价值等作用。例如,网络公司可以和传统商家联合,以提供网络上无法实现的服务,如网上销售汽车和润滑油公司联合。

以上6种是网络销售促进活动中比较常见的方式,其他如假日促销、事件促销都可以与以上几种促销方式进行综合应用。

9.4.3 影响网络销售促进的因素

网络促销效果受多种因素的影响,在考虑选择何种促销手段能够达到既经济又有效的目的时,需要注意以下几方面的影响因素。

(1)产品属性

企业应根据不同的产品类型,选择不同的促销组合方式。产品类型有多种分类形式,比如按生产部门不同,可分为工业品和农产品;按产品分配形式不同,可分为消费品和产业用品,等等。这里所说的产品类型,主要是指消费品和产业用品。从西方发达国家网络营销实践看,网络广告是消费品的主要网络促销工具,人员促销是产业用品的主要促销工具,销售促进对这两者同等重要。

(2)产品生命周期阶段

对处于不同生命周期的产品,各种促销工具的效果也不相同。如对于导入期阶段的产品,在消费者对产品不太了解、接受能力很低的情况下,大面积的广告和产品赠送或折让也是必要的,这对于激发消费者的初始需求都极为有效。而对于成熟期阶段的产品,则应集中宣传本品牌与其他品牌的差别,强调产品的附加利益,营业推广的效果就要大于广告。这一阶段主要是巩固市场、增强服务,增加公益性广告,培育顾客忠诚,网络广告主要侧重于提醒式广告。

(3)网络促销目标

网络促销目标是企业进行网络促销所要达到的目的和期望。网络促销目标可分为两种:一是提高企业形象;二是提高销售量。如果以提高企业形象为主要目标,企业就要以公共关系策略为重;如果以提高销售量为主要目标,企业就要以销售促进策略为重。而提高销售量主要有以下几种方式:第一,推出新产品;第二,提高产品知名度;第三,宣传产品性能;第四,提高老产品销售量等。应当说前三种更适合采用网络广告促销策略,而提高老产品销售量更适宜销售促进策略并辅之以网络广告促销策略。

（4）促销预算

促销预算的大小直接影响促销方式的选择，预算少就不能采用开销大的促销方式。预算开支的多少要视企业的实际资金能力和市场目标而定，而且不同的行业和企业，促销费用的支出也不相同，如保健食品行业，促销费用在整个营业额中所占的比重都高于普通食品行业。

（5）竞争对手

在选择什么样的促销方式时，还要注意竞争对象，也就是说，要根据竞争对象的促销方式合理选择自己的促销方式。

9.4.4　网络销售促进方案制定

在互联网上促销，对于任何企业及任何营销人员来说都不是个简单问题。一个完整的销售促进方案是企业实施销售促进策略的依据，销售促进方案主要包括以下几方面内容：

①确定网络销售促进的目标与内容；

②确定产品的销售对策；

③确定销售促进要达到的规模；

④确定参与者的条件；

⑤确定网络销售促进的方法及组合的方法；

⑥确定促销时间；

⑦制定活动的预算。

9.5　网络营销公共关系

9.5.1　网络营销公共关系概述

1）网络营销公共关系及特点

公共关系（Public Relation，简称 PR）是指企业在从事市场营销活动中正确处理企业与社会公众的关系，以便树立企业的良好形象，从而促进产品销售的一种活动。公共关系能够实现如下营销目标：①树立企业及产品的良好形象；②向新的公众展示企业及产品；③促成与新顾客建立良好的关系；④进一步协调、巩固与老顾客的关系。

网络营销公共关系是在利用网络技术营销时，建立企业与各种客户之间的良好关系，实现促销目标的一系列活动，是公共关系在网络技术环境下的新发展。网络技术能够将公共信息直接传递给目标受众，不受其他任何媒体的干涉，这是区别于传统公共关系的一个重要特征。

网络营销公共关系的构成要素如下。

（1）网上公共关系主体

网上公共关系主体主要指开展网上营销的企业。由于网络传播信息的互动性，网上企业的公共活动信息在公共促销的每一环节都能发挥其沟通中的主动作用。这一重要特征是网络营销公关比传统公关更具优势的根本原因。

（2）网上公关客体

网上公关客体主要指与网上企业有实际或潜在利益关系或相互影响的个人或群体。这些公众是在一定的网络社区生活。网络社区主要分为两种：一种是围绕网上企业由利益驱动形成的垂直型网络社区，包括投资者、供应者、分销商、顾客、雇员及其他成员；二是围绕某一主题而形成的横向网络社区，如提供相同产品和服务的同行企业、其他组织、社会团体、行业协会及联合会等。沟通的主要场所为网络论坛、新闻组和电子邮件等。

（3）网上公关中介

在网络营销公共关系中，除传统的公关中介外，主要指控制新闻传播的机构。

2）网络营销公共关系的目标

公共关系是一种重要的促销工具，它通过与企业利益相关者包括供应商、顾客、雇员、股东、社会团体等建立良好的合作关系，为企业的经营管理营造良好的环境。网络公共关系与传统公共关系功能类似，只不过借助互联网作为媒体和沟通渠道。网络公共关系较传统公共关系更具有一些优势，所以网络公共关系越来越被企业一些决策层所重视和利用。一般说来，网络公共关系有下面一些目标。

①通过与网上新闻媒体建立良好合作关系，将企业有价值的信息通过网上媒体发布和宣传，以引起消费者对企业产生兴趣。同时通过网上新闻媒体树立企业良好的社会形象。

②通过互联网宣传和推广产品。

③通过互联网建立良好沟通渠道。包括对内沟通和对外沟通，以便企业利益相关者能充分了解企业，以巩固老顾客关系，同时与新顾客建立联系。

9.5.2 网络公共关系的形式

1）新闻媒体传播

新闻媒体传播是借助第三方信息发布平台宣传自己品牌和产品的方法。当潜在消费者受到在网络推广宣传的软文的影响时，有大部分用户会对软文当中提及的产品和品牌时尚内的知名度产生质疑。然后会通过搜索引擎来查询看是否如文章当中所说，此时新闻稿的力量和影响力就会体现出来。新闻稿发布在大型门户网站上面，或在权威的第三方媒体平台上发布关于企业品牌和产品的相关信息。同时借助门户网站的知名度和巨大的流量进一步加大品牌和产品的宣传力度。新闻稿被搜索引擎收录，对于企业品牌和产品的知名度会有极大的提升。

2）问答平台传播

问答平台信息发布，是目前针对潜在受众群体的一种比较好的宣传方法。通过在百度知道、雅虎知识堂、新浪爱问、天涯问答、腾讯问问等问答平台上回答网友关于本企业或产品方面的疑问，为本企业或产品做一个针对目标受众的精准营销，并在搜索引擎上面取得一个非常好的排名，有利于企业品牌的推广。如提问企业产品如何、产品质量如何、产品如何使用等相关信息。同时在回答里面将本企业品牌和产品体现出来，以达到企业品牌公关的目的。

3）论坛社区传播

企业可以在自己的网站创建网络社区或论坛，开展在线活动，以提高访问者的兴趣，增加网站的访问量和访问者的回访次数。同时，企业应积极参与网络上关注度比较高的网络社区或论坛，既可以发布信息，也可以与公众在论坛中进行实时交流，从而拉近企业与公众之间的距离。

4）IM 传播

IM 传播指的是借助网络即时通信工具进行的传播方法。网络即时通信（IM）工具可以把各种因相同爱好而聚集在一起讨论自己感兴趣话题的网民进行非常精准的细分。如果有相同爱好的人会加入同一个 QQ 群，在里面和其他人交流分享自己的心得。这样的用户群体是非常庞大的，针对企业品牌和产品进行细分后，将一些内产品的信息同网友分享。在群里做意见领袖，号召网友关注企业品牌和产品并去体验。

5）企业网站传播

企业网站传播是指企业建立自己的网站并进行推广，这是网络公共关系的主要任务之一。企业网站传播的目的在于通过对企业网络营销站点的宣传来吸引用户访问，起到宣传和推广企业以及企业产品或服务项目的作用。因为企业网站是网上企业的总部，是企业在网上进行市场营销活动的阵地，建立自己的网站不仅可以起到广告的作用，更是树立企业形象的最佳工具。因此在建立网站后，企业一定要做好网站推广的工作。

首先，企业应该在有一定影响的媒体（包括传统的媒体）上宣传网站的地址，以提高站点的知名度进而增加其点击率。其次，网站的内容应不断更新，及时补充新的信息，删去过时的新闻，这一点非常重要。如果一家企业网站的主页上还保留着非典时期的公司的促销通告，可以想象访问者会对该企业产生什么样的看法。最后，企业应该建立与其他相关站点的友情链接，以使消费者获取更多的信息。

6）博客传播

博客作为网络时代展现企业和个人的重要平台，已经深得广大网民的熟悉和信赖。合理利用博客这个平台，可以使企业的产品和品牌更加深入人心。在大型门户网站以公司身份建立专业博客，发布关于企业产品的相关文章。把企业的产品和品牌在一些圈子中宣传出去，从而达到提升品牌、获取潜在受众群体的作用。在博客圈子中，做成一个关于讲解企业产品的特点、产品使用方法等的产品博客站点，并成为意见领袖，获得网友的关注。

7）危机公关

危机公关是由于组织的管理不善、同行竞争甚至遭遇恶意破坏或是外界特殊事件的影响而给组织或品牌带来危机，组织针对危机所采取的一系列自救行动，包括消除影响、恢复形象。危机公关属于危机管理系统的危机处理部分，因此又称危机管理。它是组织在自身运作中对发生的具有重大破坏性影响，造成组织形象受到损伤的意外事件进行全面处理，并使其转危为安的一整套工作过程。

危机公关的意义主要有两方面：减少物质损失和维护组织品牌形象。一方面，危机所导致的直接后果就是物质损失，如果事先能预防、事中能妥善控制和处理，就会使损失降到最低程度;另一方面,危机的间接损失是对组织或品牌形象的损害,而形象的损害对组织来讲是个致命的打击。显然,开展危机公关有助于减少物质损失和维护组织及品牌的形象,其积极意义是十分显著的。

9.5.3　网络公共关系的类型

1)建设型公共关系

建设型公共关系是指组织初创时期或新产品、新服务首次推出时,为打开局面而进行公共关系工作模式。其目的是提高组织知名度,尽量让公众知道、理解、接近自己,进而取得公众的支持。这种模式采用的方法通常有:开业广告、开业庆典、新产品展销会、免费试用、开业酬宾等多种形式。让组织的初创或新产品、新服务等给公众形成良好的第一印象。

这种公关活动的主要形式如下。

①密切沟通。例如寄送贺卡、信件,增进友谊,加强组织与公众之间的沟通。

②创造"事件"。例如赞助或参与社会重大事件,从而借此机会,加强组织的文化形象。

③举办专题活动。精心策划,有效地借助新闻媒介,扩大组织知名度,提高美誉度。

④建立长期客户关系。对客户进行免费培训、提供技术支持、赠送礼品等,以赢得公众的支持和信任。

⑤加强公关宣传。例如,接待各种参观者、鲜明的组织名称和标志等。

2)维系型公共关系

维系型公共关系活动是指社会组织在稳定发展期间,用来巩固良好形象的公共关系活动模式。其目的是通过不间断的、持续的公共关系活动,巩固、维持与公众的良好关系和组织形象,使组织的良好印象始终保留在公众的记忆中。其做法是通过各种渠道和采用各种方式持续不断地向社会公众传递组织的各种信息,使公众在不知不觉中成为组织的顺意公众。

3)防御型公共关系

防御型公共关系活动是组织为防止自身的公共关系失调而采取的一种公共关系活动模式。其目的是在组织与公众之间出现摩擦苗头的时候,及时调整组织的政策和行为,铲除摩擦苗头,始终将与公众的关系控制在期望的轨道上。

4)矫正型公共关系

矫正型公共关系是组织在形象发生严重损害时,采取一系列有效措施,协同组织的其他部门,挽回组织声誉的公关模式。矫正型公共关系的主要功能是纠正或消除损害组织形象的因素,恢复公众对组织的信任。矫正型公共关系一般有两种情况:一是由于外在的某种误解、谣言甚至人为的破坏,损害了组织的形象;二是由于组织内在不完善而导致外部公共关系的严重失调。

开展矫正型公关活动最关键的是要反应迅速,处事冷静,以对公众负责的态度处理危机。这样才能把危机造成的负面影响减到最低,甚至可能使自身的形象得以提升。

5)防御型公共关系

防御型公共关系是组织为针对或防御经营和管理上可能出现的"失调"或"危机"而采

取的一种公共关系模式。其出发点是抓住潜在公众形成的时机,及时寻找对策,把问题消灭在萌芽状况,并借此作为宣传组织形象的契机。

6) 宣传型公共关系

宣传型公共关系是指组织综合运用各种传播媒介,按照组织的意图向公众传播信息,争取公众的了解、理解和支持,创造有利于自身发展的优良环境。其特点是:目的性、主导性、及时性、适当性、互动性。因此,经常采用的做法是利用各种媒介和交流方式进行内外传播,让各类公众充分了解组织、支持组织,进而形成有利于组织发展的社会舆论,使组织获得更多的支持者与合作者,达到促进组织发展的目的。

宣传型公共关系经常采用的方式有:发新闻稿件、做公共关系广告、召开新闻发布会、技术交流、展销活动等。但由于每种方式涉及的媒介效果、费用开支等的不同,所以在具体选择时,还应注意考虑宣传对象的公众类型、具体的宣传主题、宣传的事实或信息的客观真实以及宣传方法的恰当、适宜。

7) 交际型公共关系

交际型公共关系是在人际交往中开展公共关系工作的一种模式。目的是通过人与人的直接接触,进行情感上的联络,为组织广结善缘,建立广泛的社会关系网络,形成有利于组织发展的人际环境。其方式是进行团体交际和人际交往。团体交际包括各式各样的招待会、座谈会、宴会、慰问、舞会等。人际交往有交谈、拜访、祝贺、个人署名、信件往来等。交际型公共关系具有直接性、灵活性、人情味。需要注意的是,开展交际型公共关系要坚决杜绝使用各种不正当的手段,而且切记这只是公共关系的手段之一,不是公共关系的目的,更不能把一切私人交际活动都作为公共关系活动。

8) 服务型公共关系

服务型公共关系是指组织通过向公众提供优质服务感动公众,赢得公众的好评,使组织在公众心目中留下难以忘怀的印象,从而扩大组织的社会影响,提高社会声誉,获得公众的支持。

服务型公共关系工作是组织生存和发展的基础,其不在于说,而在于做,是组织运作机制的反映,是组织员工精神和风格的反映,是组织文化的反映。其公共关系活动的形式如下。

①以组织机构本身的重要活动为中心开展的公关活动;

②以赞助社会福利事业为中心开展的公关活动;

③为赞助大众传播媒介而举办的各种活动。

无论采取何种形式进行宣传,组织都应高度重视产品的质量,为客户提供优惠性和优质性的服务。提高了服务质量和服务水平,才能有助于组织获得良好的社会形象。

9) 征询型公共关系

征询型公共关系就是指通过信息的采集、舆论调查、民意测验等工作为组织机构的经营管理决策提供咨询的活动。因此,了解公众舆论和社会情况是征询型公共关系工作的起点和基础。为全面、科学的收集和征求有关信息,征询型公共关系所采用的工作手段主要有:舆论调查、民意测验、市场综合分析等。而开展工作的主要形式如下。

①隶属组织内的,理所当然地为组织服务。一方面收集与本组织发展相关的一切信息,同时对其进行研究、分析,形成结论或预测设想。另一方面,向组织决策提供有关资料或数据及意见、设想提供给组织作参考。

②独立于任何组织之外的专门性咨询公司或机构。由于他们不属于任何组织,所以其工作范围就比较广泛,可以为许多组织提供咨询服务,而且所提供的信息、策略等也是多方面和全方位的。对他们来讲,提供高质量的咨询内容及项目就是其经营目的。

总之,在征询型公共关系中,重视公众及社会的有关信息是其工作开展的先决条件,应认真对待,切实做好,否则,为组织的经营决策提供咨询就成了一句空话。

10)社会型公共关系

社会型公共关系是社会组织利用举办各种社会性、公益性、赞助性活动塑造组织形象的公关模式。其目的是通过积极的社会活动,扩大组织的社会影响,提高其社会声誉,赢得公众的支持。这种公关模式从近期看,往往不会给组织带来直接的经济效益,但长远来看,却为组织树立了较完备的社会形象,为组织创造了一个良好的发展环境。

11)文化型公共关系

文化型公共关系是指社会组织或受其委托的公共关系机构和部门在公共关系活动中有意识地进行文化定位,展现文化主题,借助文化载体,进行文化包装,提高文化品位的公共关系活动。

9.5.4　网络公共关系活动的开展

互联网被称为新兴的区别于报纸、杂志、无线电广播、电视的第四类媒体。它吸引着越来越多的用户通过网上获取信息,因此,互联网具有了媒体功能。网络新闻媒体一般有两大类。一类是传统媒体上网,通过互联网发布媒体信息。这些传统媒体上网,主要模式是将在传统媒体播放的节目进行数字化,转换成能在网上下载和浏览的格式,用户不用依靠传统渠道就可以直接通过互联网了解媒体报道的信息。另一类媒体是新兴的真正的网上媒体,它们没有传统媒体的依托,如一些ICP公司就属于这一类型。这类媒体一方面由于没有自己完整独立的采编人员获取新闻,要依赖传统媒体提供新闻稿源;另一方面,这些媒体也通过自己有时挖掘的新的信息来源,发布自己的新闻。

对于前一类媒体,企业开展公共关系活动的手段与传统公关活动手段类似。不管是哪一类媒体,互联网出现后,企业与新闻媒体的合作可以更加密切了,可以充分利用互联网的信息交互特点,更好地进行沟通。为加强与媒体合作,企业可以通过互联网定期或不定期地将企业的信息和有新闻价值的资料通过互联网发给媒体,与媒体保持紧密合作关系。企业也可以通过媒体的网站直接了解媒体关注的热点和报道重点,及时提供信息与媒体合作。

1)宣传和推广产品

宣传和推广产品是网络公共关系的重要职能之一。互联网最初是作为信息交流和沟通渠道,因此互联网上建设有许多类似社区性质的新闻组和公告栏。企业在利用一些直接促销工具的同时,采用一些软性的工具如讨论、介绍、展示等方法来宣传推广产品效果更好。在利用新闻组和公告栏宣传和推广产品时,要注意"有礼有节",要遵守网上虚拟社区的网络礼仪,同时发布信息时,最好是以讨论和介绍形式,以免引起社区成员反感。另一方面,企业要关注这些虚拟社区对企业以及企业产品的评价和讨论,及时采取措施应对突发事件。

2)建立沟通渠道

企业的网络营销站点的一个重要功能就是为企业与企业相关者建立沟通渠道。通过网站的交互功能,企业可以与目标顾客直接进行沟通,了解顾客对产品的评价和顾客提出的还没有满足的需求,保持与顾客的紧密关系,维系顾客的忠诚度。同时,企业通过网站对企业自身以及产品、服务的介绍,让对企业感兴趣的群体可以充分认识和了解企业,提高企业在公众中的透明度。企业通过互联网与消费者建立沟通渠道主要有这样一种方式:Web 页面展示、虚拟社区(公告栏)、新闻列表等。

3)及时处理网络信息

加强与公众的交流,及时了解企业相关信息并作出反应。网络具有高度的开放性,某些社交平台上更是让人想说什么就说什么。如果公众的意见得不到及时的反应,其负面意见或者抱怨就会在网络上一传十、十传百,迅速损害组织形象。按照国际惯例,组织应在 24 小时以内处理客户意见并及时答复,以示充分的尊重。

4)遵循相应的网络礼仪

网络公关虽然不是面对面的交流,但也有礼仪问题。有效的网络公关成功的一个重要因素就是:遵循不成文的网络礼仪规则。对网络公关人员来说,需要牢记的第一条网络礼仪就是"不请自到的信息不受欢迎"。例如利用 E-mail 等网络工具进行调研或发布新闻公告时,应尽量针对有兴趣的公众,且内容应简明扼要。

5)处理好与新闻媒体的关系

在市场经济条件下,企业的宣传意识不断加强,很多企业都是通过媒体宣传完成自身的品牌塑造,层出不穷的交流会、新闻发布会正说明了这一点。企业与媒体之间已经形成了水乳交融的局面,也可以说,媒体对企业发展有着不可替代的作用。从另一个方面来说,企业在利用媒体宣传开拓市场的同时还要谨防媒体的刁难。所以说,企业与媒体之间有着非常复杂的关系,作为公司的领导者,要处理好企业同新闻媒体的关系。

[思考题]

1. 如何提高网络站点的访问率?
2. 网络站点建设有哪些基本要求?
3. 分析网站推广方式。
4. 网络广告促销有哪些特点?
5. 网络广告的促销工具有几种?
6. 网络广告效果检测方法有几种?

[案例分析]

史上最贵微博:陈欧一条微博给聚美恢复10亿市值

2014年12月16日,聚美优品创始人兼CEO陈欧发出长微博《你永远不知道,陈欧这半年在做什么》,公开介绍聚美优品上市后所进行的重要业务转型。

这是陈欧首次公开回应近期诸多有关聚美的传闻和讨论,当天聚美股价应声企稳,并已连续上涨两天,市值重上20亿美元,折算下来恢复了将近10亿元人民币。坊间笑称陈欧发了一条"10亿长微博",总共千字左右,算下来每个字为聚美恢复百万市值,还真称得上字字千金。

聚美在四年时间内以1 300万美元的融资做到上市,与陈欧"为自己代言"的独特CEO营销密不可分。上市之后半年,陈欧在媒体公开露面的次数明显减少。在此前的"时尚芭莎年度人物"活动上,陈欧曾称"重回江湖",对外宣布将更多地介入聚美的公共事务,在调整内部业务的同时,注重与媒体和公众的沟通。此次出手,可见其所言不虚。

陈欧的长微博内容也让外界得知,其沉寂半年,是在对公司业务进行重大调整。上市后聚美即砍掉监管难度最大的第三方平台上奢侈品业务,并将第三方平台美妆业务全部转为入库自营。陈欧认为,此举虽然以牺牲短期业绩为代价,但能够有效加强对供应链质量的管控,着眼在于未来健康发展。

"重回江湖"的陈欧号召力的确惊人,其长微博立即受到了各方关注,评论和转发量瞬间过万,各家门户网站均予以转载和评论。作为一家以CEO营销为起家基础的电商,陈欧的号召力仍然是聚美最为有效的推动因素。对于近期陷入舆论旋涡的聚美,在稳定投资人信心和吸引消费者关注方面,陈欧的"重回江湖"仍然具有不可替代的作用。

借助这条长微博,陈欧也巧妙的为聚美下一步的业务重点"跨境电商"打了一次效果绝佳的广告。

在长微博中陈欧介绍,聚美的跨境电商布局已接近完成,将以各保税区仓库为中转枢纽,以最快的速度和接近免税店的价格,把海外美妆新品带给用户。陈欧相信,跨境电商将成为聚美新的强劲业务增长点。

而长微博发出后的12月17日,聚美优品海外购首次开售韩国skin"僵尸面膜",开售一小时卖出6 000份,一天的销售量即破百万。聚美一家电商在一天时间内卖出的面膜份数,已经超过整个韩国一天的销售份数。从陈欧长微博下的粉丝评论可见,众多用户正是通过这条微博被吸引从而购买。

陈欧如此不失时机地力推跨境电商,也可看出这一业务在聚美目前的战略地位。按照陈欧的规划,主打韩日美妆品牌的聚美跨境电商,以"极速物流"和"免税店价格"为招牌。各保税区仓库作为中转枢纽,保证仓储保有量和发货速度;而绝大部分海外美妆,都以免税店优惠价格销售。

以"僵尸面膜"为例,由于中国的巨大市场,聚美可以拿到比韩国经销商更低的折扣,其销售价格仅相当于在韩国购买价格的80%。

"僵尸面膜"正是聚美跨境电商第一批引进的海外品牌之一,陈欧不失时机地在长微博中介绍,Banila Co、Tony Moly、九朵云、Thesaem、3CE 等韩国最受欢迎的品牌也将在近期登陆聚美海外购。看来陈欧不仅为聚美恢复市值,也又一次扮演了聚美的"首席代言人"角色。

聚美希望以海外购这种能够控制品质的模式,替代原有第三方平台销售的模式,来做到化妆品的全部自营转换,并加强防伪码体系建设(目前已经达到 70% 的比例)。正如陈欧在回应文章里所说:"最近我们在疯狂地约见品牌,请他们贴上防伪码,最近五十天之内,伊丽莎白雅顿、水宝宝、宠爱之名、安娜苏、资生堂、雪肌精、Jill Stuart、OPI 这些大牌化妆品已经或者即将加入防伪码体系,再无假货之忧。"

从各媒体随后的报道来看,外间普遍认为这一系列举措能够促进聚美业绩发展,并提振投资者信心、吸引消费者;而对于聚美来说,更加重要的是:陈欧终于回来了。

(资料来源:凤凰财经:史上最贵微博:陈欧一条微博给聚美恢复 10 亿市值 http://finance. ifeng. com/a/20141219/13368495_0. shtml)

[案例思考]

1. 陈欧的微博公关的本质是什么?

2. 网络公关与传统公关有什么区别?

3. 微博在企业公关活动中起着什么作用? 还有哪些网络工具能够起到这种作用?

第 10 章
定价与支付策略

企业是以营利为目的的社会组织,所以产品价格对企业至关重要,它既涉及企业的盈利水平,又涉及企业的市场占有率,以及企业与经销商、消费者的利益关系。在营销活动中价格是不可忽略的重要因素。

10.1 网络营销定价基础

价格策略是企业营销组合策略中重要的组成部分,是竞争的主要手段之一,同时又具有灵活性,并且是企业通过定价实现盈利目标的重要途径。

10.1.1 网络营销定价内涵

西方经济学和营销学通常将价格定义为"顾客为得到一单位产品或劳务而必须支付的货币数量单位",也是产品或劳务的提供者为其提供产品或服务所收取的费用。

产品价格的高低既直接影响着企业的盈利水平,又是市场竞争中的一种重要手段;同时也对消费者的购买心理有着重要影响,只要产品价格超过消费者的心理界限,消费者就很容易改变已订的购物计划。因此,企业为其产品制定一个合适的价格就极为重要。在网络电子市场,由于网络技术的发展使市场资源配置向着最优方向发展,消费者能够理性判断预购商品价格的合理性。

10.1.2 网络营销定价基础

网络营销的定价基础主要是企业的成本。从企业内部来说,企业产品的生产成本总的是呈下降趋势,而且成本下降趋势越来越快。在网络营销战略中,可以从降低营销及相关业务管理成本费用和降低销售成本费用两个方面分析网络营销对企业成本的控制和节约。下面将全面分析一下,互联网应用将对企业其他职能部门业务带来哪些成本费用节约。

1)降低采购成本费用

企业在采购过程中之所以经常出现问题,是由于过多的人为因素和信息闭塞造成的,通过互联网可以减少人为因素和信息不畅通的问题,最大限度地降低采购成本。

首先,利用互联网可以将采购信息进行整合和处理,统一从供应商订货,以求获得最大的批量折扣。其次,通过互联网实现库存、订购管理的自动化和科学化,可最大限度减少人为因素的干预,同时能以较高效率进行采购,可以节省大量人力和避免人为因素造成不必要损失。最后,通过互联网可以与供应商进行信息共享,可以帮助供应商按照企业生产的需要进行供应,同时又不影响生产和不增加库存产品。

2) 降低库存

利用互联网将生产信息、库存信息和采购系统连接在一起,可以实现实时订购,企业可以根据需要订购,最大限度降低库存,实现"零库存"管理,这样的好处是,一方面减少资金占用和减少仓储成本;另一方面可以避免价格波动对产品的影响。正确管理存货能为客户提供更好的服务并为公司降低经营成本,加快库存核查频率会减少与存货相关的利息支出和存储成本。减少库存量意味着现有的加工能力可更有效地得到发挥,更高效率的生产可以减少或消除企业和设备的额外投资。

3) 生产成本控制

利用互联网可以节省大量生产成本,首先利用互联网可以实现远程虚拟生产,在全球范围寻求最适宜生产厂家生产产品;另一方面,利用互联网可以大大节省生产周期,提高生产效率。使用互联网与供货商和客户建立联系使公司能够比从前大大缩短用于收发订单、发票和运输通知单的时间。有些部门通过增值网(VAN)共享产品规格和图纸,以提高产品设计和开发的速度。互联网发展和应用将进一步减少产品生产时间,其途径是通过扩大企业电子联系的范围,或是通过与不同研究小组和公司进行的项目合作来实现。

10.1.3 网络营销的定价方法

企业产品价格受到市场需求、成本费用和竞争情况的影响和制约。传统企业的产品定价有三种导向,即成本导向、需求导向、竞争导向。在网络市场中,以成本为导向的定价方法将被逐渐淡化,以需求为导向的定价将成为企业定价的主要方法。而竞争导向中的投标定价法和拍卖法将不断得到强化。

1) 需求导向定价法

认知价值定价法和需求差异定价法是需求导向定价法的两种具体的定价方法。

认知价值定价法的关键是购买者对产品的价值认知,企业能否准确地计算产品所能提供的全部市场认知价值。网络的互动性和快捷性,使企业能够及时准确地掌握、了解消费者及用户的预期价格,从而正确地确定产品价格。

需求差异定价法在传统市场中最难把握的是消费者需求差异的变化。在网络市场上通过网络的互动性和快捷性则能较好地解决这一问题,同时,在网络营销中企业为满足不同消费者的需求,可以让消费者自己设计产品的外观、式样、花色、档次等,并以此来确定产品的价格,使消费者的个性化和多样化需求得以更好的满足。

2) 竞争导向定价法

在网络营销中以竞争为导向的定价方法有两种:一是招投标定价法;二是拍卖定价法。

招投标定价法是招标单位通过网络发布公告,由投标单位进行投标,择优成交的一种定价方法。网络招标定价法扩大了招标单位的选择范围,使投标企业获得了较为公平的竞争环境,为企业发展创造了良机。

拍卖定价法是拍卖行受出售者的委托,在特定的场所公开叫卖,引导买方报价,利用买方竞争求购心理,选择最高价格的一种定价方法。该方法在网上得到了较快的发展。

10.1.4 网络营销定价技巧

产品定价除了上述方法外,还有一定的技巧,即考虑消费者的心理、市场竞争因素等。

1) 新产品定价技巧

新产品的定价是否合理,直接影响到新产品的市场推广。在确定新产品价格时最重要的是要充分考虑消费者愿意支付的价格。

(1) 撇脂定价

在新产品上市之初,将价格定得很高,以便在短期内获取高额利润,尽快收回投资。采用该方法的市场条件是:新产品上市之初,需求价格弹性小,短期内无替代品。同时高价产品还必须给人以高档产品的印象。

(2) 渗透定价

在新产品上市之初,将价格定得较低,目的在于迅速占领市场,取得较高的市场占有率。在新产品上市之初,需求价格弹性较大,新产品存在规模经济效益,产品市场规模较大,存在普遍的竞争。

2) 心理定价技巧

(1) 声望定价

企业利用消费者仰慕名牌商品或名店的声望所产生的某种心理来制定商品的价格。

(2) 尾数定价

利用消费者以数字认识的某种心理制定价格,使消费者产生价格低廉的感觉和企业定价认真的感觉,进而使消费者易于接受定价。

(3) 招徕定价

零售商利用部分消费者求廉的心理,特意将某几种商品的价格定得较低以吸引顾客。某些商店随机推出几种降价商品,每天、每时都有一至两种商品降价出售,吸引顾客经常来采购廉价商品,同时也选购了其他正常价格的商品。

3) 地区定价技巧

(1) 产地定价

对于市场供应紧张的商品和地区,以产地价格或出厂价为标准,运杂费和运输损失等费用全部由买方承担。

(2) 统一运输定价

也称邮票定价,对所有的买主不论路程远近,由卖主以同样的运费将货物运往买主所在地。

(3) 基点定价

由卖方选定一些中心城市为定价基点,按基点到买主所在地的距离收取运费。主要适用于较为笨重、运费成本比例较高、生产分布较广、需求弹性小的产品。

（4）津贴运送定价

卖主补贴一部分运费或免收运费的方法，可以弥补产地定价的缺点。

（5）区域定价

卖主把销售市场划分为多个区域，不同区域实行不同价格，同一区域实行统一价格。

10.1.5　折扣与让利定价策略

折扣与让利是企业为了争取顾客、稳定市场的一种促销手段，其形式多种多样。

（1）现金折扣

企业对大宗现金交易的顾客或按约定日期提前以现金支付货款的顾客给予一定折扣，旨在加速企业资金周转。

（2）数量折扣

按购买数量的多少分别给予不同的折扣。实际上是将大量购买时所节约的一部分费用返还给购买者。

（3）功能折扣

卖主根据中间商在市场营销中的作用和功能差异，分别给予不同的折扣。

（4）季节折扣

卖主对销售淡季来购买的客户给予的折扣。主要适用于季节性明显的商品。

10.2　网络营销定价

10.2.1　网络营销定价特点

1）全球性

网络营销市场面对的是开放的和全球化的市场，用户可以在世界各地直接通过网站进行购买，而不用考虑网站是属于哪一个国家或者地区的。这种目标市场从过去受地理位置限制的局部市场，拓展到范围广泛的全球性市场，这使得网络营销产品定价时必须考虑目标市场范围的变化给定价带来的影响。

如果产品的来源地和销售目的地与传统市场渠道类似，则可以采用原来的定价方法。如果产品的来源地和销售目的地与原来传统市场渠道差距非常大，定价时就必须考虑这种地理位置差异带来的影响。如 Amazon 网上商店的产品来自美国，购买者也是美国消费者，那产品定价可以按照原定价方法进行折扣定价，定价也比较简单。如果购买者是中国或者其他国家消费者，那采用针对美国本土的定价方法就很难面对全球化的市场，影响了网络市场全球性作用的发挥。为解决这些问题，可采用本地化方法，准备在不同市场的国家建立地区性网站，以适应地区市场消费者需求的变化。

因此，企业面对的是全球性网上市场，但企业不能以统一市场策略来面对这差异性极大的全球性市场，必须采用全球化和本地化相结合原则进行。

2)低价位定价

互联网是从科学研究应用发展而来,因此互联网使用者的主导观念是网上的信息产品是免费的、开放的、自由的。在早期互联网开展商业应用时,许多网站采用收费方式想直接从互联网盈利,结果被证明是失败的。成功的 Yahoo!公司通过为网上用户提供免费的检索站点起步,逐步拓展为门户站点,到现在拓展到网络领域,一步一步获得了成功,其成功的主要原因是它遵循了互联网的免费原则和间接收益原则。

网上产品定价较传统定价要低还有着成本费用降低的基础,在上面分析了互联网发展可以从诸多方面来帮助企业降低成本费用,从而使企业有更大的降价空间来满足顾客的需求。因此,如果在网上产品的定价过高或者降价空间有限的产品,在现阶段最好不要在消费者市场上销售。如果面对的是工业、组织市场,或者产品是高新技术的新产品,网上顾客对产品的价格不太敏感,主要是考虑方便、新潮,这类产品就不一定要考虑低价定价的策略了。

3)顾客主导定价

所谓顾客主导定价,是指为满足顾客需求,顾客通过市场信息来选择购买或者定制生产自己满意的产品或服务,同时以最小代价(产品价格、购买费用等)获得这些产品或服务。简单地说,就是顾客的价值最大化,顾客以最小成本获得最大收益。

顾客主导定价的策略主要有:顾客定制生产定价和拍卖市场定价。这两种主要定价策略将在下面详细分析。根据调查分析,由顾客主导定价的产品并不比企业主导定价获取利润低,根据国外拍卖网站 eBay.com 的分析统计,在网上拍卖定价产品,只有 20%的产品拍卖价格低于卖者的预期价格,50%的产品拍卖价格略高于卖者的预期价格,剩下 30%的产品拍卖价格与卖者预期价格相吻合,在所有拍卖成交产品中有 95%的产品成交价格让卖主比较满意。因此,顾客主导定价是一种双赢的发展策略,既能更好地满足顾客的需求,同时企业的收益又不受到影响,而且可以更充分地了解目标市场,企业的经营生产和产品研制开发可以更加符合市场竞争的需要。

10.2.2　影响网络营销定价的因素

影响定价的因素是多方面的,诸如产品成本、其他市场营销组合要素、国家法律和政策、市场需求状况及竞争形势等。市场营销理论认为,产品的最高价格取决于产品的市场需求,最低价格取决于该产品的成本费用。在最高价格和最低价格的幅度内,企业能把该产品的价格定多高,则取决于竞争者同种产品的价格水平。由此可见,市场需求、成本费用、竞争产品价格对企业产品定价有着重要的影响。因此,我们主要对市场需求、成本费用、竞争产品价格 3 个要素进行分析。

1)市场需求

市场需求影响企业产品定价,而需求又受价格和收入的影响,因价格与收入等因素而引起的需求的相应变动率,就叫需求弹性。需求弹性分为需求的收入弹性、需求的价格弹性和需求的交叉弹性。

(1)需求的收入弹性

需求的收入弹性是指因收入变动而引起的需求的相应变动率。不同产品的需求弹性是不一样的。

（2）需求的价格弹性

需求的价格弹性是指因价格变动而引起的需求的相应变动率。正常情况下，市场需求会按照和价格相反的方向变动，即价格提高，市场需求下降；价格下降，市场需求增加，但也有例外的情况。在某些特定的情况下，需求还会缺乏价格弹性，如产品在市场上没有替代品或没有竞争者；购买者对价格的高低不在意；购买者难以改变购买习惯；市场上存在着通货膨胀等。

（3）需求的交叉弹性

需求的交叉弹性是指因替代产品价格的变动而引起的需求的相应变动率。对替代产品而言，一产品的价格变动往往会影响其他产品的销售量。

总之，需求价格弹性较大的产品，其营销价格相对较低，需求价格弹性较小的产品，其营销价格相对较高。

2）成本费用

成本是营销产品价格的最低界限，产品的成本是由产品在生产过程和流通过程中耗费的物质资料和支付的劳动报酬所形成的。站在企业发展的长远角度看，任何产品的销售价格都必须高于成本费用，只有这样企业才能以销售收入来抵偿生产成本和经营费用，否则企业就无法经营。

3）竞争

由于不同企业之间产品的相互替代性，而使得竞争者的产品质量和价格对本企业的产品销售有所影响。因此企业就必须采用适当的方式了解竞争者所提供的同种产品质量和价格，并及时调整自己的产品价格及销售方式。

10.2.3　网络营销价格决策程序

价格决策共有 6 个程序，即确定价格目标、测定需求、计算或估计成本、分析竞争者的成本和价格、选择定价方法和确定最终价格。基于需求、成本、竞争者在上一问题中已做分析，此处重点对价格目标作解释。

1）价格目标

价格目标也就是企业制定和实施价格策略所要达到的目的。价格决策是企业整体经营决策的一个组成部分，价格目标必须与企业整体经营目标相一致。企业定价目标一般与企业的战略目标、市场定位和产品特性相关。

一般情况下，企业价格目标主要有以下几种类型。

（1）保持或提高市场占有率

企业市场占有率越高，其市场优势也就越大，也就意味着企业市场地位的提高，竞争实力的增强，即使在单位利润水平不高的情况下，企业仍具有较强的营利能力。

（2）增加利润

利润是企业扩大再生产的重要基础，价格水平与企业获利能力有直接关系。在价格需求弹性较低、市场竞争威胁不大、消费者对价格变化的敏感程度较低时，提高价格则可提高企业的赢利能力;反之,降低价格则可增加企业利润。

（3）树立和改善企业形象

价格是消费者据以判断企业行为及其产品的一个重要因素。企业的产品价格与其向消费者所提供服务的价值比例协调,企业在消费者心目中就较容易树立诚实可信的形象,进而吸引特定目标市场的顾客。

（4）应付或预防市场竞争

在竞争环境中企业产品定价与竞争有着密不可分的联系,价格目标有可能是对竞争者挑起的价格战进行反击,也有可能是使用价格构筑市场进入障碍,从而预防潜在竞争。

在网络营销中,市场还处于起步阶段的开发期和发展时期,企业进入网络营销市场的主要目标是占领市场求得生存发展机会,然后才是追求企业的利润。目前电子商务营销产品的定价一般都是低价甚至是免费,以求在迅猛发展的网络虚拟市场中寻求立足机会。网络市场分为两大市场:一个是消费者大众市场;另一个是工业组织市场。对于前者的网民市场,属于前面谈到的成长市场,企业面对这个市场时必须采用相对低价的定价策略来占领市场。对于工业组织市场,购买者一般是商业机构和组织机构,购买行为比较理智,企业在这个网络市场上的定价可以采用双赢的定价策略,即通过互联网技术来降低企业、组织之间的供应采购成本,并共同享受成本降低带来的双方价值的增值。

2）环境分析

价格决策只能在一定的环境条件下发生作用。企业在进行价格决策时必须考虑企业内外部环境条件的制约,企业内部环境条件制约主要来自四个方面:一是企业实力;二是企业整体经营政策;三是成本水平;四是营销组合中其他各项组合质量。企业外部环境条件制约主要表现在:法律环境、市场供求和竞争环境及目标市场接受能力等方面。

3）价格方案

价格方案是实现预定的价格决策目标的构思。在明确了价格目标和价格决策环境后,企业必须构思价格方案,并且要注意价格方案的可操作性和综合性。在形成了实现目标的多种可能性方案后进行选择,方案选择的结果可以从多种方案中选择一个,也可以在众多方案中取长补短,优化形成一个新的实施方案。

10.2.4　网络营销定价策略

1）低价定价策略

借助互联网进行销售比传统销售渠道的费用低廉,因此网上销售价格一般来说比流行的市场价格要低。由于网上的信息是公开的和易于搜索的,因此网上的价格信息对消费者的购买起着重要作用。根据研究,消费者选择网上购物,一方面是因为网上购物比较方便;另一方面是因为从网上可以获取更多的产品信息,从而以最优惠的价格购买商品。

低价定价策略常用的有直接低价定价策略和折扣策略、有奖销售等促销定价策略。

直接低价定价策略就是定价时采用成本加较低的利润,有的甚至是零利润,因此这种定价在公开价格时就比同类产品低。它一般是制造业企业在网上进行直销时常采用的定价方式。采用低价策略的基础是产品成本的降低,通过互联网企业可以节省大量的成本费用。

折扣策略就是在原价基础上进行折扣来定价的。这种定价方式可以让顾客直接了解产品的降价幅度以促进顾客的购买。这类价格策略主要用在一些网上商店,它一般按照市面上的流行价格进行折扣定价。

除此之外,如果企业是为拓展网上市场,而产品价格又不具有竞争优势时,则可以采用网上促销定价策略。由于网上的消费者面很广而且具有很大的购买能力,许多企业为打开网上销售局面和推广新产品,采用临时促销定价策略。促销定价除了折扣策略外,比较常用的还有有奖销售和附带赠品销售。

在采用低价定价策略时要注意的是:①由于互联网是从免费共享资源发展而来的,因此用户一般认为网上商品比从一般渠道购买商品要便宜,在网上不宜销售那些顾客对价格敏感而企业又难以降价的产品;②在网上公布价格时要注意区分消费对象,一般要区分一般消费者、零售商、批发商、合作伙伴,分别提供不同的价格信息发布渠道,否则可能因低价策略混乱导致营销渠道混乱;③网上发布价格时要注意比较同类站点公布的价格及市面产品价格,因为消费者可以通过搜索功能很容易在网上找到更便宜的商品,否则价格信息公布将起到反作用。

2) 定制定价策略

在网络营销中个性化服务作为重要的组成部分,那么按照顾客需求进行定制生产就是网络时代满足顾客个性化需求的基本形式。定制化生产根据顾客对象可以分为两类:一类是面对工业组织市场的定制生产,这部分市场属于供应商与订货商的协作问题;一类是面对消费者市场的定制生产,由于消费者的个性化需求差异性大,加上消费者的需求量又少,因此企业实行定制生产必须在管理、供应、生产和配送各个环节上都适应这种小批量、多式样、多规格和多品种的生产和销售变化。

定制定价策略是在企业能实行定制生产的基础上,利用网络技术和辅助设计软件,帮助消费者选择配置或者自行设计能满足自己需求的个性化产品,同时承担自己愿意付出的价格成本。如 Dell 公司的用户可以通过其网页了解本型号产品的基本配置和基本功能,根据实际需要和在能承担的价格内,配置出自己最满意的产品,使消费者能够一次性买到自己中意的产品。在配置产品的同时,消费者也相应地选择了自己认为价格合适的产品,因此对产品价格有比较透明的认识。

定制定价策略也是个性化定价策略的体现。

3) 拍卖竞价策略

网上拍卖是目前发展比较快的领域,经济学认为市场要想形成最合理价格,拍卖竞价是最合理的方式。网上拍卖是厂家可以只规定一个底价,由消费者通过互联网轮流公开竞价,在规定时间内价高者赢得该物品。目前国外比较有名的拍卖站点是:http://www.ebay.com,它允许商品公开在网上拍卖,拍卖竞价者只需要在网上进行登记即可,拍卖方只需将拍卖品的相关信息提交给 eBay 公司,经公司审查合格后即可上网拍卖。该公司成立于 1995 年,目前 eBay 在线交易平台在全球范围内拥有 1.2 亿活跃用户,以及 4 亿多件由个人或商家刊登的商品,其中以全新的"一口价"商品为主。国内拍卖网站主要是淘宝网:http://www.taobao.com,同时许多门户网站也都开设了拍卖社区。

根据供需关系,网上拍卖竞价方式有下面几种。

(1)竞价拍卖

最大量的是 C2C 的交易,包括二手货、收藏品,也可以是普通商品以拍卖方式进行出售。如 HP 公司也将公司的一些库存积压产品放到网上拍卖。

(2)竞价拍买

是竞价拍卖的反向过程,消费者提出一个价格范围,求购某一商品,由商家出价,出价可以是公开的或隐蔽的,消费者将与出价最低或最接近的商家成交。

(3)集体议价

在互联网出现以前,这一种方式在国外主要是多个零售商结合起来,向批发商(或生产商)以数量换价格的方式。互联网出现后,使得普通的消费者能使用这种方式购买商品。集体竞价模式,是一种由消费者集体议价的交易方式。这在目前的国内网络竞价市场中,还是一种全新的交易方式。提出这一模式的是美国著名的 Priceline 公司(http://www. priceline. com)。在国内,雅宝已经率先将这一全新的模式引入了自己的网站。

在拍卖交易关系中,根据交易双方的关系,可以将交易关系形式化为交易模式 X∶Y。在交易模式中 X∶Y 的含义为达成交易时供需者数量的对比。根据数量对比关系,有下面 4 种模式。

(1)11(1 对 1)的交易模式

大部分的个人交易(C2C)、企业以拍卖方式出售商品,传统拍卖企业进行的对单个购买者的拍卖交易,均为这一模式。

(2)1n(1 对多)的交易模式

多数企业对个人的交易(B2C)是这种模式。这一模式中价格的形成,既有供方主导的正向定价法,也有通过集体议价由需方主导的逆向定价法。

(3)m1(多对 1)的交易模式

当任何一个供应方无法满足需求方批量要求时,将由多个商家提供商品或服务,这将导致 m1 的交易模式的使用。

(4)mn(多对多)的交易模式

当集体议价模式盛行,同时参与集体议价的需方数量又超过了单一供应方的供给能力时,mn 交易模式将会出现。

上面一些拍卖竞价方式是一种最市场化的方法,随着互联网市场的拓展,将有越来越多的产品通过互联网拍卖竞价。目前拍卖竞价针对的购买群体主要是消费者市场,个体消费者是目前拍卖市场的主体。因此,采用拍卖竞价并不是企业目前首要选择的定价方法,因为拍卖竞价可能会破坏企业原有的营销渠道和价格策略。采用网上拍卖竞价的产品,比较合适的是企业的一些库存积压产品;也可以是企业的一些新产品,通过拍卖展示起到促销效果,许多公司将产品以低廉价格在网上拍卖,以吸引消费者的关注。

4)捆绑销售价格策略

捆绑销售这一概念在很早以前就出现了,但是直到 20 世纪 80 年代美国快餐业对其的应用,如麦当劳通过这种销售形式促进了食品的销售量,这才引起人们的广泛关注。今天,这种传统策略已被精明的网上企业所应用。网上销售完全可以通过 Shopping Cart 或其他方式巧妙运用捆绑手段,使顾客对所购产品的价格感觉更满意。

5)品牌定价策略

顾客在网上购物往往会有较多的顾虑,如产品的质量、货物的交付等是否有保证。所以与传统营销相比企业形象、企业声誉在网络营销中更显重要。企业形象和声誉较好的企业在网上销售的产品其价格可以比一般企业的高一些,企业形象和声誉较低的企业在网上销售的产品其价格就应比一般企业的低一些。而产品的质量和企业的形象最终凝结在品牌上,以品牌形象表现出来,知名品牌产品的附加价值较高,既能吸引顾客又能为企业增加利润。由于网络营销出现较晚,对于本身已具有很大的品牌效应又得到人们认可的产品,在网上定价中,完全可以对品牌效应进行扩展和延伸,利用网络宣传和传统销售的结合,产生整合效应。

6)动态定价策略

所谓动态定价是指企业根据单个交易水平的供给状况即时确定购买(出售)产品或服务的价格。动态定价方法之所以能吸引大多数企业,是因为它能及时根据单个消费者购买意愿制定价格,在满足消费者需求的同时,将全部或部分消费者剩余转化成厂商剩余。由于网络市场相较于传统市场的信息更加透明,传播速度更快,企业和消费者的信息搜索成本更低,因此在网络交易中,企业可以根据市场变化更加灵活适时地调整价格,尽可能让产品以消费者保留价格售出,最大化企业利润。

上面几种价格策略是企业在利用网络营销拓展市场时可以考虑的几种比较有效的策略,并不是所有的产品和服务都可以采用上述定价方法的,企业应根据产品的特性和网上市场发展的状况来决定定价策略的选择。不管采用何种策略,企业的定价策略应与其他策略配合,以保证企业总体营销策略的实施。

10.2.5 电子商务营销免费价格策略

1)免费价格

(1)免费价格内涵

免费价格就是将企业的产品和服务以零价格形式提供给顾客使用,满足顾客的需求。

免费价格策略是市场营销中常用的营销策略,它主要用于促销和推广产品,这种策略一般是短期和临时性的。但在网络营销中,免费价格不仅仅是一种促销策略,它还是一种非常有效的产品定价策略。

(2)免费价格的种类

具体地讲,产品的免费价格形式有这样几类形式。

①产品和服务实行完全免费。即产品从购买、使用和售后服务所有环节都实行免费服务。

②产品和服务实行限制免费。即企业在一定的时间内免费向消费者提供产品(服务),或顾客可以在一定的使用次数内免费享受产品,超过一定期限或者次数后,取消这种免费服务。

③产品和服务实行部分免费。企业将产品分为不同的层面,有的产品是免费的,有的产

品是要付费的,如一些著名研究公司的网站免费公布部分研究成果,但是要想获取全部成果就必须付款作为公司客户。

④产品和服务实行捆绑式免费。即企业向市场提供某产品或者服务时赠送其他产品和服务。

(3)免费价格的产生背景

免费价格策略之所以在互联网上流行,是有其深刻的背景的。一方面,由于互联网的发展得益于免费策略实施;另一方面,互联网作为20世纪末最伟大的发明,它的发展速度和增长潜力令人生畏,任何有眼光的人都不敢放弃这一发展成长的机会,免费策略是最有效的市场占领手段。目前,企业在网络营销中采用免费策略有两个目的:一个目的是让用户免费使用形成习惯后,再开始收费,如金山公司允许消费者在互联网下载限次使用的WPS2000软件,其目的是想消费者使用习惯后,然后掏钱购买正式软件,这种免费策略主要是一种促销策略,与传统营销策略类似。另一个目的是想发掘后续商业价值,它是从战略发展的需要来制定定价策略的,其目的是先占领市场,然后再在市场上获取收益。如Yahoo!公司通过免费建设门户站点,经过4年亏损经营后,通过广告收入等间接收益扭亏为盈,但在前四年的亏损经营中,公司却得到飞速增长,这主要得力于股票市场对公司的认可和支持,因为股票市场看好其未来的增长潜力,而Yahoo!的免费策略恰好是占领了未来市场,具有很大的市场竞争优势和巨大的市场盈利潜力。

2)免费产品的特性

网络营销中产品实行免费策略是要受到一定环境制约的,并不是所有的产品都适合于免费策略。互联网作为全球性开放网络,它可以快速实现全球信息交换,只有那些适合互联网这一特性的产品才适合采用免费价格策略。一般说来,免费产品具有下面一些特性。

(1)产品的数字化

互联网是信息交换的平台,它的基础是数字传输。对于易于数字化的产品都可以通过互联网实现零成本的配送。企业只需要将这些免费产品放置到企业的网站上,用户可以通过互联网自由下载使用,企业通过较小成本就实现产品推广,可以节省大量的产品推广费用。

(2)产品的无形性

通常采用免费策略的大多是一些无形产品,它们只有通过一定的载体才能表现出一定的形态。如软件、信息服务(如报纸、杂志、电台、电视台等媒体)、音乐制品、图书等。这些无形产品可以通过数字化技术实现网上传输。

(3)产品的零制造成本

零制造成本主要是指产品开发成功后,只需要通过简单复制就可以实现无限制的生产,如理论研究成果、产品使用说明、产品介绍和指导等。对这些产品实行免费策略,企业只需要投入研制费用即可,至于产品生产、推广和销售则完全可以通过互联网实现零成本运作。

(4)产品的成长性

采用免费策略的产品一般都是成长性较好的产品,它是想利用产品成长推动占领市场,为未来市场发展打下坚实基础。

（5）产品的冲击性

采用免费策略的产品主要目的是推动市场成长，开辟出新的市场领地，同时对原有市场产生巨大的冲击。如 3721 网站为推广其中文网址域名标准，以适应中国人对英文域名的不习惯，采用免费下载和免费在品牌电脑预装策略，在 1999 年短短的半年时间内迅速占领市场成为市场标准。

（6）产品的间接收益性

采用免费价格的产品（服务），可以帮助企业通过其他渠道获取收益。这种收益方式也是目前大多数 ICP 的主要商业运作模式。

3）免费价格策略的实施

（1）免费价格策略的风险

自从有了 Internet 之后，使得人们产生了疯狂的想象力，大家都在想怎样才能在网上迅速膨胀，迅速扩大自己的知名度。大家都在寻找这种机会。Internet 上最早出现这样的机会是浏览器，Netscape 把它的浏览器免费提供给用户，开创了 Internet 上免费的先河。后来微软也如法炮制，免费发放 IE 浏览器。再后来 Netscape 公布了浏览器的源码，来了个彻底的免费。

然而作为企业其经营的主要目的是盈利，没有哪个企业是做赔本买卖的。Netscape 当时允许用户免费下载浏览器，主要的目的也是在用户使用习惯之后，再开始收钱，这是 Netscape 提供免费软件的背后动机。所以对于这些公司来说，为用户提供免费服务只是其商业计划的开始，商业利润还在后面。但是并不是每个公司都能顺利获得成功，IE 的出现打碎了 Netscape 的美梦，Netscape 的免费浏览器计划没有成功。所以，对于这些实行免费策略的企业来说必须面对承担很大风险的可能性。

（2）免费价格策略实施中应考虑的问题

免费价格策略一般与企业的商业计划和战略发展规划紧密关联，企业要降低免费策略带来的风险，提高免费价格策略的成功性，应遵循以下步骤思考问题。

①商业运转模式。互联网作为成长性的市场，在市场获取成功的关键是要有一个科学可行的并能获取成功的商业运作模式，因此考虑免费价格策略时必须考虑是否能与商业运作模式吻合。

②市场需求分析。市场需求分析主要是分析采用免费策略的产品能否获得市场认可，也就是企业提供的产品是否是市场迫切需求的。在互联网上通过免费策略已经获得成功的公司都有一个特点，那就是他们所提供的产品受到市场极大欢迎。如 Baidu 的搜索引擎克服了在互联网上查找信息的困难，给用户带来了便利；而我国的 Sina 网站提供了大量实时性的新闻报道，满足了用户对新闻的需求。

③产品导入机会。主要是分析免费产品推出的时机。在互联网上的游戏规则是"Win take all（赢家通吃）"，既只承认第一，不承认第二，因此在互联网上推出免费产品是为抢占市场，如果市场已经被占领或者已经比较成熟，则要审视推出的产品的竞争能力。

④免费价格产品获得的条件。由于免费价格策略本身存在的风险，企业在提供免费价格产品时一要考虑产品是否适合采用免费价格策略；二要考虑顾客获得免费价格产品的条件。目前国内外很多提供免费 PC 的 ISP，对用户也不是毫无要求，它们有的要求用户接受广

告;有的要求用户每月在其站点上购买多少钱的商品;还有的提供接入费用等。

⑤产品推广策划。产品推广策划主要是策划免费价格产品的推广。互联网是信息海洋,对于免费的产品,网上用户已经习惯。因此,要吸引用户关注免费产品,应当与推广其他产品一样有严密营销策划。在推广免费价格产品时,主要考虑通过互联网渠道进行宣传。如 3721 网站为推广其免费中文域名系统软件,首先通过新闻形式介绍中文域名概念,宣传中文域名的作用和便捷性;然后与一些著名 ISP 和 ICP 合作,建立免费软件下载链接,同时还与 PC 制造商合作,提供捆绑预装中文域名软件。

10.3　网上支付与安全

10.3.1　电子支付的含义与特点

1)电子支付的含义

电子支付指的是消费者、商家和金融机构之间通过网络安全地处理电子货币信息,以清偿网上交易中的债务。

2)电子支付的特性

理想中的电子支付系统应具备如下特征。

①可接受性。主要指付款基础设施必须被社会广泛接受。

②匿名性。能够保证顾客匿名支付,使其身份得到保护。

③可兑换性。即数字货币可兑换成其他类型的货币。

④灵活性。可以支持多种付款方式。

⑤安全性。在开放式网络上安全地进行金融交易。

⑥可伸缩性。新顾客或贸易商的加入不会引起基础设施的崩溃。

10.3.2　网上支付的方式

1)电子银行

电子银行是指银行在互联网上建立站点,通过互联网向客户提供信息查询、对账、网上支付、资金转账、信贷、投资理财等金融服务,它包括电话银行、手机银行、网上银行和 ATM 机等自助终端。更通俗地讲,电子银行泛指银行利用电子化网络通信技术从事与银行业相关的一切活动。电子银行就是银行在互联网上设立的虚拟银行柜台,传统的银行服务不再通过物理的银行分支机构来实现,而是借助技术手段在互联网上实现。根据不同的属性,电子银行可分为不同的种类,如按照产品使用对象的不同,可以分为企业电子银行产品和个人电子银行产品;按照产品使用方式和服务渠道不同,可以分为网上银行、电话银行、手机银行、自助银行、电子商务、电视银行等。

2)第三方支付平台

所谓第三方支付平台(the Platform of Third Party Payment),是指一些和国内外各大银行签约并具备一定实力和信誉保障的第三方独立机构提供的交易支持平台,是买卖双方在交易过程中的资金"中间平台",是在银行监管下保障交易双方利益的独立机构。在通过第三方支付平台的交易中,买方选购商品后,使用第三方平台提供的账户进行货款支付,由第三方通知卖家货款到达、进行发货;买方检验物品后,就可以通知付款给卖家,第三方再将款项转至卖家账户。第三方平台通过提供通信、计算机和信息安全技术,在商家和银行之间建立连接,起到信用担保和技术保障的职能,从而实现从消费者到金融机构以及商家之间货币支付、现金流转、资金清算、查询统计。第三方电子商务支付平台作为一种新的网络交易手段和信用中介,不仅具备资金传递功能,而且能对交易双方进行约束和监督,较好地解决了长期困扰电子商务支付的诚信环境与安全机制问题,使电子商务的信息流、资金流与物流得以协同运作。

3)移动支付

根据移动支付论坛(Mobile Payment Forum,2002)的定义,移动支付(Mobize Payment)是指交易双方为了某种货物或业务,通过移动设备进行的商业交易,这当中移动支付所使用的移动终端可以是手机、PDA 和移动 PC 等。黄超(2007)等学者认为移动支付有广义和狭义之分,并提出狭义上移动支付特指使用手机为终端的移动支付,而广义移动支付是指交易双方为了某种货物或者服务,使用移动设备为载体,通过移动通信网络实现商业的交易。一般认为,从本质上讲,移动支付是将移动网络与金融系统相结合,将移动通信网络作为实现移动支付的工具和手段,为客户提供商品交易、缴费、银行账户管理等金融服务的业务。

在对移动支付进行分类时,根据不同的分类标准会有不同分类。

(1)根据交易金额大小分为小额支付和大额支付

小额支付指单笔交易金额在 100 元以下的移动支付业务。通常指购买移动内容的业务,例如:视频下载、游戏点卡等的购买,这种小额支付比较注重交易的方便性和迅速性。大额支付指的是交易金额大于 100 的支付业务,适用于在线交易或近端交易,比较注重交易的安全性。

(2)根据账号设立的不同分为移动运营商代收费和手机与银行卡绑定收费两种

移动运营商代收费是指移动运营商为商户提供服务,用户通过手机账户进行商品购买,金额由移动运营商从其手机中扣除,再同金融机构进行结算。由于金融机构的管制,目前此方法在我国仅限于小额支付。手机与银行卡绑定收费是指银行为用户提供信用,将用户银行卡账号同手机号连接起来,费用从用户银行账户中扣除。

(3)根据发生时间不同可分为预支付、在线即时支付和离线信用支付等三类

预支付是指消费者事先支付一定数量的现金,来购买储值卡或电子钱包,交易时直接从此储值卡或电子钱包中扣除交易金额,当余额不足时则无法交易,必须在储值卡或电子钱包中补足金额后方可消费;在线即时支付一般来说,在线即时支付需要结合消费者的银行账户,在消费前,消费者必须先指定特定的银行扣款账户,在消费时,通过金融服务提供者确认消费者指定账户内有足够的余额可供扣款,当交易完成时马上将交易金额从消费者账户转至商家账户;离线信用支付是指在消费者消费之后,消费金额可以纳入当月的手机账单信用卡账单或银行账单中,不需交易完毕后马上支付,其优点是消费者先消费后付款,可以灵活运用手上的现金,但金融服务提供者必须承担呆滞账的风险,因此不适合于大额支付。

10.3.3 网上支付结构

1）支付过程的参与者

电子支付过程的主要参与者有金融机构及银行、收款人和付款人、金融专用网、支付网关、网上支付应用软件、网上支付安全系统。

2）SWIFT 网络

SWIFT 网络是世界上大多数银行进行网上支付必不可少的网络。各国银行把 SWIFT 协会指定的银行标识码作为唯一共识的银行往来清算账号，它有多种业务模式，应用范围不断扩大。

3）支付模型

网上支付模型详见图 10.1。

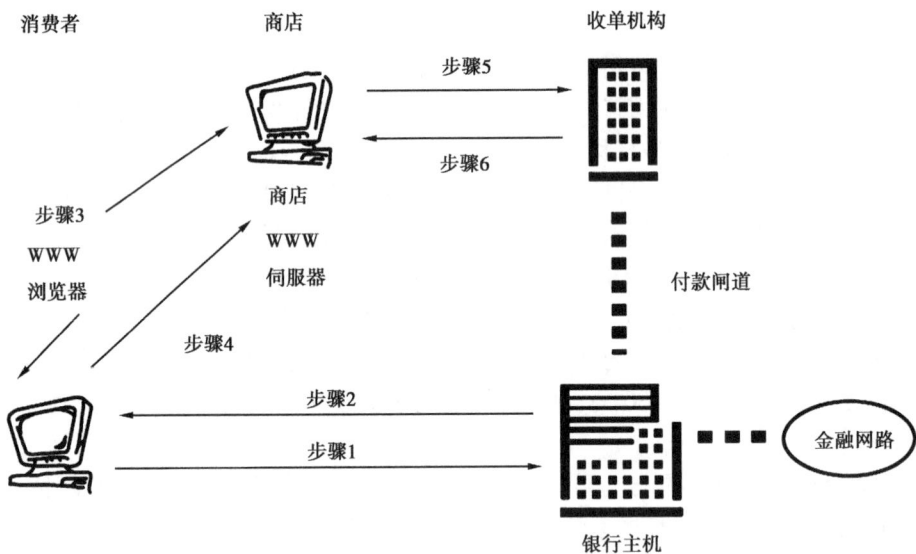

图 10.1　网上支付的完整支付过程

步骤 1：消费者向银行申请电子现金。

步骤 2：银行在验证了消费者身份后，从消费者的真实账户中扣款，并将等值的电子现金存入消费者的电子钱包。

步骤 3：当消费者通过 WWW 浏览器连接到网络商店观看商品并决定要购买某项商品时，按下"购买"键，商店端的软件就会将此商品的订单送给消费者的电子钱包软件。

步骤 4：电子钱包开始激活管理功能，将订单上所列的电子现金支付给商店端。

步骤 5：商店端在收到消费者送来的电子现金后就会传送到银行去验证这笔电子现金是否为银行发行的合法电子现金。

步骤 6：如果验证无误的话银行就会通知商户验证成功，并将电子现金转成相对的真实现金金额存入商户账户。随后商户将消费者所订的购买对象送出。订的货品出去了。这样就完成了一笔网上交易。

10.3.4　网上支付技术

网上购物的电子支付技术主要是网上支付系统软件。

IBM 公司所宣传的 Commerce Point 系统软件是较为完整的电子商务解决方案,它所涉及的支付主要系统如下。

①电子钱包系统。该软件携带消费者的信用卡信息,安装在用户的微机上,内嵌在浏览器内,含电子签名,只能由信用卡处理器打开进行交易。

②电子收款机系统。主要用来管理付款流程的所有作业。

③支付网关系统。主要用来完成用户和商家同银行系统的通信工作,处理 SET 协议与银行卡格式标准的转换,并查实 SET 信息的有效性。

10.3.5　网上支付的安全性

基于交易安全的考虑,许多消费者对网上付款有所顾虑,所以网上支付的核心问题是交易安全问题。

1) 网上支付的安全技术

①公共密钥密码学。即密钥是成双的,一个用来加密,一个用来解密;一个是公开的,一个是自己保留的。

②数字摘要。它采用单向 Hash 函数将需加密的明文摘要成一串 128 bit 的密文,它有固定的长度,且不同的明文摘要成密文,其结果总是不同的。

③数字签名。可以防止电子信息被人作伪,或冒用别人名义发送信息,或发出(收到)信件后又加以否认等情况发生。

④数字凭证。其作用是通过电子手段检验用户的身份及对网络资源的访问权限。

⑤认证中心。交易双方均可在认证中心取得对方的凭证,从而证明对方公共密钥与身份的相关性。

2) 网上支付的法律问题

完善网上交易立法,在立法过程中应遵循保护消费者原则;促进广泛参与原则;确保稳定性原则;维持金融秩序原则;与国际接轨原则等基本原则。加强对发行主体的限制和监管方面的立法,明确发行对等资金的法规管理。

［本章小结］

价格是产品在营销中一个无法被替代的要素。价格既直接影响企业的盈利水平,又是企业市场竞争中的一个重要手段。网络的应用一方面给企业带来费用的节约;另一方面在价格策略中与传统营销有别。

网络营销价格策略因产品的不同、目标顾客的不同,在保留了传统营销理论的定价方法、定价技巧的基础上,借助网络营销定价的特点及影响定价的因素,进行价格决策,在价格策略上除传统营销定价策略的内容外,还包括了拍卖竞价、捆绑销售定价、品牌定价以及免费价格策略等。

网上电子支付中安全成为人们最为关心的问题,同时也成为网络交易、电子商务发展的滞障。因此,发展网络贸易就必须制定相关法律,完善市场体制,借先进成熟的技术,保证网上支付系统高效、可靠、安全、稳定地运行。

[思考题]

1. 简述影响网络营销价格的因素。
2. 网上产品定价的基础是什么?
3. 网络产品常用的定价策略有哪些?
4. 简述免费价格策略在网上流行的原因。
5. 简述品牌定价策划的要点。
6. 简述适用免费价格的产品应具备的条件。

[案例分析]

移动支付:从"贴身肉搏"到"深度布局"

出门可以不带钱包,但是千万不能不带手机。多年前,这句话或许还只是一句玩笑,但是今天已经成为现代人生活的真实写照。在智能终端和移动互联网的普及下,移动支付应用正在快速兴起,并且深刻改变了人们的生活习惯。无论是在商场、超市、餐厅、药店还是公共交通工具上,只需一部手机就可完成支付,付款找零以及装着现金和银行卡的钱包似乎已经成为一种负担。作为移动互联网的典型应用,移动支付还将在产业链各方的推进下深入发展,移动支付的应用场景将极大丰富。出门不需要钱包的那一天即将到来……

据国外媒体报道,谷歌有可能在本月中旬推出移动支付服务 Android Pay。虽然谷歌在多年前就推出了 Google Wallet 的服务,但是这一次的 Android Pay 似乎更像是"玩真的"。目前,谷歌尚未对这一消息进行说明,但是这一传闻无疑给热闹非常的移动支付市场又添了一把火。当前,伴随越来越多力量进入移动支付领域,市场之争日渐升级,在经历了前期一段时间以打车软件补贴竞赛和红包大战为代表的"贴身肉搏"之后,我国移动支付市场的格局初步形成。伴随市场搏杀告一段落,尤其是最近一段时间相关法规的陆续"落地",移动支付市场向着更加理性和规范的方向发展,厂商的关注重点也从用户群体的"明争"转移到支付场景深度布局的"暗战"上。

市场:野蛮生长迈向有序发展

没有了红包大战,移动支付市场稍显沉寂,不过看似沉寂的市场背后,却是应用快速发展、市场规模不断扩大的喜人态势。根据市场研究机构 Analysys 易观智库发布的《中国第三方支付市场季度监测报告 2015 年第 1 季度》数据显示,2015 年第 1 季度中国第三方支付市场移动支付交易规模达 28 292 亿元人民币,环比增长率为 5.18%。比达咨询(BigData-Research)发布的《2015 年上半年中国移动支付研究报告》则显示,2015 年上半年,中国第三方移动支付市场规模达 40 261.1 亿元,环比增长达 24.8%。预计 2015 年下半年该市场规模将达 51 763.8 亿元,环比增速为 28.6%。

伴随时间的推移,移动支付市场的热度丝毫没有减弱的趋势,反而凭借应用普及而呈现出越来越火的态势。最近一段时间,谷歌即将推出移动支付服务 Android Pay 引发了业界关注。作为互联网巨头之一,业界一直期待谷歌能够推出一款足够有影响力的移动支付应用,但是之前谷歌推出的 Google Wallet 却颇为令人失望。而业界另外一个巨头苹果的 Apple Pay 也未能有超出预期的表现。放眼国内,移动支付正在以前所未有的速度快速普及,以支付宝和财付通为代表的第三方支付机构发展迅猛,用户规模呈现爆炸式增长。

不过需要看到的是,在之前缺乏法律法规的情况下,移动支付市场可谓"野蛮生长",创新和打"擦边球"的情况并存。而伴随市场规模不断扩大,市场监管部门也正在加大监管力度,市场的规范发展提上日程。2015 年 7 月 18 日,中国人民银行、工业和信息化部、公安部等十部委发布《关于促进互联网金融健康发展的指导意见》[银发(2015)221 号],这部号称互联网金融行业"基本法"的规定首次明确了互联网支付的定义、宗旨,以及对第三方支付机构的原则要求和监管机构等内容。7 月 31 日,中国人民银行公布了《非银行支付机构网络支付业务管理办法(征求意见稿)》,对于第三方互联网支付的认证要求、支付限额、业务范围作了较为明确的规定,特别是对于消费账户的限额和综合理财账户的限制,被业内人士称为"史上最严"。

相关法规的陆续落地,引发了行业震动。虽然政策监管力度加大是否会抑制创新的讨论一直都存在,但是移动支付市场的规范发展已经成为主旋律。

争夺:支付场景成为制胜关键

砸钱对掐的豪战熄火,但是不见硝烟的暗战却正胶着。相较之前在"入口"上的频繁交火,如今巨头似乎更加中意场景上的巧妙布局。伴随移动支付应用不断普及,以及市场格局的初步形成,巨头正在将目光从原来的线上逐渐转向线下以及线上线下的互动,大力丰富移动支付的线下应用场景。相信很多用户已经感觉到,似乎就在不知不觉间,身边能够使用移动支付的场所越来越多,超市、商场、便利店、药店、餐馆等都可以使用手机支付。

有观点认为,消费服务场景已经成为移动支付发展的强有力引擎,移动支付的战争已经逐渐转化为场景的战争。支付入口、支付场景和支付服务已经成为影响移动支付成败的三个关键因素。可以看到,在最近几年的跑马圈地中,移动支付入口之争已经告一段落,在没有强有力的新进入者的情况下,我国移动支付市场格局已经初步形成,在第三方支付领域,支付宝和财付通占据市场前两位的优势地位。

"场景化支付"一直都是阿里巴巴打造商业生态圈的一个重要组成部分。近两年来,支付宝加强了线下便利店、超市、餐厅等日常消费场景中移动支付应用的布局。作为抢占市场的策略,支付宝不仅给线下的商户免费安装扫码枪,同时费率也低于其他传统的线下支付工具。值得一提的是,除了在国内布局,支付宝的海外应用场景也在不断增多,推出了支付宝退税等便民服务。日前,支付宝还和万豪集团合作开拓酒店支付的场景,万豪集团旗下分布于全球的多家酒店将陆续推出支付宝服务。

在支付宝大展拳脚的同时,腾讯金融也在排兵布阵。2015 年年初腾讯金融和便利店品牌 7-11 开展合作。6 月,腾讯与中石油签署战略合作框架协议,双方将在移动支付、互联网金融以及 O2O 等业务上开展合作。7 月,财付通宣布 QQ 钱包和滴滴打车开展合作,滴滴打车 APP 正式接入 QQ 钱包支付,包括北京、上海、广州在内的 54 座城市的用户可以使用 QQ 钱包支付打车费用。

事实上,除了支付宝和财付通,包括互联网企业、金融机构在内的业界各方都将目光瞄准了"场景"。可以预见,在各方的积极推动下,移动支付场景将在短时间内快速丰富,而对于用户而言,出门不带钱包将成为触手可及的现实,一个支付改变生活的时代正在向我们走来。

(资料来源:艾瑞网 :移动支付从"贴身肉搏"到"深度布局"http://news. iresearch. cn/content/2015/09/254235. shtml)

[案例思考]

1. 网上支付与传统支付相比较,优势和劣势是什么?

2. 从政府、企业、个人三个角度谈谈如何保障网上支付的安全?

第 11 章
网络营销服务策略

11.1 网络营销服务概述

11.1.1 网络营销服务的兴起

最早是在 1960 年,美国市场营销学会将服务定义为"为销售产品而提供的,或是与销售产品有关的活动,好处或满意"。之后,西方管理和营销学者们从各自的角度对服务加以定义,如美国学者朱迪・波伦鲍姆的服务定义为服务是所有权的转移;美国学者约翰・史丹顿将服务局限于服务业;还有人强调了服务的无形性。营销大师科特勒将服务定义为:服务是一方能够向另一方提供的基本上是无形的任何功效或礼仪,并且不导致任何所有权的产生,它的产生可能与某种有形产品联系在一起,也可能毫无联系。

随着网络经济时代的发展和进步,服务在社会中的重要性与日俱增。社会经济越发达,服务地位就越突出。服务既是企业间竞争的焦点,也为企业的发展提供机遇,不论是服务业还是以产品营销为主体的企业,服务将成为企业价值和利益的核心。服务的这种突出地位是由市场驱动和技术驱动这两个原因决定的:一方面顾客已经不满足于用技术手段解决需求问题,顾客要求企业提供更多的形象价值、人员价值、超值服务,尽量减少顾客的时间成本、精神成本、精力成本;另一方面,技术的发展,尤其是在信息技术领先发展的条件上,企业的创新服务变得更加便捷,服务变得高性能和智能化。

网络营销服务同样具有上述服务的本质和内涵,只是网络营销服务是通过互联网来实现的,由于服务的特性,传统的服务不得不受制于地理和时间的间隔,因特网的虚拟性使得网络营销服务可以突破时空限制。因此,网络营销服务的重要性日益突出,日益成为企业竞争中的新热点。

11.1.2 网络营销服务分类与特点

根据服务的比例,企业提供的服务可以分为四类:纯有形货物的较少服务、伴随服务的有形货物、主要服务伴随小物品和小服务、纯服务。对于网络营销服务,则可以简单划分为网上产品服务营销和服务产品营销。网上产品服务营销主要指前面两类服务,服务是产品营销的一个有机组成部分。网上服务产品营销是指无形产品,它包括可以通过互联网直接进行传输和消费的服务产品的营销活动。对于服务产品营销除了关注服务销售过程的服务外,还有针对服务产品的特点开展营销活动。根据网络营销交易的时间间隔,可以将服务划分为销售前服务、销售中的服务和售后服务。

服务区别于有形产品的主要特点是不可触摸性、不可分离性、可变性和易消失性。同样,网络营销服务也具有上述特点,但其内涵发生了很大的变化,具体表现在以下几个方面。

(1)增强顾客对服务的感性认识。服务最大的局限在于服务的无形性和不可触摸性,因此在进行营销服务时,经常需要对服务进行有形化,通过一些有形方式表现出来,以增强顾客的体验和感受。

(2)突破时空不可分离性。服务的最大特点是生产和消费同时进行,因此服务往往受到时间和空间限制。顾客为寻求服务,往往需要花费大量时间等待和奔波。基于互联网的远程服务则可以突破服务的时空限制。如现在的远程医疗、远程教育、远程培训等。

(3)提高更高层次的服务。传统服务的不可分离性使得顾客寻求服务受到限制,互联网的出现突破了传统服务的限制。顾客可以通过互联网得到更高层次的服务,顾客不仅可以了解信息,还可以直接参与整个过程,最大限度满足顾客的个人需求。

(4)顾客寻求服务的主动性增强。顾客通过互联网可以直接向企业提出要求,企业必须针对顾客的要求提供特定的一对一服务,而且企业也可以借助互联网低成本地满足顾客的一对一服务的需求,当然企业必须改变业务流程和管理方式,实现柔性化服务。

(5)服务成本效益提高。一方面,企业通过互联网实现远程服务,扩大服务市场范围,创造新的市场机会;另一方面,企业通过互联网提供服务,可以增强企业与顾客之间的关系,培养顾客忠诚度,减少企业营销成本费用。因此,许多企业将网络营销服务作为企业在市场竞争中的重要手段。

11.1.3　网络营销服务层次

服务是企业围绕顾客需求提供的功效和礼仪,网络营销服务的本质就是让顾客满意,顾客是否满意是网络营销服务质量的唯一标准。要让顾客满意就是要满足顾客的需求。顾客的需求一般是有层次的,如果企业能够提供满足顾客更高层次需求的服务,顾客的满意程度就会越高。网络营销服务利用互联网的特性可以更好地满足顾客不同层次的需求(见图11.1)。

1)产品信息的了解

网络时代,顾客需求呈现出个性化和差异化特征,顾客为了满足自己个性化的需求,需要全面、详细了解产品和服务信息,寻求出最能满足自己个性化需求的产品和服务,这些要求是传统的营销媒体所难以实现的。互联网作为廉价的、自由的信息交互平台,为顾客与企业间的沟通建立了良好的基础。为满足顾客对产品信息的了解需求,企业可以通过建立网络营销站点,在网络营销站点上发布产品信息,顾客可以自由了解产品信息,而不受时间和空间限制。

2)解决问题

顾客在购买产品或服务后,可能面临许多问题,需要企业提供服务以解决顾客面临的问

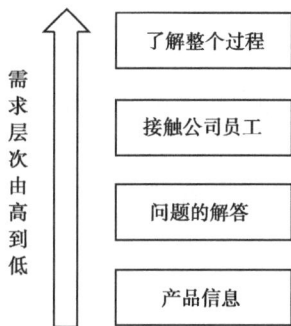

图 11.1 顾客的需求层次

题。顾客面临的问题主要是产品安装、调试、试用和故障排除,以及有关产品系统的知识等,这些都应该是服务顾客的范围。帮助顾客解决问题常常占据了传统营销部门大量时间、物力、人力。而许多问题是重复和简单的,顾客通过自我学习完全可以自行解决。网络营销服务可以很好地解决这一问题。在企业网络营销站点上,许多企业的站点提供技术支持和产品服务,以及常见的问题解释(FAQ)。有的还建设有顾客虚拟社区,顾客可以通过互联网向其他顾客寻求帮助,自己学习解决。这样,既提高了顾客对产品的了解程度,同时顾客可以及时得到服务;企业也可以减少大量不必要的简单重复劳动,将精力放在一些新问题和难以解决的问题上,更好地为顾客服务。

3) 接触公司人员

对于有些比较难以解决的问题,或者顾客难以通过网络营销站点获得解决方法的问题,顾客也希望公司提供直接支援和服务。这时,顾客需要与公司人员进行直接接触,向公司人员寻求意见,得到直接答复或者反馈顾客的意见。互联网的出现,一方面可以大大减少顾客对直接接触公司人员的需求;另一方面可以更加有效地为要求进行直接接触的顾客提供更高水平的服务。与顾客进行接触的公司员工,在解决顾客问题时,可以通过互联网获取公司对技术和产品服务的支持。

4) 了解全过程

现代顾客不仅需要了解信息,接触营销人员,而且常常在整个营销过程中积极主动参与产品的设计、制造、运送等。这一点充分体现了现代客户个性服务的双向互动特性。顾客了解的产品信息越详细,他们对自己需要什么样的产品也就越清楚,企业要实现个性化的顾客服务,就需要改造企业的业务流程,将企业业务流程改造成按照顾客需求进行的产品设计、制造、改进、销售、配送和服务。顾客了解和参与整个过程意味着企业与顾客需要建立一种"一对一"的关系,这种关系的建立为小企业挑战大企业独霸市场的格局提供了有力的保证,因为互联网可以帮助企业更好地改造业务流程以适应对顾客的"一对一"营销服务。小企业对市场份额的不断占领是大规模市场向细分市场演变的具体表现。这种市场局面正在渐渐地形成,比如在计算机市场或软件市场中,最大的份额不再是 IBM 或微软,而是无数的小企业群体。

上述的几个层次的需求之间是一种相互促进的关系。只有低层次需求满足后才能促进更高层次的需求。同时本层次需求满足得越好就越能推动下一层次的需求。顾客的需求越得到满足,企业与顾客关系也越密切。网络营销服务借助互联网技术可以更好地适应顾客的个性化需求,满足顾客更高层次的需求,提高顾客满意程度,培养顾客对企业的忠诚。企业也可以通过网络营销服务最大限度地满足顾客需求,减少企业营销成本。

11.2　网络客户满意管理

11.2.1　顾客让渡价值

顾客让渡价值是指顾客总价值与顾客总成本之间的差异。总顾客价值是顾客期望从某一特定产品或服务中获得的一组价值或利益。总顾客成本是在评估、获得和使用某种产品或服务过程中,顾客所预计发生和支付的全部费用。

顾客让渡价值理论对于公司任何层面的市场营销都有重要的指导意义。它为公司在各项业务规划中满足顾客价值,为实现顾客利益提供了一个有价值的分析及管理框架。第一,公司不同业务层和产品层在开展市场营销的时候,需要对竞争者产品各要素进行详细分析,在此基础上,确定自身产品或服务给顾客的总价值和顾客的总成本,清楚自身产品与竞争者产品的定位。第二,为顾客让渡价值有两种可以选择的途径:一是在既定的成本先定下,在产品和服务中最大限度地增加总顾客价值。例如,增加产品或服务功能,提高质量等;二是尽量减少顾客的总成本,如降低价格、简化购货或送货程序等。

11.2.2　客户满意的内涵

美国著名营销学者科特勒将客户满意定义为:"一个人通过对一个产品(服务)的可感知的效果(或结果)与他的期望值相比较后所形成的感觉状态,即客户从其所察觉的产品或服务的表现与客户期望的相互比较中产生的高兴或失望的情绪。"目前普遍公认的客户满意定义是由学者奥立佛提出的,他认为客户满意是客户得到满足后的一种心理反应,是客户对产品和服务的特征或产品和服务本身满足自己需要的程度的一种判断,客户要判断自己需要的满足程度,就必须对产品和服务的实绩与某一标准进行比较,由于比较的标准不同,客户消费后的心理认知也就不同。对于这一概念,大部分学者强调的重点是消费者对某一消费进程的期望与实际消费经历的比较,即客户满意是客户对所接受的产品或服务过程进行评估,以判断是否能达到他们所期望的程度。

11.2.3　网络客户满意的建立

根据客户满意的定义,客户满意度是客户建立在期望与现实基础上的,对产品与服务的主观评价,一切影响期望和服务的因素都可能影响客户满意度。特别是在网络时代,通过网络营销这种手段,产品的生产者会更多地直接面对消费者,消费者是否满意至关重要,这要求企业从观念到手段进行更新与落实。要想使顾客让渡价值最大,就要提高顾客总价值,同时,降低顾客总成本。这要求企业一是开发顾客满意的产品;二是要提供给顾客满意的服务。互联网时代网络客户满意的建立可以做到以下几点。

1）树立良好企业形象

企业是产品与服务的提供者,其规模、效益、形象、品牌、公众舆论等内在或外部表现的东西都能影响消费者的判断。如果企业给消费者一个很恶劣的形象,很难想象消费者会选择其产品。

2）提升产品质量和服务

在网络背景下,产品质量依然构成了影响客户满意度的主要因素。在网络购物时,由于对商品信息的可获得性相对较大,对于同一种类型的商品,客户可以货比百家甚至千家,在产品质量,价格相当的情况下,客户的选择依据多半是由产品所带来的附加利益所决定的。比如说下次购买提供优惠,退货保证,免费寄送措施,等等。总之,在保证利润的前提下,企业给客户带来的附加利益越多,客户越容易满意,重复购买的几率就很大,久而久之形成长期的忠诚。

3）与客户建立良好的关系

良好的客户关系对于企业的成败至关重要。如今,消费者的消费心理不仅仅停留在基本需求的满足上,而是拥有更加多样化和个性化的需求,这也使得市场需求变得越来越捉摸不定。在网络营销中,企业应该多利用互联网及有关数据库技术,数据分析技术等搜集消费者信息,并进行各种各样的分析,提供决策服务。在收到客户订单后,服务器可自动汇集客户信息到数据库中,继而对收到的订单进行分析,引导新商品的生产、销售和消费。

4）加强与消费者互动

企业可以通过 BBS、产品线上展示、电子邮件等方式,以极低的成本在营销全过程中对消费者进行随时的信息搜集。消费者则有机会对从产品设计开发到定价和服务等一系列问题发表意见,这种双向互动的沟通方式提高了消费者的参与性和积极性,更重要的是它能使企业的营销决策有的放矢,从根本上提高消费者的满意度。

11.2.4　网络客户满意的维系

大多数的营销理论和实践往往集中在如何吸引新的客户上,而不是维系现有顾客方面,强调创造交易而不是关系。讨论的焦点往往集中在售前活动本身,而不是售后活动。一个公司精明之举应该是经常测试顾客的满意度,因为留住顾客的关键是顾客满意。

一个高度满意的顾客会忠诚公司更久,购买更多的公司新产品和提高购买产品的等级,他们为公司和它的产品说好话,忽视竞争品牌和广告并对价格不敏感,向公司提出产品或服务建议,由于交易惯例化而比新顾客降低了服务成本。那么网络企业在维系客户满意上需要做到如下几点:①提升客户的获得价值。包括提升产品质量;以客户为中心,提供个性化的产品和服务;加强与客户情感联系;向客户提供额外利润,增加客户转移成本。②把握客户期望。了解客户对产品和服务的真正期望值,根据了解情况再对产品和服务进行调整,最终提高顾客满意度。③完善客户抱怨处理机制。当客户对产品或服务不满意时,往往会形成客户抱怨,而对客户抱怨的处理手段,也会影响客户满意度的高低,如果企业对客户抱怨不予理睬,或者处理效率机制极其低下,那么就会恶化客户的不满意程度;但是如果对客户的抱怨及时有效地处理,不满意的客户可能重新感到满意,客户满意度会上升,从而会变得更加忠诚,并且随之而来的正面口碑对于吸引潜在客户产生的作用也是难以估计的。

11.3 网络营销个性化服务

11.3.1 个性化服务与消费者需求

个性化服务(Customized Service)也叫定制化服务,就是按照顾客特别是一般消费者的要求提供特定服务。它包括三个方面:服务时空的个性化,即在人们希望的时刻和希望的地点得到服务;服务方式的个性化,即能根据个人爱好或特色来进行服务;服务内容的个性化,服务内容不再是千篇一律,而是各取所需,各得其所。

消费者需求特征随着技术,社会的发展经历了以下演变。

(1)前大众传媒、大众营销时代的个性化服务

此时的销售形式多为一个区域内的顾客均在一个小百货店购买所需日常用品。由于顾客少,购买点集中,零售店比较熟悉各位顾客的消费习惯和偏好,因此,他在组织货源是不会引入人们不需要的物品,在顾客购买时,他也会根据这位顾客的偏好和习惯向他推荐商品。总之,此时的零售店自发地进行着较为低级的个性化顾客服务。

(2)大规模营销时代的服务

在20世纪50年代,大规模市场营销借助于电视广告、购物商场、大规模生产的工厂,以及适合大批量消费的社会,开始改变着人们的消费方式。大规模市场营销使公司失去了和顾客亲密的关系,它们仅将顾客看成统计报表中的数字,而不是有需求差别的人。事实上,这种情况在今天仍然占主流,但这种大规模市场营销方式必然会走向没落,因为顾客需要的只有一样东西那就是满足其需求的产品! 现在,企业过多的依据市场调研、人口统计、样品市场测试等以偏概全的方法,而忽略了最重要的方法作为营销决策,那就是与顾客保持对话,把顾客看成有特殊需求的人,而不仅是市场调研中的一个数字。

(3)回归个性化

随着21世纪的到来,整个世界以非凡的速度变成了一个计算机网络交织的世界,这使具有大量选择的全球化市场取代了有线选择的国内市场,计算机化生产使产品有利丰富多样化的设计,在此基础上整个市场营销又回归到个性化的基础上。同时个性化的顾客服务日益成为一种企业的现实。市场营销的舞台上不再是企业的独角戏,顾客正在渐渐走上舞台和企业对话。

11.3.2 网络个性化服务策略

网上个性化服务是一种非常有效的网络营销策略,但网上个性化服务是一项系统性工作,它需要从方式上、内容上、技术上和资金上进行系统规划和配合,否则个性化服务很难实现。对于一般网站来说,提供个性化服务要注意下面几个问题。

(1)采用与否的问题

个性化服务是众多网站经营手段中的一种,是否适合自己的网站应用,应用在网站的哪一个环节上,需要根据具体情况而定。

(2)目标群体细分与定位的问题

应用个性化服务首先要做的是细分市场,细分目标群体,同时准确地确定不同群体的需求特点。这几个方面的因素决定这个性化服务的具体方式,也决定着个性化服务的信息内容。另外还要注意的一点是,市场细分程度越高,需要投入个性化服务中的成本也会相应增加,而且对网站技术要求也更高,网站经营者要量力而行。

(3)实时反馈

网络时代是一个速度决定生存的时代,网络消费者已经习惯了计算机速度,当某项操作时间超过了两秒或他所需要的服务超过一个小时,他们就会开始抱怨,在网络时代,"快"可以用秒来度量,当消费者的问题不能及时得到答案时,他们就会很不满意,因此网络服务商们必须建立实时的反馈系统,提供满意的客户服务。

(4)隐私问题

企业在提供个性化服务的时候,必须注意保护用户的一些隐私信息,更不能将这些隐私信息进行公开或出售。侵犯用户的隐私信息,会引起用户反感,甚至会导致用户投诉。

11.4 客户关系管理

11.4.1 客户关系管理概述

1)客户关系的内涵

随着企业从以产品为导向转化为以客户为导向后,客户服务变得越来越重要,而互联网络又进一步提高了对客户服务的要求,因此客户关系管理的种种理念也由此产生。

关于 CRM 的定义有许多,最早提出 CRM 概念的 Gartner Group,把客户关系定义为:"CRM 是一个涉及企业全局的商业战略,企业围绕着客户细分、增加客户的满意度和加强企业和客户的联系展开,以实现企业的可观的利润、收入和客户满意。CRM 为企业提供全方位的管理视角;赋予企业更完善的客户交流能力,最大化客户的收益率。"

AMT(企业资源管理研究中心)对 CRM 的理解为:"CRM 是一种以客户为中心的经营策略,它以信息技术为手段,对业务功能进行重新设计,并对工作流程进行重组。"

SAP 认为,CRM 系统的核心是对客户数据的管理。客户数据库是企业最重要的数据中心,记录着企业在整个市场营销与销售的过程中和客户发生的各种交互行为,以及各类有关的状态,并提供各类数据的统计模型,为后期的分析和决策提供支持。

因此,CRM 的含义主要是:首先,CRM 是一种管理理念,其核心思想是将企业的客户(包括最终客户、分销商和合作伙伴)作为最重要的企业资源,通过完善的客户服务和深入的客户分析来满足客户的需求,保证实现客户的终生价值;其次,CRM 是一种管理软件和技术,它将最佳的商业实践和数据挖掘、数据仓库、一对一营销、销售自动化以及信息技术紧密结合起来,为企业的销售、客户服务和决策支持等领域提供了一个业务自动化的解决方案。

2)客户关系管理的作用

客户关系管理通过采集客户的各种信息,分析客户的信息,掌握客户的真正需求,把销售、营销和客户服务整合到一起,使整个企业协同起来满足客户的需要,不断改善客户的关系,提高客户的满意度和忠诚度,并从现有的客户中获取更大的利润。因此,实施客户关系管理,能够提升企业的竞争能力。具体作用表现为:

①提高客户的满意度和忠诚度,增加客户保持率;

②识别利润贡献度高的客户并采取相应的策略,确保客户关系的可持续发展;

③提供针对性的市场分析数据;

④保持并增强现有的市场渠道,挖掘新的市场资源;

⑤提高服务人员的生产效率,培养高素质的服务代表。

提高效率。通过采用信息技术,可以提高业务流程的自动化程度,实现企业范围内的信息共享,提高企业员工的工作能力,并有效减少培训需求,使企业内部能够更高效地运转。

扩展市场。通过新的业务模式(电话、传真、网络等)扩大企业经营活动范围,提供个性化的产品和服务,把握新的市场机会,占领更多的市场份额。

保留客户。客户可以选择自己喜欢的方式同企业进行交流,方便地获取信息以得到更好的服务。客户的满意度得到提高,可帮助企业保留更多的老客户,并更好地吸引新客户。能够对市场活动进行规划、评估,对整个活动进行360°的透视。能够对各种销售活动进行跟踪,并对跟踪结果进行评判,找出客户企业决策的关键人,从而大大缩短了销售循环周期。增加销售额和客户满意度,降低销售和服务成本,缩短销售周期,增加企业市场利润。

通过销售、市场营销和客户服务活动的集成,优化业务流程,避免多个不协调的客户接触点而产生的差错,降低费用,提高信誉。

3) 客户关系管理的功能

CRM 是"以客户为中心"的管理思想,同时又是一套软件。CRM 在本质上是构建企业持续竞争力优势和核心能力的一整套理念、策略和方案。通常客户关系管理是针对具体的企业来设计的,在这里,我们要从具体的业务中抽象出来,从客户关系管理的功能上来加以描述,如一个好的解决方案,必须能够解决业务问题,提高生产效率,优化客户关系管理等。下面是一般客户关系管理解决方案具有的功能。

(1)销售管理

这一部分将主要包括基础信息的收集、整理和销售活动管理,如产品、客户、联系人、业务描述、时间规划、销售机会、订单、报价、销售人员、费用等大量事项,销售自动化(SFA)将是这一部分的主要指导思想。

(2)客户管理

最好将客户作为销售管理中的主要线索,给予特别的关注。只要包括会建立客户基本信息档案、与客户保持互动和一致性等内容,如与此客户相关的基本活动与历史记录、联系人的详细信息、客户的类型与关系描述以及客户的内部机构设置等方面。

(3)营销分析

通过建模技术、数据挖掘、数据仓库等手段,对市场活动和任务进行全面分析和管理,并产生报表。主要包括工作流程自动化、活动和任务跟踪管理以及预算和收入分析管理等内容,如高价值客户挖掘、针对性的市场活动、促销设计、任务进展和调整以及活动绩效和投资回报等。如基于 Web 的营销活动可以使客户主动地以自己喜欢的方式,在方便的时间、地点和环境下查看他们需要的或可能需要的信息,形成更好的客户体验。而企业在获取商机和客户需求信息后,及时与销售部门合作对这些商业活动进行跟踪,以激活潜在的各类消费并进行成功与失败的市场分析研究。或与相关人员共享信息,改进产品和服务,从速从优地满足客户需求。

(4) 客户服务

客户服务必须能够积极主动地处理客户各种类型的询问、信息咨询、投诉、订单请求、订单执行情况反馈,且能提供高质量的现场服务和其他相关的服务。同时 CRM 中的客户服务中心已经远远超出了传统的电话呼叫中心的服务范围,正在向可以处理各种通讯媒介的客户服务中心演变,电话互动与 E-mail、传真、网站以及其他任何客户喜欢使用的方式相互整合,满足更多客户的要求。

(5) 网站支持

由于电子商务的快速发展,CRM 在网站支持方面将大显身手。这一部分主要包括记录访问网站的客户信息、自动化获取线索、智能化跟踪和互动以及在线产品或服务的定制配置等主要内容。

客户关系管理的功能总的可以归纳为三个方面:对销售、营销和客户服务三部分业务流程的信息化;与客户进行沟通所需的手段(如电话与 E-mail、传真、网站等)的集成和自动化处理;对上述功能中收集的信息进行加工处理,产生客户智能,为企业的战略战术的决策提供支持。

11.4.2 CRM 中的客户服务

客户服务是 CRM 系统的基本功能之一,是实现以"客户为中心"核心思想的具体体现,因此,企业必须分析客户服务的特点,了解企业与客户之间的关系,掌握客户服务的策略,才能更好地实现客户服务,才能留住更多的高价值客户,发展更多的新客户。

1) 客户服务的特点

营销大师科特勒(Kotler,1997)曾对服务下的定义是:"服务是一方为实际上无形的另一方提供的任何行为或工作,它不会导致任何事物的所有权的产生,它的产生可能会或可能不会受到事物的限制。"

可见客户服务具有一定的无形性,或者说是非实体性,表现在两方面:首先,生产过程与消费过程同步,不存在质量检验后销售的问题,这就给服务质量提出了高要求;其次,不可储存性。基于服务与消费同步进行,使得其使用价值不能脱离生产者和消费者而固定在一个耐久的物品上。心理综合感知代替了有形的具体感受。另外,由于服务是双方的协作过程,因此还具有差异性,表现在两方面:首先,接受服务的客户由于年龄、文化、生活背景等的差异导致了个体的消费偏好具有多样性,对同一服务在不同个体的感受和体验具有差异性;其次,提供服务的人员同样由于上述原因也具有个体化特性,提供与被提供服务双方的个性化特点给服务工作带来了很大的困难。

上述的分析表明,传统意义的客户服务作为无形的产品其主要特点有非实体性、不可分离性、差异性、同步性、易逝性等。但随着互联网技术的发展,客户服务的手段不断提高;市场竞争导致客户服务竞争的升级;客户消费心理的变化,要求提供个性化的服务等,对客户服务提出了许多新的要求,客户服务也增添了新的内涵。CRM正好迎合了市场的需要,提出了新的客户服务的理念,体现了客户服务的新变化,因此越来越受到企业的重视。客户服务的新变化具体表现如下。

(1)增加顾客的感性认识

服务的最大局限在于服务的无形性和不可触摸性,因此在进行服务营销时,经常需要对服务进行有形化,通过一些有形方式表现出来,以增强顾客的体验。如 Fed Ex 在为人们提供快递服务时,人们可以实时在网上查询包裹的状态、行程,只要在到达目的地之前,客户可以随时更改包裹的投递,使得人们通过网络服务,提升感性认识。

(2)突破时空不可分离性

服务的最大特点是生产和消费的同时进行,因此服务受到时间和空间的限制。顾客为寻求服务,往往需要花费大量时间去等待和奔波。而互联网的远程服务则可以突破服务的时空限制。如现在的远程医疗、远程教育、远程培训、远程订票等,这些服务通过互联网都可以实现消费方和供给方的空间分离。

(3)提供更高层次的服务

顾客的消费需求是有层次的,当一个层次的需求得到满足后,高一层次的需求就产生了。传统服务的不可分离性使得顾客寻求服务受到限制,互联网的出现突破传统服务的限制。顾客可以通过互联网得到更高层次的服务,顾客不仅可以了解信息,还可以直接参与整个过程,最大限度满足顾客的个人需求。

(4)顾客寻求服务的主动性增强

顾客通过互联网可以直接向企业提出要求,希望得到更多的自助服务,他们需要的不只是好的网站,而是能够让他们自行寻找所需信息、进行交易、查询订单处理进度等整合完善的渠道,企业必须针对顾客的要求提供特定的一对一服务。而且企业也可以借助互联网降低成本来满足顾客的一对一服务的要求,当然企业必须改变业务流程和管理方式,实现柔性化服务。

(5)服务成本降低,效益提高

一方面,企业通过互联网实现远程服务,扩大服务市场范围,创造了新的市场机会;另一方面,企业通过互联网提供服务,可以增强企业与顾客之间关系,培养顾客忠诚度,减少企业的营销成本费用。

(6)个性化服务成为服务的主要特色

个性化服务是指通过不断调整用户档案的内容和服务,达到基于客户的喜好或行为来确定客户的兴趣的目的,在基于客户的喜好和行为的基础上组建经营规则、搜寻相关信息内容,进而以一个整合的、相互联系的形式将这些内容展示给客户。个性化服务可以归纳为服务时空、服务方式和服务内容的个性化。

①服务时空的个性化

互联网突破了传统的时间限制和空间限制。在时间上,互联网可以提供全天候的24小时服务,用户可以根据自己的时间安排接受服务。在空间上,则可实现远程服务和移动服务。

②服务方式的个性化

企业可以通过互联网提供更具特色的服务。假如你到 Dell 公司的网站购买 PC,你可以自己设计,然后由 Dell 公司根据你的要求迅速组装,从此改变了"企业提供什么,用户接受什么"传统方式,而变成了"用户需要什么,企业生产什么"的新方式。

③服务内容的个性化

可以利用一些智能软件技术为用户提供专门服务。用户可以根据自己的需要,选择自己需要的服务。

2) 加强客户关系策略

在互联网时代,客户比以前有了更多的选择,而且只需轻轻点击鼠标就可以贴近你或离你而去。对于企业来说,识别了高价值的客户,仅仅满足客户的需求已远远不够,更重要的是如何能让服务给高价值的客户留下深刻的印象,并不断地利用满足其可预见的需求以及提供个性化服务而带给他们惊喜。因此企业的生存越来越依赖于与客户建立长期稳定的业务关系,为客户提供良好的服务正迅速成为企业业务增长和提高竞争力的有效途径。为此我们必须掌握加强客户关系的各种策略,如建立专门从事顾客关系管理机构、接触计划、实施频繁市场营销计划、实施俱乐部营销规划、实施客户化营销、实施数据库营销计划、退出管理等。

(1) 设立顾客关系管理机构

建立专门从事顾客关系管理机构,选派业务能力强的人任部门总经理,下设若干关系经理。总经理负责确定关系经理的职责、工作内容、行为规范和评价标准,考核工作绩效。关系经理负责一个或若干个主要客户,是客户所有信息的集中点,是协调公司各部门做好顾客服务的沟通者。关系经理要经过专门训练,具有专业水准,对客户负责,其职责是制订长期的客户关系管理计划,制定沟通策略,定期提交报告,落实公司向客户提供的各项利益,处理可能发生的问题,维持同客户的良好业务关系。建立高效的管理机构是关系营销取得成效的组织保证。

(2) 个人接触计划

接触计划即通过营销人员和顾客的亲密交流增进友情,强化客户关系。比如,有的市场营销经理经常邀请客户的主管经理参加各种娱乐活动,如滑冰、野炊、打保龄球、观赏歌舞等,双方关系逐步密切;有的营销人员记住主要顾客及其夫人、孩子的生日,并在生日当天赠送鲜花或礼品以示祝贺;有的营销人员设法为爱养花的顾客弄来优良花种和花肥;有的营销人员利用自己的社会关系帮助顾客解决孩子入托、升学、就业等问题。如果每次接触都很愉快,企业可以很快发掘出客户的潜在需求,从而促进交叉销售。在实施接触计划时要注意:①倾听客户意见;②及时处理客户投诉。

接触计划的缺点在于企业有可能会过分依赖长期接触顾客的营销人员,增加管理的难度。

因此,该策略运用应注意适时地将企业联系建立在个人联系之上,通过长期的个人联系达到企业亲密度的增强,最终建立企业间的战略伙伴关系。

(3) 频繁市场营销计划

频繁市场营销计划也称老主顾营销规划,主要通过向经常购买或大量购买的顾客提供奖励。奖励的形式有通过折扣、赠送商品、奖品等来鼓励重复购买,是零售业经常采用的一种关系营销策略,如航空公司、酒店和信用卡公司经常采用的累积消费奖励。

频繁市场营销计划通过长期的、相互影响的、增加价值的关系来促进最佳客户的购买频率的提高。但是频繁市场营销计划存在有以下缺陷:①容易被竞争者模仿;②客户忠诚度低;③服务水平较低。

(4)俱乐部营销规划

俱乐部营销规划指建立顾客俱乐部,吸引购买一定数量产品或支付会费的顾客成为会员。企业不但可以借此赢得市场占有率和顾客忠诚度,还可提高企业的美誉度。如海尔俱乐部为会员提供各种亲情化、个性化服务,广受欢迎,2000 年底已达 7 万名会员和 800 万名准会员,为企业建立了庞大的顾客网。

(5)客户化营销

客户化营销也称为定制营销,它提供根据客户不同需求制作的产品并开展相应的营销活动。通过提供特色产品、优异质量和超值服务满足客户需求,提高客户忠诚度。依托"大规模定制"的先进制造理念和现代最新科学技术建立的柔性生产系统,可以大规模高效率地生产非标准化的或非完全标准化的客户化产品,成本增加不多,却使得企业能够同时接受大批客户的不同订单,并分别提供不同的产品和服务,在更高的层次上实现"以销定产"。

客户化营销要求企业高度重视科学研究、技术发展、设备更新和产品开发;建立完整的客户购物档案,加强与客户的联系,合理设置售后服务网点,提高服务质量。

(6)数据库营销

数据库营销通过进行个性化的交流和交易,具有极强的针对性。数据库中的数据应包括以下几个方面:现实客户和潜在客户的一般信息,如姓名、地址、电话、传真、电子邮件、个性特点和一般行为方式;交易信息,如订单、退货、投诉、服务咨询等;促销信息,即企业开展了哪些活动,做了哪些事,回答了哪些问题,最终效果如何等;产品信息,客户购买何种产品,购买频率和购买量等。数据库维护是数据库营销的关键要素,企业必须经常检查数据库的有效性并及时更新。企业一方面要设计获取这些信息的有效方式,另一方面还必须了解这些信息的价值,以及处理加工这些信息的方法。

(7)退出管理

"退出"指顾客不再购买企业的产品或服务,终止与企业的业务关系。退出管理指分析顾客退出的原因,相应改进产品和服务以减少顾客退出。退出管理可按照以下步骤进行。

①测定顾客流失率。

②找出顾客流失的原因。按照退出的原因可将退出者分为这样几类:价格退出者,指顾客为了较低价格而转移购买;产品退出者,指顾客找到了更好的产品而转移购买;服务退出者,指顾客因不满意企业的服务而转移购买;市场退出者,指顾客因离开该地区而退出购买;技术退出者,指顾客转向购买技术更先进的替代产品;政治退出者,指顾客因不满意企业的社会行为或认为企业未承担社会责任而退出购买,如抵制不关心公益事业的企业,抵制污染环境的企业等。企业可绘制顾客流失率分布图,显示不同原因的退出比例。

③测算流失顾客造成的公司利润损失。流失单个顾客造成的公司利润损失等于该顾客的终身价值,即终身持续购买为公司带来的利润。

④确定降低流失率所需的费用。如果这笔费用低于所损失的利润,就值得支出。

⑤制订留住顾客的措施。造成顾客退出的某些原因可能与公司无关,如顾客离开该地区等,由于公司或竞争者的原因而造成的顾客退出,则应引起警惕,采取相应的措施扭转局面。

企业应经常性地测试各种关系营销策略的效果、营销规划的长处与缺陷、执行过程中的成绩与问题等,持续不断地改进规划,在高度竞争的市场中建立和加强顾客忠诚。

从上述的分析可见,加强客户关系管理是一个系统工程。它要求企业的各个部门形成"以客户为中心"的经营理念,同时对企业现有业务流程、组织结构进行重组,使得各部门能够协同工作满足客户的需求。基于此,CRM 系统越来越受到企业的重视,它正好把加强客户关系管理的理念和策略整合在一起,使得企业能够借助于 CRM 更好地建立、维护和加强客户关系。

11.4.3　CRM 的体系设计与构建

根据 CRM 系统的功能,通常将 CRM 系统分为三种类型:运营型 CRM、分析型 CRM、协作型 CRM,其中运营型 CRM 主要与企业业务的运营紧密相关,如针对企业的销售、市场营销、客户服务和支持等部门,使得这些业务流程的自动化程度和效率更高;分析型 CRM 是基于数据仓库和数据挖掘技术,对运营系统和原有系统中的数据进行分析,为企业决策提供支持;协作型 CRM 将实现全方位地为客户交互服务和收集客户信息,实现多种客户交流渠道的集成,保证信息的一致性。为了保证企业顺利实施 CRM 系统,必须结合企业的实际需求对 CRM 的体系进行设计。

1)CRM 的体系结构

CRM 体系结构如图 11.2 所示,在该体系结构中,最初,运营数据(企业与客户间已发生的业务处理记录)是从客户"接触点"收集的。这些运营数据,连同遗留下来的内部客户数据和外来的市场数据经过整合和变换,装载进数据仓库。之后,OLAP 工具和数据挖掘等技术被用来从数据库中分析和提取相关规律、模式或趋势。最后,利用精美的报表工具如Web-enabled 动态报表系统和企业信息系统等,把有关客户信息和知识在整个企业内得到有效的流转和共享。这些信息和知识将转化为企业的战略和战术行动,用于提高在所有渠道上同客户交互的有效性和针对性,把适当的产品和服务,通过适当的渠道,在适当的时候,提供给适当的用户。

CRM 体系结构图展示了 CRM 的各项功能,从图中我们可知 CRM 系统主要包括下列四大分系统。

(1)客户协作管理分系统

在客户协作管理分系统中,主要实现客户信息的获取、传递、共享和应用;电话支持、Web 服务、E-mail、传真等多种联系渠道的紧密集成;支持客户与企业的充分互动。实现客户协作管理分系统的核心技术是集成多种客户联系渠道的客户服务中心——Call Center 的创建,关于 Call Center 的内容将在本章第四节中给予介绍。

(2)业务管理分系统

在业务管理分系统中主要实现了市场营销、销售、客户服务与支持等三种基本商务活动

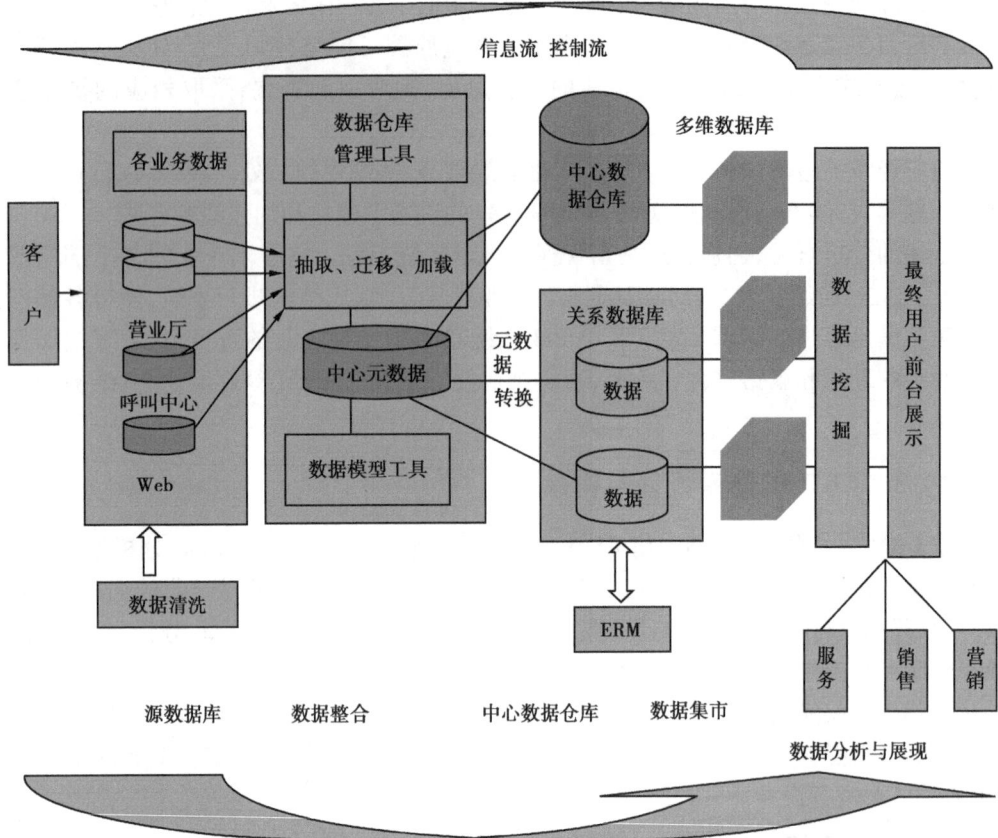

图 11.2　CRM 体系结构

的优化和自动化,包括市场营销自动化(MA)、销售自动化(SFA)和客户服务自动化(CSS)等三个功能模块。随着移动技术的快速发展,销售自动化可进一步实现移动销售(MS),客户服务自动化则将实现对现场服务(FS/D)的支持。业务管理分系统的核心技术是能支持业务流程自动化的工作流技术。

(3)分析管理分系统

在分析管理分系统中,将实现客户数据库、数据集市、数据挖掘等工作,在此基础上实现商业智能和决策分析。实现分析管理分系统的核心技术是数据仓库和数据挖掘技术。

(4)应用集成管理分系统

在应用集成管理分系统中,将实现与企业资源规划(ERP)、供应链管理(SCM)等系统的紧密集成,乃至实现整个的企业应用集成。实现系统集成管理分系统的核心技术是企业应用集成技术(EAI)。

在上述四大分系统的支持下,CRM 系统应能实现与客户的多渠道紧密联络;实现对客户销售、市场营销、客户支持与服务的全面管理;实现客户基本数据的记录、跟踪;实现客户订单的流出追踪;实现客户市场的划分和趋势研究;实现在线数据联机分析以支持智能决策;实现与企业资源规划(ERP)、供应链管理(SCM)、办公自动化(OA)等系统的紧密集成。

2）CRM 系统的主要功能模块

CRM 系统是对销售、营销和客户服务三部分业务流程的信息化；与客户进行沟通所需要的手段（如电话、传真、网络、E-mail 等）的集成和自动化处理；对上面两部分功能所积累下的信息进行加工处理，产生客户智能，为企业的战略战术的决策作支持。CRM 系统的功能主要包括营销管理、销售管理、客户服务和商业智能四个模块。

（1）营销管理子系统

CRM 系统的营销管理子系统的主要任务是通过对市场和客户信息的数据挖掘，通过客户价值模型，市场细分模型等手段发现市场机会，确定目标客户群和营销组合，科学地制定出市场和产品组合策略；为市场人员提供制订预算、计划、执行和控制的工具，不断完善市场计划；同时，还可以管理各类市场活动如：促销活动，义务咨询、专题讲座等，对市场活动进行跟踪，分析和评估以便改进市场活动。营销管理子系统可以分为下列几个子模块。

①市场分析

市场情况在不断地变化，客户的需求随着各种不同的条件发生着相应的变化，企业必须动态实时地掌握客户的需求变化，推出相应的市场活动或促销手段。该模块将集中所有客户相关的信息，包括客户信息、所购买产品或服务的情况、与公司的交互记录等，通过对这些大量历史记录进行分析，预测客户、目标市场、竞争对手、市场渠道、销售走势、获利能力、潜在市场等情况，为制定市场方案的规划、组织、预算工作提供参考。该模块的主要功能包括客户评价、市场调研、营销计划、活动分析等。

②营销方案管理

基于前期的市场分析，市场部门要形成营销方案，营销方案的形成到实施是一个复杂的过程。首先要根据客户的信息和市场调研的资料对客户价值进行分析，在此基础上结合公司的具体状况如产品的特征、市场占有率、经营财务状况等，才能制订出分层次的营销方案计划；其次，通过市场部总经理的审批，才能制订营销预算方案，通过审批后，才能向各个营销部门发布营销方案；营销方案管理模块主要是对方案形成过程的各级审批进行管理，并对方案落实过程进行实时控制，确保营销策略制定的高效性。

③营销活动管理

再优秀的营销方案其效果还是要靠营销活动来实现，营销活动包括前期的策划及方案的执行（如促销、专题讲座、义务咨询等），系统同时监控促销活动在方案策划和客户响应两个方面的获利能力，通过各种渠道与客户展开互动，可以按日、周、月等各种方式创建及浏览营销活动，对即将到来的营销活动进行提醒，保证各营销部门活动的一致性。

另外，系统还将保证完整营销活动的传送，包括计划、内容发展、客户界定、市场分工和联络。通过销售部门对销售成果的分析和记录，与营销活动相联系，来定量评估营销活动的效果；对计划中的营销活动的定制，现有营销活动过程的管理和对营销费用进行管理（审核、批准）等。

④营销活动评估

营销活动从策划到实施是一个复杂的过程，如要经历方案制订、广告宣传、活动组织等，促销的效果可能事先无法预料，因此必须及时对促销的成效进行评价，如对营销的费用分析、收入分析、客户回应率分析等，帮助公司对营销活动的效果进行分析，得出市场活动的相关规律,使得管理者清楚了解所有市场营销活动的成效与投资回报率,同时为开展销售活动,把握销售机会提供支持。

（2）销售管理子系统

销售管理是指销售人员通过各种销售工具,如电话销售、移动销售、代理销售、电子商务等,能方便及时地获得公司的定价、产品的介绍、客户的信息、合同的信息等。所有与销售有关的信息都存储在共享数据库中,销售人员可以随时补充或及时获取。销售管理子系统的核心模块应该是销售自动化（SFA, Sales Force Automation）。该模块可以分为客户管理、销售机会管理、销售费用管理、产品管理、销售预测、销售分析等子模块。

SFA 是在销售过程中,针对每一个客户、每一个销售机会、基于每一个人员行动的科学、量化的管理;可以有效支持销售主管、代理人对于客户的管理、对销售机会的跟踪;能够有效导入销售规范、实现团队协同工作。

销售管理子系统主要有下列模块。

①销售活动管理

销售活动管理是对销售机会的分析,对客户和联系人、销售机会、市场信息的管理,该模块功能主要是:日历,用于帮助销售人员科学地安排日常活动;设计客户约会,制订客户联系的日程安排;销售流程自动化;制作、管理销售人员的日程表、活动计划和待处理工作;团队事件安排;预告/提示/报警功能;销售报告自动/半自动生成;备忘录、记事本等。该模块能使各级代理人和销售部门经理或其他经授权的部门可实时查询销售机会的进展情况。

②销售机会管理

销售机会是指对客户消费行为分析,认为有希望的潜在的商业机会。销售机会可以是公司员工、市场人员、代理人,客户服务人员将从各种交互渠道收集到的对公司开展销售活动有价值的信息。销售机会的把握在销售环节中很重要,因此采用该模块,能对整个销售机会的处理采用阶段化的管理方式,使销售部门实时了解每个阶段的进行状况,并进行合理控制,如发现问题,可以及时调整策略,保证机会的获得。该模块主要功能包括:业务线索的记录、升级和分配;销售计划的升级和分配;潜在客户的跟踪;销售业务的策略支持和建议;销售技能和销售秘诀共享等。

③销售预测

销售部门收集促销阶段以及销售初期的销售数据,并通过一些分析模型和分析工具,如分析统计工具（包含多元线性回归、判别分析、连接分析等）将这些销售数据做一定的分析,以最佳的分析模式对这些数据做出处理,在处理的过程中,系统还会利用优化程序（包含了微分学、数学规划、统计判断理论、对策论等数学技术）对结果进行修正,然后根据分析这些历史背景数据和交易行为数据,系统会套用相应的模型,最终得出销售发展的趋势。比如对促销阶段客户特征信息的收集,采用数据挖掘等技术,分析客户群对新产品组合回应的相关性,然后通过对市场上该类客户群规模的判断,得出某类产品的销售趋势预测。

④产品管理

产品管理可以管理产品的分类和产品的代码、名称等信息,产品种类按照树形结构存在数据库中,每个分类下面再存储相应的产品信息。

产品类别。系统中所有的产品类别将以树状结构出现在种类列表中。并且提供产品类别的详细资料介绍。通过产品类别管理,可以实现产品类别的添加、修改和删除。

产品信息管理。产品信息管理可以将公司所有的产品管理起来,产品管理包括产品类别、产品代码、产品名称、产品价格等基本信息。产品管理可以实现产品的添加、修改和删除。

产品查询。输入查询条件(产品代码、名称价格等),可以查询产品信息,价格等信息。通过在线产品查询,能在任何一时间获得更新及最准确的产品资讯,从而提高整个销售团队的运作效率,可以确保整个销售团队报价的一致性。

个性化产品模型设计。销售部门经过对客户的消费行为分析,结合不同产品的特征,为不同阶层的客户设计科学合理的产品组合,既为销售代理提供业务的参考,同时又为客户产品的选择提供指导。

⑤销售费用管理

主要功能包括:销售活动的费用估算;销售人员能够计算并查看他们在销售完成后可获得的佣金报酬;允许销售经理创建和管理销售队伍的奖励和佣金计划,分配销售定额。

⑥销售分析

销售分析主要为销售管理层提供全套销售业绩分析和管理的报告。根据机会情况预测未来销售收入;通过机会管理把握潜在销售机会;了解和控制销售周期、及时发现销售中出现的问题和销售障碍;按照产品、地区、客户等条件分析销售收入。可以帮助企业分析和挖掘每一个客户和销售机会价值,分析每一个区域、行业、各类型客户等的机会贡献率和利润贡献率,销售费用的耗费率。掌握客户和机会的维持成本,掌握最耗费用的客户和机会以及它与销售利润贡献率的关系等。包括销售和利润计划、预期和销售指标分析、销售周期分析,销售组织分析,实现销售过程的最优化。

(3)服务管理子系统

客户服务系统实际包含两部分内容,即服务和支持。服务可以通过计算机电话集成技术(CTI)支持的呼叫中心,为客户提供 7×24 小时的全天候的服务,并将客户的各种反馈信息存入共享数据库以供决策分析,市场分析人员可以根据客户的反馈数据进行分析,为客户提供个性化的服务。

服务管理子系统是 CRM 系统的核心部分,它完全按"以客户为中心"的思想来设计,其中关键的模块是客户服务自动化,包括客户自助服务、服务流程管理、客户反馈管理、客户关怀管理、客户资料管理以及与呼叫中心的接口等模块。

①客户自助服务

客户或潜在的客户可以通过 Web 进行自助服务,如通过网站的 FAQ、BBS 等方式询问一些常见的问题。

②服务流程管理

为公司所有接触客户的人员提供统一的信息交流机制和自动化流程处理方式,优化客户服务的流程,减少人工干预,节约资源,缩短客户要求的处理时间。如智能化范文模块:在公司中建立统一的操作标准,服务人员按统一的规范回答;对常见问题的处理提供标准化的方法,提高客户咨询的在线解决能力,从而提高客户的满意度,也减少服务人员的工作量;灵活的范文设置,可以根据客户的回答随时选择下一个问题或结束通话。工作流程管理可以根据服务内容或规则的变化随时修改工作流程,这种自动化的处理过程可以减少差错,提高客户服务的质量。

③客户关怀管理

根据客户价值的分析,对重点客户要提供特别的服务,记录客户的一些特殊信息,并给予特别的服务。比如在重要的节日,给予客户的节日关怀,或为客户提供免费的体检等;在客户要求提供服务时能够为客户提供个性化的服务等,提升客户的满意度和忠诚度。

④客户反馈管理

首先利用范文模块,快速解答客户的问题,在处理客户请求的过程中记录客户服务的资料,包括客户对产品需求的建议,或对公司服务的投诉意见等。根据服务反馈管理模块收集的数据可以为公司分析客户的需求,改进服务的程序提供参考。

⑤客户资料管理

该模块功能是管理各种现有客户的资料,客户资料数据库存放所有客户基本资料及个别需求的相关资料,同时记录客户之间的关联信息。客户资料的管理包括:新建客户资料,客户信息查询,历史服务记录,客户信息的使用(可随时按比例、条件打印客户邮件标签及E-mail 群发等);客户资料的统计分析;客户资料的更新(随时根据客户交互信息进行更新录入,及时进行与相关部门的数据统一)。

⑥与呼叫中心的接口

该模块支持采用不同方式来与客户进行交流,包括 Internet、电子邮件、FAX、IVR、电话等。保证客户服务系统与呼叫中心的完整整合。

除了上述营销、销售、客户服务各子系统外,CRM 系统还提供能够为决策提供支持的各类商业智能模块,这些商业智能是利用数据挖掘技术对上述各系统中收集的市场和客户的信息进行挖掘,寻找市场的各种规律,对客户进行全方位的了解,从而理顺公司资源与客户需求之间的关系,为获得更多的客户,保持老客户,提供个性化营销和服务,增强客户的满意度和忠诚度,提高公司的竞争能力。

11.4.4　CRM 系统的技术解决方案

CRM 系统通常采用多层式结构,现在有很多 CRM 系统在流行三层式架构的基础上将应用层进一步细分为 Presentation(表现层)和 Application(应用程序层),共分为四层结构,如图 11.3 所示。

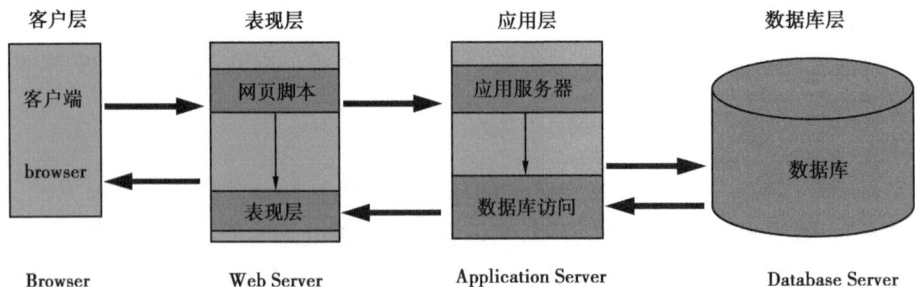

图 11.3　CRM 系统的四层结构

CRM 系统的客户端使用标准的 Web 页面浏览器,而且这种设计支持广泛的客户端设备,从个人数字助理(PDA)、智能卡(Smart card)、数字无绳电话到网络计算机和个人计算机等。由于客户端主要是将访问的结果显示给用户,所以不需要安装特殊的应用程序,减少了升级和维护的难度。这种架构把所有的业务数据保存在服务器(Server)端,确保了业务的安全性。在通信方面,主要是使用支持基于 Internet 的技术和协议,如使用标准的 Http 协议,使得系统可以异地办公和分布式管理。

多层结构从软件架构上确保了系统的扩展性和适应性,一是软件系统的功能扩充;二是硬件设备的扩充,并能容纳不同厂家的平台。CRM 系统能够支持 SQL Server、Oracle 等多种后台数据库系统,系统的 Application(应用层)使得企业的业务逻辑的更新和扩展更为方便和容易。各层的功能和特点如下。

①Client(客户端)层

Client(客户端)层是系统与使用者直接交互的层次。与以往的"胖客户"端相比,客户端主要是使用了浏览器作为客户端程序,Browser 是一种标准的 DHtml 及其他标记语言的解释器,使用 Browser 作为客户端可以有效地减少维护客户端的工作量。同时也实现了异地移动办公和分布式管理。

②表现层

表现层主要的功能就是将用户从客户端发出的请求传递给应用层,然后应用层进行逻辑操作,再将结果反馈给表现层的 Web Server,通过 Web Server 进行解释处理并生成 Html 页面。该 CRM 系统的架构细分出表现层,主要是为了实现业务逻辑层和页面表现的分离,可以方便地支持多种类型的客户端,如 Web Browser、Wap Browser 等。

③Application(应用服务)层

Application 层实现全部的业务逻辑操作,一方面它能针对 Web Server 发出的请求,完成各种业务逻辑的运算,并产生相应的判断和处理。另一方面,它还起到连接器的作用,将应用层新增的业务逻辑连接到公司已有的应用和数据,从而将 Internet 无缝地连接到企业中来。由于要通过应用程序才能实现对数据库的操作,进一步确保了公司数据库的安全性。

④Database(数据服务层)

Database 层的主要功能是存储公司的各种数据,其中大量的是快速增长的客户数据,并为应用层的请求提供快捷的数据查询和数据更新;该层具有数据备份和恢复机制确保数据存储的安全性;另一方面,该层可以管理各用户的使用权限,可以根据使用者的身份和工作性质设置访问权限,确保数据访问的安全性。

11.4.5 CRM 系统的实施步骤和要点

由于 CRM 的实施对于整个企业而言是一项系统工程,它需要企业生产、销售、人力资源、财务、技术等所有部门的共同参与。为了取得更好的实施效果,CRM 的实施需要有一套规范的方案和做法。

1)业务目标确定和业务需求分析

企业在考虑部署其客户关系管理系统方案之前,一是要确定利用这一新系统实现的具体目标,即实施这一系统给企业所能带来的价值。二是企业要清楚地认识到自身对于 CRM

系统的需求,要同销售、营销和客户服务经理举行一系列的会议,就 CRM 系统的要求和策略进行讨论,最终达成对理想中的 CRM 系统的一致看法。

2)合理的实施规划

明确了业务目标和业务需求后,要成功实施 CRM 系统还应有一个详细缜密的实施规划,在此阶段应完成如下主要工作:

- 分析研究如何将 CRM 的实施与企业的中长期战略结合起来;
- 分析研究 CRM 的实施能够为企业带来何种改善;
- 分析研究现有的流程和组织机构能否适应 CRM 系统;
- 设计适用于公司发展的 CRM 业务流程和组织机构;
- 设计适合于企业持续发展所需的 CRM 信息系统框架;
- 预计各应用阶段的困难,理顺各种关系,确定较为详细的实施计划;
- 最后还要考虑项目实施费用,特别要当心系统升级和改变系统所需的费用。

通过合理的规划为进一步选择适合企业情况的方案及软件供应商提供客观的资料和必要的技术储备,以确保 CRM 项目的成功实施。

3)方案及软件供应商的选择

企业在方案及软件供应商选择上一般应重点考虑以下几个方面的内容。

①软件功能模块多、适用范围广。这要求企业从自身情况出发,选择不同的功能模块来满足当前和今后的发展需求。在考虑系统开放性和各种预留接口的同时,软件的可用部分比率取决于软件对企业的适应程度,而不是简简单单以进口和国产来区分。

②任何商品化软件不可能完全适应于企业的现实需要,这就要求根据软件特性和企业需要进行相应的用户化和二次开发工作。所以商品化软件应提供必要的开发工具,并能根据企业人员素质状况较好地完成"知识转移",培养出企业自己的维护人员和实施开发队伍。

③依据性价比考虑软件的性能、功能、技术平台、售后服务和技术支持,并考察软件商的信誉及人员稳定性。

④商品化软件必须提供齐全的文档,如用户手册、不同层次的培训教材及用户指南。

⑤进行必要的投资效益分析,包括资金利用率、投资回收期等,同时也要充分考虑实施周期和可能出现的困难,避免造成实施时间过长而影响效益兑现的现象。

4)系统的具体实施和安装

CRM 的成功依赖于有步骤、有规划的实施。通过对 CRM 实施的分析和研究,一般而言,CRM 的具体实施步骤如下:

(1)定义具体业务过程和具体需求

主要是进行某个详细的业务需求分析,确定 CRM 目的实施范围,确定对 CRM 系统的要求。

(2)项目计划和管理

主要是设计项目实施的具体方案,并组织相应的人员各就其位。软件供应商应该指派专门的项目技术人员负责与企业沟通,而企业的系统管理员则作为内部的系统专家参与工作小组,双方共同设计方案并推进方案的实施。

（3）系统配置和客户化

在这个阶段，要根据系统用户的要求，合理配置各种软硬件，使系统富有人情色彩，满足大部分用户的业务需求。这时还应对企业员工进行培训，使得他们掌握尽量多的技术知识，从而实现人与系统的完美匹配。

（4）兼容性测试和系统试运行

在这个阶段，建立系统的雏形，并进行测试。企业的员工应能够熟悉系统安装过程和所安装系统的各个方面，数据转换的工作也将在这个阶段完成。为了保证数据转换工作的顺利进行，供应商方面的专业实施人员应该和企业的信息管理人员进行充分的沟通。另外，要组织一个用户小组利用该系统进行工作和测试，写出系统试运行测试报告，并送交项目小组经理审阅。

（5）依照需要分部门地全面展开部署

这是系统实施的最后阶段，这个步骤对技术人员提出了时间要求。应该给每个技术人员一份实施时间表，在表中说明项目实施的每个阶段所应完成的工作。同时，对所有用户的正式培训也发生在这个阶段，首先设定对培训的期望，然后通过正式的培训来实现这些期望。

（6）渐进推进与其他应用系统的集成

CRM 系统必须在实现向客户为中心转变的同时，是与其原有庞大业务系统的集成。作为企业电子商务的重要子集，CRM 与原有业务系统的整合和同步是其发挥作用的必要条件。

（7）对系统运营的支持

这需要公司内部设置一个全日制的系统管理员，获得技术上的自给自足和便利。为了培养内部的专家，可以在项目的计划阶段就让其参与 CRM 项目。鉴于 CRM 系统的技术支持工作的复杂性，因此要确保系统提供商将会向内部的系统管理员提供技术上的帮助。

5）系统的有效维护、评估及监督

很多 CRM 系统提供了性能指标功能，系统应该能向有关人员提供合适的数据，并使得他们能方便地获得这些数据。同时，企业要与供应商一起负责系统的正常运行和审查，评估系统应用才能成功。为了确保系统能产生预期的好处，应该在系统向全部用户开放前对其进行必要的测试，如果测试结果不能满足要求的话，就要花时间对不足的模块进行改进，直到它能满足需求为止。

11.4.6 呼叫中心

1）呼叫中心的定义

呼叫中心，又称客户服务中心，是指综合利用先进的通信及计算机技术，对信息和物流流程进行优化处理和管理，集中实现沟通、服务和生产指挥的系统。传统意义上的呼叫中心是指以电话接入为主的呼叫响应中心，为客户提供各种电话响应服务。现阶段呼叫中心的概念已经扩散为通过电话、传真、Internet 访问、E-mail、视频等多种媒体渠道进行综合访问，同时提供主动外拨服务，成为应用业务种类非常丰富的客户综合服务及营销中心。

2) 呼叫中心在 CRM 系统中的应用

呼叫中心在客户关系管理中的重要应用主要体现在以下几个方面(见图 11.4)。

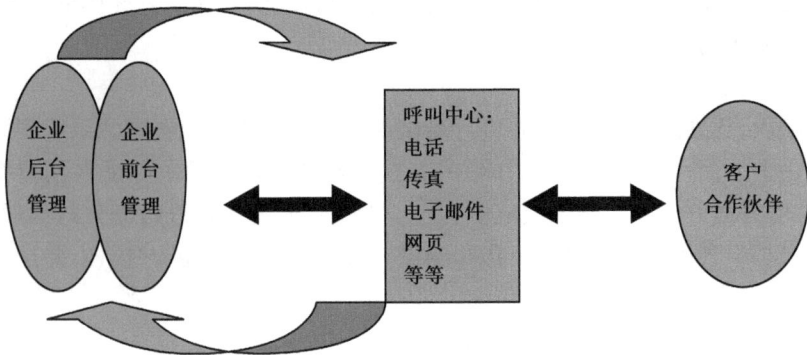

图 11.4　呼叫中心的地位

(1) 呼叫中心在 CRM 中的集成

企业要实现 CRM 的系统功能,为客户提供实时、准确的服务,必须在制订 CRM 整体解决方案时,考虑呼叫中心所应用的 CTI 客户信息系统是否与原有的客户信息系统相兼容,甚至是否可以直接利用原有的客户信息系统。无论是通过网络、电话还是与销售人员面对面地交谈,一个客户可以选择不同的交流方式与企业发生联系。但是这些联系反映到企业的信息系统中,应该是在同一个客户账户之下,成为连贯性的记录。这样任何时候,客户无论通过什么渠道与客户接触平台联系,服务接待人员通过网络系统可以了解客户的所有已经在册的信息,能为客户提供针对性的服务。因此,呼叫中心与 CRM 系统的集成有利于 CRM 系统各功能模块之间信息的一致性。

(2) 呼叫中心是 CRM 的信息交互平台

首先,呼叫中心实现了 CRM 的数据采集功能,呼叫中心为企业提供与外界沟通的多种渠道,在为客户提供服务的过程中自动记录客户信息及访问特点。CRM 软件对这些记录的信息进行分析,搜索出潜在的客户线索并进行登记、追踪和管理;根据客户价值模型等分析工具,发现重要客户;并运用到企业的决策中。

其次,呼叫中心实现了 CRM 系统对客户的快速反应。当客户通过呼叫中心访问时,呼叫中心的 CTI 技术可以识别客户的电话按键信息和主叫号码,确认客户的身份,然后由 CRM 软件调用相关的客户资料,这样在接通客户电话之前,可以完成对客户的初步认识,实现针对个性化的服务。

再次,利用呼叫中心,实现 CRM 系统的一对一服务。呼叫中心通过 CTI 技术可以对重点客户、重点业务进行识别,通过 CRM 软件查询客户访问、接待记录,自动将曾经接待过的服务人员分配给指定的重要客户,实现一对一的服务,将重要的业务分配给相应的负责部门处理,或按具体要求(业务分工),将外部的访问自动分发给对应小组。这样能够提高服务的准确性和高效性,赢得客户的满意和忠诚。

另外,呼叫中心使 CRM 以相同的方式处理不同形式的客户访问。外部访问的电话留言、传真、电子邮件、语音邮件可以经过呼叫中心的统一消息服务转换为统一的电子邮件格式,由 CRM 软件自动进行统一管理、分析、分发、跟踪,由专门人员阅读、处理,大大简化了

CRM 软件的信息收集流程。

（3）呼叫中心实现了客户互动和业务营销

呼叫中心除了是发挥信息交互平台的功能以外，越来越被应用到客户的互动和业务营销上，从单向的信息收集、服务到主动的为用户提供各类服务，使得企业与客户真正实现互动。这种互动增强了 CRM 系统的营销功能，如可以通过呼叫中心进行时常调查，系统将提供调查表动态生成界面，企业可以定制调查表，系统能将调查的数据直接录入数据库，以供企业分析调查结果，指导营销；还可以进行主动销售，利用呼叫中心主动呼出功能，向客户介绍、销售企业的产品；还可以进行营销管理，根据产品宣传和主动销售中客户的态度、意向、满意度以及订单销售额等指标并结合实际销售的变化情况等，分析评估营销活动的实际效果，对营销效果进行跟踪和控制。

11.4.7 影响客户关系管理实施成功的因素

在电子商务环境中，CRM 的成功实施离不开以下几个方面。

（1）制定企业长期 CRM 发展规划

这个发展规划要面向整个企业，为期三年或更长时间，包含有 CRM 系统部署策略、步骤、相关技术及专业人员队伍方面，明晰企业 CRM 战略发展目标与方向，有计划地进行 CRM 投资。

（2）高层管理者的理解与支持

制定企业级 CRM 战略，并指派一名高级管理人员负责部门间 CRM 应用的规划与协调。在实施 CRM 系统的初期，组建一个有信息技术部门与业务部门共同合作的项目小组，确保双方都能够参与 CRM 系统的规划与部署。

（3）控制变更的措施有效

由于项目实施不可避免地会使业务流程发生变化，同时也会影响到人员岗位和职位的变化，甚至引起部分组织结构的调整。如何将这些变化带来的消极影响降到最低，如何使企业内所有相关部门和人员认同并接受这一变化，是项目负责人将面临的严重挑战。新系统的实施还需要考虑对业务用户的各种培训，加大对员工 CRM 技术与应用的培训力度，确保企业员工能够充分利用这类系统提高业务处理的能力，实现与客户更好的交流。还有为配合新流程的相应外部管理规定而制定新的内容，这些内容都可以列入变更管理的范围之中。

（4）项目实施组织的稳定性

保证项目组成员的稳定性也是项目成功的关键因素之一。在项目实施的初期人员的调整带来的影响较小，随着项目实施进程的推进，人员变动对项目带来的不利影响会越发突出。最常见的问题是离开的人员曾经参与系统的各类培训，对系统的实现功能十分了解，且参与了新系统的流程定义过程，了解流程定义的原因和理由，了解新流程与现有流程不同之处和改变原因。而新加入项目组的成员不但要花很长的时间熟悉系统，同时对新系统流程定义的前因后果也缺少深入的理解，由此可能会带来项目实施的拖延和企业内其他人员对项目实现结果和目标的怀疑。

所以要求在建立项目小组和人员定位时，一定要在企业内部达成共识，同时，还必须对项目组成员的职责分工有明确的定义,将每项任务落实到人,明确对个人的考核,奖惩分明、激励到位。

(5)产品供应商及实施伙伴的选择

CRM的软件系统有不少,各自存在着不同程度的差异。选择的软件是否适合CRM系统的远景规划和近期实施目标,软件供应厂商软件产品的开放性、技术支持能力和可持续发展性,外部实施伙伴的CRM实施经验以及对企业所在的行业一定的背景认识等。

11.5 网络营销服务的实施与管理

11.5.1 网络营销过程服务

网络营销的过程服务大致可分为网上售前、网上售中服务、网上售后服务3个阶段。

1)网上售前服务

企业在网上提供售前服务的方式主要有两种:一是通过企业自身的网站宣传和介绍产品信息和相关信息,这种方式要求企业的网站要有一定的知名度,否则很难吸引顾客注意;另一种是通过注册网上虚拟市场,如阿里巴巴商务网站,企业在其上发布产品信息广告,产品性能介绍及同类产品比较信息。为了方便顾客购买,产品信息应包含产品组成、使用说明、购买方式等。

2)网上售中服务

网上售中服务主要是指销售过程中的服务。这类服务是指产品的买卖关系已经确定,等待产品送到指定过程中的服务,如了解订单执行情况、产品运输情况等。在传统营销部门中,有30%~40%的营销资源被用于应对顾客对销售执行情况的查询和询问,这些服务不但费时,而且非常琐碎难以得到用户的满意。特别是一些跨地区的销售,顾客要求服务的比例更高。网上销售,突破传统市场对地理位置的依赖和分隔,在提供网上订货功能的同时,还能提供订单执行查询功能,满足顾客及时了解订单执行情况的需求。例如,美国联邦快递(http://www.FedEx.com)使用高效的邮件快递管理系统,将邮件在递送的中间环节信息,输入计算机数据库。客户可以从网上查看自己的包裹到哪一站、在什么时间采取什么步骤,以及投递不成的原因、在什么时间会采取下一措施,直至收件人收到包裹为止。此举既便于客户查询,又大大减少公司接待开支,实现了企业与顾客的共同增值。

3)网上售后服务

网上售后服务是指满足客户对产品帮助、技术支持和使用维护的需求。网上售后服务一般分为两类:一类是基本的网上产品支持和技术服务;另一类是企业为满足顾客的附加需求提供增值服务。

由于生产分工日益专业化,使得一个产品的生产需要多个企业配合。因此,产品的支持和技术也相对比较复杂。提供网上产品支持和技术服务,可以方便寻求帮助的顾客通过网站直接找到相应的企业或专家,减少不必要的中间环节。为提高企业的竞争力,许多企业提供基本售后服务的同时,还会提供一些增值服务。

需要注意的是,上面两类网络营销售后服务,对于无形产品和服务及有形产品需要的知识性服务来说,都是可以满足的,但对于有形产品需要退货、维修等服务就显得无能为力。物流系统显然不具备产品生产的专业知识,无法完成这种服务,需要生产者设置的服务网络来满足消费者需要。也就是说,需要建立一个将服务网络与分销网络合二为一的售后服务网。随着社会分工越来越细,这种售后服务也可以通过社会化,即建立专门的售后服务公司来解决。

11.5.2　网络营销服务管理

网络营销服务管理包括网络营销服务战略计划、网络市场调研、网页策略、网络广告、网络公共关系管理、网络渠道策略及网络营销服务测试,下面我们就网络营销服务管理各个方面做些简要的介绍。

1) 网络营销服务战略

网络营销服务战略是网络营销服务首先要关注的内容,也是企业网络营销服务的方向。

企业引入网络营销服务,首先要弄清楚网络营销服务通过何种机制达到何种目的,然后可根据自己的特点及目标顾客的需要特性,选择一种合理的网络营销模型(即运作机制+可达到的目的)。目前,有六种有效的网络营销管理模型:顾客服务→增强与顾客关系→留住顾客,增加销售;有用信息→刺激消费→增加购买;购买方便+折扣+直接销售+减少管理费用;新的娱乐→促进顾客的参与→重复购买;提高品牌知名度→获取顾客忠诚+更高的利润;数据库营销。

为了选择适合本企业的合适管理模型,公司在制定本企业的网络营销战略计划时应从以下几个方面考虑:网络营销的目标、网络营销服务的管理部门和财务预算、反馈信息的管理、保持企业网上形象的一致性、网络服务商的选择。

在全面考虑上述各点后,就可以着手制定完整的网络营销战略计划书,其中制定过程中需要考虑的问题有:网络营销服务与公司营销管理的其他内容在形象、口气和信息是否一致、保持连贯性;怎么才能实现网络营销的互动性;有谁来管理具体操作;支持网络营销信息需要哪些材料、收货单、采购单、其他报表等。

2) 网络营销服务调研

一个策划完美的营销服务方案必须建立在对市场细致周密的调研基础上。市场调研的内容包括了对消费者、竞争者及整个市场的及时报道和准确分析。

在互联网上进行市场调研,营销人员必须采取一定的策略。下面结合市场调研的两个阶段来介绍网络调研的有关策略。

①识别公司站点的访问者。搜集访问者信息的策略可以有以下方法:通过电子邮件或者来客登记簿询问访问者;给予访问者奖品或免费商品;要求访问者注册从而进入访问者个人主页、向访问者承诺物质奖励;用软件来检测访问者是否完成调查问卷,注意不要提出使潜在顾客恼火的问题;进行选择性调查,等等。

②在公司站点进行市场调研。在公司站点调研采用的有关策略大致如下:监控在线服务;测试产品不同价格、名称和广告封页;请求反馈信息;发送适当的信息给目标对象;发送

电子调查表给目标对象;使用电子邮件直接调查目标市场;在报纸和电视发出调查问卷,通过电子邮件来收集答案,等等。

网络市场调研的步骤。网络市场调研不仅有一定的策略,而且也有相应的步骤,具体步骤如下:选择搜索引擎、确定调研对象、查询相关调研对象、分析人口统计信息、确定适用的信息服务、分析市场变化。

3) 网络广告管理

为了提高网络营销服务的质量和增加网络广告的受众,在进行网络广告管理时要掌握好网络广告的特点和策略技巧。

有关网络广告最重要的一个决策是如何选择网站设置标牌广告。可以考虑以下问题:收视率、费率怎样;每天有多少浏览者访问站点;出版者如何报告广告活动;如果改换广告的内容是否会产生额外费用;是否可以更换广告创作的内容以测试不同信息的效果,等等。对于普通的网络广告,建议采用以下技巧:

如果可能的话,给读者以选择的余地,让他们获得一种主动控制双向互动,而不是被企业操纵的感觉;

在每一页上都包含一个及时回复的 E-mail 地址或按钮,使顾客能随时实现与公司互动、咨询和对话;

尽力促使浏览者采取行动。

网络广告最受欢迎的方面之一是它和其他站点的链接。一些营销人员担心会因此而失去浏览者。但是在网络这个开放、相互联结的世界中,没有和其他站点的链接会给人一种自我封闭的感受。其实,只要你的站点有上网用户所需要的信息,就不必担心失去用户。

要保证将重要的信息放在页面顶部,让即使不愿意翻页的浏览者也能获得重要内容。

4) 网络公共关系管理

公共策略与广告策略相比主要有两个优势:一是它能以广告无法实现的方式提高产品、服务的知名度、可信度;二是公关的费用常常可能只是广告费用的一部分,网上公关又在一定程度上进一步降低了这种费用,所以网上公关在成本方面占据很大优势。下面介绍 4 类网络公共关系的建立和维护的策略。

①与新闻记者建立友好关系的策略。与新闻记者建立友好关系的策略包括坦诚;使自己成为他可信耐的有效信息来源;利用 E-mail 和记者联络;不要滥用 E-mail;考虑记者接收信息的方式;参与有记者、编辑主持的网上闲谈。

②与垂直型网络的公关策略。通过网上新闻服务直接发送公司新闻;在自己的站点发布新闻稿;在与本公司有关的网络论坛上招贴公司新闻稿;创建面向网络社区成员的单向邮件清单;帮助网络社区成员解决问题;利用网上会议建立面向网络社区的公共关系;为社区成员安排活动。

③与邮件清单的公共关系策略。首先将 E-mail 发给自己,看看是否合适,有没有出现问题;让每封 E-mail 看上去都像是为你特意制作的;创建信息包裹和自动答应系统。

新闻组、网络论坛上的公共关系策略。要熟悉环境,不要莽撞地直接进入讨论;努力为社区多作贡献;检查与你公司有关的讨论;主动要求做系统管理员。

5) 网络渠道服务管理

网络营销渠道应该注意以下问题。

①订货系统和信息管理。网上订货系统的设计应该做到最大化满足用户需求,便于用户操作。订货信息的管理必须重视顾客的订单信息,它的含义不仅仅是"将什么发送给谁"。它所包括的数据信息可用于市场分析、促销、客户关系管理、库存控制等。

②网上运货与库存、订单跟踪。在网络营销服务中,货物的运送有两种形式:对那些可以直接在网络上进行传送的产品,如软件、图像、一些咨询服务等,可以通过网络直接送达顾客;对另外不可能用网络进行传送的实体产品,仍然要借助传统的送货方式。在货物的运送中,如果出现已订购的产品由于种种原因未发送的状况,这将会对公司的信誉造成毁灭性的影响,一定要避免。出现这种情况可能是由于库存不足或尚未到货、企业自己的供应商在发送中出现问题、订单被忽略或搞丢、包裹在运送过程中丢失,等等。确保订单按时兑现、出现问题及时处理、这是关系到企业声誉和维护顾客关系的关键问题。为此,必须做好库存跟踪和订单跟踪这两个主要工作。

库存跟踪。通过记录表跟踪所销售的产品,可以大致了解产品的需求情况,由此而适时补充或减少库存,这样可以使库存大体维持在能够满足需求的水平上,而不需要花费巨大的库存维系费用。通常可将数据库与站点之间直接连接,这样,订单信息就可以不断地更新数据库,使数据库信息同步显示市场现状。通过程序可以不断地检查库存水平、运行报表,并列出重新进货后已满足需要或仍未满足需要的产品以及必要时应补充和减少的库存货物。

订单追踪。如何确保订单尽快处理与发货呢?最佳途径是创建追踪订单信息的数据库,从而能快速地提供有关订单及其状态的信息。

[本章小结]

服务是企业围绕顾客需求提供的功效和礼仪,网络营销服务的本质也就是让顾客满意,顾客是否满意是网络营销服务质量的唯一标准。要让顾客满意就是要满足的需求,顾客的需求一般是有层次的,如果企业能够提供满足顾客更高层次需求的服务,顾客的满意程度越高。

个性化服务也叫定制服务,就是按照顾客特别是一般消费者的要求提供特定服务。对于网站经营者来说,将大量网民吸引住,是网站成功与否的关键,而在网站的交互过程中,网民是处于主动地位的,网民不去访问企业网站,网站的信息或服务不被网民应用,网站就失去存在的意义。由于个性化定制服务在满足网民需求方面可以达到相当的深度,所以只要网站经营者对目标群体有准确的细分和定位,对他们的需求有全面准确的总结概括,应用定制化服务这一营销方式就可以有效吸引网民。

CRM 的核心思想就"以客户为中心",CRM 的宗旨就是改善企业与客户之间的关系。CRM 通过搜索、整理和挖掘客户资料,建立和维护企业与顾客之间卓有成效的"一对一"关系,使企业在提供个性化的产品、更快捷周到的服务和提高客户满意度的同时,吸引和保持更多高质量的客户,并通过信息共享和优化商业流程有效地降低企业的经营成本,从而提高企业的绩效。

网络营销过程服务包括售前、售中、售后的服务,网络营销服务管理包括网络营销服务战略计划、网络市场调研、网页策略、网络广告、网络公共关系管理、网络渠道策略及网络营销服务测试等。

[思考题]

1. 网络营销服务的主要内容和特点有哪些?
2. 什么是网上个性化服务? 网上个性化服务策略有哪些?
3. 什么是客户满意? 网络客户满意是如何建立的?
4. 简述客户关系管理系统的基本内容。
5. 客户关系管理能给企业带来什么?
6. 简述呼叫中心的概念、作用。
7. 网络营销服务管理的内容是什么?

[案例分析]

富士康:以服务重新定义 3C 电商

以富士康在电子代工领域的地位,用"垄断"一词形容也不会显得过分。正如所有巨头跑马圈地式的战略扩张一样,富士康在代工之外的其他领域也有着一统天下的野心。富士康旗下以销售 3C 产品为主的富连网近日动作频频,不仅一手操办了首届智能手表节,还向外界发出重新定义 3C 电商的信号。

6 月是所有电商平台展开年中大促的狂欢节,各大平台无不磨刀霍霍,企图在激烈的市场竞争中分一杯羹。在垂直细分的 3C 领域,竞争同样惨烈。智能手机、平板、可穿戴设备等数码产品均已成为高频次的消费需求,整个电商行业陷入一场空前的价格战中,这自然不是行业健康发展的表现,但问题是除了价格因素,什么才是电商的核心竞争力?

电商的核心竞争力究竟是什么?

素有"中国式管理之父"的企业管理大师曾仕强,曾在一场论坛上抛出这样一个观点:"任何行业最终都是服务业。"在他看来,今天的竞争是商业模式的竞争,工业经济的思维已经落后,企业比的不再是品牌、技术、资金,而是服务理念、商业理念和模式。这种观点与富士康的电商理念不谋而合。

富士康的优势主要体现在产品制造、产品测试领域,这一优势有着极高的行业壁垒,使得对手无法快速复制。富士康将这种优势以增值服务等形式嫁接在富连网身上,使得后者延续了富士康的 DNA,同样保持了较高的行业壁垒。透过其推出的"3C 达人"服务以及"消费者价值中心"两个核心服务,能够看出富连网以服务为核心、服务为竞争力、服务为企业理念的经营思路。

由于大多数消费者在购买数码产品时带有很大的盲目性,又无法通过大量的用户评价对产品建立正确的认识,而多数电商平台的客服人员又由于缺乏专业性,无法给予专业的购物指导意见,这是电商平台一个被忽视的短板,也是富连网推出"3C 达人服务"的初衷,它旨在解决两个问题，即"如何选择"和"如何使用"。前者提供消费前的专业购物指导服务，后者提供销售后的产品使用帮助服务，给予用户一站式的服务体验。

再以"消费者价值中心"为例，这实际上是一个消费者购物前的决策中心，以专业的评测结果帮助用户在购买商品前作出正确的选择。评测机构有很多，但却都不及富士康专业。罗永浩曾经质疑王自如针对锤子手机测评的专业性，最后王迫于压力，不得不交由富士康的实验室进行再次测试。这起事件，说明评测的专业与否对品牌的影响之大，拥有专业实验室的富士康将"消费者价值中心"作为一项增值服务推出，对行业影响显而易见。

将服务作为核心竞争力，提升用户体验的同时，富连网也相应作出了一定牺牲。为保证3C达人服务的客观公正，富连网不得不放弃出售广告和厂商竞价的盈利方式。用一句话概括富连网的经营理念即为：在盈利模式上做减法，而在服务上做加法。

差异化生存，富连网的市场策略

如何在众多电商平台的竞争之下脱颖而出，对于起步相对较晚的富连网来说，打一场狭路相逢的遭遇战并不具备明显优势。富连网的市场哲学是：不与对手正面交锋，而是采取迂回战术，从更高频次的购物需求点切入，再逐渐向主战场靠拢。

目前3C领域的主要战场为手机、电视等，这类产品市场需求和利润空间较大，竞争也最为激烈，从去年开始，各家手机厂商和电视厂商的价格战趋势就已经露出端倪，并在近日走向白热化。但这类产品的消费频次也相对较低，调查显示，目前智能手机更换周期已从四年前的29个月缩短至18个月，但对厂商而言这仍然是一个相对较高的数字。至于电视的消费频次就更低了。

与此同时，智能手表等可穿戴设备正在逐渐成为新一轮的3C购物需求，而随着各类智能设备的普及，产品的周边和配件也逐渐成为高频次的消费需求。这两个新兴领域，也正是富连网的切入点。配合这一市场策略，通过举办"智能手表节"等市场活动来塑造差异化的品牌形象，富连网的未来发展轨迹也逐渐变得清晰。据市场数据公司Statista的一项调查显示，穿戴设备市场在2015年将会创造71.4亿的销售额，比2014年的51.7亿增加了38%。这对富连网而言当然是个好消息。

差异化生存，是一种在大量同质化的产品市场中建立起竞争优势的重要手段，也是行业领导者巩固优势、保持领先的关键。20世纪八九十年代，大部分家电企业还停留在上生产线、抓产量的时候，张瑞敏却用一把大锤将海尔推向以质量和服务为导向的现代化企业，透过中国制造业的发展历程，既可以看到差异化的市场策略对一家企业的推动作用，也可以寻找到制造业向服务业转型的趋势。

试图以服务重新定义3C电商的富士康，正在以旗下富连网为号角吹响电商行业向服务化转型的进行曲。长久以来与3C厂商建立的稳定关系，保证了货源的充足，在3C领域的专业度则保证了产品的质量，进击的富士康能否完成自我赋予的使命，令人期待。

（资料来源：中国电子商务研究中心，http://www.100ec.cn/detail--6258686.html）

[案例思考]

1.富士康采取的营销服务策略是什么？

2.如何做到顾客满意？

第 12 章
网络营销的管理与控制

网络技术的发展为企业开展网络营销创造了条件,企业要取得网络营销的预期效果,必须管理好网络营销的各个环节。网络营销的实施将对企业原有的运作模式、组织结构等产生影响,企业要在控制成本和风险的基础上取得最佳的效益,必须在实施网络营销时明确目标,制定合理的评价体系,及时对实施过程进行检查和控制,避免各种风险的产生。因此,推行网络营销的企业必须重视网络营销的管理与控制。

12.1　网络营销目标管理

网络营销管理与传统营销管理一样,网络营销首先必须明确其营销目标。只有确定了明确的营销目标,才能有计划、有组织地对实施网络营销活动作出正确的评价,使网络营销的目标得以实现。

12.1.1　网络营销目标管理内容

网络营销目标就是确定开展网络营销后达到的预期目的。企业要从管理的模式、成本管理、效益评估、风险管理等几方面制定相应的制度来完善网络营销目标管理的体系。

1) 网络营销的目标类型

企业要引入网络营销,要根据企业的特点和所处行业的特点,选择合理的网络营销模式,这样才能明确网络营销的目标。根据网络营销的管理模式,可以确定如下几种目标类型。

(1) 销售型网络营销目标

销售型网络营销目标是指为企业拓宽网络销售,借助网上的交互性、直接性、实时性和全球性为顾客提供方便快捷的网上售点(network point of sale),目前许多传统的零售店都在网上设立销售点,如北京图书大厦的网上销售站点。

(2) 服务型网络营销目标

服务型网络营销目标主要为顾客提供网上联机服务,顾客通过网上服务人员可以远距离进行咨询和售后服务,目前大部分信息技术型公司都建立了此类站点。

（3）品牌型网络营销目标

品牌型网络营销目标主要在网上建立自己品牌形象，加强与顾客直接联系和沟通，建立顾客的品牌忠诚度，为企业的后续发展打下基础，以及配合企业现行营销目标的实现，目前大部分站点属于此类型。

（4）提升型网络营销目标

提升型网络营销目标主要通过网络营销目标替代传统营销手段，全面降低营销费用，改进营销效率，促进营销管理和提高企业竞争力，目前的 Dell、Amazon、Haier 等站点属于此类型。

另外，混合型网络营销目标可能想同时达到上面几种目标，如 Amazon. com 公司通过设立网上书店作为其主要销售业务站点，同时创立世界著名的网站品牌，并利用新型营销方式提升企业竞争力。既是销售型，又是品牌型，同时还属于提升型。

2) 网络营销的成本管理

成本管理的第一个任务就是找出系统投资过程中的所有成本，包括许多隐藏成本在内。为了有效地控制投资，企业会设置项目会计报表，但是目前的会计体系却无法体现系统的投资及使用过程中庞大的隐藏成本。这是存在于信息和系统投资过程中的普遍问题，如一家大型银行的项目报表上显示每年在信息系统上的投资为 2 000 万元，主要是花在硬件上的开支。但是，如果把每年的软件开发、系统资料的建立以及后勤人员的薪金等费用加入的话，整个支出将会高达 2 亿元。

网络营销成本管理的一个难点是网络技术成本的不好辨别性。在建立起网络之后，几乎有一半的费用都投入个人电脑、办公室自动化及改进会计业务等配套功能上，各部门负责编写各自的预算，但许多涉及整体组织调整的衍生成本很难进行追踪。企业常常不知道钱花到哪里去了。据估计，约有 40% 的信息技术费用未列入信息部门的预算中。

要进行有效的投资成本管理，必须彻底了解其基本构成。从系统的整体生命周期看，其成本包括供应者成本和使用者成本两大部分。

（1）供应者成本

企业中的信息部门就像是内部供应商，掌握所有资料中心及网络设施，并提供系统开发及信息管理等服务。他们的成本通过类似于制造过程中的成本转移方法归算到业务部门头上。信息部门必须倾注大量的精力确保对业务部门的技术支持，保证网络系统的可靠性、安全性以及效益。如果航空公司的定位系统发生故障将会造成巨大损失；如果企业的网站不能正常运转，自然无法给用户留下良好的印象。

网络硬件设备必须依靠软件开发方能发挥作用。而系统维护则需要投入更多资金与人力。据估计，信息部门花在软件开发上的时间占到整个工作时间的 10%，而花在旧系统维护与升级上的时间则占 50% 以上。由于信息部门的工作已经从系统开发转移到业务支援上，使得技术支援成本快速上升。

（2）使用者成本

使用者成本是指业务部门发生的成本。由信息部门支出，但可以归算到业务部门上的费用应该算作使用者成本。此外，还要加上硬件购置使用费。个人电脑是业务部门最常见的购置项目，成本迅速且难以控制。单单一部联网电脑的购置可能无须特别审批，但一旦成功运行后,则可能会导致快速的扩充,从而使得一项支出项目转变成一项长期投资项目。

以往业务部门无须拥有技术人员,信息部门总揽所有技术的问题。在建立内部网络后,业务部门需要建立内部网页,开发部门系统,因此不得不承担因此而产生的人事及技术费用。此外组织过程中的成本,如管理和学习所花的时间以及教育费用等,都会列入预算中。事实上,这部分成本与系统开发费用相比却是十分可观的。

对于这些费用的看法,信息部门与业务部门之间长期以来存在着严重的分歧。业务部门从不重视信息基础构架的规模和价值,他们只注意本身为此所付出的费用。同样,信息部门中的网络及软件设计师、操作员、分析员等人员薪金,也被他们视为人事费用,而并非不可缺少的服务性资产。高级主管此时却往往起到了推波助澜的效果,虽然意识到网络及信息技术上的投资会成为固定成本中的必要部分,却往往迫于压力要求大规模裁减经费,结果使得网络建设计划难以全面实施。

然而,网络技术的成本却有其自身的增长模式。从总预算的使用角度,可以划分为开发费用与维修费用。按照一般规律,如果企业试图把每年的总预算控制为固定的金额,那么由于每年维护费的不断上升,使得5年后信息部门的开发预算将变为零,曾经建立起来的优势因而丧失;根据美国20世纪80年代的经验,如果企业要保持一定的开发预算,那么每年总体预算增长将为15%左右,但开发费用占总体费用的比例将逐年减少;如果打算使开发费用以每年10%的速度增长,那么总体预算增长将为18%。许多研究表明,信息技术的自然增长率,即在保证旧系统良好运转并保证良好的开发能力这一前提下的增长率,实际将高达20%以上。

为了避免网络预算的这种高增长可能给业务部门,特别是早期使用部门造成高的负担,应该合理公平地分配供应者成本。实际上,供应者成本可以通过"准利润中心"方式得到有效的解决,而无须依赖传统的以成本核算为基础的分配方式。所谓"准利润中心"方式是指,信息部门成为一个相对独立的部门,负责网络基础线路、基本系统及配套信息技术的投资与开发,并制定价格,根据业务部门各自的使用情况收取费用。这样,哪些部门应该多负担成本便一目了然,而且比硬性摊派成本更有说服力,更重要的是能够使业务部门意识到网络对本部门的重要性。信息部门还可以以低于成本价格提供网络服务,以刺激需求,并确保早期的使用者无须负担初期沉重的建设与操作成本。

不过,信息部门不能成为真正的利润中心,否则会造成业务上的矛盾。若信息部门为了扩大本部门的利润而收取高额费用,则会损害业务部门的利益。因此,许多采取准利润中心制度的公司所应用的价格政策是"生活指数"价格,即信息部门经理可以使用外界的供应商的平均价格八成作为收费标准。有些公司允许信息部门在建立内部网时寻求外部援助,但这会影响公司整体成本,或对涉及安全及资源分享的项目有较大的限制。

除了基础系统外,应用系统规划应由相应的业务部门负责。这是对以往由信息部门总揽全部规划的突破。这种组织安排的优势是由系统的使用者直接负责对项目未来效益的评估,将成本问题与效益评估问题连接在一起,减少了业务部门与信息部门之间的分歧。

3)网络营销的效益评估

成本的分配问题是导致企业内部观点不一的原因之一。然而更为重要的原因却是网络建成后的效益问题。要想计算出在营销及内部管理中运用网络技术究竟能够带来多大的经济效益是件十分困难的事情。过去十年来,对于美国企业在信息技术上的巨额投资所产生的直接效益至今还没有确切的证明。由于缺乏数据证明,业务部门对信息技术乃至未来的网络技术产生的怀疑也就不足为奇了。

传统上把信息技术上的投入视为一项费用,而非资产。实际上,网络技术上的投资与其他长期投资一样,会有一段相当长的先期作业时间(Lead Time),而这段时间的长短又取决于企业的学习能力以及市场的接受速度。在这种情况下,试图把在网络技术上的投入与短期的效益联系在一起是毫无意义的。企业的管理人员必须认识到,甚至需要做好准备,在投资的过程中,企业的利润会发生下滑。也就是说,网络的建设是一项长期投资,因此应该从长远的角度来评估其经济效益。要看它潜在的效益,但这笔投资究竟要花多少时间才能显现出效益,目前尚无定论。毕竟,网络营销是一个全新的领域,没有人能够确切预见其未来,但却可以感受到它的冲击力。

此外,网络的建设本身并非生产效益的唯一来源。企业的网络建设就像是铁路,它最根本的作用在于促使企业以新的思考方法去重新规划企业的营销活动,并调整内部组织与管理以适应这一新的营销理念。

衡量网络及相关信息技术的效益,目前仍无一套可靠的方法,同样,要决定在这上面花费多少,也无定论。在网络营销逐渐推广的过程中,评估网络技术的商业价值将成为管理阶层的主要议题。现在所能见到的,是未来的成本可能不断上升,而效益却非常有限。是否继续在网络投资的问题,其实很简单:把同样的资金投入到其他方面,是否会产生更高的报酬率?管理阶层应该从商业的角度,而不是从财务数字的角度去考察是否有必要进行网络建设。如果屈从于短期的压力而裁减预算,将无疑会使企业丧失长期的市场竞争机会。

不过,企业还是需要一定的指标,以帮助其进行决策。有时,网络技术的效益可以在具体的应用方案上得到准确的评估。例如跟踪每次通信的成本,可以准确地计算出电子邮件的价值,但在整体上的评估则要困难得多。管理阶层需要意识到以下几个方面。

①网络技术所创造的效益,与研究开发十分类似。研究开发方面的投资与效益之间存在时间差,使得两者很难直接联系在一起,网络技术开发同样如此。

②同一技术上的效益,可能会产生不同的结果,组织与管理将会起到巨大的作用。

③网络零售、服务等手段产生的效益可能无法独立体现在会计报表中。因为它并不能直接使企业的总体成本减少,而且它的目标在于提升服务,增强顾客满意度,这些是企业的无形资产。

为了能够较好地体现出网络技术的应用所带来的效益,企业需要为其单独设立一套“主锚指标”(Anchor Measures)。之所以要单独设立指标,是因为传统的会计报表中难以反映信息技术的价值。信息技术所创造的价值往往被记在业务部门身上,而信息技术本身却成了耗费金钱的累赘。主锚指标的建立需要管理者判断出该项信息技术的最终作用点,并设计一项或一套指标来反映其效果。

虽然多数企业的人均利润与人均销售额经常被指定为主锚指标,但不同的信息系统应采用不同的主锚指标。在建立指标方面,网络技术比其他信息技术会更为方便一些。因为网络技术直接运用于营销,因而与市场占有率、销售额等指标能够建立起直接的联系。网络技术的作用可以分为对内与对外两部分:对内可以降低通信成本,提高生产效率,提高信息的处理与传播速度;对外可以提升服务,增强顾客满意度。企业可以根据这些功能制定相应的主锚指标以反映网络技术所产生的效益。

4) 网络营销的风险管理

网络投资的风险包括两大类:一类是经济风险,即投资的成本——效益问题,这在前面已有叙述;另一类是非经济风险,即由于人为破坏等因素造成的风险。这种人为的破坏行为主要有计算机病毒和网络犯罪。

(1) 计算机病毒

计算机病毒是一段隐藏在计算机中,破坏其正常运行及存储在其中的数据,并能够繁殖传播的程序。按照病毒的携带载体,可分为引导区病毒、文件型病毒及复合型病毒。原先病毒主要通过磁盘传播。1988 年,在美国发生的互联网感染"蠕虫"病毒可能是第一起病毒攻击网络的事件。从那以后,网络病毒迅速通过在网上传输的 Word 文档传播,基于服务器或客户终端的杀毒软件对它们无能为力,而企业的防火墙(Fire wall)只具有防止非法访问的作用,而无法杀毒。Data quwst 公司所作的调查表明,全球企业网络已有 95% 遭受过病毒感染,而且需要花近一个月的时间才能完全修复。如果企业没有采取进一步的防范措施,25%的企业将会在 30 天内重新染上病毒。

(2) 网络犯罪

除了一些别有用心的人通过编制病毒对企业网络进行恶性破坏以外,还有些犯罪分子通过网络盗窃企业机密,以直接获取非法经济利益。

网络犯罪对社会造成的危害极其严重,已经引起各国政府和治安机关的密切关注。据美国计算机协会的调查称,在 1994—1997 年连续 3 年里,外部人员入侵内部网络系统的事件一直呈上升趋势,每年用于防止黑客入侵的网络安全防御费用大约是 100 亿美元。近几年来黑客犯罪的事也时有发生,黑客犯罪已趋于普遍化。因此,网络安全问题就成了企业安全性的重点所在。

要加强安全,就必须加强管制,但管制的加强却又会降低网络的便利性,这与网络建立的目的是矛盾的,这是难点之一。难点之二是追求最大安全性所需的花费十分昂贵,但犯罪分子的入侵往往是偶然的,这使得有些公司认为采取补救措施比采取预防性措施更划算一些。

事实上,与网络紧密关联的这些风险应视为成本管理中的必要组成部分。应该看到,如果试图降低部分成本,将会导致更大的损失。如美国航空公司由于收入管理系统上的小病毒未被查出,结果导致 5 000 万美元的损失。这些只是常见的几种风险,如果深入研究,将会发现更多的问题。保护企业免于陷入危机之中,不只是信息部门的责任,而且也是财务部门及高级管理层的责任,因为忽视就等于增加成本。

12.1.2 网络营销目标管理的步骤

1) 确立网络营销总体目标

企业在推行网络营销前首先必须确定网络营销要达到的总体目标。否则,网络营销经理无法确定什么意味着成功。这就是说有关部门、有关人员应达成共识。

比如说让世界知晓你的企业(提高品牌知名度)、服务顾客、在线销售商品等。这有赖于在网络营销计划书中清晰界定:建设商业站点的目的是什么、商业站点希望吸引的浏览者是什么人、利用网络想完成什么工作、商业站点建设者能为网站付出的是什么、一般的维护费用有多大等问题。如果目标不明确,营销人员工作起来会感到不知所措,另外,需要特别注意的是,不同的企业有不同的网络营销目标,如前所述有销售型的、品牌提升型的、服务型的等。

有了总体的目标,企业才能够根据衡量的标准,来检查目标的达成度,才能对网络营销实行控制。

2) 确定网络营销的评估标准

对上一步已定的网络营销目标,怎样才算是执行成功呢?这就是说要确定评估网络营销是否成功的标准,也就是用哪些指标来评估网络营销活动,才能说明它是否达到了预期的目标,是否是成功的。

虽然,目前还没有统一的网络营销的评估指标,但我们可以根据网络营销的目标,来确定评估的重点。Delahage Group 公司为我们归纳了以下一些网络营销评估标准:如果企业的网络营销目标是提高知名度,则可以通过对目标顾客中浏览者的比例,浏览者中有消费倾向者的比例,印刷、邮寄等费用的节省等方面来评价;如果企业网络营销目标是巩固与顾客间的关系、建立顾客忠诚度,则评估重点是目标顾客中浏览者的比例,对企业有利、不利的电子邮件、张贴文章的相对比例,对企业有利、不利反馈信息的相对比例等方面;如果企业的网络营销目标是为了增进企业内部的信息流通,可评估以下指标:使用站点的人员比例,成本节省的情况,对生产率、忠诚度、营业额的作用等方面。

3) 选择评估网络营销工作的基准点

网络营销目标管理的重点就是评估网络营销计划执行的过程,但这是一个相对比较的过程,需要选择一个比较的基点。比如说网络营销师只告诉自己的上司一天 3 000 人进入企业的网址,其上司并不能从"3 000"这个绝对数值上来判断网络营销是成功或是失败。只有在知道竞争对手同期的点击数或上个月或去年同期的点击数时才能作出正确判断。基准点的选择可有多种形式,如:比较自己与竞争对手,比较现在与过去,比较网络与其他的营销媒体等。

4) 比较网络营销目标的达成度

有了上两步的评估标准和基准点后,网络营销师就可以将网络营销的执行结果和设定的网络营销目标进行比较,以判断网络营销计划与实施是否成功,还有哪些目标与执行效果存在差距。

5) 制订控制方案

企业决策者需要的最终结果是隐藏在数字后面的信息,而不是数字。网络营销师要通过数字的量化分析,评价已做的网络营销努力是否成功,提出营销资源配置是否需要优化及怎样优化,哪些地方需要改进等可付诸行动的结论。这样才能使营销工作更富有效率,更节约成本。

12.1.3　网络营销管理中应注意的具体问题

网络营销是一个新事物,网络营销的模式、网络营销的评价标准、网络营销的潜在效果等有待于实践的检验,将会在实践中得到不断的完善,因此我们在探讨网络营销的管理时应该结合实际,制定合理的标准,才能对实践起到指导作用。在进行管理时应该注意下列各类问题。

1) 网络营销目标定位合理性的判断

市场定位是否准确、是否合理是商业网站能否成功的关键因素。网上信息服务的专业化是一种必然趋势。在建立之前,首先应该考虑如何扬长避短、强调专业、吸引具有某种特殊兴趣的人,从而形成稳定的客户群。其次,在确定服务领域后,也不要盲目提供该领域所需要的全部信息,而应该量力而行,将目标限定在有可能成为全国最好或次好的栏目上。在买方市场上,市场只承认前三名,多数用户记不住前三名之后的品牌。如果做不到领先,那么一般来讲,网站就失去了存在意义。所以面向特定用户,选择专业领域,分析自身优势,推出拳头栏目,是网站成功的重要条件。

另外,我们要树立精品意识,只有精品才能从信息泛滥的因特网世界中脱颖而出,才能吸引更多的访问者。AOL(American online,美国在线)成功的原因就在于踏踏实实的内容建设和服务至上的经营理念;而瀛海威的失利则是从反面印证了这一结论。

因此在判断网络营销目标定位问题时,要注意目标定位的专业化、创新性、精品意识等方面是否具有独特优势。

2) 网络营销评估步骤中的问题

(1)关于网站设计的评估标准

在网站的设计方面,除了功能、风格和视觉设计等取决于网站本身的特定要求之外,主要有:主页下载时间(在不同速率 MODEM 情形下)、有无死链接、拼写错误、不同浏览器的适应性、对搜索引擎的友好程度(META 标签合理与否)、使用方便、保护个人信息等一些通用的评估指标可作为参考。

(2)关于网站推广的评估标准

网站推广的力度在一定程度上说明了网络营销人员为之付出劳动的多少,而且可以进行量化评估指标,这些指标主要有登记搜索引擎的数量和排名、在其他网站链接的数量、注册用户数量等。这是因为一般来说,网络营销师登记的搜索引擎越多,企业的网站在搜索引擎中的排名越前,对增加企业的商业站点的访问量越有效,表明网络营销师的网站推广力度越大;如果企业的站点在其他网站上链接的数量越多,对搜索结果排名越有利,而且,访问者还可以直接从链接的网页进入企业的网站。可见,在其他网站作链接对网站推广起到重要作用。另外,注册用户数量因在一定程度上反映了网站的内容为用户提供的价值,也是一个网站价值的重要体现,而且,注册用户也就是潜在的顾客数量。

(3)关于网站流量的评估标准

商业站点的网络营销计划执行得如何,在很大程度上取决于网站流量的大小,但是在确定网站流量的评估标准方面看来不统一的地方较多。关于网站流量统计最流行的术语可能就是"点击"（hits）数。现在通常使用 WebAudit（www. wishing. com/webaudit）或 Browerser Counter（www. Netimages. com/Snowhare/utilities/browsercounter. html）两个计数程序来统计站点的点击数。这种对点击的理解只是初步的。

按照定义,点击是服务器为了传送一个网页必须满足的所有个体的请求,除了基本的 HTML 外还应加上图片或声音文件。由此可以看出,点击数相对没有很大实际意义,特别是一个网页上有几幅图片或多媒体文件时。与此相反,页面浏览指标(主要指页面浏览数及每个访问者的页面浏览数,前者指在一定时期内所有访问者浏览的页面数量。如果一个访问者浏览同一网页三次,那么网页浏览数就计算为三个。后者是一个平均数,即在一定时间内全部页面浏览数与所有访问者相除的结果)就显得比较有意义,但是由于其内在的缺陷,仍不够精确。页面浏览是访问者通过浏览器实际看到的页面数的总和。无论点击还是页面浏览都存在 Catch、Spiders or Bots 等问题,其中,Catch 的问题表现在:当访问者正在企业的网站上浏览一个网页时,过一会儿之后又浏览同一网页,看到的很可能是浏览器缓存中的内容,而不是网站的信息(因为读取缓存的内容更加快些),浏览者的 ISP 也有一个缓存,尤其在使用代理服务器的情况下更加明显,这种现象直接导致统计结果的不真实。至于 Spiders or Bots 的问题,正如其名称所示,设计这些软件的目的是在网络上爬行、为网页编制目录,收集 E-mail 地址或其他信息,这都记录为点击,即使你可以建立一个数据库不记录这些 IP 地址,但是这些 IP 地址列表每天都在变化,很难精确记录。计算独立访问者(独立访问者数量:指在一定时期内访问网站的人数,每一个固定的访问者只代表一个唯一的用户)会可靠一点,如果使用 IP 地址和(或)Cookies 组合的情况下更加明显,如果试图计算多少个访问者形成一次购买,那么这个资料就有其实际价值,缺点是许多人每次登录时 IP 地址不同,而且有些人关闭了浏览器的 Cookies 功能。

由此可知,许多统计指标只是粗略估计,没有哪一个统计指标能够完全反映浏览者的所有信息,要全面评估网站流量的效果,就要全面考虑主页浏览数、提交 URL、最主要的进入页面与离开页面、最多或者最少的访问页面、每个访问的平均停留时间、每天访问高峰期、访问者使用什么浏览器等因素。

3) 网络营销战略和组织结构调整问题

网络营销给传统的企业组织形式带来了很大的冲击。它打破了传统职能部门依赖分工与协作完成整个工作的过程,形成了并行工程的思想。在网络营销的条件下,原有的工作单元间的界限被打破,而重新组合形成了一个直接为客户服务的工作组。为了实现网络营销的战略,组织的调整是必须的。如果组织不能针对网络市场客户的需求作出反应,那么营销计划将会失败。

4) 网络营销的法律问题

对于网络营销的企业来说,网络营销的实施提高了法律系统的重要性。网络营销正在改变已经建立起来的商业规则,这些选择可能会不被注意地与法律发生冲突,数字环境下的知识产权问题、法律边界问题、个人隐私问题等将成为今后法律的焦点。虽然互联网一个重要的作用是信息的共享,其规则就是鼓励开放式沟通,但互联网由于其无国界、跨时空等特点,使得法律的核心——边界被打乱,这种面对全球的营销模式,可能引发很多法律问题。

因此网络营销的管理者,必须清楚认识到他们在网络上做出的各种承诺。

12.2 网络营销业绩评估

对于开展网络营销的企业,在实施网络营销后,希望有一个评价标准,但衡量网络及相关信息技术的效益,目前还没有一套较为可靠的方法,因为网络营销可以量化的评价指标不多。本节重点就网站的建设及其效益方面的评价给予介绍。

12.2.1 网络营销业绩评估内容和方法

网络营销是一个整体方案,虽然还没有一套较为可靠的评价方法,但通过对某些与网络营销业绩紧密相关的一些环节的评价可以反映网络营销的业绩情况。比如网络技术的效益可以在具体的应用方案上得到准确的评估,例如,跟踪每次通信成本,可以准确地计算出电子邮件的价值;通过对网站设计、网站推广、站点流量等指标进行评估,可以知道网络营销运作的效果。

通常对网络营销的评估根据网站的设计、网站的推广、网站的流量等指标进行分析。

(1)网站设计的评价

除了功能、风格和视觉设计等取决于网站本身的特定要求之外,在网站的设计方面,有一些通用的指标,主要有主页下载时间(在不同速率 MODEM 情形下)、有无死链接、有无拼写错误、不同浏览器的适应性、对搜索引擎的友好程度(META 标签合理与否)等。关于这些指标的评价,除了自己进行测试外,还可以参照第三方提供的测试结果,如 Netscape 提供的网站自动测试报告(http://dashboard. netscape. com/company. html)。检测结果分为四个等级:很好、好、一般、差。如果评价结果为差,就要认真分析原因所在了。

虽然这些测试结果有时不一定完全客观,但一个优秀的网站应该具有高的技术融合量、优良的用户界面质量、灵活的导航、丰富的产品和服务信息、合理的交易流程、方便的信息交互等。

(2)网站推广评价

网站推广的力度在一定程度上说明了网络营销人员为之付出劳动的多少,而且可以进行量化。这些主要指标如下。

①登记搜索引擎的数量和排名:虽然搜索引擎对网站流量的作用在日益减小,但仍不能否定在搜索引擎登记的重要性,搜索引擎对于增加新的访问者仍然有着不可替代的作用。一般来说,登记的搜索引擎越多,对增加访问量越有效果。另外,搜索引擎的排名也很重要,虽然在搜索引擎注册了。但排名在第三屏之后,或者在几百名之后,同样起不到多大作用。

②在其他网站链接的数量:在其他网站链接的数量越多,对搜索结果排名越有利,而且,访问者还可以直接从链接的网页进入你的网站。实践证明,在其他网站作链接对网站推广起到重要作用。

③注册用户数量:注册用户数量是一个网站价值的重要体现,在一定程度上反映了网站的内容为用户提供的价值。而且,注册用户也就是潜在的顾客数量。

（3）网站流量评价

独立访问者数量：指在一定时期内访问网站的人数，每一个固定的访问者只代表一个唯一的用户。

● 页面浏览数：在一定时期内所有访问者浏览的页面数量。如果一个访问者浏览同一网页 3 次，那么网页浏览数就计算为 3 个。

● 每个访问者的页面浏览数：这是一个平均数，即在一定时间内全部页面浏览数与所有访问者相除的结果。

● 用户在网站的停留时间：在一定时期内所有访问者在网站停留的时间之和。

● 每个用户在网站的停留时间：所有用户在网站的停留时间与全部用户数的平均数。访问者停留时间的长短反映了网站内容对访问者的吸引力大小。

● 用户在每个页面的平均时间：即访问者在网站停留总时间与网站页面总数之比，这个指标的水平说明了网站内容对访问者的有效性。

通过上述各项指标可以来评价网站的流量以及流量的质量。

在没有直接收益的情况下，不可能用财务指标来衡量网络营销的最终效果，因此，上述指标体系还不完善，只是初步反映了网络营销的基本状况。下面介绍几种国内外常用的网络营销评估方法：

1）美国评比网站常用的评估方法

（1）BizRate 网络营销评估法

BizRate.com 公司成立于 1996 年，号称是第一电子商务门户网站，有 3 600 多家在线商店参与收集顾客每次购买后的直接反馈信息，所有资料全部来自在线调查，由此得出的评比结果被认为是顾客满意度的标准。该公司不断收集数以百万计的网上购物者直接反馈信息，因此掌握哪些商业网站好，好在什么地方以及每天的服务如何变化等信息，可以根据网上顾客的特殊需求找出最适合的网站。而且，如果注册为会员，从 BizRate.com 开始进入所有链接的商业网站，还可以获得特殊服务的机会——包括最高达 25% 的折扣。对于参与评比的商业网站来说，同样可以获得有益的价值：根据需要免费使用顾客的意见，每月一期免费详细的网站市场研究，免费使用 BizRate.com 顾客鉴定奖章做营销宣传，免费出现在 BizRate.com 的列表，免费热点电子商务研究。因此，BizRate.com 在网站评价领域大获成功。

目前，BizRate.com 对 13 大类的电子商务网站进行评比，每类网站又可分为几十个小类，通过对刚刚完成网上购物的顾客的调查来评比商店的表现，调查内容有 10 个方面。

● 网站导航及外观：是否有错误链接、版面质量、图片、网站速度；

● 产品选择：提供产品的种类和规格数量；

● 容易订购：下订单方便、快速；

● 产品信息：信息的数量、质量及相关性；

● 产品价格：相对于同类网上商店的价格；

● 准时送货：预期收货日期与实际收货日期相比；

● 产品运输和操作：包装和运输是否合适；

● 产品表现：描述的产品与实际收到的产品是否相符；

- 个人信息政策:个人信息的保护和承诺;
- 顾客支持的水平和质量:处理顾客投诉和解决问题的状况。

BizRate.com 的评估是完全建立在大量购物者调查的基础之上的,其评估结果具有相当的权威性,然而由于一些商业网站不参与评估,对于不参与 BizRate.com 评估计划的网上商店,由 BizRate.com 在线调查频道经过超过 100 000 人的实际在线购买的会员进行评估,这些信息的准确性或者被调查者身份的可信度对于评估结果将产生直接影响。

(2)CU 网络营销评估法(Consumer Reports online)

CU 是一个独立的、非营利性测试的信息组织。从 1936 年起,它的使命一直是检验产品,向公众发布检测报告,并保护消费者。Consumer Reports online 由消费者联盟(CU)发布管理,对电子商务网站的评价与传统产品评价方法(对于传统行业,待检测的产品全部来自市场,检测人员像普通消费者一样从货架上购买,然后由 100 多位专家进行检验)类似,采用研究人员观察法,即对被评估网站的主要方面进行评价,包括销售额、网站流量、使用方便性(设计、导航、订单及取消、广告)、网站政策(安全性、装运、退货、个人隐私、顾客服务)和网站内容(分类深度、产品信息、个性化),然后根据各项指标的综合结果对电子商务网站进行排名。目前,Consumer Reports online 主要对 9 类网站进行评比:服饰、器具、汽车、书籍和音乐、目录、电子、玩具、园艺、家庭装饰/家具。CU 的非营利性质有助于其在公众心目中的公正形象,主要刊物《消费者报告》杂志有 460 万订户,还有数百万消费者通过消费者报告在线网站了解相关信息,在线付费订户数量达到 37 万。Consumer Reports online 由于沿用与传统评估一样的方法评估商业网站,只监控高流量的网站,虽然大多数购买者会去这些网站购物,但网站流量小但专业化程度高的或者一些新成立的网站就失去了参与评估的机会,而且,纯粹的专家评估方法未必能反映商业网站的实际状况。分析家可以评估电子商务经历的每个方面,甚至看到消费者没有意识到的新特性,但是分析家也许一个季度才有一次购物,而购物者不一定实验所有特性,但却经常在线购买东西或进行测试,如果让很多购物者参与评估网站,使得一些中小商业网站也可以参与评估,购物者对购物网站的评估远胜过实验室里专家的评估。之所以 Consumer Reports online 的评估结果有较大的影响力,是因为基于传统产品评估的《消费者报告》杂志有众多的订户以及该机构的非营利性质。

(3)Forrester 强力评估法(Forrester Power Rankings)

Forrester 强力评估(Forrester Power Rankings)采取专家实际购物评估与消费者调查资料相结合的方式,为了让直接消费者浏览商业网站,Forrester 请求浏览 Forrester Power Rankings 网站的消费者参与调查,同时也与 Greenfield online 形成伙伴关系,对 40 万在线样本会员进行调查,Forrester 监控在线消费者的投票以确保没有欺骗性事件发生。收集到网上消费者资料后,Forrester 对从在线调查中得到的统计资料进行一系列评估,Forrester 的专家购物实验对商业网站进行全方位评估,这种评估对所有被评估商业网站都以同样的标准严格进行。

最后,Forrester 专家的购物经历和消费者资料两类数据结果汇合形成整体评估结果 Power Ranking(以百分制表示),其中,专家购物资料权重为 1/3,而消费者的资料权重为 2/3。Forrester Power Rankings 是专家公正分析与在线用户调查的结果,这种独特的组合为商业网站提供了一个全面的评价。Forrester Research 是一个独立的研究咨询公司,Power

Rankings 为消费者提供客观研究调查以帮助他们为选择领先的网站提供较好的决策,对于商业网站来说,得到了在市场地位的公证评估。Forrester Power Rankings 采取专家实际购物评估与消费者调查资料相结合的方式,显然在评估方法上更加准确一些,然而对两类数据结果赋予的权重,究竟在多大程度上接近实际情况? 对于权重的设置会为评估结果的准确性带来一定的疑问。

上述分析表明,对于所有的评估网站,建立科学的评价标准,并保持自身的公正形象至关重要,但是由于每个人都可能成为评估人,而各人的经历、偏好不同,对每种标准的判断就会有差异,无论专家评估还是在线调查,都摆不脱主观因素的影响,无论定性描述还是定量分析,各种能够评估的方法都存在一定的缺陷。尽管各种方法都存在一定的缺陷或片面性,而且评估结果并不能真正反映商业网站的实际价值,这些方法也无法完全推广到其他类型的网站,但是作为一种新兴的互联网商务模式,可以预见,专业评估网站将会快速发展。这对于网络营销评估机制的建立与完善将起极大的推进作用。

2) 直接回复网址的网络营销评估方法

一些营销研究机构从网络营销的直复功能出发,开发出一种营销评估方法——直接回复网址(Direct Response Web Site),以下简称直复网址。直复网址的设计思路是:要利用网络即时、互动的特性得到顾客(或潜在顾客)的实时回复。所谓回复(response)是指当测试的目的针对某项特定的活动时,公司需要的是与此活动有关的特定的反馈信息,可见回复不完全等同于反馈信息(feedback)。天下没有免费的午餐,顾客并没有回复的义务,为了使顾客乐于回复当然得先给他点好处。为了准确评估某项营销活动的效果,得将其他的反馈信息和与之有关的回复分离开来,这就要采取合理的信息分流。信息清晰分离后,即能精确获得服务于评估目的的回复数据,由此进行分析,可得到对该项营销活动效果的评估,同时可总结出优化营销效果的措施。这种网址在形式上和普通网址并无二致,仅仅是增加了一些具有直复特性的元素。可见,这种评估方法的根本出发点仍然是网络即时、互动的特性,其实质无非是将网络的特点结合传统营销的技巧和概念灵活运用而已,它并不是什么神秘不可言的创造。下面我们就来具体阐释一下直复网址的设计中蕴含的经典的市场营销的概念和技巧。

- 优选目标市场;
- 给出优惠的条件,使浏览者乐于回复;
- 浏览者信息分流;
- 测试、评价并采取优化措施。

(1) 优选目标市场——测试对象

和其他直复营销媒体的评估一样,所用直复网址针对某一营销活动进行评估的第一步就是要选择合适的测试对象。利用传统营销理论中的 STP(Segment 细分、Target 目标、Position 定位)方法,可以找到与该项营销活动相配的细分目标市场。这时,既可以直接将直复网络和目标市场的网络连接起来,也可以间接将网络营销和目标市场联系起来,即在电视、广播、广告板、POP 广告等这些传统媒体的醒目位置上打上公司的网址,引导消费者去浏览该网址,利用目标市场中已有的传统营销媒体进行复合营销。

（2）给出优惠条件，诱使浏览者乐于回复

确定出测试对象后，接下来就是要收集每一位浏览站点的测试对象的基本数据：姓名、教育程度、收入、联系方法等。这些数据并不能直接获得，只有当浏览者愿意告诉网络营销者的时候，网络营销者才能得到这些数据，但是，浏览者并没有义务在一些站点设置的浏览者登记簿上填写这些信息，这是网络文化固有的保护个人隐私的特性所决定的。

所以，公司要获得这些数据需付出应有的代价。要使浏览者乐于留下这些基本数据其实也很简单，只需将传统营销的一些促销策略稍加变化应用到网上即可：网上竞赛、网上优惠价、网上折扣、网上抽奖等方式均可运用。但应注意：网上信息传播速度之快，非常人所能想象，不排除大多数浏览者冲着免费品而来，如果网络营销者事先没有设计好有效的控制策略，网络营销者很可能会因此而大出血本，因此网络营销者不要滥给免费品（即没必要讨好每一位来访者）。下面是一个控制得较好的例子：Soft Mail Direct 公司为了促销它的"站点评论"这项新的服务。它在商业刊物刊登广告时给出了如下有吸引力的优惠条件：提供免费的站点评论，有机会获得价值 1 000 美元幸运奖。公司将从 1995 年 12 月 15 日到 31 日期间所有在指定的 URL 上登记的浏览者中随机抽取 100 名幸运者。

（3）浏览者信息分流

如果将针对某项营销活动的特定的回复信息和其他目的的反馈信息混在一起，公司还是无法评估某项特定的网络营销努力是否成功。如上例（Soft Mail Direct 公司）中，如果冲着免费评论目的来的浏览者和需要"站点评论"服务支持的浏览者（被评估的网站）都在同一个地址上登记，公司就无法使用这个地址上的浏览者数据来评估他的新服务是否有效。为了解决这个问题，必须为不同的目的设置不同的网址以便将不同用途的信息分流。具体操作为：将当前主页拷贝一份，然后再在同一目录下另存一个名字即可。比如，上例中 www. SoftMail . com /index. html 为 Soft Mail Direct 的标准网址，为了评估免费评论这项营销活动，可拷贝当前主页并为之设定一个特定的地址 www. softmail. com/New PubAd. html 即可。这样，从这个网址上得到的数据就是直接针对免费评论这项营销活动的。

（4）测试、评论并采取优化措施

评估的过程就是利用上述基本数据，计算相应评估指标，并与预期目标进行比较，得到正确的结论。从评估的结果网络营销者可以了解，哪些营销努力是没有市场效益的，哪些是卓有成效的，这样网络营销者就可以果断地采取优化措施，撤销无效的努力，将其资源集中到有效的营销努力上来。总之，有了数据分流的观念后，可以很容易地评估每一项营销努力的效果，甚至通过巧妙的分流方法可以评估每一项营销努力中哪些具体的措施在起着关键的作用。

除外在对网络营销整体效益进行评估时，管理人员一定要注意以下几个方面的问题。

①网络技术所创造的效益，与研究和开发的效益十分类似。研究开发方面的投资与效益之间存在的时间差，使得两者很难联系在一起，网络技术开发同样如此。

②同一技术上的投资，可能会产生不同的结果，组织与管理将会起到巨大的作用。

③网络零售、服务等手段产生的效益可能无法独立体现在会计报表中。因为它并不能直接使企业的总体成本减少，而且它的目标在于提升服务，增强顾客满意度，这也是企业的无形资产。

虽然对整体效益的评估还在不断探索中,但网络营销的管理人员一定要重视网络营销的业绩评估,只有通过评估才能更及时发现存在的问题,为网络营销的调整控制提供指导。

12.2.2 网络营销的反馈与控制

网络营销控制,实际上就是指网络营销管理者通过网络营销的各种评估方法,对网络营销执行过程进行评估,根据反馈的结果,在事前、事中或事后检查或检测网络营销活动的运行状况,衡量预定计划与实际执行情况是否存在偏差。如果存在偏差,就要找出原因,并采取有效措施和正确行动进行及时的"纠偏",以保证网络营销计划的完成、网络营销目标的实现。网络营销控制主要有以下几个方面的内容。

1) 网络营销绩效测试

网络营销的直复特性、网络运行的可追踪性以及数据库技术的发展,决定了网络营销的某些指标是可测试的。能明确地了解网络营销计划执行情况,能清晰地确认网络营销运行的效果,是企业调整改进网络营销管理决策的基础。企业要做好网络营销绩效测试与控制,就需要建立一套体系完整、切合企业实际、为投资者及社会认同的网络营销效果指标和评价方法体系。

2) 网络营销计划控制

执行和控制网络营销计划也是网络营销管理过程的重要步骤。根据市场营销原理,网络营销计划控制主要应有三种类型:年度计划控制、赢利能力控制和战略控制。

(1)年度计划控制

①网上销售分析。销售分析就是衡量并评估企业实际的网上的销售额(或销售量)与计划销售额(或销售量)之间的差异情况。

②网上市场占有率分析。它主要分析企业网上市场的实际占有率与预期占有率之间的差异,以发现原因,解决问题。根据企业选择的网上市场的范围不同,市场占有率可以有全部市场占有率、可达市场占有率、绝对市场占有率及相对市场占有率等四种不同的测量指标。

③网络营销费用率分析。指网络营销费用与网上销售额的比率,还可以进一步细分为网络营销人工费用率、网络广告费用率、网上销售促进费用率、网上调查费用率、网络营销管理费用率等。

④财务分析。主要是通过企业在网络营销方面一年来的销售利润率、资产收益率、资本报酬率和资产周转率等指标了解企业的财务情况。

⑤顾客态度追踪。指企业通过设置顾客抱怨和建议系统、建立固定的顾客样本或者通过顾客调查等方式,了解顾客对本企业及其产品的态度变化情况。如果发现顾客对本企业和产品的态度发生了变化,网络营销管理者就应及时采取行动,争取主动,以做到大事化小、小事化了的效果。

(2)赢利能力控制

赢利能力控制旨在测定企业不同产品、不同销售地区、不同顾客群、不同销售渠道以及不同规模订单赢利情况的控制活动。没有严格的网络营销成本和生产成本的控制,企业要取得较高的赢利水平和较好的经济效益是难以想象的。因此企业一定要对网络营销运营费、网络促销费、物流仓储费、商品运输陪送费与其他营销费用,以及生产产品的材料费、人工费和制造费进行有效控制,全面降低支出水平。当然,费用支出必须要与相应的收入结合起来分析,才能了解企业的赢利能力。

(3)战略控制

战略控制是指网络营销管理者通过采取一系列行动,在网络营销活动中通过不断的评审和信息反馈,连续地对战略进行修改与改进,使网络营销的实际工作与原战略规划的目标尽可能地保持一致。在企业战略控制过程中,主要采用营销审计这一重要工具。营销审计是对一个企业或一个业务单位的网络营销环境、目标、战略和活动所做的全面的、系统的、独立的和定期的检查,其目的在于明确问题的范围和机会,提出行动计划,以提高企业的营销业绩。实际上,网络营销审计是在一定时期内对企业全部网络营销活动进行的总的效果评价。

12.3　网络营销的信用管理

在网络营销的交易市场上买方和卖方不可能都面对面地交易。买方看到的是产品的图片而不是产品本身。对产品质量和配送的承诺是很容易说的,但要真正做到却很难。在全球性的电子商务中诚信尤为重要,因为当发生商业欺诈行为时,由于牵涉不同的文化背景和商业环境,采取法律手段也难以奏效。因此要保证网络营销的正常开展除解决订购、支付、配送等环节的技术问题,还要加强对交易各方的信用的管理。

12.3.1　信用管理概念

所谓信用管理就是对信用风险进行识别、分析和评估,并在此基础上有效地控制风险和用最经济合理的方法综合处理风险。

网络营销的信用问题指的是在商务交易中由买方(vendee)、卖方(vendor)以及电子商务平台提供方(platform)构成的三方间互动的信用关系。目前国内电子商务的内容主要包括 B2C、B2B、C2C 等交易类型,也包括电子金融(e-financing)、网上银行(e-banking)以及传统企业转型(e-transformation)的电子商务。

网络营销的信用管理,主要是指电子商务企业(网站)通过制定和实施确定的交易规则,为进行网络营销的当事人建立一个公平、公正的平台,以确保电子商务交易的安全可靠,其基础性设施是资格认证和信用认证。

信用管理可以分为三个阶段:事前防范、事中管理、事后处理。

(1)事前防范

信用风险的识别、分析和评估:指在正式交易(签约或发货)之前,对客户资信状况进行的审查及对信用限额和信用条件进行的分析和决策。

选择客户:联系沟通、实地考察、资信调查。

确定信用条件:信用形式、期限、金额。

（2）事中管理

信用风险的转移和监控：指发货之后直到货款到期日之前，对客户及应收账款的监督、管理。

履约保障：担保、保险、保理。

跟踪管理：电话沟通、信函提示、实地走访。

早期催收：分析拖欠征兆、保持压力、合适的拖欠方式。

（3）事后处理

信用风险的处理：发生拖欠之后，对案件的有效处理。

危机处理：债务分析、确定追讨方式、实施追讨。

12.3.2　加强信用管理的重要性

市场经济是一种信用化的商品经济，信用是市场经济的基础和生命线，是资本和资源，甚至可以说是生产力。特别是在经济进入全球化的过程中，信用是进入国际市场的通行证。随着网络营销的出现，信用同样是其存在和发展的基础。而且，网络营销中的商务交易所具有的远程性、记录的可更改性、主体的复杂性等特征，就决定其信用问题更加突出。网络营销的信用问题，不仅是电子商务网站如何在其经济行为中遵循信用原则，更主要的是要为电子商务交易的各方参与者建立必要的、适合电子商务特征的信用模式，这样才能保证网络营销的顺利开展。

我国在信用管理上还比较落后，具体表现在下列方面。

第一，国家信用体系建设还不完善，随之而来的社会信用的缺失很容易反映到电子商务中。当前我国电子商务信用要过五大关：商业信用、银行信用、系统（设备和网络）信用、社会信用及司法信用。在现有状况下推广和普及电子商务，必须要以政府为背景，包括银行、工商、公安、税务等跨部门的管理，才能真正建立起符合我国国情的电子商务信用体系。

第二，我国的市场经济是由计划经济过渡而来，与市场经济紧密相关的信用规则还不成熟，企业的市场行为随机性大，不少企业的诚信度还不高。

第三，我国市场法制建设还不健全，尤其是电子商务法律法规很不完善，缺乏明确的法律法规对电子商务进行规范，加大了电子商务活动的风险。如电子签名、电子记录和电子文档目前还难以成为被法律确认的有效证据等。

第四，受传统贸易制度的影响，国内企业的交易多限于面对面地进行，电子商务意识还比较淡薄，网上信用意识较差。

第五，电子商务所具有的远程性、记录的可更改性、主体的复杂性等自身特征，决定了其信用问题更加突出。一旦一方发生信用问题，交易就会成为泡影，甚至导致另一方上当受骗。

因此企业开展网络营销，在技术上已经不再是瓶颈，最关键的还是信用问题。如果信用问题不解决，必将影响我国企业开展网络营销的进程。

12.3.3　信用管理的思路及步骤

金融是现代经济的核心，而信用则是社会生活的核心，市场经济在一定意义上说就是信用经济、契约经济。信用管理的步骤有以下几点。

第一,完善社会信用体系,进一步规范网络经济大环境。

在美国,每个人都有一个终身无法伪造的社会安全号,政府部门、银行与公司客户都可以通过这个号码在网络上查询公民的信用记录。当一个人的信用不良时,其记录上会有所显示。当个人信用破产时,他不能出国旅游,不能使用信用卡,不能享受贷款服务,不能购买高档商品。这种信用管理体系使居民的任何个人收入都置于银行的监督下,个人的财产资信情况如何,通过银行检索就一目了然。这不仅使交易各方能够及时了解对方的信用问题,而且还有助于个人信用意识的形成,从而促进整个经济环境的信用建设。

对于企业来说也要建立信用档案,建立在线信用信息数据库。政府有关部门可根据客观、中立、公正的原则,整合国税、地税、统计、工商、质监、金融等系统中涉及企业信用的信息资源,建立在线信用信息数据库,可通过提供信用查询、公示企业守信或诚信信息、受理信用的投诉、受理信用的异议等服务,来营造电子商务信用环境。

第二,建立电子商务信用模式。

电子商务的信用模式主要是指电子商务企业(网站)通过制定和实施确定的交易规则,为电子商务交易的当事人建立一个公平、公正的平台,以确保电子商务交易的安全可靠,其基础性设施主要体现在资格认证和信用认证上。目前,国外典型的信用模式主要有四种,即中介人模式、担保人模式、网站经营模式和委托授权模式。其中大力发展商业性第三方担保机构,就是解决电子商务信用的有效途径之一。建议我国有针对性地加以借鉴。

第三,完善信用管理相关法律法规。

扩大成熟且健康的市场信用交易,是建立在国家信用管理体系之上的。而国家信用管理体系的支柱之一,就是完善的信用管理相关法律法规。因此要尽快健全电子商务法律法规。全国第一个地方性电子交易法规《广东省电子交易条例》出台,该条例鼓励电子交易双方使用安全的数字签名签署电子合同,这是一个可喜的迹象。但全国性的法律也应尽快跟上。我们在这方面与西方发达国家的差距较大。美国至今已颁布了7部有关电子商务的法案,其中基本信用管理的相关法律共有16项,可分为两类:一类是与银行相关的信用法律,主要在于规范商业银行的信贷业务;另一类是与非银行相关的信用法律,主要在于规范信用管理行业。欧盟、德国、澳大利亚、新加坡、中国香港等国家和地区也已相继颁布了有关法案和条例,尤其联合国还颁布了《电子商务签名法》。因此我国解决电子商务信用问题,最迫切的是要尽快健全电子商务的相关法律法规,为电子商务信用设立"底线"。

第四,加强网络营销行业的自律。

信用环境的进步也是一个国家文明的进步。信用的管理虽然需要一系列的管理措施以及相关的法律约束,但这些都是外在的因素,要完善网络交易环境的信用管理,必须加强交易环节中的各个角色的自律行为,才能真正提高我国信用管理的水平。

12.4　网络营销的过程管理

12.4.1　网络营销的运作过程

网络营销的运作过程是一项系统工程,它涉及企业的人、财、物、技术和信息资源五个方面,有专门的营销和管理组织来保证其有效实施。由于网络营销得到快速发展,在技术上日益完善和成熟,网络营销中的管理与组织变得日益重要和突出,网络营销的过程包括几个环节:企业环境、网络营销计划、实施方案和组织实施等。

1) 企业环境分析

(1) 可能性分析

主要考察开展网络营销的技术和市场是否成熟,企业是否愿意接受网络营销方式,以及接受程度。如果目标市场的信息化程度低或者不愿意信息化处理,企业实施网络营销就失去了基础。但是要注意的是,如果目标市场信息化趋势发展很快,则企业必须马上考虑网络营销;如果目标市场在近期内市场信息化程度比较缓慢或存在一定难度,企业可以根据自己情况选择时机进行。

(2) 可行性分析

主要考察企业内部是否有信息化基础,是否有足够的资金、技术和人才。一般实施网络营销要求企业内部必须信息化,而且业务流程要自动化和信息化。企业内部信息化是指企业的业务操作和管理是建立在计算机信息系统的基础上。企业只有信息化才能在将来按企业业务需要向外拓展。在拓展范围时,应先考虑与相关企业建立 Extranet,实现信息共享,以达到共同降低成本,降低库存,然后借助 Internet 将其业务拓展到网上,寻求更多商业机会和更大发展。

(3) 必要性分析

主要考虑企业的竞争环境的变化,企业的竞争者是否开始启动网络营销,是否开始对企业造成潜在威胁。

(4) 重要性分析

企业在面对市场竞争威胁时,是否可以通过网络营销的实施增强企业的竞争力,以削弱竞争对手的竞争力。

2) 制订网络营销计划和实施方案

网络营销计划的制订必须由企业管理高层统一领导和协调,因为企业间电子商务的实施可能对企业的整个组织和各方面的管理都产生影响。计划制订必须从企业整体出发,由上到下,拟订目标,层层分解,并寻求分解子目标,实现的支撑条件资源,然后从下至上检查审核企业自身资源条件以及企业能支配的其他资源条件是否足以保证各子目标的有效实现,通过各子目标的实现来保证营销目标的最终有效实现。

网络营销实施的核心部分是网络营销系统的建设。网络营销系统一般是电子商务系统的一个有机组成部分。网络营销系统的建设一般有三种途径:一是购买商业软件;二是自行开发;三是联合开发。目前联合开发的方式被运用得较多,它是在综合前面两种方式,即在购买一些应用工具软件的基础上,结合本企业的实际情况,联合专业的电子商务方案提供商合作开发的。目前,许多电子软件服务商提供的也是基本解决方案,它需要与企业合作进行二次开放乃至三次开发才能最终满足企业需要。

3) 网络营销组织实施

网络营销方案确定后,关键是组织实施,这对于任何企业来说都是一个新的问题,网络营销实施程序由以下四个方面组成。

(1)网络调研

利用互联网进行网络调研,其内容包括对目标客户、竞争者、环境因素等的调研。企业可以通过网络调研很容易的了解到顾客对本企业产品的态度、兴趣及购买行为的变化,从而有利用于制定或修正营销策略;通过 WWW 等检索工具,可以找到本企业竞争对手的网址,了解价格、服务、网页内容、产品质量标准等信息,对企业的市场定位及制订有针对性的营销策略,无疑是大有裨益。

(2)网络市场细分,确定目标顾客

通过网络市场的细分,企业确定了所要吸引的目标顾客,进而有针对性地推出企业的商业主页,通过网页丰富内容来有效接近自己的目标顾客。目标顾客可以在任何时间通过企业的网页获取产品信息进行决策。

(3)决定网络营销组合的的方式

营销组合是一个复杂的问题。网络营销活动主要是通过网络广告营销和网络站点营销两种营销方式展开。但由于企业产品的产品种类不同,销售对象不同,营销方法与产品种类和销售对象之间将会产生多种网络营销的组合形式。企业应当根据网络广告营销和站点营销两种方法各自的特点和优势,根据自己产品的市场情况、顾客情况,扬长避短,合理组合,以达到最佳营销效果。

4)衡量网络营销效果

网络营销在实施了一段时间之后,必须对已经执行的营销内容进行评价,衡量一下营销的实际效果是否达到了预期的营销目标。对效果的评价,一方面要充分利用因特网上的统计软件,及时对营销活动的好坏作出统计,包括主页访问人数、点击次数、广告成本等;另一方面,要在对实际效果全面调查的基础上,通过调查市场占有率的变化情况、产品销售量的增加情况、利润的变化情况、营销成本的降低情况等来判断营销决策是否正确。同时,还要注重营销对象、营销内容、营销组合等方面与营销目标的因果关系的分析,以便对整个营销工作做出正确判断。

12.4.2　网络营销实施的时机决策

一些企业实施网络营销的成功经验表明,网络营销的实施可以给企业带来很大的竞争优势,但实施网络营销是一项投资比较大,涉及高新技术,有很大的风险的决策。此外,还要受到行业特点的制约,企业必须考虑信息技术的应用是否有助于拓展自己的核心业务,目前,仍然有相当多的行业还未找到有效运用网络营销的途径。企业面临实施网络营销时机的选择。

要掌握实施网络营销的时机,必须能够判断出行业竞争,消费行为,经济与社会在 2～7 年间的变化及其对于信息技术的影响。企业主管必须积极主动地制订网络营销的实施计划,如果采取消极观望的态度,则很可能贻误时机。

12.4.3　网络营销实施的投资决策

网络营销实施的重点是网络营销系统的建设。作为网络营销系统的基础,网络及其配套信息设备与技术的投资之所以值得企业主管的高度重视,是因为成本的潜在增长性。根据国外研究,当企业决定投资 100 万美元用于新的网络开发时,该企业必须做好在未来五年内至少再投 300 万美元巨资的准备。一般而言,在软件开发上每一美元的花费,意味着今后每年将造成 0.2 美元的营运成本以及 0.4 美元的维修成本,因此 100 万美元的初始投入将造成每年 60 万美元的额外开销。由此可见,网络营销的实施是一项投资巨大,周期较长的风险性投资活动。因此,企业实施网络营销时必须进行投资决策,分析网络营销带来的经济效益是否足以弥补投资支出。在进行经济效益分析时,常采用费用效益分析的方法,即对费用(或成本)及效益分别进行估计,然后将两者进行比较。

①系统费用是网络营销系统在建设和实施过程中费费用总和。从费用的用途方面划分,包括购置软件和设备费用,人力费,外部费用等,成本是不难识别和估算的。

②收益的估计涉及范围广,有直接收益和间接受益两部分。直接收益是显性看得见的经营收入达到同等成效的经营与管理的成本节约或降低,间接受益则比较隐性,主要是管理效益的提高导致的企业利益的增加。

社会劳动生产率的提高,从而使单位产品(或服务生产的活劳动和物化劳动)消耗不断降低。一般情况下,当企业规模增大时,由于系统的运行,不需要按常规增加人员,从而避免了某些成本的发生。

由于网络的实施,企业减少了经营管理的成本。如网络营销的实施,大大缩短了货物周转周期,提高了仓库的管理和利用效率,使单位产品上的经营费用支出大大降低。

网络营销的实施使企业经营收入增加。例如,企业通过网络营销能有效地分析和综合市场与客户的信息,合理地制订生产计划、销售计划,有效控制坏账的发生,使企业扩大了销售量,增加了销售收入和现金流入。

管理效益。管理效益通常也被称为间接经济效益或社会效益,它是评价企业网络营销实施效果的一个不可忽视的重要因素。网络营销的管理评价主要是针对工作的程序简化,效率是否提高,失误率是否下降等方面的系统检查。管理效益在实际工作中比较抽象,难以定量测量,只能作定性分析,管理效益不仅体现企业自身的经济效益,它还体现了一定社会效益,如人们的工作时间的缩短、工作强度的降低等。

12.5 网络营销的风险管理

12.5.1 网络营销的风险因素

识别网络营销风险的因素,就是要对网络交易整个运作过程进行考察,确定交易流程中可能出现的各种风险,分析其危害性,旨在发现交易过程潜在的安全隐患和安全漏洞,从而使网络交易安全有的放矢。

1)信息风险

从技术上看,网络交易的信息风险主要来自于 3 个方面:①冒名窃取。"黑客"为了获取重要的商业机密,资源和信息等会非法入侵公司或他人电脑窃取信息。②篡改数据。攻击者未经授权进入网络交易系统,使用非法手段,删除、修改、重发某些重要信息,破坏数据的完整性,损害他人的经济利益。③信息丢失。交易信息丢失,可能有三种情况:一是因为线路问题造成信息丢失;二是因为安全措施不当而丢失信息;三是不同操作平台转换操作从而丢失信息。

从买卖双方自身的角度观察,网络交易的信息风险来源于用户以合法身份进入系统,买卖双方都可以在网络上发布虚假供求信息,或以过期的信息冒充现在的信息,以骗取对方的钱款或货物。而对这些信息的鉴别,至少在现在还没有很好的解决办法。

2) 信息传递过程中的风险

信息在网络传递时,要经过多个环节和渠道。由于计算机技术发展迅速,原有的病毒防范技术、加密技术、防火墙技术等始终存在被新技术攻击的可能性。计算机病毒的侵袭,"黑客"非法侵入,线路窃听等很容易使重要数据在传递过程中泄露,威胁电子商务交易的安全。各种外界的物理性干扰,如通信线路质量较差、地理位置复杂、自然灾害等,都可以影响到数据的真实性和完整性。

3) 信用风险

信用风险主要来自三个方面:①来自买方的信用。个人消费者可能在网络上进行恶意透支,或使用伪造的信用卡骗取卖方的货物;集团购买者有拖延货款的可能。卖方需要为此承担风险。②来自卖方的信用风险。卖方不能按质、按量、按时寄送消费者购买的货物,或者不能完全履行与集团购买者签订的合同,造成买方风险。③买卖双方都存在抵赖的情况。

4) 管理方面的风险

严格管理是降低网络交易风险的重要保证,特别是在有网络商品中介参与的交易过程中,客户进入交易中心,买卖双方签订合同,交易中心不仅要监督买方按时付款,还要监督卖方按时提供符合合同要求的货物。在这些环节上,都存在大量的管理问题。减少此类的风险需要有完善的制度设计,形成一套互相关联,互相制约的制度群。

5) 法律方面的风险

电子商务的技术设计是先进的、超前的,具有强大的生命力。但必须清楚地认识到,在目前有关于网络交易的法律还不够完善,在网上交易可能会承担由于法律滞后而造成的风险。

此外,还存在其他方面的不可预测的风险。在对风险进行分析时,要把一切可能导致风险的因素,包括直接和间接的因素,内部和外部的因素,主要和次要的因素,总体和个体的因素等,从多角度加以考察、研究,尽可能把风险源考虑多一些,全面一些。对风险源考虑得越细致、越周密,越有助于采取针对性的方法措施。

12.5.2 网络营销风险的控制

一般来说一个完整的网络交易安全体系包括技术安全、管理安全和有效的法律监管三个部分。一是技术安全。网络技术安全方面的措施主要有防火墙技术、网络病毒防御体系、网络杀毒、信息加密存储通信、身份认证、授权等。二是管理安全。包括交易的安全制度,交易安全的实时监控,提供实时改变安全策略的能力,对现在有的安全系统漏洞的检查以及安全教育等。在这方面,政府有关部门,企业的主要领导,信息服务商应该扮演重要的脚色。

三是社会的法律政策与法律保障。只有从上述三方面入手,才可能真正实现电子商务的安全运作。

目前,网络营销交易风险控制主要采用以下措施。

(1)客户认证

客户认证(Client Authentication,CA)是基于用户的客户端主机 IP 地址的一种认证机制,它允许系统管理员为具有某一特定 IP 地址的授权用户定制访问权限。客户认证主要包括身份认证和信息认证。前者用于鉴别用户身份,后者用于保证通信双方的不可抵赖和信息完整性。

(2)防止"黑客"入侵

"黑客"(Hacker)源于英语动词 Hack,泛指擅长 IT 技术的人群、计算机科学家。Hacker 们精通各种编程语言和各类操作系统,伴随着计算机和网络的发展而产生成长。Hacker 这个英文单词本身并没有明显的褒义或贬义,其本义类似于汉语对话中常提到的捉刀者、枪手、能手之类词语。"黑客"可以分为两类。一类是骇客。他们只想引人注意,证明自己的能力,在进入网络系统后,不会去破坏系统,或者仅仅做无伤大雅的恶作剧。他们追求的是从侵入行为本身获得巨大的成功的满足。另一类是"窃客",他们的行为带来强烈的目的性,早期的这些"黑客"主要是窃取国家情报、科研情报,而现在的这些"黑客"的目标大部分瞄准了银行的资金和电子商务的整个交易过程。目前,"黑客"的行为正不断地走向系统化和组织化。

防范黑客的技术措施根据所选用的产品的不同,可以分为七类:网络安全检测设备、访问设备、浏览器/服务器软件、证书、商业软件、防火墙和安全工具包/软件。

(3)网络交易系统的安全管理制度

网络交易系统安全管理制度是用文字形式对各项安全指标要求所做出的具体规定,它是保证企业网络营销取得成功的重要基础工作,是企业网络营销人员安全工作的规范和准则。企业在实施网络营销时,必须有一套完整的、适应于网络环境的安全管理制度。这些制度包括网络操作管理制度、保密制度、跟踪审计制度、系统维护制度、数据备份制度、病毒定期清理制度等。

(4)网络营销交易安全的法律保障

网上交易安全的法律保护问题,涉及两个基本方面:第一,网上交易首先是一种商品交易,其安全问题应当通过民商法加以保护;第二,网上交易是通过计算机及其网络而实现的,其安全与否依赖于计算机及其网络自身的安全程度。我国目前相关的法律还不够完善和成熟,需要吸收国际上成功的电子商务管理法律法规,不断探索、寻求和逐步建立适合中国国情的电子商务法律。

12.5.3　网络营销中的消费者保护

企业在开展网络营销活动过程中,一个突出的问题是保护消费者利益。消费者利益的保护问题也得到国际组织的关注。经济合作与发展组织(OECD)在 1999 年末专门通过了一系列关于保护消费者利益和鼓励全球电子商务持续发展的制度原则。经济合作与发展组织制定的《电子商务环境下的消费者保护原则》呼吁从事电子商务的企业必须遵守下列原则:

①公平地进行贸易、广告和市场营销等商业活动;②向消费者提供关于企业、产品或服务、交易条款和条件的准确无误的信息;③交易的确认过程应当做到透明化;④要建立安全的支付机制;⑤及时地、公正地、力所能及地解决纠纷和给予赔偿;⑥保护消费者的个人隐私;⑦向消费者和其他企业进行电子商务宣传。

对于企业来讲,在开展网络营销过程中,保护消费者利益,也是保护企业自身的利益,培育市场的发展。目前,企业在网络营销过程中,对消费者利益保护要从以下几个方面进行考察。

1) 消费者隐私保护

在信息透明度很高的互联网上,企业可以很容易地在消费者不知情的情况下获得消费者的个性化信息,但许多信息都是消费者不愿透露的或只能在很小范围传播的,而企业为了更好地服务消费者并且实现盈利,通过技术手段获得消费者的隐私信息,这就对消费者造成了伤害。

企业保护个人隐私的主要措施有三个方面:一方面是在消费者知情的情况下来收集消费者的个人信息,并承诺对其个人信息保护和非公开商业化使用。目前,许多网站通过免费或赠送奖品来获取消费隐私信息。第二个方面是收集消费者的信息时,隐藏消费者信息的隐私部分,不包含消费者的个体识别信息(身份证号码、电话号码、姓名等)。第三个方面是在使用方面,如果企业收集的消费者信息只限于企业内部使用,消费者一般还比较能够接受;如果企业将收集的消费者信息出售,则可能造成对消费者隐私的侵犯,这是企业应当注意的。

2) 消费者免受侵扰

由于网上信息发布非常方便,特别是随着 E-mail 的广泛使用,许多企业为发布信息,经常向消费者发送 E-mail 广告,造成对消费者的侵扰。这类邮件一般被称为垃圾邮件。不期而至的电子邮件不但占去有限的电子邮件存储空间,对按时计费上网的用户,花时间接受、阅览、删除垃圾邮件意味着经济上的损失。因此,企业向消费者发送 E-mail 时,应增强目标受众的集聚性,减少发送对消费者无用的 E-mail。

3) 提供真实可靠信息

企业在网上开展网络营销活动时,要注意提供的信息真实可靠性。消费者对网站访问的原因一个是感兴趣,另一个是信任。企业在开展网络营销活动中提供一些不真实的信息会对消费者造成损害,势必也对企业自身造成负面影响。因此,审视企业网站提供的信息的真实性和可靠性非常关键。

4) 提供完善的售后服务

企业利用网络营销渠道销售产品时,要特别注意产品质量和完善的售后服务的提供。消费者在网上购买产品,最担心的问题是无法现场检验产品的质量和感受产品的品质。因此,消费者在网上购物时,比较关心网站的信息与和售后服务。如果消费者在购买产品后,发现产品质量不符合要求,或者购买的产品与预期有很大差距,除了不能给消费者带来满足感外,还会使消费者对网络营销这一新生事物产生不信任感。企业要想挽留其对网络的信任会花费更多的成本,且不利于网络营销的整体发展。

企业保护消费者既是保护消费者权益,同时也是维护自身权益。在互联网的虚拟市场上,企业实施网络营销其核心是树立网站的信誉,增强消费者对网站的信任。其中应采取积极主动的措施保护消费者权益,否则企业的成长与发展将会受到严重的影响。

[本章小结]

网络营销的管理与控制是企业开展网络营销的重要环节,是企业取得网络营销预期效果的保证。企业通过对网络营销的评价,即通过定量化和定性化的指标,对开展网络营销的目标、网站设计、网站推广等方面进行评价,对照预期的标准进行总结,改善企业的网络营销活动,从而实现网络营销的预期目标。

本章通过对网络营销目标管理体系的介绍,认为网络营销可以从以下步骤来开展目标管理:确立网络营销总体目标,确定网络营销的评估标准,选择评估网络营销工作的基准点,比较网络营销目标的达成度以及制订控制方案等步骤。

网络营销管理与控制有赖于好的评价体系,评价网络营销可以通过对网站设计,网站维护、网站的流量等指标进行评估,掌握网络营销开展的成效。

网络营销的管理除了对网络营销的实施过程进行评价和纠偏以外,信用管理也成为网络营销管理的重要部分。由于网络营销是基于互联网的一种营销方式,诚信成为顺利开展网络营销的一个条件,因此企业在开展网络营销的过程中必须加强行业的自律,营造一个良好的运行环境,同时必须预防信用问题可能带来的损失。

[思考题]

1. 简述网络营销的目标类型。
2. 简述网络营销目标管理的步骤。
3. 网络营销评价对于企业开展网络营销有何重要意义?
4. 网络营销业绩评估的内容和方法有哪些?
5. 网络营销管理中应注意哪些具体问题?
6. 为什么加强信用管理对开展网络营销非常重要? 你有什么建议?

[案例分析]

鄂尔多斯羊绒集团网络营销策略

作为中国行业标志性品牌——鄂尔多斯羊绒集团,这个逐步成长,日渐壮大的现代企业集团,以 262.37 亿元的品牌价值,进入全国 520 户重点企业和中国企业 500 强之列。鄂尔多斯羊绒集团自 1981 年在鄂尔多斯市创建以来,以羊绒产业为集团实业基础,凭借着二十多年所积攒的强大实力和壮大规模,稳居中国最有价值品牌前列,当之无愧地成为了中国出口名牌企业和中国行业排头兵企业 500 强。

当"立民族志气,创世界名牌"成为了企业肩负起的社会责任;当"集智、放胆、拓荒、创新"铸就了企业人的文化精神;当"六大事业板块有序推进、十大主导产业协同发展"拓展了企业的战略格局,鄂尔多斯羊绒集团拥有了当今世界最大的产销规模,完善的产业体系,成熟的营销网络,以及最为先进的技术装备,毋庸置疑地成为了行业的领军企业。将中国的40%和世界的30%以上的羊绒制品市场份额收入囊中。

携手淘宝,开辟电商

鄂尔多斯羊绒集团成立至今已走过30个年头,但公司的网络营销体系却是近几年才发展起来。鄂尔多斯羊绒集团在网络营销渠道上的选择,主要是通过利用淘宝网(http://www.taobao.com/)这样一个现成的网络营销渠道资源,以及传统销售模式下积攒的品牌力量和消费群体的基础,搭建和推出了自己的网络销售平台。2010年12月,鄂尔多斯成立了自己的电子商务部,启动了鄂尔多斯电子商务销售,在天猫(原淘宝商城)正式开设了鄂尔多斯网络官方旗舰店,宣告第一家直营网店正式上线。随着鄂尔多斯网店销售业绩的不断攀升,短短两年的时间,累计网络销售额突破2 000万元,网上直营店也从起初的一个扩大到三个,分别为:

①鄂尔多斯官方旗舰店(http://erdos.tmall.com/);

②BLUE ERDOS官方旗舰店(http://blueerdos.tmall.com/);

③鄂尔多斯品牌形象店(http://e-erdos.tmall.com/)。

那么鄂尔多斯是怎么样进行网络营销的呢?

1. 定价策略

由于公司的产品特征和固定的销售模式,使得公司决策者一开始在对网络销售前景分析的时候,没有把网络销售作为公司的主要销售力量,在给网店配货方面也是将一些实体店退回来的存货放在网店中销售,使得鄂尔多斯的品牌效应没有在网络销售体系中得到更好的传播和利用,导致集团的电子商务发展略显滞后,落后于服装业的其他企业。但是,从近两年集团在电子商务的发展和网络销售的业绩反馈来看,鄂尔多斯的网络营销经营的是越来越有声有色。从起初自己对网络渠道的不了解,被动跟随淘宝平台的销售模式,到现在的主动出击,力推自己的促销活动,体现了集团对网络营销的观念上的转变和提升。目前,鄂尔多斯的网络营销的价格策略为心理定价策略与折扣定价策略相结合。例如,鄂尔多斯运用折扣定价策略,打响价格战。用限时限量秒杀的方式,将原价为1 480元的女装,以折扣之后的秒杀价474元,在预期的时间内销售一空。

2. 门户网站策略

鄂尔多斯羊绒集团在1998年就拥有了自己的企业网站,但早期的网站设计缺乏吸引力,内容空泛。后来随着网络的发展和企业领导对网络宣传的重视,进行了一系列的完善,使企业网站不但内容完整,条理清晰,还设置了企业网站到网上商城的直接链接。在天猫直接搜索鄂尔多斯官方旗舰店,显著的企业网站Logo和主营产品也一目了然,增强了企业的辨识度以及网站的吸引力和亲和力,塑造了企业良好的网站形象。

3. 短渠道策略

鄂尔多斯羊绒集团历来的销售模式为鄂尔多斯东胜工厂→鄂尔多斯各地分销商→分销商下专卖店→消费者,中间的各个环节对时间和精力的浪费是不可忽视的。因此,集团开展网络营销的重要原因之一就是让企业更贴近消费者,更好地了解消费者的需求,生产出更多吸引消费者的产品来增加企业的收益。

鄂尔多斯羊绒集团首先选择了天猫商城这个国内影响力最广泛的网络中间商作为销售平台,在集团总部直接设立电子商务部门来负责官方网站的建设和维护。

网站上销售的产品也是由电子商务部门的负责人在进行网上市场调研后,在集团举办的发布会、订货会上精心挑选出来的。网站的客服人员会耐心、细心地解答网上消费者提出的问题,专业的订单管理系统简单易操作,方便消费者购买、退货和查询。第三方支付增加了买方和卖方彼此的信任,也保证消费者的购物安全问题。订单下达后 24 小时内,网站客服就会整理好货品交予第三方物流进行配送,保证货品快速安全地到达消费者的手中。消费者收到包装精美的货品并验收后,确认收货来完成一次网上交易。

4. 网络促销策略

鄂尔多斯羊绒集团网络促销活动将网络广告、公共关系、站点销售促进、电子邮件和人员推销进行综合运用,同时每年创办鄂尔多斯淘金节。鄂尔多斯淘金节,是鄂尔多斯集团从 2009 年开始正式走入中国千家万户的,这是鄂尔多斯一年中规模最广、物超所值的购物狂欢节。集团把每年二月的最后一个周末(周五、周六、周日)定为鄂尔多斯淘金节。全国 4 000 家专卖店和线上 3 家淘宝店铺同步举行,以此来回馈新老顾客。

伴随着电子商务的发展,新颖的销售形式正带领着鄂尔多斯感受着前所未有的销售热潮。

(资料来源:李爽. 我国羊绒服装行业网络营销策略研究——以鄂尔多斯羊绒集团为例)

[案例思考]

1. 鄂尔多斯集团是如何实施其网络营销的?

2. 如何评价鄂尔多斯网络营销策略?

参考文献

［1］Philip Kotler. Marketing Management. 10thed，Prentice Hall，Inc，2000.

［2］Efraim turban，Jae Lee，David King，et al. ELECTRONIC COM-MERC E-A Managerial Perspective［M］. 北京：高等教育出版社，Pearon Edueation 出版集团，2001.

［3］James W. Cortada，IBM Team of Consultants. Into the Networked Age［M］. Oxford University press，1999.

［4］Inmon，W H，Imhoff，C. and Battas，G. Building the Operational Data Store，John Wiley and Sons，New York，1999.

［5］SHAO Zhan-Wei，CHEN Gang，et al. Proceedings of the International Symposiam On Government and E-commerce Development［M］. Zhejiang：Zhejiang University Press，2001.

［6］Gunasekaran，Marri，McGaughey，and Nebhwani，"E-commerce and its impact on operations management" International Journal of Production Economics，Volume：75，Issue：1-2，pp：185-197，January 10，2002.

［7］Yang，Zhilin & Minjoon Jun（2002），"Consumer Perception of E-Service Quality：From Internet Purchaser and Non-Purchaser Perspectives，" Journal of Business Strategy，19（1）：19-41.

［8］李琪. 网络营销［M］. 长春：长春出版社，2000.

［9］李琪，等. 电子商务通览［M］. 北京：中国商业出版社，2000.

［10］李琪，等. 电子商务图解［M］. 北京：高等教育出版社，2001.

［11］李琪，等. 网络贸易［M］. 长春：长春出版社，2000.

［12］孔伟成，等. 国际经营学［M］. 杭州：浙江教育出版社，1990.

［13］孔伟成，等. 现代经营学［M］. 杭州：浙江教育出版社，1998.

［14］孔伟成，等. 市场营销的理论与实践［M］. 杭州：浙江大学出版社，2002.

［15］孔伟成，等. 电子商务网络技术［M］. 大连：东北财经大学出版社，2001.

［16］陈水芬，等. 现代市场营销学［M］. 杭州：浙江大学出版社，2002.

［17］杨坚争，等. 电子商务网站典型案例评析［M］. 西安：西安电子科技大学出版社，2000.

［18］瞿彭志. 网络营销［M］. 北京：高等教育出版社，2001.

［19］刘光峰，等. 实战网络营销——理论与实践［M］. 北京：清华大学出版社，2000.

［20］王方华，等. 网络营销［M］. 太原：山西经济出版社，1999.

［21］阴双喜,等.网络营销基础——网站策划与网上营销［M］.上海:复旦大学出版社,2001.

［22］冯英健.网络营销基础与实践［M］.2 版.北京:清华大学出版社,2004.

［23］王之泰.现代物流管理［M］.北京:中国工人出版社,2001.

［24］王志峰,等.电子商务网站的构建与维护［M］.北京:清华大学出版社,2000.

［25］田同生.客户关系管理的中国之路［M］.北京:机械工业出版社,2001.

［26］解树江.虚拟企业［M］.北京:经济管理出版社,2002.

［27］李丽.网络营销［M］.北京:经济管理出版社,2001.

［28］卢泰宏,等.互联网营销教程［M］.广州:广东经济出版社,2000.

［29］董金祥,陈刚,尹建伟.客户关系管理 CRM［M］.杭州:浙江大学出版社,2002.

［30］吕廷杰.客户关系管理与主题分析［M］.北京:人民邮电出版社,2002.

［31］管政,魏冠明.中国企业 CRM 实施［M］.北京:人民邮电出版社,2003.

［32］闫涛蔚,等.电子商务营销［M］.北京:人民邮电出版社,2003.

［33］赵林度.供应链与物流管理:理论与实务［M］.北京:机械工业出版社,2003.

［34］宝利嘉.客户关系管理解决方案:CRM 的理念、方法与软件资源［M］.北京:中国经济出版社,2002.

［35］甘华鸣.MBA 必修核心课程市场营销［M］.北京:中国国际广播出版社,2002.

［36］林根祥,冯国红.市场调查与预测［M］.武汉:武汉理工大学出版社,2014.

［37］陈金刚,高云龙.市场营销学［M］.镇江:江苏大学出版社,2014.

［38］马慧敏,王启万.市场营销学［M］.北京:北京大学出版社,2012.

［39］吴晓萍.网络营销［M］.北京:北京交通大学出版社,2009.

［40］詹继兵.电子商务与物流［M］.大连:大连海事大学出版社,2014.

［41］程虹.网络营销［M］.北京:北京大学出版社,2013.

［42］杨坚争.电子商务基础与应用［M］.西安:西安电子科技大学出版社,2008.

［43］赵应文,胡乐炜.电子商务基础［M］.北京:北京大学出版社,2012.

［44］杨东篱.文化市场营销学［M］.福州:福建人民出版社,2014.

［45］杨楠.营销策划［M］.北京:北京大学出版社,2014.

［46］吕明,胡争光,吕超.现代企业管理［M］.北京:国防工业出版社,2014.

［47］姚小远,康善招.市场营销理论与实务［M］.上海:立信会计出版社,2011.

［48］王丽萍,李创.网络营销学概论［M］.北京:清华大学出版社,2014.

［49］安贺新.服务营销管理［M］.北京:化学工业出版社,2011.

［50］顾桥,马麟.企业战略管理［M］.北京:北京大学出版社,2014.

［51］华迎.网络营销［M］.北京:对外经济贸易大学出版社,2009.

［52］荆浩.网络营销基础与网上创业实践［M］.北京:清华大学出版社,2011.

［53］沈浩.管理人员市场营销知识题解［M］.北京:中国石化出版社,2012.

［54］马向国.现代物流配送中心规划、仿真及应用案例［M］.北京:中国发展出版社,2014.

［55］李莉.网络营销［M］.厦门:厦门大学出版社,2014.

［56］孙雁彬.赢在传播:大传播时代的媒体营销攻略［M］.合肥:安徽教育出版社,2014.

[57] 吴建. 广告传播教程[M]. 成都:四川大学出版社,2012.

[58] 史达主. 网上创业实务[M]. 大连:东北财经大学出版社,2013.

[59] 刘蓓林. 网络营销理论与实务[M]. 北京:中国经济出版社,2014.

[60] 仝德稷,张奎祥. 营销竞争战术[M]. 北京:中国经济出版社,2014.

[61] 张芹. 公共关系学[M]. 武汉:华中科技大学出版社,2014.

[62] 李亚子,乔雅洁. 现代公共关系学理论与实务[M]. 西安:西安电子科技大学出版社,2014.

[63] 苏朝晖. 客户关系管理:理念、技术与策略[M]. 北京:机械工业出版社,2012.

[64] 帅青红. 电子支付[M]. 重庆:重庆大学出版社,2016.

主要参考网站

[1] 中国电子商务:http://www.chinaeb.com.cn

[2] 君思电子商务:http:// www.juns.com.cn

[3] Forrester 研究所:http:// www.forrester.com

[4] MIT 大学网络营销研究中心:http://www.2000.ogsm.Vanderbilt.edu

[5] 网上营销新观察:http:// www.marketingman.net

[6] 中国营销传播网:http:// www.emkt.com.cn

[7] 国研网:http:// www.drcnet.com.cn

[8] 中国营销研究中心:http://www.21cmc.net

[9] 艾瑞网:http://www.iresearch.com.cn/

[10] 中国电子商务研究中心:http://www.100ec.cn/

[11] 中国互联网络信息中心:http://www.cnnic.cn/